Professionelle Fußballspieler in der internationalen Rechnungslegung

Betriebswirtschaftliche Studien Rechnungs- und Finanzwesen, Organisation und Institution

Herausgegeben von
Prof. Dr. Dr. h.c. Wolfgang Ballwieser, München
Prof. Dr. Christoph Kuhner, Köln
Prof. Dr. Dr. h.c. Dieter Ordelheide †, Frankfurt

Band 81

Peter Lang

Frankfurt am Main · Berlin · Bern · Bruxelles · New York · Oxford · Wien

Jens Hackenberger

Professionelle Fußballspieler in der internationalen Rechnungslegung

Eine ökonomische Analyse

Peter Lang
Internationaler Verlag der Wissenschaften

Bibliografische Information der Deutschen Nationalbibliothek
Die Deutsche Nationalbibliothek verzeichnet diese Publikation in
der Deutschen Nationalbibliografie; detaillierte bibliografische
Daten sind im Internet über <http://www.d-nb.de> abrufbar.

Zugl.: Bochum, Univ., Diss., 2007

Gedruckt auf alterungsbeständigem,
säurefreiem Papier.

D 294
ISSN 1176-716X
ISBN 978-3-631-57553-6
© Peter Lang GmbH
Internationaler Verlag der Wissenschaften
Frankfurt am Main 2008
Alle Rechte vorbehalten.

Printed in Germany 1 2 3 4 5   7

www.peterlang.de

Geleitwort

Die vorliegende Arbeit beschäftigt sich mit der Frage, ob und gegebenenfalls wie Profifußballspieler nach IFRS zu bilanzieren sind und welche weitergehenden Informationspflichten über sie bestehen. Sie widmet sich gleichermaßen der Einschätzung von Zweckmäßigkeit und Verbesserung der bestehenden Regeln unter dem Gesichtspunkt der Informationsvermittlung.

Problemstellung wie Problembehandlung mögen anfangs emotionale Widerstände beim Leser auslösen, weil es um die Aktivierung und Bewertung von Personen oder von mit diesen verbundenen Nutzenpotentialen geht. In Erinnerung zu rufen ist deshalb, daß dies kein Spezifikum von IFRS darstellt, sondern bereits der BFH vom 26. August 1992 die (damals übliche) Transferentschädigung als Anschaffungskosten der vom DFB erteilten Spielerlaubnis ansah und diese ohne das Nutzenpotential des Spielers nichts wert war.

Der Verfasser, der mit dieser Arbeit an der Ruhr-Universität Bochum mit Bestnote promoviert wurde, stößt in eine angesichts der wirtschaftlichen Dimension des Profifußballs unerklärliche bilanzrechtliche Lücke und weiß den Leser durch seine sehr systematische und auf Vollständigkeit der Argumentation bedachte Vorgehensweise sowie seinen Faktenreichtum zum Ligafußball zu fesseln. Er kommt zum Ergebnis, mit Ablösesummen aus bestehenden Vertragsverhältnissen herausgekaufte Profifußballer – und nicht etwa das Einsatzrecht – als immateriellen Vermögenswert aktivieren und planmäßig über die Vertragslaufzeit abschreiben zu müssen. Bei ablösefreien und selbst ausgebildeten Profifußballern kommt es auf bestimmte finanzielle Leistungen des Liga-Clubs im Sinne von wesentlichen Anschaffungsnebenkosten an, ob die Aktivierung geboten ist. Gleichermaßen diskutiert er die Möglichkeiten und Probleme der Vornahme außerplanmäßiger Abschreibungen.

Nach dieser bilanzrechtlichen Argumentation kritisiert er die bestehenden Regeln, weil er Nutzungswerte statt Anschaffungskosten als ideale bilanzielle Information ansieht, und unterbreitet abgestufte Reformvorschläge, die in der weitestgehenden Stufe die Einzelbewertung verlassen, um dem Informationsziel über das Nutzungspotential Profifußballspieler gerecht zu werden.

Die Arbeit zeigt, wie spannend Bilanzrecht ist, wenn man sich die richtigen Probleme wählt. Unabhängig davon, ob der Leser sämtlichen Argumentationsketten vollständig zuzustimmen geneigt ist, bietet sie eine hervorragende Grundlage, um das wirtschaftlich bedeutsame Rechnungslegungsproblem einer überzeugenden Lösung de lege lata wie de lege ferenda näher zu bringen. Sie überzeugt durch Problemsicht, Faktenreichtum und Argumentationskonsequenz. Ich wünsche ihr deshalb eine gute Aufnahme!

München, 12. August 2007   Wolfgang Ballwieser

Vorwort

Wer sich auf eine Reise begibt, der entdeckt nicht nur allerhand Neues, sondern trifft auch auf Menschen, die einen auf der Reise begleiten. So geschah es auch auf der „wissenschaftlichen Entdeckungsreise" im Rahmen der vorliegenden Arbeit, die im Juli 2007 von der Fakultät für Wirtschaftswissenschaft der Ruhr-Universität Bochum als Dissertation angenommen wurde und während meiner Tätigkeit als wissenschaftlicher Mitarbeiter am Lehrstuhl für Unternehmensprüfung entstand. An dieser Stelle möchte ich mich bei den Menschen herzlich bedanken, die mich auf meiner Reise begleitet und unterstützt haben.

Zunächst danke ich meinem Doktorvater Herrn Prof. Dr. Hannes Streim dafür, dass er mein Promotionsvorhaben jederzeit unterstützt und mit großem Interesse bis zum Abschluss verfolgt hat. Nicht zuletzt aufgrund der ungemein freundschaftlichen Atmosphäre und der nicht immer fachlichen Gespräche werde ich die Lehrstuhljahre stets in guter Erinnerung behalten.

Mein Dank gilt ferner Herrn Prof. Dr. Bernhard Pellens für die freundliche und unkomplizierte Übernahme des Zweitgutachtens.

Ein großes Dankeschön gilt Dr. Marcus Bieker, Thomas Lenz, Jörg Schumann und Dr. André Uhde, die nicht nur Teile der Arbeit oder sogar das gesamte Werk Korrektur lesen „mussten", sondern mir auch als Freunde und Kollegen am Lehrstuhl bzw. an der Fakultät zur Seite gestanden haben. Darüber hinaus sind meine ehemalige Kollegin Julia Lackmann sowie meine ehemaligen Kollegen Dr. Maik Esser und Dr. Lars Schmidt zu erwähnen. Auch sie haben zu einer schönen Zeit am Lehrstuhl beigetragen. Für die unermüdliche Unterstützung bei der Literaturrecherche und -beschaffung möchte ich den zahlreichen studentischen Hilfskräften des Lehrstuhls danken, allen voran Christina König für ihre Reise durch mein Literaturverzeichnis. Meinem privaten Freundeskreis, insbesondere Moritz Wewer, bin ich für die freundschaftliche Unterstützung und die vielen Stunden fernab von meinem „Projekt" äußerst dankbar.

Meiner Freundin Eva Brandt danke ich nicht nur für die Mühe des Korrekturlesens, sondern auch dafür, dass sie für mich da ist und nicht nur diese Reise mit mir gemacht hat.

Abschließend möchte ich mich bei meinen Eltern bedanken, die mich auf der gesamten Reise durch mein bisheriges Leben begleitet und immer unterstützt haben. Ihnen sei diese Arbeit gewidmet.

Essen, im September 2007   Jens Hackenberger

Inhaltsverzeichnis

Abbildungsverzeichnis

Abkürzungs- und Symbolverzeichnis

a	Abschreibungsbetrag
aA	auf Aktien
a.A.	anderer Ansicht
ABl EG	Amtsblatt der Europäischen Gemeinschaften
Abs.	Absatz
Abschn.	Abschnitt
Abt.	Abteilung
ADAC	Allgemeiner Deutscher Automobil-Club e.V.
a.F.	alte Fassung
AG	Aktiengesellschaft
AHK	Anschaffungs- oder Herstellungskosten
AktG	Aktiengesetz
a.M.	am Main
AO	Abgabenordnung
Art.	Artikel
ASB	Accounting Standards Board
ASC	Accounting Standards Committee
Aufl.	Auflage
B	maximal realisierbare Leistungseinheiten
b	Leistungseinheit(en)
BC	Basis for Conclusions
Bd.	Band
ß	unternehmensspezifischer Beta-Faktor
BFH	Bundesfinanzhof
BGB	Bürgerliches Gesetzbuch
BGBl	Bundesgesetzblatt
BGH	Bundesgerichtshof
BilReG	Bilanzrechtsreformgesetz
BIOS	Basic Input Output System
BSC	Berliner Sport-Club
bspw.	beispielsweise
BV	Ballspiel-Verein
bzw.	beziehungsweise
CAPM	Capital Asset Pricing Model
CD	Compact Disc

C-DAX	Composite DAX
com	commercial
DAX	Deutscher Aktienindex
D.C.	District of Columbia
DDR	Deutsche Demokratische Republik
de	Deutschland
DFB	Deutscher Fußball-Bund
DFL	Deutsche Fußball Liga
d.h.	das heißt
DSC	Deutscher Sport-Club
EAG	Europäische Atomgemeinschaft
ED	Exposure Draft
EDV	elektronische Datenverarbeitung
EFZG	Entgeltfortzahlungsgesetz
EG	Europäische Gemeinschaft
eG	eingetragene Genossenschaft
EGHGB	Einführungsgesetz zum Handelsgesetzbuch
EGKS	Europäische Gemeinschaft für Kohle und Stahl
EGV	Vertrag zur Gründung der Europäischen Gemeinschaft
EK	(Marktwert des) Eigenkapital(s)
EStG	Einkommensteuergesetz
et al.	et alteri, et alii
etc.	et cetera
EU	Europäische Union
EuGH	Europäischer Gerichtshof
€	Euro
e.V.	eingetragener Verein
evtl.	eventuell
EWG	Europäische Wirtschaftsgemeinschaft
EWGV	Vertrag zur Gründung der Europäischen Wirtschaftsgemeinschaft
EWR	Europäischer Wirtschaftsraum
f.	folgende
FA	Football Association
FAPL	Football Association Premier League
FASB	Financial Accounting Standards Board
FC	Fußballclub

ff.	fortfolgende
FG	Finanzgericht
FIFA	Fédération Internationale de Football Association
FinMin.	Finanzministerium
FK	(Marktwert des) Fremdkapital(s)
FL	Football League
FN	Fußnote
FRC	Financial Reporting Council
FRS	Financial Reporting Standard(s)
FSV	Fußballverein
FU	Freie Universität
GAAP	Generally Accepted Accounting Principles
gem.	gemäß
gew.	gewichtet
GewStG	Gewerbesteuergesetz
GG	Grundgesetz
ggf.	gegebenenfalls
GK	Gesamtkapital/Marktwert der Unternehmung
GmbH	Gesellschaft mit beschränkter Haftung
GmbHG	Gesetz betreffend die Gesellschaften mit beschränkter Haftung
grds.	grundsätzlich
GuV	Gewinn- und Verlustrechnung
HFA	Hauptfachausschuss
HGB	Handelsgesetzbuch
h.M.	herrschende Meinung
Hrsg.	Herausgeber
http	hypertext transfer protocol
i_r	risikoloser Zinssatz
i.A.	im Allgemeinen
IAS	International Accounting Standard(s)
IASB	International Accounting Standards Board
IASC	International Accounting Standards Committee
IDW	Institut der Wirtschaftsprüfer in Deutschland e.V.
i.e.S.	im engeren Sinne
IFAC	International Federation of Accountants

IFRIC	International Financial Reporting Interpretations Committee
IFRS	International Financial Reporting Standard(s)
i.d.R.	in der Regel
i.H.	in Höhe
Ill.	Illinois
inkl.	inklusiv(e)
i.S.	im Sinne
ISA	International Standard(s) on Auditing
ISAE	International Standard(s) on Assurance Engagements
i.V.m.	in Verbindung mit
i.w.S.	im weiteren Sinne
Jg.	Jahrgang
JStG	Jahressteuergesetz
KG	Kommanditgesellschaft
KGaA	Kommanditgesellschaft auf Aktien
KPMG	Klynveld Peat Marwick Goerdeler
kriterienspez.	kriterienspezifisch
KSchG	Kündigungsschutzgesetz
KStG	Körperschaftsteuergesetz
LAG	Landesarbeitsgericht
LO	Lizenzierungsordnung
LOS	Lizenzordnung Spieler
$\mu(r_m)$	Rendite des Marktportfolios
ManU	Manchester United
mbH	mit beschränkter Haftung
MC	Management Commentary
m.E.	meines Erachtens
Mio.	Millionen
MSV	Meidericher Spielverein
m.w.N.	mit weiteren Nachweisen
n.a.	not applicable
ND	Nutzungsdauer
No.	Number
NOFV	Nordostdeutscher Fußballverband

Nr.	Nummer
NRW	Nordrhein-Westfalen
OHG	Offene Handelsgesellschaft
o.V.	ohne Verfasser
§/Par.	Paragraph
£	Pfund Sterling
%	Prozent
PS	Prüfungsstandard
PublG	Gesetz über die Rechnungslegung von bestimmten Unternehmen und Konzernen (Publizitätsgesetz – PublG)
R	Richtlinie
R&D	Research and Development
r(EK)	Renditeforderung der Eigenkapitalgeber
r(FK)	Fremdkapitalkostensatz
r(GK)	gewogene Gesamtkapitalkosten (WACC)
RGBl	Reichsgesetzblatt
Rn./Rdn./Rdnr./RdNr.	Randnummer
RS	Rechnungslegungsstandard
RW	Rot-Weiß
Rz/Rz.	Randziffer
S.	Seite(n)
SC	Sportclub
SFAS	Statement of Financial Accounting Standards
SIC	Standing Interpretations Committee
sog.	so genannte(s)
Sp.	Spalte(n)
SpOL	Spielordnung Ligaverband
SpVgg.	Spielvereinigung
SSAP	Statements of Standard Accounting Practice
SV	Spiel-Verein
T	Tausend
t	Zeitindex
TeBe	Tennis Borussia
Teilbd.	Teilband
TSV	Turn- und Spielverein

Tz.	Textziffer
TzBfG	Gesetz über Teilzeitarbeit und befristete Arbeitsverträge (Teilzeit- und Befristungsgesetz – TzBfG)
u.	und
u.a.	und andere, unter anderem
UEFA	Union des Associations Européennes de Football
UK	United Kingdom
UK-GAAP	United Kingdom - Generally Accepted Accounting Principles
UmwG	Umwandlungsgesetz
US	United States
US-GAAP	United States - Generally Accepted Accounting Principles
u.U.	unter Umständen
VfB	Verein für Bewegungsspiele
VfL	Verein für Leibesübungen
vgl.	vergleiche
Vol.	Volume
WACC	Weighted Average Cost of Capital
WpAIV	Verordnung zur Konkretisierung von Anzeige-, Mitteilungs- und Veröffentlichungspflichten sowie der Pflicht zur Führung von Insiderverzeichnissen nach dem Wertpapierhandelsgesetz (Wertpapierhandelsanzeige- und Insiderverzeichnisverordnung – WpAIV)
www	world wide web
z.B.	zum Beispiel
ZGE	zahlungsmittelgenerierende Einheit(en)

Tabellenverzeichnis

Erstes Kapitel

1 Problemstellung und Aufbau der Untersuchung

„Certainly, football is big business"[1]

Dieses prägnante Zitat von *Sir Alex Ferguson* verdeutlicht nicht nur die über die Jahre deutlich gestiegene gesellschaftliche Bedeutung des Fußballsports, sondern bringt insbesondere auch die mittlerweile enorme wirtschaftliche Betätigung der professionellen Fußball-Clubs und damit die kontinuierliche Zunahme der ökonomischen Bedeutung des gesamten Fußballsports zum Ausdruck. So weisen die deutschen Fußball-Clubs der beiden Lizenzligen „Bundesliga" und „2. Bundesliga" mittlerweile Umsätze auf, die mit denen mittelgroßer oder sogar großer Kapitalgesellschaften vergleichbar sind.[2] Im europäischen Ausland und dort insbesondere in den großen Fußballnationen England, Frankreich, Italien und Spanien weisen die Fußball-Clubs des professionellen Fußballsports eine noch höhere wirtschaftliche Bedeutung auf.[3] *Hickethier* stellte diesbezüglich bereits 1983 mit einer süffisanten Bemerkung fest, dass „Fußball [...] vor allem ein Geschäft [ist ...]. Die Kommerzialisierung hat den Fußball auf verschiedenen Ebenen ergriffen, nicht nur auf der Ebene des "Kaufs" und "Verkaufs" von Spielern von einem Verein an den anderen. Kommerzialisierung ist ein Prozeß, ein Prozeß mit oft ungewollten, meist hingenommenen Folgen. Kommerzialisierung wird von oben und von unten betrieben, sie setzt im Großen an und im Kleinen, sie betreibt das große Geschäft der Weltmeisterschaften und das kleine der Fan-Souveniers [sic!]."[4]

Im Hinblick auf die *Rechtsform der Fußball-Clubs* fällt auf, dass die deutschen Fußball-Clubs im Gegensatz zu den englischen, französischen, italienischen und spanischen Clubs nicht ausschließlich in der Rechtsform einer Kapitalgesellschaft firmieren. Eine Vielzahl an Fußball-Clubs ist noch immer „klassisch" in der Rechtsform des Idealvereins tätig.[5] Erst seit dem Jahr 1998 sind insbesondere aufgrund der angeführten wirtschaftlichen Betätigung neben den Idealvereinen auch Kapitalgesellschaften mit den in sie ausgegliederten Lizenzspielerabteilungen des ursprünglichen Vereins zum Spielbetrieb der beiden Lizenzligen zugelassen. Der Mutterverein muss jedoch gemäß den verbandsrechtlichen Vorgaben weiterhin mehrheitlich an der aus-

---

[1] *Ferguson*, Foreword, S. 12 [Hervorhebung nicht im Original].

[2] Vgl. *WGZ-Bank*, Analyse der Fußballunternehmen, S. 125 und umfassend Gliederungspunkt 2.2.1.1. Zu beachten ist, dass an Stelle von Profi- oder Berufsfußball präziser von Lizenzfußball gesprochen werden müsste, da professioneller Fußball heut zu Tage ebenfalls im Amateurbereich und hier insbesondere in den Regionalligen betrieben wird. Eine klare Grenzziehung zwischen Profi- und Amateurfußballsport ist insofern nicht mehr möglich. Für Zwecke dieser Arbeit werden beide Begriffe allerdings synonym verwendet. Weiterhin ist darauf hinzuweisen, dass die Frauen-Bundesligen derzeit noch keine Berufsfußballligen i.S. einer Lizenzliga darstellen.

[3] Vgl. *WGZ-Bank/KPMG*, Fußball und Finanzen, S. 30 und ausführlich Gliederungspunkt 2.2.1.1.

[4] *Hickethier*, Klammergriffe, S. 67.

[5] Vgl. etwa *WGZ-Bank/Deloitte & Touche*, Börsengänge europäischer Fußballunternehmen, S. 50 und umfassend Gliederungspunkt 2.2.1.1.

gegliederten Kapitalgesellschaft beteiligt sein, um eine Fremdbestimmung zu vermeiden.[6]

Vereinsmitglieder und Fremdkapitalgeber eines (Mutter-)Vereins sind hinsichtlich der Rechnungslegung dem *BGB-Vereinsrecht* unterworfen, welches nur rudimentäre Vorschriften beinhaltet.[7] So ist der Vorstand eines Vereins gemäß § 27 Abs. 3 i.V.m. § 666 BGB gegenüber den Mitgliedern lediglich zu einer privatrechtlichen Rechenschaftspflicht über die Geschäftsführung nach §§ 259f. BGB verpflichtet. Hierfür genügt regelmäßig eine geordnete Zusammenstellung der Einnahmen und Ausgaben, für die allerdings keine bestimmte Form vorgeschrieben ist.[8] Gemäß dem Wortlaut des § 666 BGB müsste der Vorstand aufgrund des Passus „nach der Ausführung des Auftrags" sogar erst nach Ablauf seiner Vorstandstätigkeit Rechenschaft ablegen; die h.M. geht jedoch von einer jährlichen Pflicht aus.[9] Gestützt wird die These der „spärlichen" bzw. rudimentären Rechenschaft seitens der Vorstände der diversen Clubs zudem durch die Tatsache, dass auf den Mitgliederversammlungen regelmäßig nur Bruchstücke der relevanten Informationen bzw. Rechnungslegungsdaten mitgeteilt werden.[10] Problematisch an den zivilrechtlichen Regelungen zur Rechnungslegung von Vereinen ist darüber hinaus, dass keine Publizitätsvorschriften existieren.[11]

Es lässt sich folglich feststellen, dass Vereinsmitglieder durch die Rechnungslegungsvorschriften des BGB-Vereinsrechts vor den Folgen des Informationsdefizits aus der Auftragsbeziehung zwischen dem Vereinsvorstand und den Mitgliedern[12] nur in geringem Maße geschützt werden.[13] Dem Vorstand eines Vereins sind somit „Tür und Tor" für „beschönigende Selbstdarstellungen" geöffnet.[14] Für die Fremdkapital-

---

[6] Vgl. § 7, § 8 Nr. 1 und 2 Ligaverband-Satzung und die Ausführungen in Gliederungspunkt 2.2.1.2. Im Folgenden wird der Begriff des Fußball-Clubs synonym für den Idealverein und die ausgegliederte Kapitalgesellschaft verwendet und nur wenn die Klarheit der Darstellung dies bedingt, eine Unterscheidung zwischen diesen beiden möglichen Rechtsformen vorgenommen.

[7] Vgl. etwa *Streim*, Non-Profit Unternehmen, S. 4071; *Sprengel*, Vereinskonzernrecht, S. 46ff.; *Madl*, Sportverein, S. 24ff.

[8] Vgl. u.a. *Galli/Dehesselles*, Rechnungslegung im Verein, S. 47ff. und m.w.N. Gliederungspunkt 2.2.1.1.

[9] Vgl. z.B. *Streim*, Non-Profit Unternehmen, S. 4071 m.w.N.; *Galli/Dehesselles*, Rechnungslegung im Verein, S. 48.

[10] Vgl. ebenfalls *Galli*, Rechnungswesen im Berufsfußball, S. 28f. Zu den Informationsbedürfnissen der Anspruchsgruppen eines Clubs vgl. Gliederungspunkt 4.1.

[11] Vgl. auch *Emmerich/Habersack*, Konzernrecht, S. 477f.; *Schewe*, Fußball-Verein als Kapitalgesellschaft, S. 166. Wird dennoch eine Art Geschäftsbericht bzw. Jahresabschluss erstellt, so wird den interessierten Mitgliedern regelmäßig nur an wenigen Werktagen durch Auslage dieser Berichte in der Geschäftsstelle Gelegenheit zum Einblick gewährt. Das IDW *empfiehlt* jedoch in einer aktuellen Stellungnahme aus dem Jahr 2006 erstmalig die Erstellung eines HGB-Abschlusses und Lageberichts sowie eine über die Vereinssatzung geregelte Offenlegung dieses Abschlusses nebst Lageberichts für sämtliche Idealvereine. Vgl. hierzu *IDW*, IDW RS HFA 14.

[12] Zu den Folgen und Hintergründen dieses Informationsdefizits bei einem Fußball-Club vgl. ausführlich Gliederungspunkt 3.1.2.2.

[13] Gleicher Ansicht *Streim*, Non-Profit Unternehmen, S. 4071; *Emmerich/Habersack*, Konzernrecht, S. 480f.; *Schewe*, Fußball-Verein als Kapitalgesellschaft, S. 165f.; *Madl*, Sportverein, S. 25f.; *Reichert*, Konkurs von Sportvereinen, S. 4f.

[14] Jedoch gilt es zu beachten, dass Vereinsmitglieder analog zu den Eigenkapitalgebern privatwirtschaftlicher Unternehmen die Macht besitzen, dem Vorstand eines Vereins jederzeit über die Ver-

geber eines Vereins entfalten die vereinsrechtlichen Vorschriften indessen keine Schutzwirkung.[15] Sie haben ausschließlich die Möglichkeit, sich vertraglich bspw. bestimmte Informationsrechte und/oder Rechte aus Kreditsicherheiten einräumen zu lassen und dies auch lediglich dann, wenn sie sich in einer starken Verhandlungsposition befinden.[16]

Durch die Umwandlung zahlreicher Lizenzspielerabteilungen in Kapitalgesellschaften ist eine zunehmende Anzahl an professionellen Fußball-Clubs zur Aufstellung eines Jahresabschlusses gemäß den *Vorschriften des HGB* verpflichtet. Die umgewandelten Clubs sind insofern in einem gegenüber den zivilrechtlichen Rechnungslegungsvorschriften des BGB erhöhten Umfang zur formalisierten und institutionalisierten periodischen Rechenschaft verpflichtet. Zudem sind die nach den Vorschriften des HGB erstellten Abschlüsse offenlegungs- und mitunter auch prüfungspflichtig, sodass die im Abschluss enthaltenen Informationen entsprechend durch externe Dritte verifiziert werden.[17] Die als Idealverein am Lizenzspielbetrieb teilnehmenden Clubs sind hingegen lediglich hinsichtlich der beim Ligaverband einzureichenden Unterlagen zum Nachweis der wirtschaftlichen Leistungsfähigkeit im Rahmen des Lizenzierungsverfahrens zur Erstellung eines HGB-Abschlusses verpflichtet.[18] Jedoch haben regelmäßig weder die Vereinsmitglieder noch die sonstigen Anspruchsgruppen am Idealverein ein Anrecht auf Einsichtnahme in die Lizenzierungsunterlagen.[19]

Zu einer grundlegenden Veränderung hinsichtlich der Rechnungslegung von Fußball-Clubs ist es durch die EU-Verordnung betreffend die Anwendung internationaler Rechnungslegungsstandards vom 19. Juli 2002 (IAS-Verordnung) gekommen. Sie verpflichtet seit 2005 sämtliche kapitalmarktorientierte[20] Unternehmen, ihren Konzernabschluss nach den von der EU anerkannten[21] *International Financial Reporting Standards* (IFRS) aufzustellen (Art. 4 IAS-Verordnung) und gemäß nationalen oder

---

einssatzung zusätzliche Informationspflichten – wie bspw. eine Rechnungslegung nach HGB oder IFRS – vorzuschreiben. Vgl. dazu etwa *Reichert*, Vereins- und Verbandsrecht, Rn. 557ff., 1569ff.

[15] Ebenso *Streim*, Non-Profit Unternehmen, S. 4071; *Schewe*, Fußball-Verein als Kapitalgesellschaft, S. 165f.; *Madl*, Sportverein, S. 22ff.; *Wertenbruch*, Lizenzspieler als Gläubigersicherheit, S. 1292. Vgl. insofern auch die Aussage von *Haas/Prokop*, nichtwirtschaftliche Verein, S. 1150: „Besonders insolvenzanfällig unter den Vereinen sind die Sportvereine. Dies hängt damit zusammen, dass das Insolvenzrisiko für gewöhnlich umso höher ist, je intensiver die Teilnahme des betreffenden Rechtsträgers am Wirtschaftsverkehr ist; denn wirtschaftlicher Erfolg und wirtschaftliches Risiko sind zwei Seiten derselben Medaille." Vgl. ferner *DFL*, Report 2006, S. 43: „Die Fremdkapitalsituation des deutschen Lizenz-Fußballs hat sich also entspannt. Ein erfreulicher Trend, der hoffentlich in der Zukunft fortgesetzt wird."

[16] Zu den Selbstschutzmöglichkeiten der Fremdkapitalgeber vgl. etwa *Streim*, Grundzüge, S. 16ff.

[17] Vgl. etwa *Coenenberg*, Jahresabschluss, S. 26ff.

[18] Vgl. hierzu § 8 Nr. 1, Anhang VII LO und zum Lizenzierungsverfahren ausführlich die Gliederungspunkte 2.2.2 und 5.1 m.w.N.

[19] Vgl. etwa *Ebel/Klimmer*, Lizenzierungsverfahren auf Grundlage harmonisierter Datenbasis, S. 193.

[20] Als kapitalmarktorientierte Unternehmen gelten dabei grundsätzlich diejenigen Unternehmen, deren Wertpapiere in einem beliebigen Mitgliedstaat der EU zum Handel in einem geregelten Markt zugelassen sind (Art. 4 IAS-Verordnung).

[21] Vgl. zum sog. Komitologieverfahren – das die IFRS betreffende Anerkennungsverfahren der Europäischen Kommission – etwa *Pellens/Fülbier/Gassen*, Internationale Rechnungslegung, S. 90ff.; *Ernst*, EU-Verordnungsentwurf, S. 823f.

auch internationalen Vorschriften offen zu legen.[22] Zu den von der IAS-Verordnung betroffenen Unternehmen zählen insofern auch die diversen kapitalmarktorientierten europäischen Fußball-Clubs. So unterliegt bspw. der börsennotierte deutsche Fußball-Club Borussia Dortmund grundsätzlich dieser europarechtlichen Anforderung.[23] Entsprechend den in der IAS-Verordnung gewährten und über das Bilanzrechtsreformgesetz (BilReG)[24] umgesetzten Mitgliedstaatenwahlrechten haben diejenigen (potenziellen) deutschen kapitalmarktorientierten Fußball-Clubs, die lediglich mit Schuldtiteln in einem geregelten Markt eines EU-Mitgliedstaats notiert sind, dieser Verpflichtung erst für Geschäftsjahre nachzukommen, die am oder nach dem 01.01.2007 und damit regelmäßig erst mit der Saison 2007/2008 beginnen (Art. 57 EGHGB). Indes stellen sogar die nicht kapitalmarktorientierten ausgegliederten Kapitalgesellschaften u.U. gemäß den umgesetzten Mitgliedstaatenwahlrechten auf freiwilliger Basis einen IFRS-Konzernabschluss auf (§ 315a Abs. 3 HGB) bzw. erstellen zur Erfüllung der gesetzlichen Verpflichtung zur Bundesanzeigerpublizität zusätzlich zum HGB-Einzelabschluss einen IFRS-Einzelabschluss (§ 325 Abs. 2a HGB).

Vor diesem Hintergrund erscheint eine generelle Einführung der IFRS-Rechnungslegungsvorschriften für *sämtliche professionelle Fußball-Clubs* unabhängig von ihrer Rechtsform und insbesondere zusätzlich auf der Ebene des Muttervereins denkbar. Dies könnte bspw. über die vereinsrechtlichen[25] und handelsrechtlichen Bestimmungen analog zu den branchenspezifischen Besonderheiten der §§ 340ff. des Handelsgesetzbuchs („Ergänzende Vorschriften für Unternehmen bestimmter Geschäftszweige") und/oder aber gemäß den verbandsrechtlichen Lizenzierungsbestimmungen des Ligaverbands erfolgen.[26] Insbesondere der letztere Fall wird derzeit vor allem im Zusammenhang mit dem europaweiten einheitlichen Clublizenzierungsverfahren der UEFA (*Union des Associations Européennes de Football*) diskutiert[27], welches in das jeweilige Verbandsrecht der Nationalverbände unter Berücksichtigung des nationalen Rechtsrahmens zu transformieren ist. So gewährt die UEFA zum Nachweis der wirtschaftlichen Leistungsfähigkeit bereits aktuell in ihrem Handbuch zum Clublizenzierungsverfahren das Wahlrecht, den Jahresabschluss auf der Grundlage nationaler Rechnungslegungsvorschriften für Kapitalgesellschaften oder auf Ba-

---

[22] Vgl. hierzu *Pellens/Fülbier/Gassen*, Internationale Rechnungslegung, S. 840ff.

[23] Vgl. zu den von der IAS-Verordnung EU-weit unmittelbar betroffenen börsennotierten Fußball-Clubs auch die Auflistung in Gliederungspunkt 2.2.1.2.

[24] Vgl. zum Bilanzrechtsreformgesetz exemplarisch *Wendlandt/Knorr*, Bilanzrechtsreformgesetz; *Hoffmann/Lüdenbach*, Bilanzrechtsreformgesetz.

[25] Vgl. in diesem Zusammenhang ebenfalls die bereits angeführte Empfehlung des *IDW* zur Anwendung der handelsrechtlichen Rechnungslegungsvorschriften auf Idealvereine. Das *IDW* führt in dieser Stellungnahme aus, dass anstelle der HGB-Vorschriften auch eine Rechnungslegung nach internationalen Rechnungslegungsvorschriften denkbar wäre. Vgl. *IDW*, IDW RS HFA 14, Tz. 3, 41.

[26] Vgl. zu einer analogen Forderung allerdings im Zusammenhang mit der fehlenden Pflicht zur Veröffentlichung des HGB-Abschlusses im Rahmen des Lizenzierungsverfahrens auch *Aldermann*, Lizenzfußball, S. 112.

[27] Vgl. *Homberg/Elter/Rothenburger*, Bilanzierung von Spielervermögen, S. 250f.; *Galli*, Lizenzierungsverfahren der UEFA, S. 179; *Parensen*, Transferentschädigungen, S. 186f.; *Ebel/Klimmer*, Lizenzierungsverfahren auf Grundlage harmonisierter Datenbasis, S. 188, 194ff.; *Galli*, Rechnungswesen im Berufsfußball, S. 276f.

sis der IFRS zu erstellen.[28] Mithin tritt der deutsche Ligaverband als Regulierer der Rechnungslegung von Fußball-Clubs auf, indem er als sekundären Zweck des Lizenzierungsverfahrens infolge fehlender Bilanzierungsvorschriften speziell für die Idealvereine anführt:

> „Die Lizenznehmer betätigen sich zunehmend in erheblichem Umfang wirtschaftlich. Die Risiken nehmen für alle am Spielbetrieb direkt oder indirekt Beteiligten – Lizenznehmer, Spieler, Partner der Wirtschaft, Medienpartner etc. – zu. Dies gilt insbesondere auch für die Gläubiger der Lizenznehmer. Der *Schutz der Gläubiger* tritt somit ebenfalls immer mehr in den Vordergrund."[29]

Zu diesem Zweck verlangt der Ligaverband ebenfalls im Interesse der Fremdkapitalgeber eines Clubs bereits seit Jahren die Aufstellung und Einreichung eines erweiterten HGB-Abschlusses.[30] Für den Fall, dass zukünftig anstelle des derzeit vorgeschriebenen HGB-Abschlusses ein IFRS-Abschluss im Rahmen des Lizenzierungsverfahrens u.a. aufgrund der Bestimmungen der UEFA verpflichtend wird, bedarf es dann – analog zum derzeitigen HGB-Abschluss – nicht nur einer lediglich ligainternen Veröffentlichung des potenziellen IFRS-Abschlusses, sondern einer erweiterten Publizitätspflicht insbesondere für die Vereinsmitglieder und Fremdkapitalgeber des (Mutter-)Vereins.[31]

Entscheidende Charakteristika eines Fußball-Clubs aus ökonomischer Sicht sind insbesondere die interdependente Verbindung von sportlichem und wirtschaftlichem Erfolg einerseits und der Einsatz des spezifischen „Produktionsfaktors" des Fußballspielers andererseits. Diese beiden Merkmale unterscheiden einen Fußball-Club von Unternehmen anderer Branchen.[32] *Fußballspieler* stellen dabei die bedeutendsten Produktionsfaktoren eines Fußball-Clubs dar, schließlich „steht und fällt" das gesamte Geschäft mit den Fußballspielern. Die wirtschaftliche Bedeutung des Spielervermögens eines Clubs lässt sich anhand des folgenden Zitats illustrieren:

> „Yet in many [...] cases the club might be able to sell a single player for over £10m, with just a handful of their top players possibly bringing in more than the club's total fixed assets, as listed in the Balance Sheet."[33]

---

[28] Vgl. UEFA-Klublizenzierungsverfahren, Tz. 10.1, 10.6.2, 10.6.4.1.

[29] Anhang IX LO [Hervorhebung nicht im Original]. Den primären Zweck des Lizenzierungsverfahrens stellt hingegen die Vermeidung eines insolvenzbedingten Ausscheidens während einer laufenden Spielzeit dar. Vgl. hierzu ausführlich Gliederungspunkt 2.2.2. Hierdurch sollen im Wesentlichen Wettbewerbsverzerrungen und daraus resultierende mögliche Beeinträchtigungen bei der Vermarktung der Lizenzligen i.S. des Schutzes der am Spielbetrieb teilnehmenden Fußball-Clubs verhindert werden. Vgl. zu den Zwecken des Lizenzierungsverfahrens etwa m.w.N. *Klimmer*, Prüfung der wirtschaftlichen Leistungsfähigkeit, S. 138ff. und die Literaturverweise in den Gliederungspunkten 2.2.2 und 5.1.

[30] Vgl. § 8 Nr. 1, Anhang VII LO bzw. eingehend und m.w.N. Gliederungspunkt 5.1.

[31] Vgl. in diesem Zusammenhang auch *Ebel/Klimmer*, Lizenzierungsverfahren auf Grundlage harmonisierter Datenbasis, S. 193; *Wertenbruch*, Lizenzspieler als Gläubigersicherheit, S. 1292. Vgl. ferner *Kebekus*, Rechtsform, S. 158 m.w.N.

[32] Vgl. auch *Hoffmann*, Bilanzierung von Fußballprofis, S. 129f.; *Sigloch*, Fußballspieler in der Bilanz, S. 53; *Burg*, football sector, S. 41ff.; *Michie/Verma*, accounting issues for football clubs, S. 4.

[33] *Michie/Verma*, accounting issues for football clubs, S. 2f. Vgl. zur wirtschaftlichen Bedeutung des Spielervermögens eines Clubs auch *Ernst & Young*, Profifußball, S. 57; *Deloitte & Touche*, Football Finance 2004, S. 59; *Homberg/Elter/Rothenburger*, Bilanzierung von Spielervermögen, S. 250; *Parensen*, Transfersystem des DFB, S. 3ff.

Trotz der erheblichen wirtschaftlichen Bedeutung des Spielervermögens ist eine verstärkte Diskussion über die vor allem auch aufgrund der IAS-Verordnung hochgradig aktuelle und zudem bisher ungeregelte fußballspezifische *Bilanzierung nach IFRS* im Gegensatz zu den handels- und steuerrechtlichen Vorschriften[34] und zu den Regelungen der UK-GAAP[35] in der Literatur bisher ausgeblieben. Zwar wurde vereinzelt bereits der Versuch unternommen, IFRS-konforme Anwendungsleitlinien zur Bilanzierung professioneller Fußballspieler zu geben.[36] Eine intensive Diskussion über die zweckmäßige bilanzielle Abbildung des Spielervermögens in der informationsorientierten Rechnungslegung hat jedoch zumindest in der deutschsprachigen Literatur bisher gar nicht erst stattgefunden. Einzig und allein für die sich stark an die einschlägigen IFRS-Vorschriften anlehnenden UK-GAAP-Bilanzierungsnormen für professionelle Fußballspieler finden sich im englischsprachigen Schrifttum einzelne Stellungnahmen. Zudem ist zu konstatieren, dass die IFRS-konformen Anwendungsleitlinien nicht sämtliche Facetten dieses überaus komplexen und hochaktuellen Themengebiets abdecken und zum Teil auch noch ohne nähere Begründung angeführt werden.[37] Ferner findet sich im erstmaligen IFRS-Abschluss von Borussia Dortmund lediglich der lapidare Verweis auf die mit dem von der FIFA erlassenen „Reglement bezüglich Status und Transfer von Spielern" konforme Bilanzierung professioneller Fußballspieler und demnach keine unmittelbare Bezugnahme auf die IFRS.[38]

Die vorliegende Arbeit nimmt dies zum Anlass, um diese „Bilanzierungslücke" zu füllen. Im Einzelnen werden im Rahmen dieser Arbeit die nachstehend genannten vier *Hauptziele* verfolgt:
1. Zunächst sollen in Ermangelung konkreter Bilanzierungsvorschriften für professionelle Fußballspieler Anwendungsleitlinien zur IFRS-konformen bilanziellen Abbildung gegeben werden.
2. Anschließend sollen diese entwickelten Bilanzierungsvorschriften für Profifußballspieler vor dem Hintergrund der Zwecke der Rechnungslegung einer ökonomischen Analyse unterzogen werden.
3. Die Analyse der Rechnungslegungsregeln zur Bilanzierung von Profifußballspielern anhand der Zwecksetzung erfordert jedoch zuvor die Herleitung eines geeig-

---

[34] Vgl. hierzu bspw. die Beiträge von *Ebel/Klimmer*, Fußball-Profis in der Bilanz und *Littkemann*, Probleme der bilanziellen Behandlung von Transferentschädigungszahlungen sowie Gliederungspunkt 5.1 m.w.N.

[35] Vgl. etwa *Amir/Livne*, Football Player Contracts; *Forker*, Discussion of Football Player Contracts; *Rowbottom*, Intangible Asset Accounting; *Michie/Verma*, accounting issues for football clubs; *Morrow*, FRS 10 und Gliederungspunkt 5.2 m.w.N.

[36] Vgl. *Hoffmann*, Bilanzierung von Fußballprofis; *Homberg/Elter/Rothenburger*, Bilanzierung von Spielervermögen; *Lüdenbach/Hoffmann*, Profifußball; *Parensen*, Transferentschädigungen, S. 184ff.; *Galli*, Rechnungswesen im Berufsfußball, S. 275ff.

[37] Vgl. u.a. die Aussage von *Lüdenbach/Hoffmann*, Profifußball, S. 1443 zur Charakterisierung eines Fußballspielers: „Als selbstverständlich wird dabei – auch in diesem Beitrag – ein immaterieller Wert unterstellt [..., obwohl] einem Fußballspieler [...] „physische Substanz" indes kaum abgesprochen werden" kann.

[38] Vgl. *Borussia Dortmund GmbH & Co. KGaA*, Geschäftsbericht 2006, S. 132: „Die ausgewiesenen Spielerwerte werden unter Berücksichtigung des am 21.09.2001 in Kraft getretenen „Status und Transfer von Spielern", abgefasst im FIFA-Zirkular Nr. 769 v. 24.08.2001, zu Anschaffungskosten bewertet und linear entsprechend der individuellen Vertragslaufzeit der Anstellungsverträge der Lizenzspieler abgeschrieben."

neten Beurteilungsmaßstabs. Dazu soll im Rahmen dieser Arbeit ein Konzept entwickelt werden, welches sowohl die Wohlfahrtspositionen der „klassischen" Kapitalgeber eines Fußball-Clubs in Form der Eigenkapitalgeber und Fremdkapitalgeber als auch erstmalig die der Vereinsmitglieder einbezieht.

4. Falls sich die erarbeiteten IFRS-konformen Regelungen zur bilanziellen Abbildung professioneller Fußballspieler im Rahmen der ökonomischen Analyse letztlich als nicht zweckmäßig erweisen, sollen abschließend Reformvorschläge zur zweckmäßigen bilanziellen Abbildung entwickelt werden.

Ein *Nebenziel* dieser Arbeit besteht in der Darstellung ausgewählter, bestehender Rechnungslegungsvorschriften für Fußballspieler. Dabei werden insbesondere die Vorschriften des deutschen Handels- und Steuerrechts und der Lizenzierungsordnung des „Die Liga – Fußballverband" sowie die der UK-GAAP für Fußball-Clubs aus dem „Mutterland des Fußballs" beleuchtet. Die Darstellung der Bilanzierungsvorschriften der UK-GAAP erfolgt ausdrücklich deshalb, weil diese sich einerseits stark an die einschlägigen Vorschriften des IASB anlehnen und die Frage der Bilanzierung des Spielervermögens andererseits seit langem eine intensive Diskussion erfährt. Weiterhin sollen die ökonomischen, organisatorischen und (vereins-)rechtlichen Grundlagen des Fußballsports in Deutschland herausgearbeitet werden.

Zur Erreichung der angestrebten Ziele wird die Untersuchung wie folgt *strukturiert*:

Zunächst werden im *zweiten Kapitel* die für die bilanzielle Abbildung unerlässlichen ökonomischen, organisatorischen sowie (vereins-)rechtlichen Grundlagen gelegt. Insbesondere die Voraussetzungen zur Teilnahme am Spielbetrieb der beiden Lizenzligen und die im Zeitablauf ständig modifizierten verbandsrechtlichen Transferbestimmungen sind für die Bilanzierung des Fußballspielers von herausragender Bedeutung.

Das *dritte Kapitel* dient der Herleitung des Beurteilungsmaßstabs für die im siebten Kapitel vorzunehmende ökonomische Analyse der IFRS-konformen Bilanzierungsregeln für professionelle Fußballspieler. Da Rechnungslegungssysteme bestimmte Zwecke erfüllen, wird die Analyse der Rechnungslegungsregeln zur Bilanzierung von Profifußballspielern anhand der Zwecksetzung vorgenommen. Den Ausgangspunkt für die Erarbeitung des Beurteilungsmaßstabs bilden dabei Effizienz- und Gerechtigkeitsüberlegungen.

Im *vierten Kapitel* werden ausgehend vom Zweck der Rechnungslegung für Fußball-Clubs Anforderungen an informative Rechnungslegungsvorschriften zur Reduktion bzw. Vermeidung informationsbedingter Kapitalgeberrisiken im Fußball-Club herausgearbeitet.

Im *fünften Kapitel* erfolgt eine Bestandsaufnahme ausgewählter Rechnungslegungsvorschriften für Fußballspieler, die zudem eine Beurteilung hinsichtlich der spezifischen bilanziellen Abbildung im Rahmen der IFRS ermöglicht. Hierbei werden die Bilanzierungsvorschriften des deutschen Handels- und Steuerrechts und der Lizenzierungsordnung des „Die Liga – Fußballverband" sowie die der UK-GAAP dargestellt.

Das *sechste Kapitel* umfasst die Darstellung der IFRS-konformen Anwendungsleitlinien zur bilanziellen Abbildung professioneller Fußballspieler. Da die Bilanzierung professioneller Fußballspieler vom IASB bisher in keinem bestimmten Standard explizit kodifiziert worden ist, werden zunächst die unstrittig anzuwendenden Bilanzierungsvorschriften herausgearbeitet und anschließend auf das Spezifikum des Fußballspielers übertragen.

Im *siebten Kapitel* werden die IFRS-konformen Bilanzierungsvorschriften für professionelle Fußballspieler schließlich einer umfassenden ökonomischen Analyse unterzogen. Erweisen sich die erarbeiteten Bilanzierungsregelungen dabei als nicht zweckmäßig, sollen abschließend Reformvorschläge zur zweckmäßigen bilanziellen Abbildung entwickelt werden.

Das *achte Kapitel* schließt die Arbeit mit der Zusammenfassung der wesentlichen Ergebnisse der Untersuchung sowie einem Ausblick auf mögliche künftige Entwicklungen ab.

Zweites Kapitel

2 Grundlagen des Profifußballs in Deutschland

Fußball ist wie jede andere professionelle oder auf Amateurbasis betriebene Sportart in Vereinen und Verbänden organisiert. Während die Vereine dem einzelnen Akteur als Mitglied ein „Dach über dem Kopf" gewähren, erfolgt der Zusammenschluss sämtlicher Vereine unter einem Dachverband, der für die Ausübung des Sports verantwortlich ist; im Fußballsport ist dies der Deutsche Fußball-Bund (DFB). Der DFB vereinigt 5 Regional- und 21 Landesverbände mit den entsprechenden Fußball-Clubs und im Profisport der Bundesliga und der 2. Bundesliga zusätzlich den Ligaverband als Verbandsmitglieder.[1]

Bevor die konkrete bilanzielle Abbildung professioneller Fußballspieler in der IFRS-Rechnungslegung beleuchtet und anschließend einer kritischen Analyse unterzogen wird, gilt es im nachfolgenden Kapitel zunächst die angeführten Verbandsstrukturen in Form der verantwortlichen Gremien nebst deren Aufgaben und Kompetenzen zu skizzieren.[2] Sowohl die Darstellung als auch die anschließende Analyse der Bilanzierungsregeln für Profifußballspieler verlangt zudem eine Beschreibung des „Fußball-Unternehmens". Zu diesem Zweck sind insbesondere die den Fußballspieler beheimatenden Fußball-Clubs näher zu beleuchten. Darüber hinaus ist eine Betrachtung der verbandsrechtlichen Vorschriften hinsichtlich der Teilnahmevoraussetzungen zum Profifußball sowohl für die Spieler als auch für die Fußball-Clubs und weiterhin bezüglich des Transfers von Spielern zwingend notwendig.

2.1 Deutscher Fußball-Bund e.V. (DFB)

2.1.1 Grundlegende Organisationsstruktur

Der DFB wurde am 28. Januar 1900 gegründet und stellt den Dachverband des Fußballsports in Deutschland in der Rechtsform eines gemeinnützigen, eingetragenen Vereins mit Sitz in Frankfurt am Main dar. Seit dem 21. November 1990 umfasst der DFB auch den Nordostdeutschen Fußballverband (NOFV) als ehemaligen Fußball-dachverband der DDR (Präambel der DFB-Satzung, §§ 1, 5 DFB-Satzung). Im internationalen Kontext ist der DFB weiterhin Mitglied im Weltfußballverband FIFA (*Fédération Internationale de Football Association*)[3] und in deren Konföderation, der Europäischen Fußball Union UEFA (*Union des Associations Européennes de Football*). Diese sind u.a. für die Ausrichtung der FIFA Fußball-Weltmeisterschaft und der europäischen Nationalmannschafts- bzw. Clubwettbewerbe UEFA Fußball-Europa-

---

[1] Für einen historischen Abriss des professionellen Fußballsports vgl. exemplarisch *Hübl/Swieter*, Fußball-Bundesliga, S. 25ff.; *Dinkelmeier*, „Bosman"-Urteil, S. 3ff.; *Flory*, Fall Bosman, S. 19f.; *Väth*, Profifußball, S. 49ff.

[2] Zu den rechtlichen Grundlagen des professionellen Fußballsports im europäischen Ausland vgl. z.B. *Galli*, Rechtsformgestaltung; *Galli*, Rechnungswesen im Berufsfußball, S. 43ff.; *Malatos*, Berufsfußball, S. 20ff.

[3] Gemäß Art. 10 der FIFA-Statuten wird pro Staat explizit nur ein Fußballverband als Mitglied der FIFA anerkannt, weshalb hierbei auch von einem „Ein-Platz-Prinzip" gesprochen wird. Einzige Ausnahme von diesem Prinzip stellen gemäß Art. 10 Abs. 5 die vier historisch entstandenen britischen Verbände dar, die für England, Wales, Schottland und Nordirland zuständig sind.

meisterschaft, Champions League (bis zur Saison 1991/92 Europapokal der Landesmeister) und UEFA-Pokal verantwortlich (§ 3 Nr. 1, 2 DFB-Satzung).[4] Nachstehende Abbildung fasst die im weiteren Verlauf dargestellten Verbandsstrukturen im deutschen Fußballsport und die Stellung des Deutschen Fußball-Bunds innerhalb dieser Strukturen vorab überblicksartig zusammen:

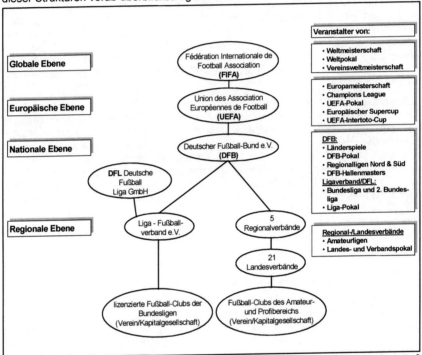

Abbildung 1: Verbandsstrukturen im Fußballsport aus deutscher Perspektive[5]

Zweck und Aufgabe des Deutschen Fußball-Bunds ist insbesondere die Förderung, die Sicherung sowie die nationale und internationale Vertretung des deutschen Fußballsports. Weiterhin zählt die Organisation der Bundesliga und der 2. Bundesliga sowohl der Frauen und Herren, der Regionalliga und der A-Junioren-Bundesliga zur Ermittlung der Deutschen Fußballmeister, der Auf- und Absteiger sowie der Teilnehmer an den internationalen Wettbewerben zu seinem Aufgabenbereich (§ 4 DFB-Satzung).[6]

---

4   Bis zur Saison 1998/99 wurde zusätzlich der Wettbewerb um den Europapokal der Pokalsieger ausgetragen.

5   In Anlehnung an *Independent Research*, Borussia Dortmund, S. 51.

6   Die Organisation aller anderen Spielklassen und die Ermittlung der Auf- und Absteiger dieser Spielklassen wird von den Regional- und Landesverbänden unter Beachtung der DFB-Satzung selbständig geregelt (§§ 12 und 14 DFB-Satzung).

Aufgrund einer in Deutschland fehlenden Sportgesetzgebung besitzt einzig und allein der DFB die Macht zur Kodifizierung und Anwendung eines für alle Verbandsmitglieder unmittelbar geltenden, eigenständigen Verbandsrechts. Dieses ist in diversen Ordnungen wie bspw. der Spiel-, Finanz-, Rechts- und Verfahrensordnung geregelt (§ 6 Nr. 1 DFB-Satzung).[7] Der DFB trägt folglich die Gesamtverantwortung für den Fußballsport und besitzt eine vom Bundesgerichtshof anerkannte – und international aufgrund der „Ein-Platz"-Mitgliedschaft bei der FIFA abgesicherte[8] – Monopolstellung, obwohl er eine juristische Person des privaten Rechts darstellt.[9] Ein staatlicher Eingriff ist mithin nur dann zu erwarten, wenn gegen grundlegende Verfassungsprinzipien verstoßen wird. Insofern sind sowohl die Regional- und Landesverbände (sog. Mitgliedsverbände) als ordentliche Mitglieder im DFB als auch deren Mitglieder in Form der Fußball-Clubs den verbandsrechtlichen Regelungen unterworfen. Darüber hinaus sind die Fußball-Clubs und die Profifußballspieler auf die in den Gliederungspunkten 2.2.2 und 2.3.1 noch zu erläuternde Lizenzerteilung im Fall der Teilnahme am Berufsfußball in den beiden Lizenzligen durch den DFB angewiesen (§ 6 Nr. 5, § 7 DFB-Satzung).

Im Zusammenhang mit der Aufgabenerfüllung sind vom DFB und damit auch von seinen Mitgliedern und den Fußball-Clubs ausdrücklich die international vereinheitlichten und übergeordneten Vorschriften der FIFA (und UEFA) hinsichtlich Transferregelungen von Fußballspielern, Reglements für internationale Wettbewerbe und die von der FIFA festgelegten Spielregeln verbindlich zu beachten (§ 3 Nr. 1, § 4d) DFB-Satzung; Art. 6 FIFA-Statuten).

Der *Berufsfußball* in den Lizenzligen der Bundesliga und der 2. Bundesliga, den beiden höchsten Spielklassen in Deutschland, existiert innerhalb des Deutschen Fußball-Bunds seit 1963 und stellte bis zur Spielzeit 2000/01 eine zusammen mit dem Amateurfußball zentral verwaltete Einrichtung dar. Aufgrund zunehmender Interessendivergenzen zwischen den Vertretern der Amateur- und Profiligen wurde der Berufsfußball allerdings am 18. Dezember 2000 vom Amateurfußball organisatorisch getrennt. Seit der Spielzeit 2001/2002 wird der Profifußball nunmehr gänzlich durch den speziell zu diesem Zweck gegründeten Ligaverband betrieben, während der Spielbetrieb in den Amateurspielklassen weiterhin vom DFB bzw. seinen Regional- und Landesverbänden geregelt wird (Präambel der DFB-Satzung, § 6 Nr. 2b) und § 16 DFB-Satzung).[10]

---

[7]   Zur rechtlichen Grundlage des Verbandsrechts in Deutschland vgl. ausführlich *Galli*, Rechnungswesen im Berufsfußball, S. 40ff.; *Malatos*, Berufsfußball, S. 46ff. beide m.w.N.

[8]   Vgl. hierzu auch Art. 10 Nr. 1 der FIFA-Statuten: „In jedem Land wird nur ein Verband anerkannt" und FN 3 dieses Gliederungspunkts.

[9]   Vgl. BGH vom 02.12.1974; *Trommer*, Transferregelungen, S. 26ff.; *Flory*, Fall Bosman, S. 18f.; *Malatos*, Berufsfußball, S. 47f.

[10] Ursächlich hierfür war das noch gemäß § 47 der vorherigen DFB-Satzung zu berücksichtigende Gesamtinteresse des Deutschen Fußball-Bunds im Rahmen der Interessenvertretung der lizenzierten Fußball-Clubs und der Lizenzspieler.

2.1.2 Strukturelle Organisation des Berufsfußballs

2.1.2.1 „Die Liga – Fußballverband" e.V. (Ligaverband)

Der Ligaverband betreibt per Grundlagenvertrag mit dem DFB als ordentliches Verbandsmitglied die beiden Lizenzligen „Bundesliga" und „2. Bundesliga" unter Beachtung der DFB-Satzung und Ordnungen sowie der internationalen Statuten und Reglements der FIFA und UEFA (§ 7, § 16 DFB-Satzung; § 3 Nr. 1 - 4 Ligaverband-Satzung). Mit der Gründung des eingetragenen Vereins Ligaverband mit Sitz in Frankfurt am Main als Zusammenschluss der lizenzierten Fußball-Clubs hat der DFB somit die Ausübung seiner Rechte ganz oder teilweise auf einen anderen Mitgliedsverband übertragen (§ 6 Nr. 3 DFB-Satzung; § 1 Ligaverband-Satzung).

Die Hauptaufgaben des Ligaverbands ergeben sich aus der eigenverantwortlichen Übernahme der in § 4 der DFB-Satzung festgelegten Aufgaben und Zwecke des DFB hinsichtlich der beiden Lizenzligen: So ist der Ligaverband vorwiegend für die Organisation der Bundesliga und der 2. Bundesliga mit dem Ziel der Ermittlung des Deutschen Fußballmeisters, der Auf- und Absteiger aus den und in die Lizenzligen sowie der Teilnehmer an den europäischen Wettbewerben der UEFA verantwortlich (§ 16a Nr. 1 DFB-Satzung; § 4 Nr. 1a), b) Ligaverband-Satzung). Auch die Vergabe der Lizenzen an die Fußball-Clubs als Voraussetzung für die Teilnahme am Spielbetrieb der Lizenzligen sowie die Lizenzerteilung an die Spieler der Lizenzligen fällt in seinen Zuständigkeitsbereich (§ 16a Nr. 3 DFB-Satzung; § 4 Nr. 1c), d) Ligaverband-Satzung). Dabei beteiligt sich der Ligaverband ebenfalls aktiv an der Förderung und der Sicherung des gesamten deutschen Fußballsports und trägt durch die Erlöse aus dem Betrieb der Lizenzligen zur Finanzierung des Deutschen Fußball-Bunds bei (Präambel der Ligaverband-Satzung).

Zur Durchführung dieser vom DFB ausgelagerten Verantwortungsbereiche sind vom Ligaverband neben der Satzung insbesondere auch ein die Lizenzerteilung an die Fußball-Clubs und Spieler regelndes Ligastatut und diverse Ordnungen wie bspw. die Finanz- und die Geschäftsordnung erlassen worden (§ 5 Nr. 1 Ligaverband-Satzung).[11] Dabei ist der Einfluss der einzelnen Fußball-Clubs der Lizenzligen auf deren Betreiben mit der Gründung des Ligaverbands deutlich gestiegen. Die lizenzierten Fußball-Clubs stellen nach § 7 der Ligaverband-Satzung ordentliche Mitglieder des Ligaverbands dar und wählen im Rahmen der Mitgliederversammlung den Vorstand des Ligaverbands sowie den für die Lizenzvergabe zuständigen Lizenzierungsausschuss (§ 25 Nr. 2a) Ligaverband-Satzung).[12] Vor der organisatorischen Trennung des Profi- vom Amateurfußball waren die lizenzierten Vereine gemäß der alten Fassung des § 7 Nr. 3 der DFB-Satzung lediglich außerordentliche Mitglieder des DFB und dem Gesamtinteresse des Deutschen Fußball-Bunds unterworfen.[13]

---

[11] Neben der Lizenzierungsordnung (LO) und der Lizenzordnung Spieler (LOS) sind im Ligastatut ebenfalls Vorschriften bezüglich der Spielordnung des Ligaverbands und der Verwertung von kommerziellen Rechten enthalten.

[12] Die lizenzierten Fußball-Clubs sind allerdings gemäß § 10 Abs. 2 des Grundlagenvertrags des DFB mit dem Ligaverband weiterhin Mitglieder in den für sie zuständigen Regional- und Landesverbänden.

[13] Vgl. hierzu ebenfalls die Ausführungen in FN 10 dieses Gliederungspunkts.

Die in § 4 der Ligaverband-Satzung festgelegten Aufgaben und Zwecke des Ligaverbands hinsichtlich des Betreibens der beiden Lizenzligen werden allerdings nicht von ihm selbst verfolgt, sondern vornehmlich von der „DFL Deutsche Fußball Liga GmbH" als geschäftsführendem Organ (§ 4 Nr. 2, § 19 Nr. 1 Ligaverband-Satzung). Folglich verbleiben lediglich die Förderung und Sicherung des Lizenzliga-Fußballsports sowie die Lizenzerteilung an die Fußball-Clubs und die Spieler als Hauptaufgaben beim Ligaverband (§ 4 Nr. 1c) - f), § 17 Nr. 2c) Ligaverband-Satzung).

2.1.2.2   „DFL Deutsche Fußball Liga GmbH"

Für die Führung des operativen Geschäfts des Ligaverbands wurde eigens die Deutsche Fußball Liga in der Rechtsform einer GmbH mit Sitz in Frankfurt am Main gegründet (§ 19 Nr. 1 Ligaverband-Satzung; § 1 DFL-Satzung). Dabei tritt der Ligaverband als Alleingesellschafter auf, wobei zwischen dem Vorstand des Ligaverbands und dem Aufsichtsrat als Kontrollgremium der DFL Personenidentität besteht (§ 17 Nr. 6 Ligaverband-Satzung; § 3 Nr. 1, § 7 Nr. 1 DFL-Satzung).[14] Mit der Gründung der Deutschen Fußball Liga hat der Vorstand des Ligaverbands folglich von seinem Recht zur Übertragung von Aufgaben, die von der DFL eigenständig und selbstverantwortlich wahrzunehmen sind, Gebrauch gemacht (§ 5 Nr. 6 Ligaverband-Satzung).

Zum operativen Geschäft der DFL gehört vorzugsweise die verantwortliche Leitung des Spielbetriebs der Bundesliga und der 2. Bundesliga nebst der Durchführung der einzelnen Wettbewerbe und die Vermarktung der sich aus den übertragenden Verantwortungsbereichen ergebenden Rechte wie bspw. die Vergabe von Übertragungsrechten für Fernsehen und Hörfunk sowie die Vermarktung des Liga-Logos (§ 19 Nr. 2 Ligaverband-Satzung; § 2 Nr. 1 DFL-Satzung). Die Aufgabenerfüllung der DFL hat allerdings grundsätzlich in Einklang mit der DFB-Satzung, dem Grundlagenvertrag zwischen dem DFB und dem Ligaverband und der Satzung des Ligaverbands zu erfolgen (§ 4 DFL-Satzung).

2.2   Fußball-Clubs

Jedes Jahr treten in den beiden Lizenzligen „Bundesliga" und „2. Bundesliga" je 18 Fußball-Clubs gegeneinander an, um den Deutschen Fußballmeister, die Auf- und Absteiger zwischen der Bundesliga und der 2. Bundesliga und die Absteiger aus der 2. Bundesliga sowie die Teilnehmer an den internationalen Wettbewerben zu ermitteln.[15] Neben der sportlichen Qualifikation der Clubs und der Firmierung gemäß den verbandsrechtlich vorgeschriebenen Rechtsformen (eingetragener Verein und Kapitalgesellschaft) erfordert die Teilnahme am Spielbetrieb der Lizenzligen zusätzlich den Erwerb einer so genannten Spiellizenz, die durch den Ligaverband vergeben wird. Auf diesen Punkten liegt der Fokus der Ausführungen des folgenden Kapitels.

---

[14] So gehören zu den Aufgaben des Aufsichtsrats der DFL gem. § 7 Nr. 4 der DFL-Satzung speziell die Bestellung, Abberufung und Entlastung der Geschäftsführung sowie deren Prüfung und Überwachung.

[15] Am Ende einer Spielzeit steigen die drei schlechtplatziertesten Clubs der Bundesliga in die 2. Bundesliga ab, während die drei bestplatziertesten Clubs der 2. Bundesliga in die Bundesliga an deren Stelle aufsteigen; aus der 2. Bundesliga steigen schließlich die letzten vier Clubs in die Regionalligen ab (§ 3 Nr. 2a), 3a), 4a) SpOL).

2.2.1 Rechtsformen der Fußball-Clubs

2.2.1.1 Eingetragener Verein (e.V.)

Gemäß Art. 9 Abs. 1 des Grundgesetzes haben alle „Deutschen das Recht, Vereine und Gesellschaften zu bilden". Das Bürgerliche Gesetzbuch (BGB) enthält zwar das Vereinsrecht regelnde Vorschriften, eine Definition des Begriffs ‚Verein' ist allerdings weder dem BGB noch anderen Rechtsquellen zu entnehmen. Von der Rechtsprechung wird der Begriff des ‚Vereins' dahingehend ausgelegt, dass es sich um einen auf Dauer angelegten und körperschaftlich organisierten Zusammenschluss einer größeren Anzahl von Personen zur Erreichung eines gemeinsamen Zwecks handelt, der weiterhin auf einen wechselnden Mitgliederbestand angelegt ist.[16]

Das BGB unterscheidet hinsichtlich des Zwecks zwischen einem nicht wirtschaftlichen und einem wirtschaftlichen Verein.[17] Als *nicht wirtschaftliche* bzw. ideelle *Vereine* oder Idealvereine gelten solche Vereine, deren „Zweck nicht auf einen wirtschaftlichen Geschäftsbetrieb ausgerichtet ist" (§ 21 BGB). Der nicht wirtschaftliche Verein erlangt Rechtsfähigkeit i.s. von rechtlicher Selbständigkeit durch Eintragung in das Vereinsregister des für ihn zuständigen Amtsgerichts (eingetragener Verein (e.V.)). Verfolgt der Verein hingegen einen wirtschaftlichen Zweck, so erlangt dieser *wirtschaftliche Verein* seine rechtliche Selbständigkeit lediglich durch staatliche Verleihung i.s. eines konzessionierten Vereins (§ 22 BGB). Dies setzt allerdings voraus, dass dem Verein die Erlangung der Rechtsfähigkeit nicht durch einen Rechtsformwechsel bspw. in eine AG zugemutet werden kann.[18] Entscheidend für die Beurteilung, ob es sich bei einem Verein um einen wirtschaftlichen Verein handelt, ist die objektive Tätigkeit des Vereins in Form dauerhaft angebotener, planmäßiger Leistungen gegen Entgelt.[19]

Bis zum Jahr 1998 waren sämtliche Fußball-Clubs der beiden Lizenzligen aufgrund der Lizenzierungsbestimmungen des DFB *eingetragene Vereine* (e.V.). Ein Großteil der Fußball-Clubs firmiert aktuell immer noch ausschließlich als Idealverein i.S. des § 21 BGB und verfolgt demzufolge laut Satzung einen ideellen und keinen wirtschaftlichen Zweck, bspw. in Form der Förderung des Sports und/oder der körperlichen Ertüchtigung.[20] So bezweckt der Fußball-Club Schalke 04 gemäß seiner Satzung „die körperliche, geistige und charakterliche Bildung seiner Mitglieder – vornehmlich der Jugend – durch planmäßige Pflege der Leibesübungen"[21]. Begründet wird der Status eines Idealvereins mit dem *Nebenzweckprivileg*, nach dem jede wirtschaftliche Betä-

---

[16] Vgl. hierzu ausführlich *Burhoff*, Vereinsrecht, S. 27ff.; *Stöber*, Vereinsrecht, Rdn. 4.

[17] Daneben existiert der für Zwecke dieser Arbeit nicht relevante sog. „Alt-Verein". Diese Vereinsform entstammt dem Vereinsrecht vor In-Kraft-Treten des BGB.

[18] Vgl. hierzu *Steding*, Verein, S. 104; *Fuhrmann*, Idealverein oder Kapitalgesellschaft, S. 14; *Malatos*, Berufsfußball, S. 67 m.w.N. Gemäß h.M. ist die Zumutung dieses Rechtsformwechsels jedoch als Regelfall anzusehen.

[19] Vgl. m.w.N. *Burhoff*, Vereinsrecht, S. 46ff.; *Stöber*, Vereinsrecht, Rdn. 50ff. Hierbei gilt bspw. das einen Gewerbebetrieb gemäß § 15 Abs. 2 EStG begründende Merkmal der Gewinnerzielungsabsicht nicht unbedingt als Voraussetzung für einen wirtschaftlichen Geschäftsbetrieb. Sämtliche fortfolgenden Ausführungen beziehen sich ausschließlich auf professionelle Fußball-Clubs.

[20] Vgl. *Swieter*, Fußball-Bundesliga, S. 26; *WGZ-Bank/Deloitte & Touche*, Börsengänge europäischer Fußballunternehmen, S. 50; *Fuhrmann*, Idealverein oder Kapitalgesellschaft, S. 13f.

[21] *Schalke 04*, Satzung, § 2.

tigung immer dann keinen wirtschaftlichen Verein i.S. von § 22 BGB hervorruft, wenn hinsichtlich der ideellen Zielsetzung des Vereins lediglich ein Nebenzweck und folglich nicht der Satzungszweck verfolgt wird.[22] Auch wenn mit dem Betrieb einer Lizenzspielerabteilung eine äußerst umfangreiche wirtschaftliche Betätigung in Form eines wirtschaftlichen Geschäftsbetriebs vorliegt (vgl. Abbildung 2 auf S. 16 und Tabelle 1 auf S. 17) und der ideelle Zweck nur noch eine Art „Alibifunktion" erfüllt[23], ist bisher keinem Club die Rechtsfähigkeit gemäß § 43 Abs. 2 BGB von Seiten der Verwaltungsbehörden entzogen worden.[24] Folge der entzogenen Rechtsfähigkeit aufgrund wirtschaftlicher Betätigung wäre nach § 54 BGB die Anwendung der Vorschriften über die Gesellschaft bürgerlichen Rechts i.S. einer Gleichstellung mit der OHG (§§ 705ff. BGB)[25] und demzufolge u.U. die persönliche Haftung der Vereinsmitglieder.[26]

Vergegenwärtigt man sich allein die teilweise enormen Umsätze der Bundesliga-Clubs, so sind diese gemessen an den Kriterien des § 267 HGB vergleichbar mit de-

---

[22] Eine Beteiligung an einem anderen Unternehmen oder die Ausgliederung eines wirtschaftlichen Geschäftsbetriebs auf ein Tochterunternehmen begründen dabei nicht unbedingt einen wirtschaftlichen Geschäftsbetrieb (vgl. zur Ausgliederung der Lizenzspielerabteilungen eines Vereins auf ein Tochterunternehmen Gliederungspunkt 2.2.1.2). Zu beachten ist weiterhin, dass selbst Eintrittsgelder bei Veranstaltungen oder der Verkauf von Speisen und Getränken nicht zu einer Abkehr vom Idealverein führen. Entscheidend ist, dass durch die aufgezählten Sachverhalte grundsätzlich nicht der Satzungszweck verfolgt wird, der Verein sich folglich hauptsächlich ideell betätigt. Vgl. ausführlich zum Nebenzweckprivileg bei Fußball-Clubs etwa *Fuhrmann*, Ausgliederung der Berufsfußballabteilungen, S. 31ff.

[23] Vgl. in diesem Zusammenhang auch *Kebekus*, Rechtsform, S. 42: „Nachdem in den ersten Jahren der Vereinstätigkeit sicherlich die Verfolgung der jeweiligen in der Satzung fixierten Idealziele im Vordergrund stand, ist eine Änderung der Vereinsstrategie von dem Zeitpunkt an erkennbar, an dem die Vereine begannen, Publikum gegen Entgelt zuzulassen. Bestand die Aufgabe des Verein vorher lediglich darin, den Mitgliedern ihren Sport zu ermöglichen, verpflichtete sich der Verein durch Annahme des Entgelts auch dem Zuschauer gegenüber eine entsprechende Leistung zu erbringen. Durch die wachsende Popularität des Fußballsports entwickelten sich für die Vereine ungeahnte Einnahmequellen."

[24] Vgl. hierzu und zu der in der Literatur geführten Diskussion um eine mögliche Rechtsformverfehlung des Vereins bspw. m.w.N. *Bäune*, Kapitalgesellschaften, S. 114ff.; *Balzer*, Umwandlung von Vereinen, S. 180ff.; *Sigloch*, Sportverein, S. 11f.; *Fuhrmann*, Ausgliederung der Berufsfußballabteilungen, S. 31ff.; *Flory*, Fall Bosman, S. 29ff.; *Knauth*, Rechtsformverfehlung, S. 7ff., 54ff., 93ff. Die Diskussion um die Rechtsformverfehlung des Vereins wird insbesondere geführt, weil explizite Gläubigerschutzvorschriften ähnlich wie bei Kapitalgesellschaften nicht vorgesehen sind und die Haftung des Vereins sich lediglich auf das Vereinsvermögen bezieht – der Verein somit beschränkt haftet. Vgl. zur Entziehung der Rechtsfähigkeit bei Verfolgung eines nunmehr wirtschaftlichen Zwecks *Reichert*, Vereins- und Verbandsrecht, Rn. 3749ff.

[25] Vgl. *Eisenhardt*, Gesellschaftsrecht, Rdnr. 167.

[26] Vgl. auch Gliederungspunkt 3.1.2.3. Der Vorstand eines nicht wirtschaftlichen Vereins ist gemäß § 27 Abs. 3 i.V.m. § 666 BGB lediglich zu einer privatrechtlichen Rechenschaftspflicht über die Geschäftsführung gegenüber den Mitgliedern nach §§ 259f. BGB verpflichtet. Dabei genügt – sofern in der Satzung keine weiteren Bestimmungen vereinbart werden – eine ordentliche Einnahmen-Ausgaben-Rechnung und die Führung eines Bestandsverzeichnisses über die Gegenstände des Vereins, um die Vorschriften des BGB hinsichtlich der Rechenschaft zu erfüllen. Vgl. dazu etwa *Galli/Dehesselles*, Rechnungslegung im Verein, S. 47ff.; *Galli*, Rechnungslegung nichtwirtschaftlicher Vereine, S. 263f.; *Galli*, Rechnungswesen im Berufsfußball, S. 74ff.; *Haaga*, Lizenzspielerabteilung eines Fußballvereins, S. 20f.

nen mittelgroßer oder teilweise sogar großer Kapitalgesellschaften (vgl. Abbildung 2).[27] Selbst im internationalen Vergleich mit den i.d.R. nicht als Idealverein aufgestellten anderen europäischen Clubs[28] rangieren die deutschen Clubs teilweise durchaus im umsatzstärksten Bereich (vgl. Tabelle 1 auf S. 17). Eine umfangreiche wirtschaftliche Betätigung der Lizenz-Clubs ist folglich nicht von der Hand zu weisen. Als Anpassung an die im Zeitablauf veränderten Rahmenbedingungen und die verstärkte wirtschaftliche Betätigung sahen sich bereits viele Lizenz-Clubs veranlasst, die vom DFB mittlerweile erlaubte Umwandlung der Lizenzspielerabteilung in eine Kapitalgesellschaft vorzubereiten oder zu vollziehen.[29]

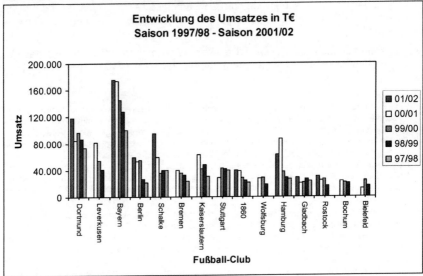

Entwicklung des Umsatzes in T€
Saison 1997/98 - Saison 2001/02

Abbildung 2:   **Entwicklung des Umsatzes ausgewählter Fußball-Clubs der Bundesliga-Saison 2002/2003 in T€**[30]

---

[27] Mittelgroße Kapitalgesellschaften sind mithin solche, die Umsatzerlöse zwischen 8.030.000 € und 32.120.000 € aufweisen. Als große Kapitalgesellschaften gelten folglich diejenigen, die den Wert von 32.120.000 € überschreiten.

[28] Vgl. *Erning*, Professioneller Fußball, S. 200f.; *Fuhrmann*, Ausgliederung der Berufsfußballabteilungen, S. 96ff.; *Malatos*, Berufsfußball, S. 68ff.

[29] Vgl. hierzu den folgenden Gliederungspunkt 2.2.1.2.

[30] Vgl. *WGZ-Bank*, Analyse der Fußballunternehmen, S. 125. Wegen fehlender aussagekräftiger Angaben wurden die zu der Spielzeit 2002/2003 ebenfalls in der Bundesliga spielberechtigten Clubs Cottbus, Hannover und Nürnberg in der obigen Abbildung nicht berücksichtigt.

Fußball-Club	Umsatz in Mio. € Saison 2002/03	Umsatz in Mio. € Saison 2001/02
Manchester United	251,4	228,5
Juventus Turin	218,3	177,1
AC Mailand	200,3	158,9
Real Madrid	192,6	152,0
Bayern München	**162,7**	**176,0**
Inter Mailand	162,4	124,0
Arsenal London	149,6	140,6
FC Liverpool	149,4	153,5
Newcastle United	138,9	109,5
Chelsea	133,8	143,4
AS Rom	132,4	136,3
Borussia Dortmund	**126,0**	**101,1**
FC Barcelona	122,4	139,0
Schalke 04	**119,5**	n.a.
Tottenham Hotspur	95,3	100,4
Leeds United	92,0	125,8
Lazio Rom	88,9	109,1
Celtic Glasgow	87,0	87,8
Olympique Lyon	84,3	71,9
Valencia	82,5	56,1

Tabelle 1: Europäische Fußball-Clubs mit den höchsten Umsätzen in den Spielzeiten 2001/2002 und 2002/2003[31]

Eng verbunden mit der zivilrechtlichen Einordnung des Vereins ist die *steuerliche Beurteilung* bei der Frage, ob und in welchem Umfang der Verein Steuern zu entrichten hat. So bestehen für einen Verein bestimmte steuerliche Vergünstigungen wie die Befreiung von der Körperschaft- und Gewerbesteuer gemäß § 5 Abs. 1 Nr. 9 KStG und § 3 Nr. 6 GewStG, wenn er gemeinnützigen, mildtätigen oder kirchlichen Zwecken i.S. des § 51 AO dient. Die Gemeinnützigkeit – beim Sportverein die Förderung des Sports – ist dabei in der Vereinssatzung festzulegen (§ 59 AO). Nur Idealvereine und somit auch die Fußball-*Vereine* der Lizenzligen gelten im Regelfall aus steuerlicher Sicht als gemeinnützig.[32]

Die Förderung des bezahlten Sports stellt allerdings keinen gemeinnützigen Zweck dar. Die Steuervergünstigung für einen Verein *insgesamt* wird jedoch nicht bereits dadurch ausgeschlossen, wenn neben dem unbezahlten auch der bezahlte Sport

---

[31] Vgl. *WGZ-Bank/KPMG*, Fußball und Finanzen, S. 30.

[32] Vgl. ausführlich m.w.N. *Burhoff*, Vereinsrecht, S. 329ff.; *Hilgenstock/Stegner*, Besteuerung gemeinnütziger Sportvereine, S. 26ff.; *Sigloch*, Rechenschaft im gemeinnützigen Sportverein, S. 7ff.; *Dehesselles*, Vereinsführung, S. 25ff.; *Engelsing/Littkemann*, Gemeinnützigkeit von Vereinen, S. 55ff. m.w.N. Zur Besteuerung der Sportler vgl. bspw. *Klimmer*, Besteuerung von unbeschränkt steuerpflichtigen Sportlern; *Schmidt*, Besteuerung von beschränkt steuerpflichtigen Sportlern; *Galli*, Rechnungslegung nichtwirtschaftlicher Vereine, S. 264ff.; *Dziadkowski*, Sport und Besteuerung; *Haaga*, Lizenzspielerabteilung eines Fußballvereins, S. 22ff.

(ergo Profifußball) gefördert wird (§ 58 Nr. 9 AO). Sportliche Veranstaltungen eines gemeinnützigen Sportvereins sind somit unter Umständen als steuerpflichtige *wirtschaftliche Geschäftsbetriebe* i.S. eines gesonderten Geschäftsbereichs zu klassifizieren und unterliegen damit der Körperschaft- und Gewerbesteuer (§ 5 Abs. 1 Nr. 9 Satz 2 KStG und § 2 Abs. 3 GewStG). Dies allerdings nur dann, wenn an diesen Veranstaltungen u.a. bezahlte Sportler teilnehmen und/oder die gesamten Einnahmen eines Jahres (Verkauf von Speisen und Getränken, Verkauf von Fanartikel etc.) 30.678 € übersteigen (§ 67a AO). Der Verein wird aus steuerlicher Sicht folglich in mehrere Geschäftsbereiche aufgeteilt.[33]

Somit sind die Fußball-Clubs der Lizenzligen für Zwecke der Besteuerung hauptsächlich in eine steuerbefreite ideelle Sphäre und einen steuerpflichtigen Bereich in Form des wirtschaftlichen Geschäftsbetriebs „Unterhaltung einer Lizenzspielerabteilung" zu unterteilen. Letzterer darf zudem unter bestimmten Bedingungen auch in eine Kapitalgesellschaft ausgegliedert werden. Demnach wird die Trennung des ideellen Bereichs eines Vereins von der wirtschaftlichen Sphäre zumindest steuerlich vollzogen.

2.2.1.2 Ausgegliederte Kapitalgesellschaft

Die bis zum Jahr 1998 bestehende Anforderung, sämtliche Fußball-Clubs der Lizenzligen als Idealverein zu organisieren, wurde in dem besagten Jahr durchbrochen. Seitdem sind neben Idealvereinen auch Kapitalgesellschaften mit den in sie ausgegliederten Lizenzspielerabteilungen des Muttervereins zum Spielbetrieb der beiden Lizenzligen zugelassen (§ 7, § 8 Nr. 1 Ligaverband-Satzung; § 1 Nr. 2, § 9 LO).[34] Entscheidend ist jedoch, dass entweder der Mutterverein oder die ausgegliederte Kapitalgesellschaft Träger der Spiellizenz ist (§ 8 Nr. 2 Ligaverband-Satzung; § 9 Nr. 2 LO).

Insbesondere die im Zeitablauf veränderten Rahmenbedingungen, die gestiegene wirtschaftliche Betätigung und die hieraus resultierende Kollision mit dem bereits angeführten § 21 BGB, mitunter jedoch auch die sportlichen Erfolge und die zusätzli-

---

[33] Vgl. m.w.N. *Burhoff*, Vereinsrecht, S. 358ff.; *Hilgenstock/Stegner*, Besteuerung gemeinnütziger Sportvereine, S. 37f.; *Sigloch*, Rechenschaft im gemeinnützigen Sportverein, S. 10f.; *Dehesselles*, Vereinsführung, S. 7ff.; *Galli*, Rechnungslegung nichtwirtschaftlicher Vereine, S. 265; *Galli*, Rechnungswesen im Berufsfußball, S. 81ff.; *Fuhrmann*, Idealverein oder Kapitalgesellschaft, S. 15f.; *Raupach*, „Structure follows Strategy", S. 244. Zu den vier möglichen Geschäftsbereichen eines Sportvereins hinsichtlich der Besteuerung – ideeller Bereich, Vermögensverwaltung, steuerunschädlicher Zweckbetrieb und steuerschädlicher wirtschaftlicher Geschäftsbetrieb – vgl. *Thyll*, Lizenzierungsordnung, S. 165; *Hilgenstock/Stegner*, Besteuerung gemeinnütziger Sportvereine, S. 36ff.; *Sigloch*, Rechenschaft im gemeinnützigen Sportverein, S. 9ff.; *Galli/Dehesselles*, Rechnungslegung im Verein, S. 51ff.; *Haaga*, Lizenzspielerabteilung eines Fußballvereins, S. 26ff.

[34] Zu der um die Trennung des professionellen vom ideellen Fußballsport in der Literatur geführten Diskussion vgl. *Schewe*, Fußball-Verein als Kapitalgesellschaft; *Bäune*, Kapitalgesellschaften, S. 45ff.; *Balzer*, Umwandlung von Vereinen, S. 176ff.; *Franck/Müller*, Kapitalgesellschaften im bezahlten Fußball; *Habersack*, Umwandlung von Sportvereinen; *Steinbeck/Menke*, Aktiengesellschaft im Profifußball; *Raupach*, „Structure follows Strategy"; *Fuhrmann*, Idealverein oder Kapitalgesellschaft; *Hopt*, Aktiengesellschaft im Berufsfußball; *Hopt*, Aktiengesellschaft im Profifußball; *Hemmerich*, Ausgliederung; *Schmidt*, Auslagerung auf Handelsgesellschaften; *Füllgraf*, Betätigung im Idealverein; *Malatos*, Berufsfußball, S. 65ff.

chen Finanzierungsmöglichkeiten bspw. durch einen Börsengang[35] waren bzw. sind für einige Clubs Anlass, die bisherige Organisationsform des eingetragenen Vereins zu überdenken und die Lizenzspielerabteilungen auf die nunmehr erlaubte Rechtsform der Kapitalgesellschaft auszugliedern, wie Tabelle 2 verdeutlicht.[36]

Mutterverein	ausgegliederte Kapitalgesellschaft
BV Borussia Dortmund 09 e.V.	Borussia Dortmund GmbH & Co. KGaA
TSV Bayer 04 Leverkusen e.V.	Bayer 04 Leverkusen Fußball GmbH
FC Bayern München e.V.	FC Bayern München AG
Hertha BSC Berlin e.V.	Hertha BSC KG mbHaA
VfL Wolfsburg e.V.	VfL Wolfsburg Fußball-GmbH
Borussia Mönchengladbach e.V.	VfL 1900 Mönchengladbach GmbH
Hannover 96 e.V.	Hannover 96 GmbH & Co. KGaA
Arminia Bielefeld e.V.	Arminia Bielefeld GmbH & Co. KGaA
1. FC Köln e.V.	1. FC Köln GmbH & Co. KGaA
Eintracht Frankfurt e.V.	Eintracht Frankfurt Fußball AG
MSV Duisburg e.V.	MSV Duisburg GmbH & Co. KGaA
SV Werder Bremen e.V.	Werder GmbH & Co. KGaA
TSV 1860 München e.V.	TSV 1860 München GmbH & Co. KGaA
SpVgg. Greuther Fürth	SpVgg. Greuther Fürth GmbH & Co. KGaA

Tabelle 2: Fußball-Clubs mit ausgegliederter Kapitalgesellschaft zur Saison 2006/2007[37]

Eine ausgegliederte Kapitalgesellschaft kann jedoch nur dann am Spielbetrieb der Lizenzligen teilnehmen und die hierfür erforderliche Lizenz erwerben, wenn der Mutterverein weiterhin eine Fußballabteilung unterhält und zudem mehrheitlich an der Kapitalgesellschaft beteiligt ist. Hierdurch soll eine Fremdbestimmung der ausgegliederten Kapitalgesellschaft vermieden werden. Von einer mehrheitlichen Beteiligung ist auszugehen, wenn der Mutterverein über mehr als 50% der Stimmrechte (sog. „50+1"-Regel) in der Gesellschafterversammlung verfügt (§ 8 Nr. 2 Ligaverband-Satzung). Bei einer Kommanditgesellschaft auf Aktien (KGaA) ist weiterhin zu beachten, dass der Mutterverein oder auch ein von ihm 100%ig beherrschtes Tochterunternehmen die Stellung des Komplementärs einnehmen muss.[38] Zusätzlich sind we-

---

[35] Einen Überblick über die Finanzierungsmöglichkeiten der Fußball-Clubs bieten bspw. *Kern/Haas/ Dworak*, Finanzierungsmöglichkeiten.

[36] Zur Ausgliederung einer Lizenzspielerabteilung aus steuerlicher Sicht vgl. etwa m.w.N. *Kussmaul/ Zabel*, Auswirkungen auf der Ebene des übernehmenden Rechtsträgers; *Kussmaul/Zabel*, Auswirkungen auf der Ebene des übertragenden Rechtsträgers; *Frank*, Ausgliederung von Lizenzspielerabteilungen; *Heinz*, Umwandlung von Lizenzspielerabteilungen, S. 69ff.; *Orth*, Steuerrechtliche Fragen.

[37] Vgl. *DFL*, Report 2006, S. 136ff.; *WGZ-Bank/KPMG*, Fußball und Finanzen, S. 99.

[38] Im Fall einer Ausgliederung ist aus steuerlicher Sicht zudem fraglich, ob die Beteiligung des Muttervereins an der Kapitalgesellschaft als wirtschaftlicher Geschäftsbetrieb oder als steuerlich unschädliche Vermögensverwaltung des Muttervereins zu beurteilen ist und somit dessen Gemeinnützigkeit weiterhin aufrecht erhalten werden kann. Insofern besteht fortwährend die Gefahr, dass

der unmittelbare noch mittelbare Beteiligungen der lizenzierten Fußball-Clubs an anderen Kapitalgesellschaften der beiden Lizenzligen zulässig. Der DFB möchte mit diesen Voraussetzungen sowohl Wettbewerbsverzerrungen im Spielbetrieb der beiden Lizenzligen als auch Übernahmen einzelner Fußball-Clubs durch andere verhindern.

Von der grundsätzlich erforderlichen mehrheitlichen Beteiligung des Muttervereins ist mit Genehmigung des Ligaverbands jedoch ausnahmsweise abzusehen. Die als *„Lex Leverkusen"* bekannt gewordene Regelung des § 8 Nr. 2 Ligaverband-Satzung erlaubt mithin auch einem Wirtschaftsunternehmen die mehrheitliche Beteiligung an einer Kapitalgesellschaft der Lizenzligen. Dies allerdings nur dann, wenn zum einen die Anteile nicht weiterveräußert werden und zum anderen dieses Wirtschaftsunternehmen den Fußballsport des Muttervereins seit mehr als 20 Jahren vor dem 01. Januar 1999 ununterbrochen und erheblich gefördert hat und auch zukünftig den Amateursport des Fußball-Clubs im bisherigen Ausmaß weiter fördert. So halten die Unternehmen Bayer AG und Volkswagen AG aktuell 100% bzw. 90% der Anteile an den Fußball-Clubs Bayer 04 Leverkusen Fußball GmbH und VfL Wolfsburg Fußball-GmbH.[39]

Neben der gestiegenen wirtschaftlichen Betätigung rückten auch vermehrt alternative Finanzierungsmöglichkeiten und in diesem Zusammenhang ein möglicher *Börsengang* eines in Form einer Kapitalgesellschaft strukturell neu organisierten Fußball-Clubs als Gründe für einen Rechtsformwechsel in den Vordergrund.[40] Schließlich wagte Borussia Dortmund im Jahr 2000 als bisher einziger deutscher Fußball-Club den Gang an die Börse. Eine Vorbildfunktion hinsichtlich des Börsengangs nimmt dabei generell England als das „Mutterland des Fußballs" und hierbei in der Vergangenheit insbesondere der international erfolgreiche Fußball-Club Manchester United ein, der von 1991 bis 2005 an der London Stock Exchange gelistet war. Indes wagten die Tottenham Hotspurs bereits 1983 zum ersten Mal den Gang an die Börse. Neben Tottenham sind derzeit 14 weitere englische Clubs an der Börse notiert und auch in anderen europäischen Staaten sind bereits einige „going public" erfolgt.

---

dem Mutterverein aufgrund der Mehrheitsbeteiligung an der Kapitalgesellschaft u.U. die Rechtsfähigkeit gemäß § 43 Abs. 2 BGB entzogen wird. Vgl. hierzu z.B. *Zacharias*, Going Public einer Fußball-Kapitalgesellschaft, S. 118 m.w.N.; *Steinbeck/Menke*, Aktiengesellschaft im Profifußball; *Schmidt*, Auslagerung auf Handelsgesellschaften.

[39] Vgl. *WGZ-Bank/KPMG*, Fußball und Finanzen, S. 99.

[40] Vgl. zu den Chancen und Risiken, Voraussetzungen, Motiven und der Durchführung eines Börsengangs z.B. *Paul/Sturm*, Going Public von Fußballclubs; *Gramatke*, Chancen und Risiken des Börsenganges, S. 134ff.; *Bandow/Peters*, Fußball und Kapitalmarkt; *Balzer*, Rechtliche Aspekte des Börsengangs, S. 53ff.; *Mauer/Schmalhofer*, Kapitalmarktreife von Profifußball-Vereinen; *WGZ-Bank/Deloitte & Touche*, Börsengänge europäischer Fußballunternehmen, S. 37ff., 85ff.; *Stangner/Moser*, Going Public; *Zacharias*, Going Public einer Fußball-Kapitalgesellschaft, S. 109ff., 355ff.; *Segna*, Bundesligavereine und Börse.

Land	Fußball-Club
England	Arsenal London Aston Villa Birmingham City Charlton Athletic Leeds United Manchester City FC Millwall Newcastle United Preston North End Sheffield United Soccer City Southampton Sunderland Tottenham Hotspur AFC Watford
Schottland	Aberdeen Celtic Glasgow Glasgow Rangers FC
Italien	AS Rom Juventus Turin Lazio Rom
Deutschland	Borussia Dortmund
Schweiz	Grasshopper Zürich
Niederlande	Ajax Amsterdam
Dänemark	FC Kopenhagen Aalborg BK Aarhus GF Akademisk BK Bröndby Kopenhagen Silkeborg
Schweden	AIK
Portugal	FC Porto Sporting Lissabon
Türkei	Besiktas Istanbul Fenerbahce Galatasaray Istanbul Trabzonspor

Tabelle 3: Börsennotierte europäische Fußball-Clubs zur Saison 2006/2007[41]

---

[41] Vgl. http://www.stoxx.com, Dow Jones STOXX Indices, Index Types, Theme Indices, DJ STOXX Football, Component List; http://vernimmen.com, THE VERNIMMEN LETTER, Archives, September 2006, Football clubs and the stock exchange; *WGZ-Bank/KPMG*, Fußball und Finanzen, S. 22.

## 2.2.2	Teilnahmevoraussetzung zum Profifußball: Die Spiellizenz der Fußball-Clubs

Die Zulassung der Fußball-Clubs zum Lizenzspielbetrieb der Bundesliga und der 2. Bundesliga ist in der Lizenzierungsordnung des vom Ligaverband erlassenen Ligastatuts geregelt. So erwerben die Fußball-Clubs mit einer vom Ligaverband erteilten Spiellizenz sowohl die Mitgliedschaft im Ligaverband als auch die exklusive Erlaubnis zur Teilnahme am Spielbetrieb der beiden Lizenzligen, sofern sich der Club sportlich qualifiziert hat (§ 8 Nr. 1, § 10 Nr. 1 Ligaverband-Satzung; § 1 Nr. 1 LO). Dabei unterwerfen sie sich per Vertrag den Satzungen des DFB und des Ligaverbands sowie den jeweiligen sonstigen Ordnungen und Richtlinien (§ 8 Nr. 3 Ligaverband-Satzung; § 1 Nr. 3 LO). Hinsichtlich der oben angesprochenen zulässigen Rechtsformen ist jedoch zu beachten, dass entweder nur der Mutterverein oder die ausgegliederte Kapitalgesellschaft Träger der Spiellizenz ist (§ 8 Nr. 2 Ligaverband-Satzung; § 9 Nr. 2 LO) und die Lizenz regelmäßig nur für die Dauer einer Spielzeit erteilt wird und somit für jede Saison erneut erworben werden muss (§ 8 Nr. 4a) Ligaverband-Satzung; § 1 Nr. 4, § 10 Nr. 1a) LO).

Die endgültige Lizenzerteilung erfolgt jedoch erst im Anschluss an die Durchführung eines Lizenzierungsverfahren durch die DFL, im Rahmen dessen die Erfüllung bestimmter Voraussetzungen in sportlicher, rechtlicher, personell-administrativer, infrastruktureller, sicherheitstechnischer, medientechnischer und wirtschaftlicher Hinsicht überprüft wird (§ 2 Nr. 1 LO).[42] Die wirtschaftliche Leistungsfähigkeit stellt neben der sportlichen Qualifikation das Kernkriterium dar und wird anhand der Liquiditäts- und Vermögensverhältnisse des Lizenzbewerbers überprüft (§ 8, Anhang IX LO). Fraglich ist somit, ob die Verhältnisse den Spielbetrieb des Lizenzbewerbers während der zu lizenzierenden Spielzeit jederzeit sicherstellen und die Verpflichtungen aus dem Spielbetrieb bis zum Ende der kommenden Saison erfüllt werden können. Die primären Ziele des Lizenzierungsverfahrens liegen dabei in der Gewährleistung der kurz- aber auch längerfristigen Sicherung, Planung und Durchführung des Spielbetriebs sowie der Stabilität und der Leistungs- und Konkurrenzfähigkeit der Lizenznehmer (Präambel der LO).[43]

Im Anschluss an die externe und interne Prüfung aller einzureichenden Unterlagen und Rechenwerke wie Bilanz, GuV, Lagebericht und Planrechnungen[44] durch einen

---

[42]	Das Lizenzierungsverfahren des Ligaverbands bildete u.a. die Grundlage für das neue Clublizenzierungsverfahren der UEFA, dass aufgrund finanzieller Probleme diverser Fußball-Clubs vor allem in Südeuropa und dort fehlender oder nur rudimentärer Anforderungen an die Clubs umfangreich und neu implementiert wurde. Die vom bisherigen deutschen Verfahren abweichenden Regelungen wurden inzwischen vollständig übernommen und gelten seit der Spielzeit 2004/05 verbindlich für die deutschen Lizenz-Clubs (Präambel der LO). Vgl. zum UEFA-Lizenzierungsverfahren *Galli*, Finanzielle Berichterstattung; *Galli*, Lizenzierungsverfahren der UEFA; *Galli*, Lizenzierungsverfahren; *WGZ-Bank*, Analyse der Fußballunternehmen, S. 93ff; *Ebel/Klimmer*, Lizenzierungsverfahren auf Grundlage harmonisierter Datenbasis.

[43]	Vgl. zum Lizenzierungsverfahren ausführlich *Klimmer*, Prüfung der wirtschaftlichen Leistungsfähigkeit; *Thyll*, Lizenzierungsverfahren; *Müller*, Lizenzierungsverfahren; *Brast/Stübinger*, Verbandsrechtliche Grundlagen, S. 29ff.; *Littkemann/Brast/Stübinger*, Rechnungslegungsvorschriften für die Fußball-Bundesliga; *Straub/Holzhäuser/Gömmel/Galli*, Lizenzierungsverfahren des Ligaverbandes; *Galli*, Rechnungswesen im Berufsfußball, S. 139ff.

[44]	Vgl. zu den Unterlagen auch Gliederungspunkt 5.1.

Wirtschaftsprüfer sowie die DFL und den Ligaverband erfolgt letztendlich der Urteils-spruch durch den Ligaverband. Eine Lizenz kann dabei in Abhängigkeit von der Er-füllung des Liquiditäts- und Vermögensverhältniskriteriums grundsätzlich ohne oder mit Auflagen und/oder Bedingungen erteilt werden (§ 2 Nr. 3, § 8 Nr. 1 LO).[45] Wird die Lizenz *unter Auflagen* erteilt, weil das Vermögensverhältniskriterium nur unzurei-chend erfüllt ist, so ist der betreffende Fußball-Club zwar zum Lizenzspielbetrieb zu-gelassen. Allerdings sind während der laufenden Spielzeit bestimmte Auflagen wie bspw. die eingereichte Budgetplanung einzuhalten (§ 11 Nr. 4, Anhang IX LO). Eine Lizenzerteilung wird *mit Bedingungen* erteilt, wenn im Rahmen des Lizenzierungsver-fahrens eine Liquiditätslücke festgestellt worden ist. Die endgültige Lizenzerteilung – dann allerdings nur unter Auflagen wie die Stellung einer Liquiditätsreserve als Guthaben auf einem Bankkonto der DFL – hängt schließlich nur von der Fähigkeit des Clubs ab, diese Lücke innerhalb einer bestimmten Frist mittels Bankkrediten, Bürgschaften etc. zu schließen (§ 11 Nr. 3, Anhang IX LO). Insofern ist das Liquidi-tätskriterium regelmäßig als das entscheidende Kriterium bei der Lizenzvergabe zu sehen, denn schließlich sollen die Vermögensverhältnisse letztlich von den Kontroll-gremien der Clubs überprüft werden.[46] Beispielhaft angeführt sei in diesem Gesamt-zusammenhang die Lizenzerteilung an die Fußball-Clubs der Bundesliga in der Sai-son 2004/2005 (vgl. Tabelle 4 auf S. 24).

Werden vor Beginn einer Saison beide Beurteilungskriterien verfehlt bzw. während einer laufenden Spielzeit Verletzungen der Auflagen oder Liquiditäts- und Vermö-gensverhältniskriterien festgestellt, kann die Lizenz auch vor Beginn der Spielzeit verweigert bzw. nachträglich im Laufe einer Saison entzogen werden (§ 10 Nr. 2, § 11 Nr. 3, 4 LO). Bis zum heutigen Tag konnten 13 Fälle der Lizenzverweigerung festgestellt werden (vgl. Tabelle 5 auf S. 24). Die Lizenzverweigerung hat zur Folge, dass der betroffene Club vorbehaltlich der dortigen Zulassungsvoraussetzungen als Absteiger in die Regionalliga gilt. Im Fall des Lizenzentzugs während einer laufenden Spielzeit scheidet der Club erst zum Ende des Spieljahrs aus der Bundesliga bzw. 2. Bundesliga aus. Die Anzahl der sportlich abgestiegenen Clubs der 2. Bundesliga vermindert sich in beiden Fällen entsprechend (§ 3 Nr. 2 - 4 SpOL).

---

[45] Vgl. zur Ausgestaltung der beim Ligaverband einzureichenden Unterlagen und Rechenwerke Glie-derungspunkt 5.1 m.w.N.

[46] Vgl. hierzu auch *Müller*, Praxis der bilanziellen Behandlung von Transferentschädigungen, S. 195.

Fußball-Club	Lizenzerteilung
FC Bayern München	Lizenz *ohne* Auflagen
VfB Stuttgart	Lizenz mit Auflagen
Borussia Dortmund	Lizenz (zunächst mit Bedingungen)
Hamburger SV	Lizenz mit Auflagen
Hertha BSC Berlin	Lizenz mit Auflagen
SV Werder Bremen	Lizenz *ohne* Auflagen
FC Schalke 04	Lizenz mit Auflagen
VfL Wolfsburg	Lizenz *ohne* Auflagen
VfL Bochum	Lizenz mit Auflagen
Hannover 96	Lizenz mit Auflagen
Borussia Mönchengladbach	Lizenz *ohne* Auflagen
1. FC Nürnberg	Lizenz (zunächst mit Bedingungen)
Hansa Rostock	Lizenz *ohne* Auflagen
1. FC Kaiserslautern	Lizenz (zunächst mit Bedingungen)
Bayer 04 Leverkusen	Lizenz *ohne* Auflagen
SC Freiburg	Lizenz *ohne* Auflagen
Arminia Bielefeld	Lizenz (zunächst mit Bedingungen)
1. FSV Mainz 05	Lizenz (zunächst mit Bedingungen)

Tabelle 4:   Lizenzerteilung in der Bundesliga für die Saison 2004/2005[47]

Jahr	Fußball-Club	Liga
2000	TeBe Berlin	2. Bundesliga
1995	Dynamo Dresden	Bundesliga
1995	1. FC Saarbrücken	2. Bundesliga
1994	RW Essen	2. Bundesliga
1992	Blau-Weiß 90 Berlin	2. Bundesliga
1991	RW Essen	2. Bundesliga
1989	Kickers Offenbach	2. Bundesliga
1988	RW Oberhausen	2. Bundesliga
1982	TSV 1860 München	2. Bundesliga
1979	FC St. Pauli	2. Bundesliga
1977	Bonner SC	2. Bundesliga
1973	Tasmania Berlin	Regionalliga
1972	DSC Arminia Bielefeld	Bundesliga
1965	Hertha BSC Berlin	Bundesliga

Tabelle 5:   Lizenzverweigerungen im deutschen Profifußball[48]

---

[47] Vgl. *WGZ-Bank/KPMG*, Fußball und Finanzen, S. 90. Wurde die Lizenz nur mit Auflagen erteilt, so
      waren die Fußball-Clubs im Laufe der Saison 2004/05 angehalten, ihre Budgetplanung einzuhalten
      und/oder kein weiteres Negativergebnis zu erwirtschaften und/oder der DFL monatlich einen Soll-/
      Ist-Vergleich vorzulegen. Diejenigen Clubs, denen die Lizenz zunächst mit Bedingungen erteilt
      worden war, mussten zwischen dem 19. April und dem 16. Juni des Jahres 2004 einen Liquiditäts-
      nachweis bspw. in Form von Bankkrediten, Bürgschaften, Werbeverträgen, Transfererlösen oder
      Einsparungen erbringen. Die Anforderungen wurden mithin von sämtlichen Clubs erfüllt.

[48] Vgl. http://www.sportgericht.de, Sportart, Fußball, Lizenzentzug, abgerufen am 07.01.2005.

2.3 Der Fußballspieler als Kernelement des Fußballsports

Der Fokus des nachfolgenden Gliederungspunkts liegt auf den Fußballspielern als den entscheidenden Produktionsfaktoren im Profifußballsport. Fortlaufend soll insbesondere der Grundstein für die später noch zu erarbeitenden und anschließend kritisch zu analysierenden Vorschriften für Profifußballspieler nach IFRS gelegt werden. Zu diesem Zweck werden zunächst die Voraussetzungen zur Teilnahme am Spielbetrieb der beiden Lizenzligen in Form der sog. Spielerlizenz herausgearbeitet. Im Anschluss daran werden die im Zeitablauf ständig modifizierten verbandsrechtlichen Transferbestimmungen insbesondere für professionelle Fußballspieler charakterisiert. Sowohl die Spielerlizenz als auch die rechtlichen Grundlagen für den Transfer von Spielern werden sich für die bilanzielle Abbildung gemäß dem Rechnungslegungssystem der IFRS als entscheidende Parameter erweisen.

2.3.1 Teilnahmevoraussetzungen für den Profifußball

Die Zulassung der Profifußballspieler zum Lizenzspielbetrieb der Bundesliga und der 2. Bundesliga ist in der Lizenzordnung Spieler (LOS) des vom Ligaverband erlassenen Ligastatuts geregelt. Gemäß der Präambel der Lizenzordnung Spieler i.V.m. § 8 der DFB-Spielordnung sind zum Spielbetrieb der beiden Lizenzligen grundsätzlich Amateure, Vertragsamateure und Lizenzspieler zugelassen.[49]

Als *Lizenzspieler* gelten in diesem Zusammenhang ausschließlich jene Fußballspieler, die sowohl einen bestehenden Arbeitsvertrag mit einem lizenzierten Fußball-Club als auch eine gültige Spielerlizenz aufweisen und aufgrund dieser zum Spielbetrieb in den Lizenzmannschaften zugelassen sind. Der Profispieler i.S. eines Vertragspartners besonderer Art muss im Gegensatz zum Amateur oder Vertragsamateur prinzipiell kein Mitglied des am Spielbetrieb teilnehmenden (Mutter-)Vereins sein.[50]

Hingegen unterscheidet sich ein *Vertragsamateur* vom Lizenzspieler grundlegend dadurch, dass er über die für *Amateure* geltenden einschränkenden Merkmale der Auslagenerstattung und des pauschalierten Aufwendungsersatzes von maximal 149,99 € monatlich hinaus eine vertraglich vereinbarte Vergütung oder andere geldwerte Vorteile erhält und zudem Mitglied des (Mutter-)Vereins ist. Die zu beachtenden Vorschriften für Vertragsabschlüsse mit Vertragsamateuren seitens der lizenzierten Fußball-Clubs sind in den allgemeinen Vorschriften der DFB-Spielordnung zu finden (§ 11 Nr. 1 LOS).[51] Zu beachten ist hierbei neben der steuerlichen und sozial-

---

[49] Die offizielle Bezeichnung für den Vertragsamateur lautet *Vertragsspieler*. In dieser Arbeit soll dennoch der Begriff Vertragsamateur benutzt werden, um den Unterschied zum vertraglich gebundenen Lizenzspieler stärker zu akzentuieren.

[50] Die Gründe dafür, dass Profifußballspieler generell keine Mitglieder des (Mutter-)Vereins sind, liegen vorwiegend im Steuerrecht. Schließlich gelten die einzelnen (Mutter-)Vereine und der DFB als gemeinnützig i.s. der §§ 51 - 68 AO und sind insbesondere von der Körperschaftsteuer befreit. Die Gemeinnützigkeit sowohl des DFB als auch der (Mutter-)Vereine wäre aufgrund der Mitgliedschaft der (Mutter-)Vereine im DFB (vgl. insofern zur Ausgliederung der Lizenzspielerabteilungen Gliederungspunkt 2.2.1.2) und der Spieler bei den (Mutter-)Vereinen zum einen durch die teilweise enormen Spielergehälter und zum anderen wegen der größtenteils hohen Club-Etats fundamental gefährdet. Vgl. *Dinkelmeier,* „Bosman"-Urteil, S. 16 m.w.N.; *Arens,* Transferbestimmungen, S. 182; *Meyer-Cording,* Arbeitsverträge, S. 13; *Weisemann,* Sport und Arbeitsrecht, S. 259.

[51] Der Vereinswechsel eines Amateurs erfolgt hingegen lediglich durch Abmeldung beim alten und Anmeldung beim neuen Verein (§ 16 DFB-Spielordnung).

versicherungsrechtlichen Abgabepflicht und der Mindestlaufzeit über das aktuelle Spieljahr bis höchstens fünf Jahre (§ 8 Nr. 2, § 22 Nr. 1 DFB-Spielordnung)[52] zusätzlich ein Mindestalter von 17 Jahren (§ 11 Nr. 2 LOS).[53] Eine Ausnahme hiervon stellen die sog. Förderverträge mit A- und B-Junioren im Leistungsbereich der Leistungszentren der Lizenzligen dar. Derartige Junioren gelten mit Abschluss der Förderverträge bereits als Vertragsamateure (§ 11 Nr. 2 LOS).[54]

Der Fokus dieser Arbeit liegt hauptsächlich auf dem Berufsfußballspieler i.S. eines Lizenzspielers, da der Anteil sowohl der Vertragsamateure als auch der Amateure als Spieler der Lizenzligen im Vergleich zum Lizenzspieler marginal ist. Die Gründe hierfür liegen u.a. im steuerlichen Bereich und im aktiven Handel mit Fußballspielern, der die Fußball-Clubs regelmäßig zum Abschluss von lizenzierten Arbeitsverträgen zwingt. Ein weiterer Grund liegt in der Spielordnung des Ligaverbands, die den Einsatz von Amateuren und Vertragsamateuren in Spielen von Lizenzmannschaften dahingehend einschränkt, dass sich maximal drei dieser Spieler gleichzeitig im Spiel befinden dürfen (§ 11 Nr. 2b) SpOL i.V.m. § 53 Nr. 2 DFB-Spielordnung).[55] Zudem betrug in der Spielzeit 2004/05 die Anzahl sämtlicher zum Spielbetrieb der Lizenzligen zugelassenen Lizenzspieler 897 (87%) von insgesamt 1033 Spielern jeglichen Status. Von den Lizenzspielern entfielen 475 auf die Bundesliga und 422 auf die 2. Bundesliga. Führt man sich zudem die hieraus resultierende durchschnittliche Größe des Lizenzspielerkaders der Clubs der Bundesligen von 25[56] (897 Lizenzspieler verteilt auf 36 Fußball-Clubs) in der Saison 2004/05 vor Augen, so zeigt sich bei einem möglichen Einsatz von maximal 11 Spielern plus 3 Wechselspielern pro Spiel eine deutliche Unterpräsenz von Spielern jeglichen anderen Status.

Zur Teilnahme am Lizenzspielbetrieb der Bundesligen als Lizenzspieler sind zwei entscheidende *Voraussetzungen* zu erfüllen: der Abschluss sowohl eines gültigen und den Anforderungen des Ligaverbands entsprechenden Arbeitsvertrags zwischen Spieler und Fußball-Club als auch eines Lizenzvertrags zwischen Spieler und Ligaverband (§ 4 Nr. 1d) Ligaverband-Satzung) i.S. einer Dreiecksbeziehung wie die nachstehende Abbildung verdeutlicht:[57]

---

[52] Vgl. hierzu auch FN 63 dieses Gliederungspunkts.

[53] Zu beachten ist ferner, dass Verträge mit Spielern unter 18 Jahren eine maximale Laufzeit von 3 Jahren aufweisen dürfen (§ 22 Nr. 1 DFB-Spielordnung).

[54] Sämtliche am Spielbetrieb der beiden Lizenzligen teilnehmenden Clubs sind gemäß § 3 Nr. 2 LO dazu verpflichtet, ein Leistungszentrum als Fördereinrichtung des Juniorenfußballs zu führen, um eine qualitativ hochwertige Ausbildung talentierter Nachwuchsspieler zu gewährleisten. Dabei werden die Leistungszentren regelmäßig in der Form von Fußballschulen und -internaten unterhalten, in denen die jungen Talente nicht nur sportlich sondern auch schulisch gefördert werden. Einen besonderen Bekanntheitsgrad erreichte die Jugendförderung des niederländischen Fußball-Clubs Ajax Amsterdam, der in den 1980er und 1990er Jahren aufgrund seiner Jugendarbeit und den daraus hervorgegangenen Profifußballspielern wie bspw. Edgar Davids, Patrick Kluivert und Clarence Seedorf erfolgreich in den europäischen Wettbewerben vertreten war, 1992 den UEFA-Pokal und 1994 sogar die Champions League gewinnen konnte.

[55] Diese Regelung wird ausnahmsweise durchbrochen, wenn einem lizenzierten Club aufgrund von Erkrankungen und/oder Verletzungen weniger als vierzehn Lizenzspieler zur Verfügung stehen.

[56] Vgl. auch *WGZ-Bank/KPMG*, Fußball und Finanzen, S. 80.

[57] Die Lizenz an die einzelnen Spieler wird letztlich von der DFL als geschäftsführendem Organ des Ligaverbands erteilt (§ 26 LOS).

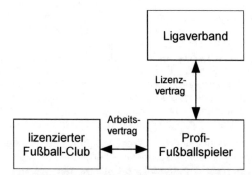

Abbildung 3:   Einbindung des Profifußballspielers in das Beziehungsgeflecht „Ligaverband und Fußball-Club" hinsichtlich der Teilnahmevoraussetzung zum Lizenzspielbetrieb

Der *Arbeitsvertrag* eines Profifußballspielers mit einem lizenzierten Fußball-Club ist neben der Erreichung der Volljährigkeit und dem Nachweis der gesundheitlichen Sporttauglichkeit die wichtigste Voraussetzung für die Erteilung der Spielerlizenz. Zur Lizenzerteilung ist dieser Arbeitsvertrag dem Ligaverband mit sämtlichen anderen Unterlagen vorzulegen und er hat grundsätzlich in Einklang mit den Anforderungen der Lizenzordnung Spieler zu stehen (§ 2 Nr. 1 - 4, § 5 Nr. 7 LOS).

Vertraglich an einen Fußball-Club gebundene Profifußballspieler gelten seit der Anerkennung durch die Bundesgerichte, das Bundessozialgericht und das Bundesarbeitsgericht als Arbeitnehmer i.S. der arbeitsrechtlichen Vorschriften. Entsprechend der freien Berufswahl nach Art. 12 GG gilt die Tätigkeit des Profifußballspielers mithin als ‚Beruf'.[58] Als Ergebnis eines Arbeitsvertrags leisten die Berufsfußballspieler sowohl unselbständige als auch fremdbestimmte Arbeit in einer persönlichen Abhängigkeit vom Arbeit gebenden Fußball-Club[59], wobei keine anderweitigen vertraglichen Bindungen eines Spielers an einen Fußball-Club bestehen dürfen (§ 5 Nr. 8, § 13 Nr. 2c) LOS).[60]

---

[58]   Vgl. jeweils m.w.N. *Rybak*, Rechtsverhältnis, S. 49ff.; *Trommer*, Transferregelungen, S. 37f.; *Arens/Jaques*, Spielerverträge im Berufsfußball, S. 41; *Parensen*, Transfersystem des DFB, S. 9; *Imping*, arbeitsrechtliche Stellung des Fußballspielers, S. 47ff.; *Arens*, Transferbestimmungen, S. 180f.; *Malatos*, Berufsfußball, S. 90; *Meyer-Cording*, Arbeitsverträge, S. 13f.; *Füllgraf*, Lizenzfußball, S. 18f.; *Wiesemann*, Sport und Arbeitsrecht, S. 259; *Börner*, Berufssportler, S. 38ff. Unter Beruf wird i.A. „eine auf Dauer angelegte Tätigkeit zur Schaffung und Erhaltung einer Lebensgrundlage" verstanden. *Manssen*, Artikel 12, Rdnr. 36 m.w.N.

[59]   Vgl. *Malatos*, Berufsfußball, S. 88f.; *Meyer-Cording*, Arbeitsverträge, S. 13; *Börner*, Berufssportler, S. 75ff.

[60]   Zu beachten ist hierbei die teilweise landesarbeitsgerichtliche Klassifizierung von *Vertragsamateuren* der Regionalliga oder Amateuroberliga als Arbeitnehmer analog zum Berufsfußballspieler. Vgl. etwa m.w.N. *Arens*, Transferbestimmungen, S. 180. Vgl. auch *Eilers*, Amateur im Fußball, S. 17ff.; *Reschke*, Amateursportler. Zumindest die Vertragsamateure der Fußball-Clubs der beiden Bundesligen dürften jedoch die Arbeitnehmereigenschaft inne haben. *Reschke* spricht insofern von „Arbeitnehmer-Amateuren". *Reschke*, Amateursportler, S. 14. Vgl. auch *Eilers*, Fußballspieler ohne Lizenz, S. 44ff. (insbesondere S. 53).

Für den Abschluss eines lizenzierten Arbeitsvertrags ist nicht entscheidend, ob es sich bei dem unter Vertrag zu nehmenden Fußballspieler bisher um einen – vereinseigenen[61] oder vereinsfremden – Amateur, Vertragsamateur oder aber bereits um einen Lizenzspieler handelt (§ 5 Nr. 3, 5 LOS). Als Voraussetzung für den Clubwechsel eines Lizenzspielers ist gemäß § 5 Nr. 1 der Lizenzordnung Spieler zusätzlich zu beachten, dass der entsprechende Spieler vorher in die Transferliste des Ligaverbands aufzunehmen ist. Diese Liste ist eine Einrichtung des Ligaverbands und dient der Offenlegung des Clubwechsels eines Lizenzspielers, um den Interessenten an dem Spieler die generelle Vertragsfähigkeit zu signalisieren (§ 4 Nr. 1 LOS).[62]

Die beiden Vertragsparteien sind unter Beachtung diverser Rahmenregelungen seitens des Ligaverbands in der Ausgestaltung der Arbeitsverträge grundsätzlich frei, solange die Verträge nicht gegen die DFB-Satzung, das Ligastatut oder die sonstigen Ordnungen des DFB oder der Regional- und Landesverbände verstoßen (§ 6 Nr. 2 LOS). Allerdings müssen sämtliche innerhalb des Profifußballs geschlossenen Arbeitsverträge eine Vereinbarung beinhalten, nach der jeder Profifußballspieler dem Arbeit gebenden Fußball-Club die ausschließliche Verwertung seiner Persönlichkeitsrechte überträgt (§ 6 Nr. 4 LOS).

Die grundsätzliche Vertragsfreiheit bei der Ausgestaltung der Arbeitsverträge erfährt jedoch hinsichtlich der Laufzeit der Verträge eine Einschränkung. So sind lizenzierte Arbeitsverträge mindestens über die laufende Spielzeit abzuschließen (§ 5 Nr. 1 LOS). Des Weiteren sollte eine Höchstlaufzeit von 5 Jahren gemäß § 5 Nr. 1 der Lizenzordnung Spieler i.S. eines Richtwerts und in Einklang mit § 624 BGB bzw. § 15 Abs. 4 TzBfG nicht überschritten werden.[63] Arbeitsverträge mit Spielern können allerdings jederzeit verlängert werden (§ 7 LOS). Die Praxis zeigt, dass Arbeitsverträge derzeit tendenziell eher kurzfristig abgeschlossen werden und zudem grundsätzlich eine Befristung der Vertragsdauer nach oben hin aufweisen.[64] In der Regel beinhalten die Verträge zusätzlich eine Anschlussoption, die entweder den beiden Vertragsparteien jeweils einseitig oder im gegenseitigen Einvernehmen die Verlängerung des bestehenden Vertrags zu gleichen Konditionen um mindestens ein weiteres Jahr gestattet (§ 6 Nr. 3 LOS).[65]

Da die befristeten Arbeitsverträge zwischen Fußball-Club und Spieler regelmäßig ein ordentliches Kündigungsrecht ausschließen[66], können die Vertragsverhältnisse vor

---

[61] Vereinseigene Spieler sind nach § 5 Nr. 5 LOS solche Spieler, die bereits für Pflichtspiele der Zweiten Mannschaft spielberechtigt waren.

[62] Zum Transfersystem vgl. ausführlich Gliederungspunkt 2.3.2.

[63] Die Höchstlaufzeit von 5 Jahren bei Verträgen mit Lizenzspielern ist dabei ebenso wie bei den Verträgen mit Vertragsamateuren eher als Richtwert zu interpretieren (§ 22 Nr. 1 DFB-Spielordnung).

[64] Vgl. hierzu Gliederungspunkt 2.3.2.2.3 und m.w.N. *Kindler*, Einseitige Verlängerungsoptionen, S. 747; *Rybak*, Rechtsverhältnis, S. 196.

[65] Für eine juristische Analyse einer einseitigen Verlängerungsoption zu Gunsten des Arbeit gebenden Fußball-Clubs vgl. *Kindler*, Einseitige Verlängerungsoptionen.

[66] Vgl. etwa *Kelber*, Transferpraxis beim Vereinswechsel, S. 12; *Klingmüller/Wichert*, Ablösesummen, S. 2f.; *Gramlich*, Vertragsfreiheit für Sportler, S. 89, 91; *Rybak*, Rechtsverhältnis, S. 196; *Weiland*, Rechtsstellung der Lizenzspielers, S. 304ff. Vgl. auch LAG Köln vom 26.04.1994. Vgl. ebenfalls *Müller-Glöge*, § 14 TzBfG, Rn. 63; *Müller-Glöge*, § 15 TzBfG, Rn. 13; *Hesse*, § 14 TzBfG, RdNr. 46. Die Begründung liegt in der besonderen Erfolgsorientierung des Profisports mit der verbunde-

Ablauf des Vertrags nur in gegenseitigem Einvernehmen durch einen Aufhebungsvertrag aufgelöst oder aus wichtigem Grund[67] – d.h. außerordentlich – von beiden Seiten fristlos gekündigt werden (§ 8 Nr. 1, 2 LOS).[68] In diesem Zusammenhang werden auch sportlich triftige Gründe für eine Kündigung des bestehenden Arbeitsvertrags zum Ende eines Spieljahres akzeptiert (§ 8 Nr. 3 LOS). Als sportlich triftiger Grund wird dabei regelmäßig die Teilnahme an höchstens vier Pflichtspielen in einer Saison angeführt.[69] Hierfür ursächliche Gründe wie z.b. Spielsperren, Verletzungen und Alter des Spielers und eventuell auch die Spielerposition wie die des Ersatztorwarts korrelieren allerdings zumeist negativ mit dem sportlich triftigen Kündigungsgrund.[70]

Der *Lizenzvertrag* zwischen dem einzelnen Fußballspieler und dem Ligaverband an sich regelt sämtliche Rechte und Pflichten des Lizenzspielers und wird generell unbefristet geschlossen. Der Profispieler unterwirft sich mit Abschluss des Lizenzvertrags den Satzungen und Ordnungen des DFB und des Ligaverbands sowie dem Ligastatut (§ 1 LOS).[71] Dabei begründet der Lizenzvertrag grundsätzlich kein Arbeitsverhältnis zwischen dem Fußballspieler und dem Ligaverband, sondern stellt die

---

nen Abhängigkeit von diversen Unwägbarkeiten. Bei den Vertragsamateuren der Fußball-Clubs der Bundesligen ist ebenfalls regelmäßig vom Ausschluss eines ordentlichen Kündigungsrechts in den befristeten Verträgen auszugehen. Vgl. hierzu auch die Termini „einvernehmliche Auflösung" und „fristlose Kündigung" im Zusammenhang mit einer vorzeitigen Vertragsbeendigung in § 22 Nr. 2 DFB-Spielordnung. Selbst wenn Klauseln wie der Ausschluss des ordentlichen Kündigungsrechts in einen Arbeitsvertrag einbezogen werden und diese gegen gesetzliche Regelungen verstoßen, so muss dieser Verstoß nicht zwangsläufig die Unwirksamkeit des Arbeitsvertrags und hieraus resultierend den Lizenzentzug zur Folge haben (§ 306 BGB).

[67] Als wichtige Kündigungsgründe gelten für den Club z.B. eigenmächtige Urlaubsantritte oder Urlaubsüberschreitungen des Spielers, ungerechtfertigtes und unentschuldigtes Fernbleiben (bspw. wegen vorgetäuschter Krankheit), Annahme einer Siegprämie durch einen Spieler von einem fremden Club oder Trunkenheit während der Arbeitszeit; für den Spieler bspw. Zahlungsverzug des Clubs, Fürsorgepflichtverletzungen oder eigene Arbeitsunfähigkeit. Vgl. hierzu ausführlich *Weidenkaff*, § 626 BGB, Rdn. 42ff.; *Henssler*, § 626 BGB, RdNr. 128ff. Kündigt ein Spieler seinen Arbeitsvertrag aus wichtigem Grund, so muss diese fristlose Kündigung zudem in einem staatlichen Gerichtsverfahren als rechtskräftig anerkannt werden (§ 8 Nr. 2 LOS).

[68] Im Fall von Streitigkeiten aus Verträgen zwischen Fußball-Club und Spieler verweist § 9 Nr. 1 LOS an die Arbeitsgerichte mit der Möglichkeit der vorherigen Klärung durch eine Schlichtungsstelle beim Ligaverband, jedoch nur bei entsprechender Beantragung.

[69] Als Pflichtspiele i.S. von § 10 der DFB-Spielordnung gelten sämtliche Meisterschaftsspiele, Pokalspiele und Entscheidungsspiele über Auf- und Abstieg.

[70] Hinsichtlich eines beabsichtigten *grenzüberschreitenden Spielertransfers* sind zusätzlich die Bestimmungen des Art. 17 FIFA-Spielerstatus zur Wahrung der Vertragsstabilität zu beachten: Arbeitsverträge, die von Spielern vor deren 28. Geburtstag abgeschlossen werden, dürfen nach einer Schutzzeit von 3 Jahren ohne einen wichtigen Grund außerordentlich gekündigt werden. Dagegen dürfen Verträge, die nach dem 28. Geburtstag eines Spielers abgeschlossen werden, schon nach einem Zeitraum von 2 Jahren ohne einen wichtigen Grund außerordentlich gekündigt werden. Diese Schutzfrist von 2 bzw. 3 Jahren setzt im Fall einer Vertragsverlängerung erneut ein. Wird das außerordentliche Kündigungsrecht nach der Schutzfrist nun in Anspruch genommen, dann besteht eine grundsätzliche Verpflichtung zur *Zahlung einer Entschädigung*. Die Höhe dieser Entschädigungszahlung bemisst sich vor allem an der Entlohnung des Spielers, der verbleibenden Vertragslaufzeit und der ursprünglichen Ablösesumme für den Spieler.

[71] Demzufolge unterwirft sich der einzelne Spieler mittels des Lizenzvertrags auch sämtlichen Sportstrafen gemäß § 44 DFB-Satzung (§ 20 Ligaverband-Satzung).

Voraussetzung zur Erteilung der *Spielerlaubnis* in Lizenzmannschaften nach § 13 LOS dar.[72] Während die vom Ligaverband erteilte Spielerlaubnis bei Beendigung des Arbeitsvertrags allerdings mit sofortiger Wirkung erlischt bzw. u.U. auch entzogen werden kann (§ 13 Nr. 5f. LOS), ist der Lizenzvertrag zunächst generell mit einer fehlenden Befristung ausgestaltet. Die Spielerlizenz erlischt ausschließlich dann, wenn der betreffende Spieler entweder zum Amateur wird oder aber über einen längeren Zeitraum als 30 Monate keinen rechtskräftigen Arbeitsvertrag mit einem lizenzierten Fußball-Club abgeschlossen hat (§ 3 Nr. 1a) LOS). Daneben kann die Lizenz auch bei Wegfall einer der Lizenzerteilungsvoraussetzungen oder bei schuldhaftem Pflichtverstoß eines Spielers vom Ligaverband entzogen werden (§ 3 Nr. 2 LOS).

2.3.2   Das Transfersystem im deutschen Fußballsport

Der Transfer von Fußballspielern besitzt gerade im professionellen Fußballsport eine immens hohe Bedeutung, da Lizenzmannschaften hauptsächlich durch den Zukauf von Spielern erhalten werden. Der Einsatz von clubintern ausgebildeten Nachwuchsspielern stellt eher die Ausnahme dar.[73] Der institutionelle Rahmen der Transferregelungen von Fußballspielern ergibt sich dabei in erster Linie aus den Bestimmungen der FIFA, der DFB-Spielordnung und der Lizenzordnung Spieler des Ligaverbands. Das die Transferbestimmungen für Fußballspieler im Zuständigkeitsbereich des Ligaverbands regelnde Ligastatut ist dabei dem höherrangigen Verbandsrecht des DFB und der FIFA grundsätzlich untergeordnet.[74]

Hintergrund der generellen Einrichtung eines institutionellen Transfersystems war der notwendige Schutz ärmerer Fußball-Clubs vor der Abwanderung ihrer Leistungsträger zu den finanziell stärkeren Clubs aufgrund der vor allem in England vermehrten Professionalisierung des Fußballsports. Der Fokus lag dabei auf der Aufrechterhaltung sowohl der sportlichen Wettbewerbsfähigkeit der Fußball-Clubs als auch der Attraktivität des gesamten Fußballsports.[75]

Das deutsche Transfersystem wurde – wie auch der Großteil der Systeme des europäischen Auslands – im Laufe der Zeit nur relativ leicht modifiziert. Erst aus den Auswirkungen des Bosman-Urteils des Europäischen Gerichtshofs (EuGH) aus dem

---

[72] In der arbeitsrechtlichen Literatur wird die Frage, ob durch den Abschluss des Lizenzvertrags zugleich ein Arbeitsverhältnis entsteht jedoch kontrovers diskutiert, da der Arbeitsvertrag zwischen einem Fußball-Club und einem Spieler grundsätzlich unter Beachtung der verbandsrechtlichen Regelungen zu erfolgen hat. Insofern ist der Fußballspieler nicht nur durch den Lizenzvertrag unmittelbar, sondern ebenfalls aufgrund des Arbeitsvertrags mittelbar an den DFB gebunden. Vgl. hierzu *Trommer*, Transferregelungen, S. 35ff.; *Imping*, arbeitsrechtliche Stellung des Fußballspielers, S. 197ff.; *Arens*, Transferbestimmungen, S. 182; *Meyer-Cording*, Arbeitsverträge, S. 14; *Füllgraf*, Lizenzfußball, S. 21ff.; *Weiland*, Rechtsstellung des Lizenzspielers, S. 12ff., 263ff.; *Weisemann*, Sport und Arbeitsrecht, S. 260 jeweils m.w.N.

[73] Zukünftig ist diese Beobachtung allerdings durch den in die Lizenzordnung Spieler zur Saison 2006/2007 neu eingefügten § 5 a zu relativieren. Hiernach sind die Fußball-Clubs der Lizenzligen verpflichtet, eine bestimmte Anzahl an lokal ausgebildeten Fußballspielern als Lizenzspieler unter Vertrag zu nehmen. Vgl. hierzu FN 102 dieses Gliederungspunkts.

[74] Dabei ergaben und ergeben sich hinsichtlich des Transfersystems der FIFA und des DFB keine gravierenden Unterschiede. Abweichungen liegen ausschließlich im nationalen Recht begründet.

[75] Vgl. *Flory*, Fall Bosman, S. 46; *Galli*, Rechnungswesen im Berufsfußball, S. 228; *Malatos*, Berufsfußball, S. 107 m.w.N.

Jahr 1995 resultierte letztlich eine entscheidende institutionelle Neuausrichtung des Systems.[76] Im Folgenden soll zunächst das Transfersystem bis zu diesem einschneidenden Urteil kurz skizziert werden, bevor im Anschluss daran die derzeitige Regulierungssituation beschrieben wird.[77]

2.3.2.1   Die verbandsrechtlichen Transferregelungen bis 1995

Unabhängig davon, ob der Clubwechsel eines Lizenzspielers oder eines bisherigen Amateurs bzw. Vertragsamateurs als Vertragsamateur oder Lizenzspieler zu einem lizenzierten Fußball-Club während der Vertragsdauer oder aber nach Ablauf eines Vertrags stattfand und ob der Transfer innerhalb Deutschlands oder in das bzw. aus dem Ausland erfolgte[78], war der aufnehmende Club stets zur Zahlung einer Ablösesumme verpflichtet. Diese Ablösesumme wurde auch als „Ausbildungs- und/oder Förderungsentschädigung" bezeichnet.[79] Dabei war für die Entrichtung der Transferentschädigungszahlung ebenfalls nicht erheblich, ob der abgebende Club ein Interesse an einer Weiterbeschäftigung des betreffenden Fußballspielers besaß oder nicht.

Die Höhe dieser Entschädigungszahlung wurde zwischen dem aufnehmenden und dem abgebenden Fußball-Club frei ausgehandelt. Nur für den Fall, dass sich die beiden Parteien über die Höhe nicht einigen konnten, wurde die Zahlung von einem Schiedsgericht des DFB oder durch eine Sonderkommission der FIFA bzw. UEFA verbindlich festgelegt.[80]

Zusätzlich war hinsichtlich internationaler Transfers zu beachten, dass Spieler mit der Staatsangehörigkeit eines EU-Mitgliedslands[81] unbegrenzt und von allen sonsti-

---

[76]   Vgl. zum Bosman-Urteil Gliederungspunkt 2.3.2.2.

[77]   Zum Spielertransfer innerhalb des Amateurbereichs vgl. ausführlich *Eilers*, Transferbestimmungen im Fußballsport, S. 2ff.

[78]   Im Rahmen internationaler Transfers bedurfte es grundsätzlich einer Freigabeerklärung des den Spieler abgebenden nationalen Fußballverbands. Hierdurch wurde letztlich anerkannt, dass sämtliche finanziellen Verpflichtungen erfüllt wurden.

[79]   Vgl. im Folgenden *Swieter*, Fußball-Bundesliga, S. 82; *Dinkelmeier*, „Bosman"-Urteil, S. 31ff.; *Trommer*, Transferregelungen, S. 40f., 53f.; *Flory*, Fall Bosman, S. 46ff.; *Galli*, Rechnungswesen im Berufsfußball, S. 235ff.; *Eilers*, Transferbestimmungen im Fußballsport, S. 8, 10ff.; *Malatos*, Berufsfußball, S. 121ff.; *Weiland*, Rechtsstellung des Lizenzspielers, S. 300ff. Zu den an diesem Transfersystem geäußerten juristischen Bedenken insbesondere aufgrund des (niemals rechtskräftig gewordenen) „Baake"-Urteils des Landesarbeitsgerichts Berlin, das die Verpflichtung zur Zahlung einer Transfersumme als Verstoß gegen das Recht der freien Arbeitsplatzwahl nach Art. 12 GG erkannte vgl. LAG Berlin vom 21.06.1979. Vgl. auch *Dinkelmeier*, „Bosman"-Urteil, S. 33ff. Für eine detaillierte Darstellung der Entwicklung des deutschen Transfersystems bis zum Bosman-Urteil vgl. z.B. *Galli*, Rechnungswesen im Berufsfußball, S. 235ff.; *Malatos*, Berufsfußball, S. 121ff.

[80]   Bis zum Jahr 1980 bestand als Auswirkung der Verpflichtung zur Zahlung einer Entschädigung und aufgrund der bis dahin fehlenden pflichtgemäßen Schlichtungsmöglichkeit durch ein Schiedsgericht für den einzelnen Fußball-Club faktisch die Möglichkeit, den einzelnen Spieler nach Ablauf des Vertrags weiterhin an den Club zu binden, indem die Transferzahlung absichtlich so hoch gesetzt wurde, dass ein Transfer niemals zu Stande kam.

[81]   Zum damaligen Zeitpunkt zeitweilig noch i.S. der Vorgängerorganisation EG (bis zum Inkrafttreten des Vertrags von Maastricht im Jahr 1993). Die Ereignisse des Bosman-Urteils standen zum Großteil ebenfalls im Zeichen der EG. Im Folgenden wird einheitlich die Bezeichnung EU verwendet, sofern nicht der Kontext die Verwendung des zur betreffenden Zeit aktuellen Namens erfordert.

gen Ausländern maximal drei Spieler unter Vertrag genommen werden konnten. Bezüglich des Einsatzes jeglicher Spieler ausländischer Herkunft bestand allerdings eine Restriktion dahingehend, dass maximal drei dieser Spieler gleichzeitig in Lizenzmannschaften zum Spiel zugelassen waren.[82] Der DFB wollte mit dieser Regelung eine Überschwemmung der deutschen Fußballlandschaft mit ausländischen Spielern verhindern, um die Identifikation des Publikums mit den Clubs aufrecht zu erhalten und den deutschen Fußballnachwuchs zu schützen.

Die Gründe für die angeführte Transferregelung waren in unterschiedlichen Bereichen angesiedelt. Zunächst sollte der abgebende Club für seine Aufwendungen aus der Entdeckung sowie der Aus- und Weiterbildung eines Fußballspielers entschädigt werden. Weiterhin wurde ein direkter Zusammenhang zwischen dem Abgang eines Spielers und einer daraus resultierenden Verschlechterung der sportlichen und hieraus folgend der wirtschaftlichen Situation des Clubs vermutet. Diese Verschlechterung sollte durch die Zahlung einer Entschädigung kompensiert werden. Schließlich wurde auch die Aufrechterhaltung des sportlichen Wettbewerbs innerhalb der Lizenzligen angeführt, der letztlich die Attraktivität des gesamten Fußballsports u.a. auch hinsichtlich der Qualität der Nachwuchsförderung gewährleisten sollte.[83]

Problematisch an dem damaligen Transfersystem war allerdings, dass der Fußballspieler bei einem Scheitern des Transfers nach Ablauf eines Vertrags nur die Möglichkeit hatte, die neuen Vertragsbedingungen des bisherigen Clubs zu akzeptieren oder für den Fall, dass ihm kein neuer Vertrag angeboten wurde oder er das neue Vertragsangebot ablehnte, sich arbeitslos zu melden.[84] Nicht zuletzt argumentierte bspw. *Meyer-Cording*, dass das „Ablösesystem [...] in der Vergangenheit als „Spielerverkauf" und menschenunwürdiger „Sklavenhandel" schwer angegriffen worden [ist], weil diese Geschäfte auf dem Rücken und zu Lasten der Spieler ausgetragen worden sind."[85]

Vor diesem Hintergrund ist die Klage des belgischen Fußballprofis Jean Marc Bosman zu sehen, die schließlich in einer völligen Neuausrichtung des europäischen Transfersystems und in einem Eingriff in das autonome Verbandssystem der UEFA und den angeschlossenen nationalen Verbänden seitens der Gerichtsbarkeit mündete.[86] Bevor allerdings auf das derzeit gültige Transfersystem eingegangen wird, sollen zunächst das Bosman-Urteil und seine Hintergründe behandelt werden.

---

[82] Daneben durften unbegrenzt weitere so genannte *assimilierte* ausländische Spieler an einem Spiel teilnehmen, wenn sie bereits fünf Jahre – davon allerdings drei Jahre im Juniorenbereich – ununterbrochen innerhalb des DFB spielberechtigt waren.

[83] Vgl. *Flory*, Fall Bosman, S. 51ff.; *Galli*, Rechnungswesen im Berufsfußball, S. 228; *Frick/Wagner*, Bosman und die Folgen, S. 611; *Malatos*, Berufsfußball, S. 107f. m.w.N.; *Schellhaaß*, Funktion der Transferentschädigung, S. 218ff.

[84] Vgl. *Malatos*, Berufsfußball, S. 123. Allerdings war in diesem Fall der Fußball-Club grundsätzlich zur Entrichtung des Arbeitslosengelds verpflichtet. Heutzutage ist dies Aufgabe der Bundesagentur für Arbeit.

[85] *Meyer-Cording*, Arbeitsverträge, S. 15.

[86] Für eine Analyse der vor dem Urteil bestehenden Regelungen aus ökonomischer, arbeits- und verfassungsrechtlicher Sicht vgl. *Trommer*, Transferregelungen, S. 43ff.; *Parensen*, Transfersystem des DFB, S. 10ff.; *Arens*, Transferbestimmungen, S. 183ff.; *Malatos*, Berufsfußball, S. 132ff.; *Füllgraf*, Lizenzfußball, S. 83ff.; *Büch/Schellhaaß*, Ökonomische Aspekte der Transferentschädigung.

2.3.2.2 Das Bosman-Urteil des Europäischen Gerichtshofs vom 15. Dezember 1995 und seine rechtlichen Auswirkungen auf den Transfer von Profifußballspielern

2.3.2.2.1 Eine Chronologie der Ereignisse

Der belgische Profifußballspieler Jean Marc Bosman war im Jahre 1988 vom belgischen Erstligaverein Standard Lüttich (*Royal Standard de Liège*) zum Ligakonkurrenten RC Lüttich (*Royal club liégois SA*) gewechselt und mit einem Vertrag bis zum 30. Juni 1990 ausgestattet worden.[87] Im April des Jahres 1990 verhandelte Bosman mit seinem aktuellen Arbeitgeber über eine Vertragsverlängerung, die allerdings aufgrund eines zu niedrigen Gehaltsangebots von Bosman ausgeschlagen wurde. Als Folge des nicht zu Stande gekommenen Vertrags wurde Bosman auf die Transferliste des belgischen Fußballverbands gesetzt.

Schließlich stellt sich für Bosman im Laufe des Jahres 1990 die Hoffnung auf einen zeitweiligen und exterritorialen Wechsel zum französischen Zweitligisten US Dünkirchen (*SA d'économie mixte sportive de l'union sportive du littoral de Dunkerque*) ein[88], da sich der RC Lüttich und der US Dünkirchen im Rahmen von Verhandlungen sowohl über die Modalitäten des Vereinswechsels als auch über die Höhe der obligatorischen Transferentschädigungszahlung einigen konnten. Bosman schließt in der Folgezeit des Juli 1990 einen Arbeitsvertrag mit dem US Dünkirchen ab, dessen Wirksamkeit i.S. einer aufschiebenden Bedingung lediglich von der Freigabeerklärung des belgischen Nationalverbands abhing, die nur noch vom RC Lüttich zu beantragen war. Die Freigabeerklärung des belgischen Verbands war wiederum Voraussetzung für die Erteilung der Spielerlizenz vom französischen Verband.

Nachdem Bosman den Arbeitsvertrag bereits abgeschlossen hatte und sein bisheriger Vertrag ausgelaufen war, verzichtete der RC Lüttich allerdings auf die Beantragung der Freigabeerklärung, da nach Ansicht des Clubs die Zahlung der Transferentschädigung auszufallen drohte.[89] Der Transfer des Spielers Jean Marc Bosman zum US Dünkirchen war somit aufgrund eines unwirksamen Arbeits- und Transfervertrags gescheitert, woraufhin der Spieler vom RC Lüttich für ein Jahr gesperrt und ab diesem Zeitpunkt arbeitslos wurde.

Bosman hat daraufhin im August 1990 Klage sowohl auf Schadensersatz als auch auf den Verzicht auf die Transferentschädigungszahlung als Voraussetzung für den Clubwechsel erhoben und zwar nicht nur gegen den RC Lüttich, sondern auch gegen den belgischen Fußballverband. Letztlich wurden dem Europäischen Gerichtshof

---

[87] Für eine ausführliche Darstellung der Historie und der Entscheidung des EuGH vgl. EuGH vom 15.12.1995 sowie bspw. *Dinkelmeier*, „Bosman"-Urteil, S. 41ff.; *Trommer*, Transferregelungen, S. 54ff.; *Flory*, Fall Bosman, S. 67ff.; *Galli*, Rechnungswesen im Berufsfußball, S. 160ff.; *Blanpain*, Geschichte und Hintergründe; *Gutzeit/Reimann*, Freizügigkeit von Berufsfußballspielern.

[88] Bosman sollte zunächst für den Zeitraum eines Jahres wechseln, wobei dem US Dünkirchen eine unwiderrufliche Option auf den endgültigen Transfer von Bosman eingeräumt wurde.

[89] Der Vertrag zwischen Lüttich und Dünkirchen sah vor, dass die Entschädigungszahlung erst dann zu entrichten war, wenn die Freigabeerklärung durch den belgischen Verband erteilt war. Ursächlich für die jedoch nicht beantragte Freigabeerklärung war der Versuch des RC Lüttich, eine Bankgarantie über die Transferzahlung vor der zu erteilenden Freigabeerklärung zu erhalten, die jedoch vertraglich nicht vereinbart worden war. Der US Dünkirchen wäre voll zahlungsfähig gewesen.

(EuGH) im Jahr 1993 nach Durchlaufen mehrerer Instanzen von einem belgischen Berufungsgericht folgende Streitpunkte zur Entscheidung vorgelegt:[90]

• Zum Einen stellte sich die Frage, ob die verbandsrechtliche Verpflichtung zur Zahlung einer Transferentschädigung nach Ablauf eines Arbeitsvertrags im Einklang mit der Freizügigkeit von Arbeitnehmern gemäß den Römischen Verträgen[91] (insbesondere Art. 48 EWGV) vom 25. März 1957 stand oder nicht.

• Des Weiteren war die Rechtmäßigkeit der Zugangsbeschränkung von Fußballspielern mit der Staatsangehörigkeit eines EU-Mitgliedslands zu Sportwettbewerben der internationalen und nationalen Sportverbände (sog. Ausländerklauseln) ebenfalls unter Beachtung der Römischen Verträge zu klären.

Schließlich erließ der EuGH am 15. Dezember 1995 im Speziellen folgendes Urteil:

• „Art. 48 EWGV steht der Anwendung von durch Sportverbände aufgestellten Regeln entgegen, nach denen ein Berufsfußballspieler, der Staatsangehöriger eines Mitgliedstaats ist, bei Ablauf des Vertrages, der ihn an einen Verein bindet, nur dann von einem Verein eines anderen Mitgliedstaats beschäftigt werden kann, wenn dieser dem bisherigen Verein eine Transfer-, Ausbildungs- oder Förderungsentschädigung gezahlt hat."[92]

• „Art. 48 EWGV steht der Anwendung von durch Sportverbände aufgestellten Regeln entgegen, nach denen die Fußballvereine bei den Spielen der von diesen Verbänden veranstalteten Wettkämpfe nur eine begrenzte Anzahl von Berufsspielern, die Staatsangehörige anderer Mitgliedstaaten sind, aufstellen können."[93]

Zusammenfassend lässt sich somit festhalten, dass der EuGH sowohl das bisher gültige EU-grenzüberschreitende Transfersystem bei beendeten Arbeitsverhältnissen von Berufsfußballspielern aus den EU-Mitgliedstaaten sowie die Ausländerklauseln der Fußballverbände hinsichtlich Berufsfußballspieler aus den EU-Mitgliedstaaten für unvereinbar mit dem europäischen Gemeinschaftsrecht hielt. Dabei erstreckt sich der Anwendungsbereich des Urteils ebenfalls auf die dem Europäischen Wirtschaftsraum EWR angeschlossenen Staaten Island, Liechtenstein und Norwegen. Nicht erfasst von dem Urteil des EuGH waren allerdings Clubwechsel während eines laufenden

---

[90] Im Laufe der Zeit wurde neben dem RC Lüttich und dem belgischen Fußballverband auch die UEFA in den Rechtsstreit einbezogen, wobei Bosman die Klage unmittelbar gegen die UEFA ausweitete. Obwohl die UEFA ein eingetragener Verein im Sinne des Schweizerischen Zivilgesetzbuchs mit Sitz in Nyon (damals Bern) ist, erklärte sich die Gerichtsbarkeit gegenüber der UEFA deswegen für zuständig, weil die UEFA ein europäisches Transfersystem in ihren Statuten kodifiziert hat.

[91] Unter den Römischen Verträgen werden die Gründungsverträge der Europäischen Wirtschaftsgemeinschaft (EWG) und der Europäischen Atomgemeinschaft (EAG) verstanden, die zusammen am 25. März 1957 in Rom unterzeichnet wurden und am 01. Januar 1958 in Kraft getreten sind. Durch den „Vertrag von Maastricht" vom 07. Februar 1992 (Zeitpunkt des Inkrafttretens war allerdings erst der 01. November 1993) wurden die drei Europäischen Gemeinschaften (EAG, EGKS und EWG) schließlich unter dem Dach der Europäischen Union (EU) zusammengefasst. Dabei wurde die EWG in Europäische Gemeinschaft (EG) umbenannt. Vgl. hierzu ausführlich Nienhaus, Europäische Integration. Hinsichtlich der dem EuGH in Sachen „Bosman" vorgelegten Streitpunkte ist dabei insbesondere Art. 48 EWGV zur Freizügigkeit von Arbeitnehmern von Interesse, welcher im Rahmen der Transformation der EWG in die EG in Art. 39 EGV übergegangen ist. Gemäß Art. 39 Abs. 3 EGV besitzen alle EU-Staatsangehörige das Recht, ungeachtet ihrer Staatsangehörigkeit in einem anderen EU-Mitgliedstaat einer abhängigen Arbeitstätigkeit nachzugehen.

[92] EuGH vom 15.12.1995, Tenor 1.

[93] EuGH vom 15.12.1995, Tenor 2.

Arbeitsvertrags und Wechsel innerhalb eines EU/EWR-Mitgliedstaats sowie Club-wechsel in das oder aus dem Nicht-EU/EWR-Ausland und zusätzlich Wechsel von Nicht-EU/EWR-Ausländern. Ebenfalls nicht anzuwenden war das Urteil auf den Transfer von Spielern des Amateurbereichs.[94] Der Urteilsspruch war dabei mit Wir-kung vom 15. Dezember 1995 unmittelbar verbindlich.[95] Eine Ausnahme hiervon wurde lediglich für solche Transferentschädigungen erklärt, die zum Zeitpunkt des Urteils entweder bereits entrichtet oder aufgrund einer bestehenden Verpflichtung nur noch geschuldet wurden.

Als Auswirkung des Urteils bedurfte es demzufolge einer unmittelbaren Reaktion der nationalen EU/EWR-Fußballverbände und der UEFA als Konföderation der europäi-schen nationalen Verbände in Form einer Anpassung des Verbandsrechts.[96] Die FIFA sah sich zunächst nicht zum Handeln veranlasst, da dieses Urteil nur 21 der 193 ihr angeschlossenen Verbände betraf. Deshalb schuf sie in einem ersten Schritt lediglich einen Ausnahmebereich für den EU/EWR-Bereich. Allerdings beauftragte die FIFA die UEFA umgehend mit der Ausarbeitung eines komplett neuen internatio-nalen Transfersystems. Nachdem die EU-Kommission mittels Androhung einer Klage wegen eines Verstoßes gegen das Kartellrecht in der Folge Druck auf die internatio-nalen Verbände ausgeübt hatte, sollte sich schließlich auch das Verbandsrecht der FIFA in der Folgezeit weiter liberalisieren.[97]

Letztlich rüttelte das Urteil des EuGH an der Monopolstellung der Sportverbände hin-sichtlich der Macht zur Kodifizierung und Anwendung eines für alle Verbandsmitglie-der unmittelbar geltenden, eigenständigen Verbandsrechts.[98] So folgerte der EuGH in seiner Urteilsbegründung, dass „die Autonomie, über die die privaten Verbände beim Erlaß von Sportregelungen verfügen, die Ausübung der dem einzelnen durch den [EG-]Vertrag verliehenen Rechte"[99] nicht einschränken dürfe.[100]

---

[94] Nationalmannschaften waren hiervon grundsätzlich ebenfalls nicht betroffen, da bei Nationalmann-schaften nichtwirtschaftliche Aspekte im Vordergrund stehen.

[95] Die Verbindlichkeit des Urteils i.S. unmittelbar anwendbaren Rechts für die Mitgliedstaaten der EU ergibt sich aus der dem EuGH gemäß Art. 234 EGV verliehenen Kompetenz zur Sicherung und Auslegung von Vorschriften des Gemeinschaftsrechts.

[96] Vgl. insofern zum aktuell gültigen nationalen und internationalen Verbandsrecht als Reaktion auf das Bosman-Urteil den folgenden Gliederungspunkt 2.3.2.2.2.

[97] Für eine ausführliche ökonomische und juristische Analyse des EuGH-Urteils vgl. *Busche*, Ökono-mische Implikationen; *Dinkelmeier*, „Bosman"-Urteil, S. 54ff.; *Plath*, Individualrechtsbeschränkun-gen, S. 60ff.; *Büch*, „Bosman Urteil"; *Flory*, Fall Bosman, S. 83ff., 111ff.; *Arens*, Fall Bosman; *Fi-scher*, EG-Freizügigkeit; *Frick/Wagner*, Bosman und die Folgen; *Palme*, Bosman Urteil; *Schroeder*, Anmerkung; *Wertenbruch*, Anmerkung; *Westermann*, Erste praktische Folgen.

[98] Vgl. ebenfalls *Arens*, Fall Bosman, S. 41.

[99] EuGH vom 15.12.1995, Tz. 81.

[100] *Blanpain* legte die Verbandsautonomie im Fall Bosman sogar als „Arroganz z.B. gegenüber der Regierung und der Gerichtsbarkeit" aus. Diese werden „manchmal einfach ignoriert, manchmal mit Verachtung behandelt [...] – wenn sie nicht sogar für die Zwecke des Fußballs manipuliert oder, um die Ausdrucksweise der Fußballbosse zu gebrauchen, für sie ‚eingespannt'" werden. Letztlich belegte er das Ziel der Verbände bis zum Zeitpunkt des Urteils – zwar etwas populistisch und po-lemisch, aber doch zutreffend – mit dem Motto: „Der Fußball soll Staat im Staate bleiben – um je-den Preis!". *Blanpain*, Geschichte und Hintergründe, S. 161f.

**2.3.2.2.2   Das gegenwärtige Transfersystem – Anpassung des Verbands-
rechts als Reaktion auf das Bosman-Urteil**

Aufgrund des innerhalb einer laufenden Saison und zudem für den DFB überra-
schend erfolgten Urteilsspruchs wurde zumindest die bis dato gültige *Ausländerrege-
lung* noch bis zum Ende der Saison 1995/96 mittels eines so genannten „gentle-
men's agreement" der Fußball-Clubs der Bundesligen weitergeführt.[101] Erst seit der
Saison 1996/97 dürfen Fußballspieler jeglichen Status mit einer Staatsangehörigkeit
der EU-Mitgliedstaaten und heutzutage sogar ausgeweitet auf Spieler aller FIFA-
Mitgliedsverbände unbegrenzt in den deutschen Lizenzligen gleichzeitig zum Einsatz
kommen und verpflichtet werden (§ 5 LOS; § 11 SpOL).[102]

Der gesamte Ausländeranteil der Bundesliga stieg seit dem EuGH-Urteil stetig an
und lag bspw. in der Saison 2004/05 bei alleiniger Betrachtung der Lizenzspieler bei
49%. Von den insgesamt 231 ausländischen Spielern waren 178 Spieler Europäer
und 53 Nicht-Europäer. Die nachstehende Tabelle zeigt die Entwicklung des prozentualen Anteils ausländischer Lizenzspieler in der Bundesliga von der Saison 1993/
1994 bis zur Spielzeit 2000/2001:

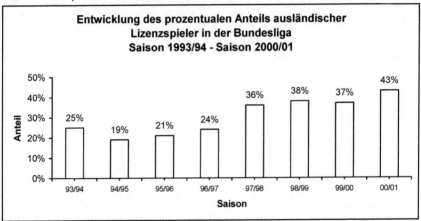

**Entwicklung des prozentualen Anteils ausländischer
Lizenzspieler in der Bundesliga
Saison 1993/94 - Saison 2000/01**

**Abbildung 4:   Entwicklung des prozentualen Anteils ausländischer Lizenzspie-
ler in der Bundesliga von der Saison 1993/1994 bis 2000/2001**[103]

---

[101] Vgl. zum Folgenden *Dinkelmeier*, „Bosman"-Urteil, S. 121ff.; *Trommer*, Transferregelungen,
S. 79ff.; *Flory*, Fall Bosman, S. 102ff.; *Galli*, Rechnungswesen im Berufsfußball, S. 166ff., 238f.

[102] Als Folge der Aufhebung der Ausländerbegrenzung wurde mit Wirkung zur Saison 2006/2007 die
sog. *„Local-Player-Regelung"* zur Förderung des Fußball-Nachwuchses eingeführt. Diese sieht vor,
dass seit der Saison 2006/2007 mindestens vier von einem deutschen Club ausgebildete Lizenzspieler bei einem Club unter Vertrag stehen müssen bzw. ab der Saison 2007/2008 mindestens
sechs und in der darauf folgenden Spielzeit sogar acht. Wenigstens die Hälfte dieser lokal ausgebildeten Spieler muss dabei im Alter zwischen 15 und 21 Jahren für mindestens drei Spielzeiten für
den jeweiligen Club spielberechtigt gewesen sein, die andere Hälfte zumindest bei anderen Clubs
im Bereich des DFB (§ 5 a Nr. 1 LOS).

[103] Vgl. *Swieter*, Fußball-Bundesliga, S. 125.

Der Fokus der folgenden Darstellung soll auf dem derzeit geltenden *Transfersystem* liegen. Die Ausländerklauseln sind für die Bilanzierung nicht von entscheidender Bedeutung. Wie bereits in Gliederungspunkt 2.3.1 angesprochen, gilt als Voraussetzung für den Clubwechsel eines Lizenzspielers zunächst die Aufnahme in die Transferliste des Ligaverbands. Sie stellt eine Einrichtung des Ligaverbands dar und ist zudem ganzjährig geöffnet (§ 4 Nr. 2, § 5 Nr. 1 LOS).[104] Die Aufgabe der Transferliste besteht in der Offenlegung der Clubwechsel der deutschen Lizenzspieler und aller ausländischen Spieler, um den Interessenten an einem Spieler seine generelle Vertragsfähigkeit zu signalisieren (§ 4 Nr. 1 LOS). Antragsberechtigt sind dabei sowohl die wechselwilligen Spieler als auch die abgebenden Fußball-Clubs (§ 4 Nr. 4 LOS). Voraussetzung für die Aufnahme in die Transferliste ist insbesondere, dass der Arbeitsvertrag im Fall eines Clubwechsels zum Zeitpunkt der Antragstellung auf Aufnahme in die Transferliste fristgerecht gekündigt bzw. einvernehmlich aufgelöst wurde oder durch Zeitablauf automatisch endet (§ 4 Nr. 6 LOS). Von der Eintragung in die Transferliste hängt weiterhin die Erteilung der Spielerlaubnis und die Freigabeerklärung für einen ausländischen Club ab.

Während Arbeitsverträge mit Lizenzspielern grundsätzlich mit Aufnahme in die Transferliste geschlossen werden können, kann der eigentlich Clubwechsel eines Spielers nicht zu einem beliebigen Zeitpunkt erfolgen, sondern ausschließlich innerhalb der beiden vorgegebenen Wechselperioden (§ 5 Nr. 1 LOS). Insofern steht für einen Clubwechsel das Zeitfenster vom Ende eines Spieljahres (i.d.R. der 1. Juli) bis zum 31. August des selben Jahres (*Wechselperiode I*) bzw. der gesamte Monat Januar eines Jahres (*Wechselperiode II*) zur Verfügung (§ 4 Nr. 2 LOS).[105] Die lizenzierten Arbeitsverträge sind mindestens über die laufende Spielzeit abzuschließen und sollten eine Höchstlaufzeit von 5 Jahren nicht überschreiten (§ 5 Nr. 1 LOS). Nachdem der neue Vertrag geschlossen worden ist, wird der Spieler durch entsprechende Vorlage des Vertrags beim Ligaverband von der Transferliste gestrichen (§ 4 Nr. 8 LOS).

Die bis zum Urteilsspruch des EuGH bestehende Verpflichtung zur Zahlung einer *Transferentschädigung* nach Ablauf eines Profiarbeitsvertrags wurde im Anschluss an das Urteil umgehend und zudem vollständig aufgehoben und zwar nicht nur im Rahmen EU/EWR-grenzüberschreitender Clubwechsel, sondern in der Folgezeit auch auf nationaler Ebene.[106] Im Rahmen der fortschreitenden Liberalisierung des Transfersystems der FIFA wurden schließlich während des Jahres 1999 sämtliche Clubwechsel nach Vertragsablauf von Profifußballspielern jeglicher Nationalität ablösefrei, wenn der Transfer innerhalb der Grenzen der EU/EWR stattfand. Einzig und allein der Wechsel eines Lizenzspielers aus dem oder in das Nicht-EU/EWR-Ausland

---

[104] Vgl. ausführlich zur Transferliste *Füllgraf*, Lizenzfußball, S. 77ff.

[105] Eine Ausnahme von dieser Regel besteht für Spieler, die bis zum 31. August eines Jahres weder als Lizenzspieler noch als Amateur eine Spielerlaubnis für einen Fußball-Club haben. Diese Spieler können trotzdem bis zum 31. Dezember des selben Jahres einen Clubwechsel vornehmen.

[106] Der Grund hierfür war in der sog. Inländerdiskriminierung i.S. einer Schlechterstellung deutscher Fußballspieler gegenüber anderen Spielern mit einer EU/EWR-Staatsangehörigkeit zu sehen, die eine Änderung des Transfersystems nur für grenzüberschreitende Wechsel bedingt hätte. Vgl. hierzu bspw. *Busche*, Ökonomische Implikationen, S. 92; *Dinkelmeier*, „Bosman"-Urteil, S. 129f.; *Trommer*, Transferregelungen, S. 87ff.; *Flory*, Fall Bosman, S. 91ff. Vgl. zu den diesbezüglichen Entwicklungen auf nationaler Ebene ebenfalls *Arens*, „Der deutsche Bosman".

war weiterhin an die Verpflichtung zur Zahlung einer Transferentschädigung gebunden.[107] Eine weitere Modifikation dieses Transfersystems sollte jedoch bereits im Jahr 2001 folgen. Das aktuell gültige Reglement entstammt nunmehr dem Jahr 2004.

Die nachstehende Übersicht fasst die bis zum Jahr 2001 bestehende Pflicht zur Transferzahlung nach Vertragsablauf bei Lizenzspielern zusammen:

Transfer \ Staatsangehörigkeit	EU/EWR-Spieler	Nicht-EU/EWR-Spieler
– innerhalb Deutschlands	*nein*	*nein*
– in das EU/EWR-Ausland	*nein*	*nein*
– aus dem EU/EWR-Ausland	*nein*	*nein*
– in das Nicht-EU/EWR-Ausland	**ja**	**ja**
– aus dem Nicht-EU/EWR-Ausland	**ja**	**ja**

Tabelle 6: **Verpflichtung zur Zahlung einer Transferentschädigung nach Ablauf eines Profiarbeitsvertrags bis zum Jahr 2001**[108]

Mitte des Jahres 2001 stellte die FIFA quasi als vorläufigen Abschluss der „Ära Bosman" ein gänzlich modifiziertes Reglement für den Transfer von Spielern zwischen Fußball-Clubs unterschiedlicher Nationalverbände mit dem Titel „Reglement bezüglich Status und Transfer von Spielern" vor, welches im Jahr 2004 noch einmal punktuell überarbeitet worden ist. Dieses Reglement ist für den *grenzüberschreitenden Transfer* unmittelbar verbindlich (vgl. Tabelle 7 auf S. 39) und wurde – unter Berücksichtigung der Besonderheiten des nationalen Rechts – ebenfalls in das deutsche Verbandsrecht hinsichtlich nationaler Transfers transformiert (Art. 1 FIFA-Spielerstatus; § 15 LOS).[109] Ablösesummen für einen Lizenzspieler werden hiernach auch weiterhin dann bezahlt, wenn der Spieler aus einem laufenden Vertrag „herausgekauft" wird. Zudem ist die nachstehend erläuterte Ausbildungsentschädigung zusätzlich zu entrichten, wenn der Spieler das 23. Lebensjahr noch nicht vollendet hat (Art. 20 FIFA-Spielerstatus).[110] Nach Ablauf eines Arbeitsvertrags sind Transfer- bzw. Ausbildungsentschädigungen für Lizenzspieler grundlegend dann unzulässig, wenn der betreffende Spieler das 23. Lebensjahr bereits vollendet hat (Art. 20 FIFA-Spielerstatus). Einzig und allein für den Transfer von Lizenzspielern nach Ablauf eines Vertrags und bis zu einem Alter von 23 Jahren sieht das Reglement nun eine Ver-

---

[107] Zu den seitens der EU-Kommission geäußerten juristischen Bedenken auch an diesem System vgl. z.B. *Swieter*, Fußball-Bundesliga, S. 138ff.

[108] In Anlehnung an *Swieter*, Fußball-Bundesliga, S. 87; *Arens*, Fall Bosman, S. 42.

[109] Die Notwendigkeit der Überarbeitung ergab sich aus dem Druck, den die EU-Wettbewerbskommission auf die FIFA ausgeübt hatte, da sie das bestehende Transfersystem als illegal einstufte.

[110] Für den grenzüberschreitenden Wechsel von *Vertragsamateuren* gelten gemäß den Vorschriften des Art. 20 i.V.m. Art. 2 des FIFA-Reglement bezüglich Status und Transfer von Spielern fortfolgend analoge Anforderungen. Zu beachten ist weiterhin, dass internationale Transfers von Spielern unter 18 Jahren nur noch bei Erfüllung restriktiver Voraussetzungen möglich sind (Art. 19 FIFA-Spielerstatus).

pflichtung zur Zahlung einer pauschalierten Transfer- bzw. Ausbildungsentschädigung vor.[111] Die früheren Clubs des Spielers sollen für ihre Ausbildungsinvestitionen bis zum vollendeten 21. Lebensjahr entschädigt werden (Anhang 4 Art. 1 Nr. 1 FIFA-Spielerstatus). Einen grundsätzlichen Anspruch auf Entschädigung haben im Fall der Unterzeichnung eines erstmaligen Profivertrags zunächst sämtliche Clubs, die bis zur Unterzeichnung dieses Vertrags an der Ausbildung des Spielers beteiligt waren (Anhang 4 Art. 3 Nr. 1 FIFA-Spielerstatus). Eine Entschädigungszahlung wird mithin auch dann fällig, wenn der Spieler bereits den Lizenzspielerstatus erreicht hat und noch vor Vollendung des 23. Lebensjahres sowohl während als auch nach Ablauf seines Vertrags erneut den Club wechselt (Art. 20 FIFA-Spielerstatus). Für die Berechnung der Höhe und der Verteilung dieser Entschädigungszahlung auf die an der Ausbildung beteiligten Clubs werden von der FIFA spezifische Parameter vorgegeben, die u.a. auf einer Kategorisierung der Clubs und der Zuordnung eines entsprechenden Ausbildungsbetrags je Kategorie beruhen (Anhang 4 Art. 3 - 5 FIFA-Spielerstatus).[112]

Alter des Spielers Vertragsstatus	jünger als 23 Jahre	23 Jahre und älter
bestehender Vertrag („ablösepflichtig")	ausgehandelte Ablösesumme + Ausbildungsent-schädigung	ausgehandelte Ablösesumme
ausgelaufener Vertrag („ablösefrei")	Ausbildungsent-schädigung	–

Tabelle 7: **Zahlungsverpflichtung beim grenzüberschreitenden Transfer in den Lizenzspielerbereich gemäß dem „Reglement bezüglich Status und Transfer von Spielern" der FIFA**[113]

Im Rahmen *nationaler Transfers* sind Ablösesummen für *Lizenzspieler* auch nach der Modifikation des FIFA-Transfersystems ausschließlich dann zu zahlen, wenn der Spieler aus einem laufenden Vertrag „herausgekauft" wird.[114] Weitere Zahlungen für bereits im Status des Lizenzspielers befindliche Spieler, die vor Vollendung des 23. Lebensjahrs erneut einen Clubwechsel vornehmen, sind im Gegensatz zum Reglement der FIFA nicht vorgesehen.

---

[111] Nach Ansicht der FIFA gilt die Zeit zwischen dem 13. und einschließlich dem 23. Lebensjahr als Trainings- und Ausbildungszeit eines Spielers.

[112] Zu einer ökonomischen Analyse des neuen Transfersystems der FIFA vgl. m.w.N. *Dietl*, FIFA-Transferreglements; *Schellhaaß/May*, Institutionen des Spielermarktes; *Dietl/Franck*, Effizienz von Transferrestriktionen; *Schellhaaß/May*, Die neuen FIFA-Regeln.

[113] Die Regelungen gelten hierbei unabhängig vom bisherigen Status des Spielers (Lizenzspieler, Amateur oder Vertragsamateur).

[114] Zur Überprüfung aus juristischer Sicht vgl. *Klingmüller/Wichert*, Ablösesummen.

Anders als die Transferbestimmungen für Lizenzspieler verpflichteten die DFB-Spielordnung und die Lizenzordnung Spieler den aufnehmenden Lizenzclub in Abhängigkeit vom Alter eines Spielers bis zum Ende der Wechselperiode im Anschluss an die Saison 2005/2006 zur Zahlung einer sog. Ausbildungs- und Förderungsentschädigung, wenn ein *Amateur oder Vertragsamateur erstmalig* zum *Lizenzspieler* wurde.

Wenn ein bisheriger Amateurspieler oder Vertragsamateur *erstmalig* als Lizenzspieler zu einem Fußball-Club der beiden Lizenzligen *wechselte*, fielen für den Arbeit gebenden Club unabhängig von einem noch laufenden oder bereits abgelaufenen Vertrag Entschädigungszahlungen an, die den bisherigen Fußball-Clubs des Spielers anteilig[115] zu Gute kamen (§ 27, 28 DFB-Spielordnung a.F.; § 16, 17 LOS a.F.). Die Höhe dieser Zahlung war grundsätzlich davon abhängig, welches Alter der Fußballspieler zum Zeitpunkt seiner Statusänderung in Folge eines Transfers erreicht hatte. Fand die Umwandlung zu einem Lizenzspieler noch vor Erreichen des 24. Lebensjahrs statt[116], bestand die Pflicht zur Zahlung einer Entschädigung i.H. von 50.000 € bzw. 22.500 €, je nachdem ob es sich um einen Club der Bundesliga oder der 2. Bundesliga handelte (§ 27 Nr. 1 DFB-Spielordnung a.F.; § 16 Nr. 1 LOS a.F.). Änderte der Spieler seinen Status hingegen erstmalig zwischen dem vollendeten 23. und 28. Lebensjahr, so halbierte sich jeweils die Höhe der Entschädigungszahlung (§ 28 Nr. 1 DFB-Spielordnung a.F.; § 17 Nr. 1 LOS a.F.). Gab ein Amateur oder Vertragsamateur seinen bisherigen Status *ohne Transfer* erstmalig zu Gunsten des Lizenzspielerstatus auf, war der Arbeit gebende Fußball-Club nur zur Zahlung einer entsprechenden Entschädigung verpflichtet, wenn die Statusänderung vor Vollendung des 23. Lebensjahrs stattfand.[117] Eine Entschädigungszahlungspflicht bestand demzufolge nicht, wenn der Spieler nach Vollendung des 23. Lebensjahrs clubintern seinen Status wechselte (§ 27 Nr. 1 DFB-Spielordnung a.F.; § 16 Nr. 1 LOS a.F.). Eine Ausnahme hiervon existierte jedoch für Aufsteiger in die 2. Bundesliga. Auch in diesem Fall war für die clubeigenen Amateure und Vertragsamateure eine Entschädigung zu zahlen, wenn die Umwandlung zum Lizenzspieler zwischen dem vollendeten 23. und 28. Lebensjahr stattfand und die Spieler zudem nicht länger als ein Jahr vor der Lizenzerteilung für den aufsteigenden Club spielberechtigt waren (§ 28 Nr. 2 DFB-Spielordnung a.F.; § 17 Nr. 2 LOS a.F.).

Mit Beschluss des DFB-Vorstands vom 13. Oktober 2006 wurden diese Vorschriften aufgehoben und jegliche Verpflichtungen zur Zahlung von Ausbildungsentschädigungen für unwirksam erklärt. Im Rahmen nationaler Transfers sind nunmehr ausschließlich die beim „Herauskaufen" aus einem laufenden Arbeitsvertrag zu entrichtenden Ablösesummen zu beachten.[118]

---

[115] Von der Gesamtsumme standen dem ersten Club, für den der Spieler drei Jahre ununterbrochen spielberechtigt war (sog. Vaterverein), 10% zu. Der Rest wurde auf jeden Club, für den der Spieler die letzten fünf Jahre vor seiner Verpflichtung spielberechtigt war, zeitanteilig i.H. von 20% der Gesamtentschädigung pro Jahr verteilt. War der Spieler beim Lizenz-Club bereits spielberechtigt, wurden die Zeiten auf die Höhe der Entschädigungszahlung angerechnet.

[116] Maßgeblich hierfür war der Zeitpunkt des Wirksamwerdens des Vertrags.

[117] Voraussetzung hierbei war, dass in der Vergangenheit bereits ein Wechsel des betreffenden Amateurspielers oder Vertragsamateurs von einem anderen zu seinem jetzigen Club erfolgte.

[118] Zu den Gründen vgl. *Fritzweiler*, Ausbildungsentschädigung.

2.3.2.2.3 Folgen des Bosman-Urteils für die Vertragsbeziehung zwischen Fußballspieler und Fußball-Club

Nachdem in den vorangegangenen Abschnitten die einschneidenden Veränderungen der Transfermechanismen im Zeitablauf dargestellt worden sind, werden im Folgenden kurz einige empirische Zusammenhänge skizziert, die sich aus dem veränderten System ergeben haben. Im Vordergrund steht dabei insbesondere die Vertragsbeziehung zwischen den Fußballspielern und Fußball-Clubs mit ihren entscheidenden Faktoren Vertragslaufzeit, Spielergehalt und Ablösesumme.

Zunächst wurde von Teilen der Literatur erwartet, dass das Wegfallen der Transferentschädigungszahlungspflicht nach Ablauf eines Arbeitsvertrags die Länge künftig abgeschlossener Verträge beeinflusse. So sollte sich ein Trend zum Abschluss langfristiger oder zumindest *längerfristiger Arbeitsverträge* als bisher abzeichnen. Die Clubs konnten schließlich neben der Vermeidung einer starken Spielerfluktuation ebenfalls auf ein „Herauskaufen" ihrer Spieler aus laufenden Verträgen hoffen, um so dennoch in den Genuss einer Ablösesumme zu kommen.[119] Die in der folgenden Tabelle dargestellten Ergebnisse einer empirischen Untersuchung von *Swieter* zeigen einen durchschnittlichen Anstieg der Laufzeiten neu abgeschlossener Verträge um 20% im Anschluss an die Modifikation des Transfersystems im EU/EWR-Raum. In der Saison 1996/97 konnte sogar ein direkter Anstieg um 25% verzeichnet werden. Diese Fakten lassen die Gültigkeit der Hypothese vermuten.

Saison	Anzahl Verträge	Mittelwert	Median
1994/95	109	2,403	2
1995/96	115	2,456	2
1996/97	145	3,086	3
1997/98	223	2,926	3
1998/99	199	2,962	3
1999/00	184	2,861	3

Tabelle 8: **Entwicklung der Vertragslaufzeiten der Lizenzspieler der Bundesliga von 1994/1995 bis 1999/2000**[120]

Ein Trend zum Abschluss langfristiger Verträge ist aktuell jedoch nur bei solchen Spielern zu erkennen, für die eine Ablösesumme gezahlt worden ist. Langfristige Verträge bieten den Fußball-Clubs die Möglichkeit, die aufgewendeten Mittel bei einem möglichen Weiterverkauf innerhalb der Vertragslaufzeit zumindest teilweise zurück zu erhalten. Bei Fußballspielern, die ablösefrei „erworben" worden sind, werden

---

[119] Vgl. etwa *Dinkelmeier*, „Bosman"-Urteil, S. 133; *Trommer*, Transferregelungen, S. 90ff.; *Büch*, „Bosman Urteil", S. 290ff.; *Parensen*, Transfersystem des DFB, S. 19; *Büch/Schellhaaß*, Ökonomische Aspekte der Transferentschädigung, S. 272. Zu einer juristischen Überprüfung der Zulässigkeit langfristiger Arbeitsverträge vgl. bspw. *Schamberger*, Langfristige Vertragsbindung.

[120] Vgl. *Swieter*, Fußball-Bundesliga, S. 106.

tendenziell eher kurzfristige Arbeitsverträge abgeschlossen. Der Grund dafür liegt in der Chance der Fußball-Clubs, sich an neue sportliche, wirtschaftliche und konjunkturelle Rahmenbedingungen schneller und flexibler anpassen zu können.[121]

Weiterhin wurde die Hypothese aufgestellt, dass sich die nun wegfallenden Transferentschädigungszahlungen in einem *erhöhten Lohn der Spieler* bei neu abgeschlossenen Verträgen niederschlagen würden. Insbesondere bei den so genannten „Fußball-Stars" wurde erwartet, dass sich diese die vermehrt längerfristigen Vertragslaufzeiten durch erhöhte Bezüge vergüten lassen.[122] Die Untersuchungen von *Swieter* und der *WGZ-Bank* scheinen gemäß den nachstehenden Tabellen diese Hypothese zu bestätigen.

Für den Zeitraum ab der Saison 1996/1997 konnte zunächst ein einschneidender Anstieg sowohl der Spielergehälter als auch des Anteils der Gehaltssumme am Umsatz der Fußball-Clubs der Bundesliga festgestellt werden (vgl. Tabelle 9 und Tabelle 10 auf S. 43).[123] Bei dieser Untersuchung der Spielergehälter wurden ausschließlich neu abgeschlossene Verträge in der jeweiligen Spielzeit berücksichtigt.

Saison	Anzahl Gehälter	Mittelwert in €	Median in €
1994/95	30	365.403	258.202
1995/96	23	355.014	204.517
1996/97	48	692.800	409.034
1997/98	68	569.414	447.380
1998/99	70	633.199	460.163
1999/00	68	819.796	613.550

Tabelle 9:   **Entwicklung der Spielergehälter für deutsche Lizenzspieler mit mindestens 34 Bundesligaspielen von der Saison 1994/1995 bis zur Saison 1999/2000**[124]

---

[121] Vgl. *WGZ-Bank/KPMG*, Fußball und Finanzen, S. 79.

[122] Vgl. exemplarisch *Dinkelmeier*, „Bosman"-Urteil, S. 132ff.; *Trommer*, Transferregelungen, S. 92; *Büch*, „Bosman Urteil", S. 290ff.; *Büch/Schellhaaß*, Ökonomische Aspekte der Transferentschädigung, S. 272.

[123] Zwar lassen sich die gestiegenen Gehälter teilweise auch auf vermehrte Einnahmen der Fußball-Clubs zurückführen, allerdings zeigt Tabelle 10 eindeutig gegenüber dem Umsatz proportional stärker gestiegene Gehälter der Spieler.

[124] Vgl. *Swieter*, Fußball-Bundesliga, S. 101.

Saison	Umsatz in Mio. €	Gehaltssumme in Mio. €	Anteil Gehaltssumme am Umsatz
1992/93	256	97	37,9%
1993/94	307	110	35,8%
1994/95	378	138	36,5%
1995/96	464	174	37,5%
1996/97	491	205	41,7%
1997/98	570	260	45,6%
1998/99	660	295	44,7%
1999/00	757	366	48,3%
2000/01	869	437	50,3%

Tabelle 10: **Entwicklung des Gehaltsanteils am Gesamtumsatz der Fußball-Clubs der Bundesliga von der Saison 1992/1993 bis 2000/2001**[125]

Einen zusätzlichen Eindruck vermitteln schließlich die für die Saison 2001/2002 erhobenen Daten über die Gehaltssumme der Fußball-Clubs der Bundesliga inklusive ihrer jeweiligen Spieler mit dem höchsten Gehalt und die für die Jahre 2002 und 2003 vorliegenden Informationen über die 20 bestbezahlten Fußballspieler europaweit (vgl. Tabelle 11 sowie Tabelle 12 auf S. 44).

Fußball-Club	Gehaltssumme in Mio. €	Top-Spieler	Gehalt in Mio. €
FC Bayern München	56,2	Oliver Kahn	4,9
Borussia Dortmund	50,5	Stefan Reuter	3,5
Bayer Leverkusen	40,6	Jens Nowotny	2,7
Hertha BSC Berlin	32,3	Stefan Beinlich	2,2
FC Schalke 04	26,6	Andreas Möller	3,6
Hamburger SV	25,1	Jörg Albertz	2,0
VfL Wolfsburg	23,0	Claus Thomsen	1,4
Werder Bremen	22,5	Andreas Herzog	2,0
1. FC Kaiserslautern	22,0	Youri Djorkaeff	3,3
VfB Stuttgart	22,0	Krassimir Balakow	3,1
TSV München 1860	16,4	Erik Mykland	1,7
1. FC Köln	16,4	Christian Timm	1,4
Hansa Rostock	14,8	Bachirou Salou	1,1
Borussia Mönchengladbach	14,3	Uwe Kamps	0,8
FC Freiburg	12,8	Adel Sellimi	0,6
1. FC Nürnberg	12,3	Martin Driller	0,6
Energie Cottbus	12,3	Vasile Miriuta	0,6
FC St. Pauli	5,6	Ugur Inceman	0,3

Tabelle 11: **Spielergehälter in der Bundesliga-Saison 2001/2002**[126]

---

[125] Vgl. *Swieter*, Fußball-Bundesliga, S. 102. Vgl. auch *Ebel/Klimmer*, Fußball-Profis in der Bilanz, S. 273 m.w.N.

Spieler	Fußball-Club	2003 (in Mio. €)	2002 (in Mio. €)
David Beckham	Real Madrid	22,40	15,00
Ronaldo	Real Madrid	16,50	11,70
Zinedine Zidane	Real Madrid	14,00	14,00
Christian Vieri	Inter Mailand	11,10	9,28
Alessandro del Piero	Juventus Turin	10,10	9,55
Ronaldinho	FC Barcelona	10,00	–
Raul	Real Madrid	9,30	9,30
Michael Owen	FC Liverpool	9,10	8,90
Oliver Kahn	FC Bayern München	8,80	7,65
Luis Figo	Real Madrid	8,50	8,60
Hidetoshi Nakata	FC Bologna	8,45	9,36
Thierry Henry	Arsenal London	8,40	6,20
Sol Campbell	Arsenal London	8,10	8,10
Roy Keane	Manchester United	7,70	8,65
Patrick Viera	Arsenal London	7,20	–
Francesco Totti	AS Rom	7,15	7,30
Patrick Kluivert	FC Barcelona	6,90	–

Tabelle 12: In den Jahren 2002 und 2003 bestbezahlte Spieler europaweit[127]

Schließlich bestand die Vermutung, dass die Transfersummen pro Spieler der Höhe nach zurückgehen müssten.[128] Obwohl die gesamten Transferzahlungen der Bundesliga derzeit wegen der in der Mehrzahl getätigten Transfers von sportlich „durchschnittlichen" sowie dabei ablösefreien Spielern rückläufig sind (vgl. Abbildung 5 auf S. 45) und zudem deutlich unter dem Niveau der anderen europäischen Ligen rangieren, verdeutlichen die nachstehenden Abbildungen und Tabellen eindrucksvoll, dass es nach dem Bosman-Urteil des EuGH keinesfalls zu der angesprochenen Reduktion gekommen ist.

---

[126] Vgl. *WGZ-Bank*, Analyse der Fußballunternehmen, S. 71.

[127] Vgl. *WGZ-Bank/KPMG*, Fußball und Finanzen, S. 79.

[128] Vgl. *Dinkelmeier*, „Bosman"-Urteil, S. 133. Anderer Ansicht *Trommer*, Transferregelungen, S. 92. In dieser Vermutung äußerte sich die Sorge vieler Fußball-Clubs einen wirtschaftlichen Schaden zu erleiden, da es übliche Praxis war, mit den erhaltenen oder zu erwartenden Transfersummen zu wirtschaften.

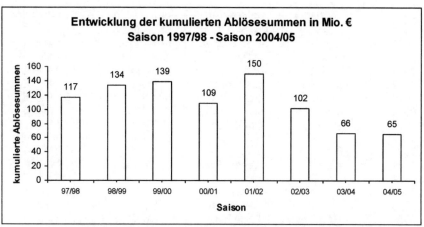

Abbildung 5:   Entwicklung der kumulierten Ablösesummen in der Bundesliga in Mio. € von der Saison 1997/1998 bis zur Spielzeit 2004/2005[129]

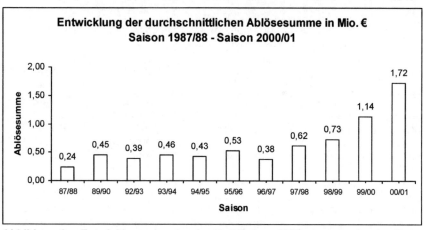

Abbildung 6:   Entwicklung der durchschnittlichen Ablösesumme in der Bundesliga in Mio. € von der Saison 1987/1988 bis zur Spielzeit 2000/2001[130]

---

[129] Vgl. *WGZ-Bank/KPMG*, Fußball und Finanzen, S. 83.

[130] Vgl. *Swieter*, Fußball-Bundesliga, S. 126.

Jahr	Spielername	alter Club	neuer Club	Transfersumme
2001	Zidane	Juventus Turin	Real Madrid	71,6 Mio. €
2000	Figo	FC Barcelona	Real Madrid	61,4 Mio. €
2000	Crespo	Parma	Lazio Rom	56,2 Mio. €
2001	Mendieta	Valencia	AS Rom	48,0 Mio. €
2002	Ferdinand	Leeds	ManU	46,7 Mio. €
1999	Vieri	Lazio Rom	Inter Mailand	46,5 Mio. €
2002	Ronaldo	Inter Mailand	Real Madrid	45,0 Mio. €
2001	Veron	Lazio Rom	ManU	43,7 Mio. €
2001	Costa	Florenz	AC Mailand	43,5 Mio. €
2001	Buffon	Parma	Juventus Turin	41,0 Mio. €
2001	Inzaghi	Juventus Turin	AC Mailand	40,9 Mio. €
2001	Nedved	Lazio Rom	Juventus Turin	39,0 Mio. €
1999	Anelka	Arsenal	Real Madrid	33,5 Mio. €
1997	Denilson	Sao Paulo	Sevilla	31,7 Mio. €
2002	Nesta	Lazio Rom	AC Mailand	30,2 Mio. €
2000	Overmars	Arsenal	FC Barcelona	30,0 Mio. €
2001	Thuram	Parma	Juventus Turin	28,5 Mio. €
2000	Batistuta	Florenz	AS Rom	27,5 Mio. €
1999	Amoroso	Udinese	Parma	26,5 Mio. €

Tabelle 13: Rekordtransfersummen im europäischen Profifußball nach dem Bosman-Urteil des EuGH[131]

Jahr	Spielername	alter Club	neuer Club	Transfer-summe
2001	Amoroso	AC Parma	Dortmund	25,6 Mio. €
2003	Makaay	La Coruna	München	18,7 Mio. €
2001	Rosicky	Sparta Prag	Dortmund	12,8 Mio. €
2004	Lucio	Leverkusen	München	12,0 Mio. €
2001	Koller	RSC Anderlecht	Dortmund	10,7 Mio. €
2002	Ze Roberto	Leverkusen	München	9,5 Mio. €
2004	Frings	Dortmund	München	9,3 Mio. €
2002	Deisler	Berlin	München	9,2 Mio. €
2003	D'Allesandro	River Plate	Wolfsburg	9,0 Mio. €
2001	Lucio	Gremio Porto Alegre	Leverkusen	9,0 Mio. €
2000	Mpenza	Standard Lüttich	Schalke	8,7 Mio. €
2002	Franca	FC Sao Paulo	Leverkusen	8,5 Mio. €
2001	R. Kovac	Leverkusen	München	8,5 Mio. €
2002	Frings	Bremen	Dortmund	8,5 Mio. €
2001	Pizzaro	Bremen	München	8,0 Mio. €

Tabelle 14: Rekordtransfersummen in der Bundesliga nach dem Bosman-Urteil des EuGH[132]

---

[131] Vgl. *Dietl/Franck*, Effizienz von Transferrestriktionen, S. 5. Vgl. hierzu ebenfalls *Ebel/Klimmer*, Fußball-Profis in der Bilanz, S. 273 m.w.N.

[132] Vgl. *WGZ-Bank/KPMG*, Fußball und Finanzen, S. 84.

Drittes Kapitel

3 Zwecke der Rechnungslegung für Fußball-Clubs

„Rechnungslegung heißt Rechenschaft mit Hilfe eines Rechnungswesens geben, also nachprüfbares Wissen liefern mittels quantitativer Messungen von Handlungen und deren Folgen."[1] Während diese Definition noch weitgehend einstimmig in der Literatur wiederzufinden ist – wenn auch in modifizierter Form[2] – besteht nur auf den ersten Blick Einigkeit über die Zwecke der Rechnungslegung. Eine genauere Analyse der einschlägigen Literatur zeigt, dass nicht nur deutliche materielle Unterschiede zu finden sind, sondern auch Begriffsdefinitionen nicht einheitlich verwendet werden.

Rechnungslegung besitzt instrumentalen Charakter[3], sodass es sich anbietet, die Analyse der Rechnungslegungsregeln zur Bilanzierung von Profifußballspielern anhand der Zwecksetzung der Rechnungslegung vorzunehmen.[4] Deshalb wird im Folgenden der Beurteilungsmaßstab für die im siebten Kapitel vorzunehmende ökonomische Analyse der IFRS-konformen Bilanzierungsregeln für professionelle Fußballspieler hergeleitet. Ausgangspunkt bilden dabei sowohl Effizienz- als auch Gerechtigkeitsüberlegungen, wobei der Schwerpunkt der Betrachtung im Rahmen ökonomischer Analysen prinzipiell auf dem nachfolgend zu beleuchtenden Effizienzkriterium liegt.[5]

3.1 Rechnungslegung aus Gründen der Effizienz

3.1.1 Das Effizienzkriterium in der Wohlfahrtsökonomik

Rechnungslegungsregeln sollen grundsätzlich einen Beitrag zur Steigerung der Effizienz der Kapitalmärkte und der sonstigen Märkte leisten, um die Wohlfahrt der einzelnen Marktteilnehmer und damit letztendlich der gesamten Volkswirtschaft zu erhöhen.[6] Diese These gilt es im Folgenden zu präzisieren.

Im Rahmen ökonomischer Analysen von Rechtsnormen wird bei der Frage nach deren Effizienz regelmäßig auf das Pareto-Kriterium zurückgegriffen.[7] Gemäß diesem wohlfahrtsökonomischen Effizienzkriterium ist ein pareto-optimaler bzw. pareto-effizienter Zustand immer dann erreicht, wenn die Besserstellung eines Individuums[8]

---

[1] *Schneider*, Betriebswirtschaftslehre, S. 405.

[2] Vgl. exemplarisch *Pellens/Fülbier/Gassen*, Internationale Rechnungslegung, S. 3; *Busse von Colbe*, Rechnungswesen, S. 599; *Streim*, Grundzüge, S. 1ff.; *Moxter*, Gewinnermittlung, S. 219.

[3] Vgl. *Streim/Bieker/Leippe*, Anmerkungen zur theoretischen Fundierung der Rechnungslegung, S. 179; *Streim*, Grundsätzliche Anmerkungen, S. 1.

[4] Vgl. *Streim*, Vermittlung von entscheidungsnützlichen Informationen; S. 112; *Ballwieser*, Grenzen des Vergleichs, S. 374; *Streim*, Human Resource Accounting, S. 15.

[5] Vgl. zur Begründung Gliederungspunkt 3.2.

[6] Vgl. etwa *Streim*, Vermittlung von entscheidungsnützlichen Informationen, S. 112; *Streim*, Internationalisierung von Gewinnermittlungsregeln, S. 326; *Barnea/Haugen/Senbet*, Agency Problems, S. 140ff. Vgl. zur Beurteilung von Regeln im Rahmen ökonomischer Analysen anhand des Effizienzkriteriums bspw. *Schäfer/Ott*, Analyse des Zivilrechts, S. 1, 4.

[7] Vgl. *Schäfer/Ott*, Analyse des Zivilrechts, S. 24ff.

[8] Bei sämtlichen wohlfahrtsökonomischen Analysen wird unterstellt, dass die nutzenmaximierenden Individuen grundsätzlich rational handeln, d.h. sie wollen einen möglichst hohen Grad der Zielerrei-

nur noch zu Lasten der individuellen Nutzenposition mindestens eines anderen Individuums möglich ist.[9] Nutzen stellt in diesem Kontext eine zunächst „unerläuterte Zielgröße [dar], die einem Entscheidungsmodell vorgegeben wird"[10] und im weiteren Verlauf der Arbeit hinsichtlich der Anspruchsgruppen eines Fußball-Clubs konkretisiert werden muss. Die bezüglich der Beurteilung von Rechtsnormen relevante gesamtgesellschaftliche Wohlfahrt ergibt sich letztlich als Aggregat der individuellen Nutzenniveaus.[11]

Pareto-effiziente Zustände werden unter den Annahmen der *Neoklassik* automatisch über den Marktmechanismus erreicht, d.h. die Nutzenmaximierung der Individuen führt über die marktliche Koordination zu einer gesamtgesellschaftlichen Wohlfahrtssteigerung.[12] Voraussetzung für das perfekte Funktionieren des Marktmechanismus ist allerdings die realitätsferne Prämisse des vollkommenen und vollständigen Marktes[13]. Ein vollkommener und vollständiger Markt ist insbesondere durch vollständige und zugleich kostenlose Informationen der Marktteilnehmer gekennzeichnet.[14] Nur unter diesen restriktiven Bedingungen lässt sich ein gesamtgesellschaftliches Wohlfahrtsoptimum unter Vernachlässigung von Institutionen[15] wie „Rechnungslegung" erreichen.[16]

---

chung sicherstellen. Vgl. dazu *Fritsch/Wein/Ewers*, Marktversagen, S. 29; *Schäfer/Ott*, Analyse des Zivilrechts, S. 59.

[9]   Vgl. *Fritsch/Wein/Ewers*, Marktversagen, S. 33; *Schäfer/Ott*, Analyse des Zivilrechts, S. 24ff.; *Feldhoff*, Regulierung der Rechnungslegung, S. 14f.; *Pareto*, Manuel, S. 354, 617f. Eine Erweiterung erfährt diese Definition von Effizienz durch das *Kaldor-Hicks-Kriterium* und zwar in solchen Situationen, in denen es zu Interessenkonflikten kommt, da das Pareto-Kriterium in derartigen Fällen keine Beurteilung über die Vorteilhaftigkeit bestimmter Regeln ermöglicht. Ein effizienter Zustand ist gemäß dem *Kaldor-Hicks-Kriterium* erreicht, wenn die durch eine bestimmte Handlung oder Maßnahme bedingte Nutzenverschlechterung eines Individuums durch die Nutzenmehrung eines anderen durch die Handlung oder Maßnahme begünstigten Individuums ausgeglichen wird oder zumindest werden kann. Vgl. hierzu *Schäfer/Ott*, Analyse des Zivilrechts, S. 32ff.; *Sohmen*, Allokationstheorie, S. 308ff.

[10]   *Schneider*, Theorie der Unternehmung, S. 114.

[11]   Vgl. *Fritsch/Wein/Ewers*, Marktversagen, S. 29.

[12]   Vgl. *Fritsch/Wein/Ewers*, Marktversagen, S. 29ff.; *Beaver*, Financial Reporting, S. 50ff.; *Schmidt/Terberger*, Investitions- und Finanzierungstheorie, S. 62.

[13]   Unter einem Markt soll dabei in einer allgemeinen Definition die „Institution eines Gesellschaftssystems zur arbeitsteiligen Regulierung der Bedürfnisse seiner Mitglieder" verstanden werden. *Hammann/Palupski/Gathen/Welling*, Markt, S. 34.

[14]   Vgl. *Schumann/Meyer/Ströbele*, Grundzüge, S. 207ff.; *Schmidt/Terberger*, Investitions- und Finanzierungstheorie, S. 57.

[15]   „Institutionen umfassen [...] zum einen Regeln, nach denen Menschen ihr Handeln ausrichten oder ausrichten sollen: *Ordnungen* im Leben des einzelnen und von Menschen untereinander (Regelsysteme). Zu den Institutionen gehören zum anderen auch durch Regelsysteme geordnete Handlungsabläufe, in denen Menschen miteinander oder auch gegeneinander tätig werden: Organisationen (Handlungssysteme)." *Schneider*, Theorie der Unternehmung, S. 47.

[16]   Vgl. *Schumann/Meyer/Ströbele*, Grundzüge, S. 268f.; *Schmidt/Terberger*, Investitions- und Finanzierungstheorie, S. 55ff.; *Schneider*, Theorie der Unternehmung, S. 8ff.; *Richter/Bindseil*, Institutionenökonomik, S. 133, 138f.

3.1.2 Rechnungslegung als Instrument zur Vermeidung bzw. Reduktion von Wohlfahrtsverlusten aufgrund von Agency-Beziehungen im Fußball-Club

3.1.2.1 Vorbemerkungen

Die neoinstitutionalistischen Theorien greifen den an der Neoklassik geäußerten Kritikpunkt auf, indem sie insbesondere die realitätsferne Prämisse des vollkommenen und vollständigen Marktes aufheben und sich somit zur Erklärung von Institutionen wie die der Rechnungslegung potenziell eignen.[17] Allerdings stellen die neoinstitutionalistischen Theorien kein einheitliches Forschungsprogramm dar, sondern umfassen eine Vielzahl von unterschiedlichen Ansätzen. Zu diesen Ansätzen zählen insbesondere die Agency-Theorie, die ökonomische Analyse des Rechts[18], die Property-Rights-Theorie[19] und die Transaktionskostentheorie[20].

Ausgangspunkt sämtlicher Ansätze ist die Begründung von Institutionen durch Marktunvollkommenheiten, d.h. der im Rahmen der neoklassischen Modellwelt unterstellte Marktmechanismus, welcher die Pläne der Individuen i.S. einer Nutzenmaximierung mit dem Ergebnis eines gesamtgesellschaftlichen Wohlfahrtsmaximums koordiniert, funktioniert realiter nicht perfekt. Institutionen sollen somit zu einer Verringerung bzw. im Idealfall vollständigen Vermeidung von aus Marktunvollkommenheiten resultierenden Wohlfahrtsverlusten beitragen und damit einen positiven Beitrag zur Steigerung der Effizienz der Kapitalmärkte und der sonstigen Märkte leisten.[21] Zur Erklärung der Institution „Rechnungslegung" eignet sich dabei insbesondere die Agency-Theorie.[22]

3.1.2.2 Grundlagen der Agency-Theorie – Das Problem des Auftragshandelns im Fußball-Club

Gegenstand der Agency-Theorie ist die Untersuchung von Auftragsbeziehungen (Prinzipal-Agenten-Beziehungen) zwischen zumindest einem Auftraggeber (Prinzipal) und einem Auftragnehmer (Agent). Gemäß der ursprünglichen Definition von *Jensen/Meckling* handelt es sich bei einer Prinzipal-Agenten-Beziehung um:

> „a contract under which one or more persons (the principal(s)) engage another person (the agent) to perform some service on their behalf which involves delegating some decision making authority to the agent."[23]

---

[17] Vgl. *Martiensen*, Institutionenökonomik, S. 18f.; *Schneider*, Grundlagen, S. 23f.; *Terberger*, Neoinstitutionalistische Ansätze, S. 21f.

[18] Vgl. *Schäfer/Ott*, Analyse des Zivilrechts; *Assmann/Kirchner/Schanze*, Ökonomische Analyse jeweils m.w.N.

[19] Vgl. *Alchian/Demsetz*, Property Rights; *Furubotn/Pejovich*, Property Rights.

[20] Vgl. *Williamson*, Economic Institutions; *Coase*, Nature of the Firm.

[21] Vgl. *Terberger*, Neo-institutionalistische Ansätze, S. 22.

[22] Vgl. *Franken*, Gläubigerschutz, S. 21ff.; *Pellens/Fülbier*, Rechnungslegungsregulierung, S. 578; *Elschen*, Principal-Agent, S. 558f.; *Ewert*, Financial Theory of Agency. Zu den Defiziten dieses Forschungsansatzes vgl. *Meinhövel*, Defizite.

[23] *Jensen/Meckling*, Theory of the Firm, S. 308. Diese auf explizite Verträge abstellende Definition lässt sich gemäß *Pratt/Zeckhauser* allerdings auch weiter definieren und auf implizite Verträge anwenden: „Whenever one individual depends on the action of another, an *agency relationship*

Entscheidendes Charakteristikum einer Prinzipal-Agenten-Beziehung ist, dass die vom Auftragnehmer vollzogenen Handlungen sowohl sein eigenes Wohlfahrtsniveau als auch dasjenige des Auftraggebers beeinflussen.[24] Im Kontext eines Fußball-Clubs ist einerseits die Prinzipal-Agenten-Beziehung zwischen den Vereinsmitgliedern sowie den Fremdkapitalgebern des (Mutter-)Vereins (Prinzipale) und dem Vorstand bzw. dem hauptamtlich angestellten Manager (Agenten)[25], andererseits die Prinzipal-Agenten-Beziehung zwischen den Eigen- und Fremdkapitalgebern der am Lizenzspielbetrieb teilnehmenden, ausgegliederten Kapitalgesellschaft[26] (Prinzipale) und dem Manager (Agent) einer eingehenden Untersuchung zu unterziehen (vgl. auch Abbildung 7 auf S. 53).[27] Vorstände eines Vereins stellen ebenso wie die Manager einer „klassischen" Unternehmung Auftragnehmer (Agenten) dar, weil mit der Bestellung zum Vorstand durch Wahl der stimmberechtigten Mitglieder auf der Mitgliederversammlung[28] zwangsläufig ein Anstellungsverhältnis in Form eines zumindest ehrenamtlichen Auftragsverhältnisses begründet wird und die Vorstände somit im Auftrag der Vereinsmitglieder bzw. des Vereins und nicht für sich selbst handeln. Durch die Bestellung werden dem Vorstand sowohl gesetzliche als auch satzungsmäßige Kompetenzen übertragen.[29] Wird zudem über das ehrenamtliche Engagement hinaus eine Vergütung zwischen Verein und Vorstand vereinbart, so handelt es sich bei dem Anstellungsvertrag um einen Dienstvertrag i.S. der §§ 611ff. i.V.m. § 675 BGB.[30]

---

arises. The individual taking the action is called the *agent*. The affected party is the *principal*." *Pratt/Zeckhauser*, Principals and Agents, S. 2.

[24] Vgl. *Ewert*, Rechnungslegung, S. 1; *Arrow*, Economics of Agency, S. 37.

[25] Vgl. hierzu auch *Streim*, Non-Profit Unternehmen, S. 4071; *Madl*, Sportverein, S. 21f. Den Spendern und dem Steuerprivilegien gewährenden Staat als weitere Adressaten eines Vereins sollen im Folgenden keine eigenständige Bedeutung beigemessen werden. Spender können als Mischform zwischen den (ideellen) Vereinsmitgliedern (vgl. hierzu Gliederungspunkt 3.1.2.3) und Fremdkapitalgebern angesehen werden und bedürfen insofern keiner besonderen Berücksichtigung. Um das vom Staat gewährte Privileg der Steuerbefreiung bzw. Steuervergünstigung genießen zu können, muss der Verein jährlich mit Hilfe einer separaten steuerlichen Rechnungslegung nachweisen, dass die Voraussetzungen hinsichtlich der Gemeinnützigkeit weiterhin erfüllt sind.

[26] Vgl. zur Struktur der Fußball-Clubs Gliederungspunkt 2.2.1.

[27] Vgl. die folgenden Gliederungspunkte zu den aus der Auftragsbeziehung bei einem Fußball-Club resultierenden Problemen und dem daraus folgenden Schutzbedarf für die Auftraggeber. Zu beachten ist in diesem Zusammenhang allerdings, dass das besondere Konstrukt des (Mutter-)Vereins mit seinen Mitgliedern ein ausschließlich deutsches Phänomen darstellt und im internationalen Kontext folglich unbeachtlich ist. Vgl. dazu die Gliederungspunkte 2.2.1 und 5.2.

[28] Vgl. zur Bestellung des Vorstands *Reichert*, Vereins- und Verbandsrecht, Rn. 1935ff. Zu den Stimmrechten der Mitglieder vgl. *Reichert*, Vereins- und Verbandsrecht, Rn. 1389ff.

[29] Vgl. hierzu etwa *Reichert*, Vereins- und Verbandsrecht, Rn. 1137ff., 1967ff. Falls der Anstellungsvertrag mit dem Vorstand nicht schriftlich fixiert wird, wird er zwischen dem Vorstand und dem (Mutter-)Verein „konkludent mit der Annahme des Amtes vereinbart." *Reichert*, Vereins- und Verbandsrecht, Rn. 1139.

[30] Zur Vertretung bzw. zur Bewältigung der laufenden Geschäfte des (Mutter-)Vereins kann der Vorstand desgleichen einen hauptamtlich angestellten Geschäftsführer einsetzen. Vgl. dazu etwa *Reichert*, Vereins- und Verbandsrecht, Rn. 2340ff. Vgl. zur Führungsstruktur professioneller Fußball-Clubs in Deutschland auch *Michalik*, Engagement im Profifußball, S. 109ff.; *Schewe/Gaede/Küchlin*, Profifußball, S. 12ff.; *Erning*, Professioneller Fußball, S. 232ff.; *Kalweit*, Der Verein, S. 32.

Prinzipal-Agenten-Beziehungen führen ganz allgemein immer dann zu sog. Agency-Problemen, wenn die zwei folgenden realistischen Annahmen in die Betrachtung einbezogen werden.[31] Zunächst kann davon ausgegangen werden, dass die Auftragnehmer aus ihrer Auftragsdurchführung regelmäßig über Wissensvorsprünge gegenüber den Auftraggebern verfügen. Dies gilt auch für die Vorstände und Manager eines Fußball-Clubs. Diese *„asymmetrische Informationsverteilung"*[32] wirkt jedoch nur dann wohlfahrtsmindernd, wenn der Agent nach individueller Nutzenmaximierung strebt und zudem andere Interessen als der Auftraggeber verfolgt (sog. *Interessendivergenz*). Das heißt für den Agenten – hier in Form des Vorstands bzw. Managers eines Fußball-Clubs[33] – besteht u.U. der Anreiz, seinen Informationsvorsprung zu Lasten des Prinzipals (Vereinsmitglied, Eigenkapitalgeber bzw. Fremdkapitalgeber) auszunutzen. Schließlich enthält seine Nutzenfunktion neben der Einkommenserzielung auch Variablen wie Reputation, Prestige, öffentliches Ansehen, Macht und evtl. Freizeit, die Interessenkonflikte mit den Vereinsmitgliedern, Eigenkapitalgebern und Fremdkapitalgebern eines Clubs begründen.[34] Zwei Arten von Informationsasymmetrien können in diesem Kontext grundsätzlich unterschieden werden:[35]

– Bleiben den Vereinsmitgliedern, Eigenkapitalgebern und Fremdkapitalgebern eines Fußball-Clubs die Handlungen des Managements während der Auftragsdurchführung verborgen, so wird dieses Informationsdefizit als *hidden action* bezeichnet. Selbst das Ergebnis der Auftragsdurchführung ermöglicht keinen Rückschluss auf die Handlungen des Managements, da es neben dem Verhalten des Managements ebenfalls durch exogene Faktoren bestimmt wird.[36]

– Eine weitere Form der asymmetrischen Informationsverteilung besteht dann, wenn die Vereinsmitglieder, Eigenkapitalgeber und Fremdkapitalgeber die Handlungen des Managements während der Auftragsdurchführung zwar beobachten können, aber nicht über die entsprechenden Informationen verfügen, um die Handlungen zu beurteilen (*hidden information*).[37]

---

[31] Vgl. hierzu auch *Streim*, Agency Problems, S. 177f.; *Streim*, Agency-Theoretic Context, S. 325f.

[32] Vgl. *Schmidt/Terberger*, Investitions- und Finanzierungstheorie, S. 391f.; *Schneider*, Grundlagen, S. 45.

[33] Die Vorstände bzw. Manager eines Fußball-Clubs sollen fortfolgend einheitlich als Management des Clubs bezeichnet werden.

[34] Vgl. auch *Crasselt*, Investitionsbeurteilung im Profifußball, S. 231; *Lehmann/Weigand*, Fußballvereine als Wirtschaftsunternehmen, S. 105; *Schewe*, Fußball-Verein als Kapitalgesellschaft, S. 164; *Dietl/Franck*, Effizienzprobleme in Sportligen, S. 1158; *Franck*, Organisation professioneller Sportligen, S. 40; *Streim*, Grundsätzliche Anmerkungen, S. 17; *Doberenz*, Rechtsformgestaltung professioneller Fußballklubs, S. 33, 38f. m.w.N.; *Jensen/Meckling*, Theory of the Firm, S. 312. Vgl. hinsichtlich öffentlicher Unternehmen auch *Streitferdt/Kruse*, Agency-Probleme, S. 325f. Vgl. den Gliederungspunkt 3.1.2.4 zu den Ursachen der bei einem Fußball-Club auftretenden Interessendivergenzen.

[35] Diese Einteilung geht zurück auf *Arrow*, Economics of Agency, S. 38.

[36] Vgl. *Jost*, Prinzipal-Agenten-Theorie, S. 26; *Meinhövel*, Defizite, S. 15f.; *Decker*, Prinzipal-Agententheoretische Betrachtung, S. 20ff.

[37] Vgl. *Jost*, Prinzipal-Agenten-Theorie, S. 30f.; *Hartmann-Wendels*, Agency-Theorie, S. 413ff.; *Elschen*, Anwendungsmöglichkeiten, S. 1004f.; *Arrow*, Agency and the Market, S. 1184f.; *Arrow*, Economics of Agency, S. 38.

Falls das Management eines Fußball-Clubs seinen Informationsvorsprung aus verborgenen Handlungen und/oder nicht beobachtbaren Informationen zu Lasten der Vereinsmitglieder, Eigenkapitalgeber und Fremdkapitalgeber des Clubs ausnutzt, so entsteht das Problem, dass Informationsunterschiede *nach Vertragsabschluss* das Management zu opportunistischem Verhalten verleiten können. Dieses Phänomen wird in der Literatur als moralisches Risiko (*moral hazard*) bezeichnet.[38] Um seinen eigenen Nutzen zu maximieren, unternimmt das Management des Fußball-Clubs Handlungen, die den Interessen der Vereinsmitglieder, Eigenkapitalgeber und Fremdkapitalgeber entgegenstehen und diese somit bewusst schädigen.[39]

Eine asymmetrische Informationsverteilung kann jedoch auch bereits *vor Vertragsabschluss* vorliegen und zwar dann, wenn die Vereinsmitglieder, Eigenkapitalgeber und Fremdkapitalgeber die Handlungen des Managements beobachten, aufgrund verborgener Eigenschaften des Managements jedoch nicht beurteilen können (*hidden characteristics*).[40] Aus dieser Form der Informationsasymmetrie kann das Problem der adversen Selektion (*adverse selection*) resultieren. Dass heißt, es werden Vertragspartner – im Fußball-Club insofern ein Management – mit ungünstigen Eigenschaften ausgewählt.[41]

Sämtlichen neoinstitutionalistischen Ansätzen ist gemein, dass sie die Entstehung und Existenz von Institutionen mit Marktunvollkommenheiten begründen. Institutionen lassen sich demnach nur rechtfertigen, wenn sie helfen, Marktunvollkommenheiten zu reduzieren bzw. im Idealfall vollständig zu vermeiden. Aus agency-theoretischer Sicht lässt sich hinsichtlich der Institution „Rechnungslegung" eines Fußball-Clubs deshalb folgendes feststellen: Einziger *Zweck der Rechnungslegung eines Fußball-Clubs* ist die Verringerung bzw. die Vermeidung von Wohlfahrtsverlusten, die aus der Auftragsbeziehung zwischen den Vereinsmitgliedern, Eigenkapitalgebern sowie Fremdkapitalgebern und dem Management eines Clubs aufgrund von Informationsasymmetrien resultieren. Insofern sind im Folgenden zunächst die Agency-Probleme in Form der Risiken für die Eigenkapitalgeber, Fremdkapitalgeber und Vereinsmitglieder eines Fußball-Clubs als Ursache für die aus der Auftragsbeziehung resultierenden Wohlfahrtsverluste zu spezifizieren. Hierauf aufbauend sind im vierten Kapitel die Anforderungen an die konkrete Ausgestaltung der Institution „Rechnungslegung" für einen Fußball-Club abzuleiten.

---

[38] Vgl. zu den Folgen des opportunistischen Verhaltens für die Vereinsmitglieder, Eigenkapitalgeber und Fremdkapitalgeber eines Fußball-Clubs Gliederungspunkt 3.1.2.3.

[39] Vgl. *Jost*, Prinzipal-Agenten-Theorie, S. 26, 31; *Beaver*, Financial Reporting, S. 39f.; *Elschen*, Agency-Theorie, S. 249; *Arrow*, Agency and the Market, S. 1185; *Barnea/Haugen/Senbet*, Agency Problems, S. 3.

[40] Vgl. etwa *Jost*, Prinzipal-Agenten-Theorie, S. 27f.

[41] Vgl. *Jost*, Prinzipal-Agenten-Theorie, S. 28; *Beaver*, Financial Reporting, S. 37ff.; *Elschen*, Agency-Theorie, S. 249; *Akerlof*, Market for „Lemons". Anzumerken ist in diesem Zusammenhang, dass sich der Fall der *hidden information* durchaus auch auf das vorvertragliche Stadium beziehen kann. Vgl. etwa *Hartmann-Wendels*, Agency-Theorie, S. 415.

3.1.2.3 Kapitalgeber eines Fußball-Clubs und potenzielle Wohlfahrtsverluste aufgrund von Agency-Beziehungen

Informationsasymmetrien und Interessendivergenzen führen zu Wohlfahrtsverlusten für den Prinzipal aufgrund von Abweichungen „between the agent's decisions and those decisions which would maximize the welfare of the principal"[42]. Als Auftraggeber sind im Rahmen dieser Untersuchung wie bereits angeführt sowohl die Vereinsmitglieder und Fremdkapitalgeber des (Mutter-)Vereins als auch die Eigenkapitalgeber und Fremdkapitalgeber der ausgegliederten Kapitalgesellschaft anzusehen. Nachstehende Struktur ist demnach bei den folgenden Ausführungen zu beachten:

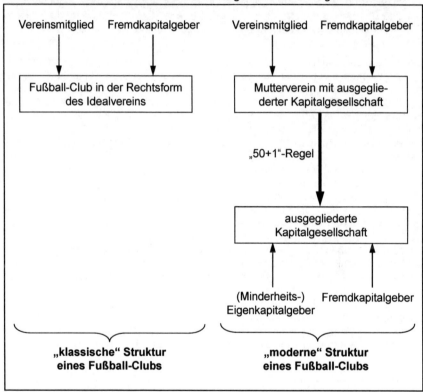

Abbildung 7: Für die Rechnungslegung bedeutsames Beziehungsgeflecht eines deutschen Fußball-Clubs zu seinen Anspruchsgruppen[43]

Kennzeichnend für die Eigen- und Fremdkapitalgeber eines Fußball-Clubs ist insbesondere, dass sie im Rahmen eines Kapitalüberlassungsverhältnisses gegenüber dem Fußball-Club als Kapitalnehmer in Vorleistung treten und diesem sowohl die

---

[42] *Jensen/Meckling*, Theory of the Firm, S. 308.

[43] Vgl. hierzu insbesondere auch die Ausführungen in Gliederungspunkt 2.2.

Verfügungs- als auch die Entscheidungsmacht über das ausgereichte Kapital überlassen. Dabei erwerben die *Eigenkapitalgeber* der ausgegliederten Kapitalgesellschaft mit der Kapitalüberlassung einen Beteiligungstitel. Entscheidendes Charakteristikum dieses Beteiligungstitels ist der Anspruch auf ergebnisabhängige Zahlungen und auf den Liquidationserlös als Gegenleistung für die Kapitalüberlassung. Eigenkapitalgeber nehmen insofern eine Eigentümer- bzw. Gesellschafterposition ein und tragen vorrangig die Gefahr von Kapitalverlusten der ausgegliederten Kapitalgesellschaft. Die *Fremdkapitalgeber* der ausgegliederten Kapitalgesellschaft bzw. des (Mutter-)Vereins erwerben mit der Kapitalüberlassung im Gegensatz zu den Eigenkapitalgebern einen Forderungstitel, d.h. Ansprüche auf im Regelfall ergebnisunabhängige und nach Art, Höhe und Zeit exakt fixierte (Geld-)Leistungen, die i.d.R. in Form von Zinsen und Tilgungen erbracht werden. Fremdkapitalgeber nehmen folglich eine Gläubigerposition ein.[44]

Der Nutzen und damit die Wohlfahrt der Eigen- und Fremdkapitalgeber wird dementsprechend primär durch die aus dem Fußball-Club fließenden Zahlungen und die daraus realisierbaren Konsummöglichkeiten geprägt und infolgedessen vorwiegend durch finanzielle Ziele determiniert.[45] Allerdings gilt es zu beachten, dass die Motivation der Eigenkapitalgeber, einen Beteiligungstitel an der ausgegliederten Kapitalgesellschaft zu erwerben, durchaus auch ideeller Prägung sein kann.[46] So zeigte sich insbesondere im Rahmen des Börsengangs von Borussia Dortmund, dass Fans die Aktie teilweise überwiegend aus Gründen der „Identifikation mit dem Verein" bzw. des aus dem Beteiligungserwerb möglicherweise resultierenden Prestigegewinns gezeichnet haben und insofern nicht finanzielle Ziele im Vordergrund standen und immer noch stehen. Mögliche Kapitalverluste werden somit u.U. als nicht allzu gravierend eingeschätzt oder sogar billigend in Kauf genommen.[47] Schon der englische Fußball-Club Aston Villa führte im Jahr 1969 aufgrund von finanziellen Schwierigkeiten eine Kapitalerhöhung durch, die trotz erwartungsgemäß ausfallender Dividendenzahlungen überzeichnet war.[48] Diese Argumentation lässt sich durchaus auch auf den Bereich der Fremdkapitalgeber übertragen und zwar in solchen Fällen, in denen Mitglieder des Vorstands, Vereinsmitglieder oder auch Fans dem Club Fremdkapital aus zumindest nicht rein finanziellen Motiven überlassen. Beispielhaft angeführt sei in diesem Zusammenhang der frühere Präsident des Fußball-Clubs Rot-Weiß Oberhausen, der dem Club über seine Firma und aus seinem Privatvermögen über Jahre als Sponsor bzw. Fremdkapitalgeber aus finanziellen Notsituationen verhalf. Die enorme Größenordnung lässt sich an seiner Aussage „Mir könnte Hawaii gehören"

---

[44] Vgl. hierzu *Streim*, Grundzüge, S. 11.

[45] Vgl. *Schmidt/Terberger*, Investitions- und Finanzierungstheorie, S. 46ff.; *Wenger*, Unternehmenserhaltung, S. 40f.; *Streim*, Human Resource Accounting, S. 34; *Moxter*, Präferenzstruktur, S. 11. Vgl. hinsichtlich professioneller Fußball-Clubs auch *Schewe*, Fußball-Verein als Kapitalgesellschaft, S. 167, 173.

[46] Vgl. auch *Doberenz*, Rechtsformgestaltung professioneller Fußballklubs, S. 35f. der Beteiligungstitel an einem Fußball-Club mit Wimpeln gleichsetzt. Vgl. ebenfalls *Dixon/Garnham/Jackson*, Shareholders and Shareholding, S. 517f.; *Schmidt*, Entlohnung von Profifußballern, S. 253; *Sloane*, Economics of Professional Football, S. 131f., 134.

[47] Vgl. auch *Klose*, Aktien von Fußballklubs.

[48] Vgl. hierzu *Sloane*, Economics of Professional Football, S. 134.

nur erahnen.[49] In diesen Kontext ist insofern ebenfalls die nachstehende Feststellung von *Haas/Prokop* einzuordnen:

„Der durch die Teilnahme am Wirtschaftsleben bedingte erhöhte Kapitalbedarf der Vereine wird in der Vereinspraxis oftmals nicht aus Eigen-, sondern aus Fremdmitteln gedeckt. Als Kreditgeber kommen dabei nicht nur institutionelle Geldgeber in Betracht. Vielmehr begegnet man in der Vereinspraxis zunehmend Fällen, in denen *Vereinsmitglieder* dem Verein ein Darlehen oder andere Hilfen gewähren, sei es um dringende Investitionen zu tätigen oder aber eine andere Krise abzuwenden."[50]

Derartige Zielinhalte der Eigen- und Fremdkapitalgeber sind jedoch mit denen solcher Mitglieder deckungsgleich, deren Motivation zur Mitgliedschaft ebenfalls ideeller Natur i.S. der Identifikation mit dem Club ist. Eine Diskussion dieser Zielinhalte soll nunmehr nachfolgend im Rahmen der Gruppe der Vereinsmitglieder erfolgen.[51]

Die *Mitglieder* eines Sportvereins erwerben mit dem Vereinsbeitritt ein Mitgliedschaftsrecht, welches das einzelne Mitglied an die Satzung des Vereins bindet.[52] Der Erwerb der Mitgliedschaft berechtigt die Mitglieder einerseits zur Teilnahme an der Mitgliederversammlung zwecks Mitbestimmung über die Geschicke des Vereins bspw. in Form der Wahl des Vereinsvorstands und anderseits zum Konsum der Leistungen des Vereins z.B. in Form der Nutzung der Vereinseinrichtungen und sonstigen Vermögenswerte sowie der Teilnahme an Veranstaltungen des Vereins.[53] Letztendlich ermöglicht die Mitgliedschaft den Mitgliedern die aktive oder passive Verwirklichung ihrer sowohl individuellen als auch kollektiven Ziele hinsichtlich jeglicher sportlicher Aktivitäten unter Berücksichtigung des vorhandenen Sportangebots.[54] Ein Anteil am Vereinsvermögen ist mit der Mitgliedschaft allerdings nicht verbunden. Das Mitgliedschaftsrecht ist ebenfalls durch fehlende Fungibilität gekennzeichnet.[55]

Voraussetzung für den Konsum der Leistungen ist regelmäßig die Entrichtung von Mitgliedsbeiträgen, Entgelten und Gebühren, wobei die Mitgliedsbeiträge den Kern des finanziellen Engagements der Vereinsmitglieder darstellen. Hierdurch stellt das Mitglied dem Verein die finanzielle Mittelausstattung zur Förderung des Vereinszwecks zur Verfügung.[56] Werden unter Kapitalgebern in einer weit gefassten Definition „alle Personen oder Institutionen [... verstanden], die gegenüber dem Kapitalnehmer [hier: ausgegliederte Kapitalgesellschaft bzw. (Mutter-)Verein] in Vorleistung treten"[57], so sind auch die Mitglieder eines Vereins unter diese zu subsumieren.

[49] Vgl. dazu m.w.N. *Leroi*, Niedergang von Oberhausen. Vgl. hierzu auch *Doberenz*, Rechtsformgestaltung professioneller Fußballklubs, S. 28f.

[50] *Haas/Prokop*, nichtwirtschaftliche Verein, S. 1150 [Hervorhebung nicht im Original].

[51] Eine Vermischung der angeführten Zielinhalte der Eigenkapitalgeber führt lediglich zu einer Verstärkung bzw. Vermengung der jeweiligen Wohlfahrtsverluste. Vgl. hierzu FN 58 dieses Gliederungspunkts.

[52] Vgl. *Burhoff*, Vereinsrecht, Rdn. 68; *Reichert*, Vereins- und Verbandsrecht, Rn. 650; *Stöber*, Vereinsrecht, Rdn. 121.

[53] Vgl. *Burhoff*, Vereinsrecht, Rdn. 142ff.; *Reichert*, Vereins- und Verbandsrecht, Rn. 651, 731ff.; *Stöber*, Vereinsrecht, Rdn. 127.

[54] Vgl. *Lehmann/Weigand*, Mitsprache und Kontrolle, S. 44.

[55] Vgl. *Burhoff*, Vereinsrecht, Rdn. 143; *Reichert*, Vereins- und Verbandsrecht, Rn. 738.

[56] Vgl. *Reichert*, Vereins- und Verbandsrecht, Rn. 819ff.; *Stöber*, Vereinsrecht, Rdn. 209.

[57] Vgl. zu dieser Definition *Streim*, Grundzüge, S. 10.

Die Wohlfahrt bzw. der Nutzen der Mitglieder hängt von zwei möglichen Beitrittsmotiven[58] ab, welche die Mitglieder eines professionellen Fußball-Vereins potenziell verfolgen.[59] Falls das Mitglied einem Verein ausschließlich aus Gründen der *sportlichen Betätigung* beitritt, so besteht seine Wohlfahrtsfunktion vorrangig aus Variablen wie dem Vorhandensein hochwertiger Sportstätten und Sportgeräte, gut ausgebildeter Trainer oder auch aus dem Bezug einer Vereinszeitschrift. Liegt die Motivation des Vereinsbetritts jedoch in rein *ideellen Zielinhalten* wie der Identifikation mit dem Fußball-Club i.S. eines besonderen Zugehörigkeitsgefühls zu einem erfolgreichen bzw. angesehenen Club begründet – d.h. in einer emotionalen Bindung an den „Lieblingsclub" –, hängt die Wohlfahrt des einzelnen Mitglieds ausschließlich vom sportlichen Erfolg bzw. Misserfolg der Lizenzspielerabteilung ab. So lässt sich bspw. aus der Beitrittserklärung des FC Schalke 04 entnehmen:

> „Die Mitgliedschaft beim FC Schalke 04 ist eine Herzensangelegenheit und dient allein ideellen Zwecken. Durch die Mitgliedschaft bringt man zum Ausdruck, dass man Teil des Vereins ist, ihn unterstützt. Dass man mehr ist als „nur" ein Anhänger oder Sympathisant."[60]

Ein hiermit direkt zusammenhängendes Motiv liegt in der aus der Mitgliedschaft resultierenden Möglichkeit, zusätzliche Vorteilsrechte den Lizenzspielbetrieb eines Clubs betreffend zu erlangen. Zu denken ist bspw. an Vorzugsrechte beim Erwerb von Eintritts- bzw. Dauerkarten und bei der Platzwahl im Stadion sowie an Preisnachlässe beim Erwerb von Fanartikeln. Dem Mitgliedschaftsantrag des FC Schalke 04 lässt sich in diesem Zusammenhang u.a. folgendes Vorteilsrecht entnehmen:

> „Mitgliedern ist vor Saisonbeginn für jedes Bundesliga-Spiel des FC Schalke 04 ein bestimmtes Kontingent an Eintrittskarten reserviert."[61]

Ebenfalls anzuführen sind ermäßigte Eintrittskarten für Vereinsmitglieder. So heißt es im Mitgliedsantrag des FC Bayern München:

> „Mitglieder erhalten beim Kauf von Eintrittskarten für Heimspiele derzeit eine Ermäßigung von 2,50 auf allen Sitzplätzen; außerdem entfällt die Vorverkaufsgebühr (außer bei DFB-Pokal-Spielen)."[62]

Die Prinzipal-Agenten-Beziehung zwischen Kapitalgebern und Vorständen bzw. Managern eines Fußball-Clubs impliziert Wohlfahrtsverluste für die Prinzipale, wenn das Management des Clubs entgegen ihren Interessen handelt. Das bedeutet im Einzelnen: Die *Eigen- und Fremdkapitalgeber* können Wohlfahrtseinbußen in Form von Kapitalverlusten erleiden, d.h. die Eigenkapitalgeber und Fremdkapitalgeber sind hinsichtlich des Kapitalüberlassungsverhältnisses dem Risiko ausgesetzt, dass der tat-

---

[58]   Es sei angemerkt, dass diese Trennung zwischen den beiden Beitrittsmotiven realiter nicht unbedingt überschneidungsfrei vorzunehmen ist. Allerdings sind „Mischformen" aus beiden Motiven nur mit einer Verstärkung bzw. Vermengung der angeführten Wohlfahrtsverluste verbunden, sodass für Zwecke dieser Arbeit eine Darstellung in „Reinform" genügt, um letztendlich den konkreten Schutzbedarf in Gliederungspunkt 3.1.2.5 herauszuarbeiten.

[59]   Vgl. zum Leistungsangebot und hieraus für die Mitglieder resultierenden Nutzen auch *Madl*, Sportverein, S. 168ff. Vgl. mit abweichender Systematisierung auch *Schmidt*, Entlohnung von Profifußballern, S. 254.

[60]   *Schalke 04*, Beitrittserklärung.

[61]   *Schalke 04*, Beitrittserklärung.

[62]   *Bayern München*, Mitgliedsantrag.

sächlich an sie fließende Zahlungsstrom nicht den Erwartungen entspricht, die sie hinsichtlich Höhe, zeitlicher Struktur und (Un-)Sicherheit an ihn gestellt haben.[63]

Hingegen sind die *Vereinsmitglieder* dem Risiko ausgesetzt, dass

– hinsichtlich des Konsums der vom Verein produzierten Leistungen Wohlfahrtsverluste resultieren, da die tatsächlich vom Verein produzierten Leistungen nicht den erwarteten entsprechen bspw. in Form von (im Zeitablauf) schlechten Sportstätten und Sportgeräten oder sogar deren vollständiger Schließung bzw. vollständigen Wegfall.[64] Diese Form des Wohlfahrtsverlusts wird zusätzlich noch verstärkt, wenn die Mitglieder infolgedessen aus dem Verein austreten und sie die in der Vergangenheit entrichteten Mitgliedsbeiträge, Entgelte und Gebühren nicht nachträglich erstattet bekommen[65];

– Einschränkungen bei den erwartungsgemäß gewährten Vorteilsrechten hinzunehmen sind;

– Wohlfahrtsverluste aufgrund fehlenden (langfristigen) sportlichen Erfolgs der Lizenzspielerabteilung[66] zu verzeichnen sind, da vom Management bspw. nicht die erwarteten Investitionen in entsprechende Spieler vorgenommen wurden oder das Management wider den Erwartungen nicht die entsprechenden finanziellen Mittel hierzu erwirtschaftet hat.[67]

Möglicherweise sind die Mitglieder auch dem Risiko ausgesetzt, dass sie entgegen ihren Erwartungen über Umlagen einen nicht vorhersehbaren Finanzbedarf bspw. zur Deckung von Vereinsschulden oder zur Verwirklichung eines besonders kostenintensiven Projekts wie etwa den Neubau eines Stadions (Nachschussverpflichtung) aufbringen müssen.[68] In diesem Zusammenhang ist ebenfalls das Risiko anzuführen, dass die Vereinsmitglieder gegebenenfalls zusätzliche Beitragserhöhungen zu tragen haben.[69] Letztendlich besteht sogar die Gefahr, dass dem Verein wider den Erwartungen der Mitglieder aufgrund umfangreicher wirtschaftlicher Betätigung oder bei Einstellung eines eventuellen Insolvenzverfahrens die Rechtsfähigkeit entzogen wird bzw. der Verein im Fall der Eröffnung des Insolvenzverfahrens satzungsgemäß als

---

[63] Vgl. etwa *Streim/Bieker/Leippe*, Anmerkungen zur theoretischen Fundierung der Rechnungslegung, S. 181; *Koch/Schmidt*, Anlegerschutz, S. 231.

[64] Der Betrieb einer Lizenzspielerabteilung ist dabei für die Mitglieder der rein sportlichen Sphäre zunächst kein negativer Aspekt, da ein wirtschaftlicher Lizenzspielbetrieb aus ihrer Sicht grundsätzlich dann effizient ist, wenn hierdurch (zusätzliche) Mittel für ihren Zweck zur Verfügung gestellt werden.

[65] Vgl. hierzu *Reichert*, Vereins- und Verbandsrecht, Rn. 1068ff. Vgl. hierzu auch FN 72 dieses Gliederungspunkts.

[66] Anzumerken ist hierbei, dass mit sportlichem Erfolg nicht ausschließlich der Gewinn eines Titels, sondern je nach Erwartungshaltung auch die Qualifikation für bestimmte Wettbewerbe oder die weitere Qualifikation für den Spielbetrieb der Lizenzligen gemeint ist.

[67] Die Gefahr von Wohlfahrtsverlusten wird aus Sicht der Vereinsmitglieder zusätzlich verstärkt, falls der (Mutter-)Verein in Einklang mit der Empfehlung der Lizenzierungsordnung des Ligaverbands einen Aufsichtsrat/Verwaltungsrat implementiert, der dann an Stelle der Mitgliederversammlung für die Bestellung der Mitglieder des Vorstands und die Genehmigung des für die Lizenzerteilung beim Ligaverband vorzulegenden Finanzplans für die folgende Saison verantwortlich ist. Vgl. dazu Anhang III LO.

[68] Vgl. *Reichert*, Vereins- und Verbandsrecht, Rn. 865ff.

[69] Vgl. *Reichert*, Vereins- und Verbandsrecht, Rn. 845ff.

nicht rechtsfähiger Verein fortbesteht und die Vereinsmitglieder als Folge in allen drei Fällen u.U. persönlich für die Schulden des Vereins haften müssen.[70] Allerdings wiegen die drei zuletzt aufgeführten Punkte insbesondere hinsichtlich der Mitglieder der sportlichen Sphäre nicht allzu schwer, da Vereinsmitglieder in diesen Fällen ein generelles Austrittsrecht aus wichtigem Grund haben.[71] Aus finanzieller Sicht verlieren sie dann „lediglich" die in der Vergangenheit entrichteten Mitgliedsbeiträge, Entgelte und Gebühren.[72]

3.1.2.4 Agency-induzierte Kapitalgeberrisiken im Fußball-Club als Ursache für potenzielle Wohlfahrtsverluste

Ursächlich für die genannten Wohlfahrtsverluste sind bestimmte *Agency-Probleme* bzw. *Kapitalgeberrisiken*, denen die Vereinsmitglieder, Eigenkapitalgeber und Fremdkapitalgeber aufgrund der Auftragsbeziehung ausgesetzt sind. Dabei können Wohlfahrtsverluste einerseits auf ungünstige Umweltzustände wie etwa nachteilige Veränderungen im ökonomischen Umfeld des Clubs – bspw. aufgrund der sog. „Kirch-Krise" – zurückzuführen sein. Diese können vom Management des Fußball-Clubs nicht beeinflusst werden, sodass derartige Wohlfahrtsverluste seitens des Managements auch nicht zu verantworten sind. Ein derartiges Risiko wird als *allgemeines Geschäftsrisiko* (business risk) bezeichnet.[73] Die angeführten Wohlfahrtsverluste können andererseits Folge eines *Fehlverhaltens des Managements* sein. Der Fokus der Agency-Theorie liegt dabei auf den Kapitalgeberrisiken aus *absichtlichem Fehlverhalten* des Managements (*moral hazard*), da sich die Gefahr des unfähigen Managements (*unabsichtliches Fehlverhalten*)[74] einer agency-theoretischen Betrachtung weitestgehend entzieht.[75]

Hinsichtlich der durch absichtliches Fehlverhalten des Managements betroffenen Personengruppen ist zwischen eigenkapitalgeberbezogenen, mitgliederbezogenen und fremdkapitalgeberbezogenen Agency-Problemen zu differenzieren.[76] Dabei kann bezogen auf die Ursache des Risikos zwischen investitionsbedingten, ausschüttungsbedingten, informationsbedingten sowie verbundbedingten Risiken unterschieden werden.[77] Aufgrund der für den Fußball-Club vorherrschenden Rechtsform des Idealvereins bzw. der Kapitalgesellschaft und der damit einhergehenden Beschränkung der Haftung auf das Vereins-/Gesellschaftsvermögen wird bei den folgenden Ausführungen von einer Haftungsbeschränkung ausgegangen und zudem keine erschöpfende Darstellung sämtlicher Facetten von Kapitalgeberrisiken vorgenommen.

---

[70] Vgl. hierzu etwa *Abel*, Haftung, S. 151ff., 248f.; *Reichert*, Vereins- und Verbandsrecht, Rn. 3683ff., 3749ff., 4098ff., 4784ff. (insbesondere 4786). Vgl. auch Gliederungspunkt 2.2.1.1.

[71] Vgl. *Reichert*, Vereins- und Verbandsrecht, Rn. 1037ff.

[72] Hierin äußern sich regelmäßig die für die Mitglieder des rein sportlichen Bereichs relevanten Aspekte des Freizeitcharakters des Sports und der Diversifikationsmöglichkeit der Mitgliedschaft.

[73] Vgl. zum allgemeinen Geschäftsrisiko *Streim*, Grundzüge, S. 11.

[74] Vgl. hierzu auch *Streim*, Grundzüge, S. 14.

[75] Vgl. ebenfalls *Bieker*, Fair Value Accounting, S. 39.

[76] In diesem Zusammenhang ist jedoch anzumerken, dass die jeweiligen Personengruppen nicht zwingend homogen sind d.h. Interessenharmonie herrscht und dass zwischen den einzelnen Gruppen zusätzlich Interessenkonflikte auftreten können.

[77] Vgl. zu dieser Systematisierung auch *Franken*, Gläubigerschutz, S. 38ff.

Investitionsbedingte Risiken sind dadurch charakterisiert, dass das Management eines Fußball-Clubs aus seiner Sicht nutzenmaximale Investitionsentscheidungen trifft, die allerdings hinsichtlich der Wohlfahrt der Kapitalgeber lediglich suboptimale Entscheidungen darstellen.

Aus *Eigenkapitalgeber*sicht kommt es etwa im Fall des mangelnden Arbeitseinsatzes (*shirking*)[78] oder des unverhältnismäßigen Konsums nichtpekuniärer Vorteile am Arbeitsplatz zur Realisation eines suboptimalen Zahlungsstroms[79] (*fringe benefits, consumption on the job*).[80] Manager investieren die finanziellen Mittel des Clubs z.B. in luxuriöse und prestigeträchtige Büros (Geschäftsstelle) und Dienstfahrzeuge oder in einen übermäßigen Stab an Mitarbeitern.

Weiterhin besteht das *Problem der Überinvestition*, d.h. erzielte Überschüsse werden nicht an die Eigenkapitalgeber ausgeschüttet, sondern im Club reinvestiert, obwohl außerhalb des Clubs rentablere Investitionsalternativen bestehen. Die Motivation des Managements liegt darin begründet, dass es im Fall der internen Wiederanlage weiterhin die Kontrolle über die finanziellen Mittel behält und durch ein möglicherweise erhöhtes Wachstum des Clubs Reputationsgewinne erzielt oder aber den Konsum von fringe benefits erhöhen kann.[81] Zu denken wäre etwa an Investitionen in namhafte aber nicht zwingend benötigte oder nicht ins Lizenzspielerteam integrierbare Spieler, um lediglich den Spielerkader zu füllen und hierdurch die eigene Reputation zu erhöhen.

Das Management des Clubs kann auch zu einer im Vergleich zu den Eigenkapitalgebern weniger risikoreichen Investitionspolitik neigen. Dies weil im Fall eines Fehlschlags der mit hohem Risiko behafteten Investitionen im Extrem der Bestand des Clubs, jedoch zumindest durch Verlust der Anstellung die Haupteinkommensquelle des Managements gefährdet ist, während die Eigenkapitalgeber das Insolvenzrisiko durch Diversifikation potenziell verringern können (*differential risk preference-Problem*).[82] So können die Eigenkapitalgeber bspw. durchaus an der Verpflichtung von Spielern mit „Weltformat" interessiert sein, die potenziell einen solchen Beitrag zum Teamprodukt leisten, dass der Club sich für internationale Wettbewerbe qualifiziert und somit von den dort erzielbaren Mehreinnahmen profitiert. Die Manager des Clubs scheuen aber u.U. eine derartige Spielerverpflichtung, wenn diese Spieler be-

---

[78] Vgl. hierzu etwa *Byrd/Parrino/Pritsch*, Stockholder-Manager Conflicts, S. 15f.; *Schmidt/Terberger*, Investitions- und Finanzierungstheorie, S. 439; *Decker*, Prinzipal-Agenten-theoretische Betrachtung, S. 67. Das Problem des mangelnden Arbeitseinsatzes scheint allerdings aufgrund des gerade im professionellen Fußball vorherrschenden Strebens des Managements nach Eigenverantwortung eher unbeachtlich. Gleicher Ansicht *Lehmann/Weigand*, Mitsprache und Kontrolle, S. 54.

[79] Vgl. zur Begründung der Fokussierung auf Eigenkapitalgeber mit ausschließlich finanziellem Interesse die Ausführungen in Gliederungspunkt 3.1.2.3.

[80] Vgl. *Byrd/Parrino/Pritsch*, Stockholder-Manager Conflicts, S. 17f.; *Decker*, Prinzipal-Agenten-theoretische Betrachtung, S. 65ff.; *Ewert*, Rechnungslegung, S. 10f.; *Demsetz*, Structure of Ownership, S. 381ff.; *Jensen/Meckling*, Theory of the Firm, S. 313.

[81] Vgl. *Schmidt/Terberger*, Investitions- und Finanzierungstheorie, S. 439; *Decker*, Prinzipal-Agententheoretische Betrachtung, S. 69ff.

[82] Vgl. grundlegend *Byrd/Parrino/Pritsch*, Stockholder-Manager Conflicts, S. 16f.; *Jensen/Smith*, Applications of Agency-Theory, S. 100ff.; *Fama/Jensen*, Agency Problems, S. 329f.; *Fama*, Agency Problems, S. 291f.

reits ein fortgeschrittenes Alter aufweisen oder sich in der Vergangenheit als besonders verletzungsanfällig erwiesen haben. Schließlich hat ein Fehlschlag der Investition gegebenenfalls ihre Entlassung und somit den Verlust der Einkommensquelle zur Folge. Anzuführen bleibt bei dieser Form des Risikos auch die Errichtung einer clubeigenen Fußball-Arena, die eventuell zusätzliche Zahlungsströme aufgrund vermehrter Zuschauereinnahmen, Einnahmen aus der Verwertung medialer Rechte und Einnahmen aus dem Merchandising, Catering und Sponsoring generiert, aber bei einem Fehlschlag die Insolvenz des Clubs hervorruft oder zumindest die Anstellung des Managements gefährdet.

Andererseits besteht die Gefahr, dass das Management *extrem risikoreiche Investitionen* tätigt und zwar vor allem dann, wenn der Club sich in einer wirtschaftlichen Krise befindet und das Management nur noch gewinnen kann. Demzufolge werden hohe Verlustwahrscheinlichkeiten bei geringen Erfolgschancen in Kauf genommen, weil mögliche Verluste größtenteils zu Lasten der Kapitalgeber gehen.[83] Als Beispiel soll eine aufgrund finanzieller Schwierigkeiten getätigte Sale-and-leaseback-Transaktion dienen, im Rahmen derer das Management eines Clubs das clubeigene Stadion veräußert und direkt wieder zurück mietet. Die Gefahr einer solchen Transaktion liegt dann darin, dass dem Club kurzfristig zwar finanzielle Mittel zufließen und das Management somit eine mögliche Insolvenz oder zumindest finanzielle Schwierigkeiten abwenden sowie seine Einkommensquelle sichern kann. Langfristig wird möglicherweise die extreme Belastung durch hohe Leasingraten derart unterschätzt, dass sie für den Club im Extremfall existenzbedrohlich sind oder zumindest zu Kapitalverlusten für die Eigenkapitalgeber aufgrund ausbleibender Dividendenzahlungen bzw. Gewinnentnahmen führen. Besonders gravierend stellt sich dieser Sachverhalt zudem dar, wenn das Management entgegen den Interessen der Eigenkapitalgeber nur einen kurzen Planungshorizont hat.[84]

Vereinsmitglieder sind ebenfalls vom übermäßigen Konsum von *fringe benefits* betroffen, wenn das Management die finanziellen Mittel des Clubs nicht für Sportstätten und Sportgeräte, national und international etablierte Fußball-Spieler, die Nachwuchsarbeit sowie gut ausgebildete Trainer des Amateur- und Lizenzbereichs etc. einsetzt.[85]

Das *differential risk preference-Problem* ist analog auf die Vereinsmitglieder zu übertragen. So können vorrangig die Vereinsmitglieder des ideellen Bereichs an der Verpflichtung von „Weltklasse"-Spielern und der Errichtung einer clubeigenen Fußball-Arena interessiert sein, da diese Handlungen möglicherweise einen Beitrag zu ihrer Wohlfahrtsfunktion i.S. der Zugehörigkeit zu einem potenziell erfolgreichen bzw. angesehenen Club leisten.

Andererseits werden *risikoreiche Investitionen* des Managements, die dem eigenen Ansehen dienen, von den Vereinsmitgliedern durchaus auch negativ beurteilt, wenn bspw. aufgrund der risikoreichen Investitionspolitik des Managements keine notwendigen Erhaltungs- bzw. Erweiterungsinvestitionen in Betriebsmittel anderer Sportar-

---

[83]   Vgl. auch *Streim*, Grundzüge, S. 13.

[84]   Vgl. hierzu ebenfalls FN 86 dieses Gliederungspunkts

[85]   Vgl. hierzu auch *Lehmann/Weigand*, Mitsprache und Kontrolle, S. 45, 54f. die in diesem Zusammenhang auf das Risiko der Ressourcenverschwendung Bezug nehmen.

ten oder des Amateur- und Hobbybereichs getätigt werden oder erforderliche Investitionen in neue Spieler des Lizenzspielbetriebs unterbleiben. Im Extremfall der wirtschaftlichen Krise werden vor allem die mit ideellen Zielinhalten versehenen Mitglieder keine hohen Verlustwahrscheinlichkeiten in Kauf nehmen, wenn diese Investitionen potenziell insolvenz- bzw. spiellizenzgefährend sind und damit zum Ausscheiden des Clubs aus der Bundesliga bzw. 2. Bundesliga führen können.

Vereinsmitglieder sind möglicherweise auch dem Risiko ausgesetzt, dass das Management aufgrund einer anstehenden Pensionierung, eines geplanten Clubwechsels oder eines auslaufenden Anstellungsvertrags einen von den Mitgliedern abweichenden Planungshorizont hat und lediglich dieser oder den kommenden Spielzeiten Gewicht beimisst und dementsprechend in Projekte investiert, die kurzfristig sportlichen Erfolg versprechen, langfristig aber u.U. finanzielle Schwierigkeiten hervorrufen (*horizon-Problem*).[86] So wird einigen Managern bzw. Vorständen von Fußball-Clubs nachgesagt, dass sie bspw. den Meistertitel während ihrer „Amtszeit" mit allen finanziellen Mitteln erzwingen wollen getreu dem Motto: „koste es, was es wolle".

Aus Sicht der *Fremdkapitalgeber* entstehen investitionsbedingte Risiken, wenn das Management seine Investitionsentscheidungen einseitig an den eigenen Interessen bzw. denen der Eigenkapitalgeber und/oder der Vereinsmitglieder ausrichtet und die Interessen der Fremdkapitalgeber im Entscheidungskalkül des Managements somit keine Berücksichtigung finden.[87] So besteht bspw. der Anreiz, risikoreiche Investitionsprojekte etwa in prestigeträchtige Sportstätten (*risk-incentive- bzw. asset substitution-Problem*)[88] mit möglicherweise zusätzlich negativem Kapitalwert (*over-investment-Problem*)[89] zu realisieren. Dies etwa, weil das Management selbst hinsichtlich seiner Reputation, die Eigenkapitalgeber aus finanzieller Sicht und/oder die Vereinsmitglieder zumindest in ideeller Hinsicht von einem erfolgreichen Projekt profitieren, während ein Fehlschlag der Investition (voll) zu Lasten der Fremdkapitalgeber geht.

Ausschüttungsbedingte Risiken haben ihre Ursache im bewussten Verstoß gegen die vertraglich vereinbarte Aufteilungsregel des Zahlungsstroms zwischen *Fremdkapitalgebern* und Kapitalnehmern, d.h. die Manager bzw. Eigenkapitalgeber sichern sich hierbei eine bevorzugte Anspruchserfüllung.[90] Bei Vernachlässigung der verbundbedingten Risiken betreffen ausschüttungsbedingte Risiken ausschließlich den Bereich der ausgegliederten Kapitalgesellschaft. Typische Beispiele hierfür sind die fremdfinanzierte Ausschüttung (*debt-financed dividend payments*), folglich die zusätzliche Aufnahme von Fremdkapital zur Finanzierung von Zahlungen an die Eigenkapitalgeber, und die *bilanzkürzende Ausschüttung*, d.h. die Veräußerung von Gesellschaftsvermögen mit anschließender Ausschüttung des Liquidationserlöses an

---

[86] Vgl. *Byrd/Parrino/Pritsch*, Stockholder-Manager Conflicts, S. 16. Das *horizon-Problem* besteht mithin ebenfalls für die Eigenkapitalgeber eines Fußball-Clubs.

[87] Vgl. hierzu ausführlich etwa *Leippe*, Bilanzierung von Leasinggeschäften, S. 39ff.; *Franken*, Gläubigerschutz, S. 41, 51ff.

[88] Vgl. *Ewert*, Rechnungslegung, S. 16; *Barnea/Haugen/Senbet*, Agency Problems, S. 33ff.; *Jensen/Meckling*, Theory of the Firm, S. 334ff.

[89] Vgl. *Wagenhofer/Ewert*, Externe Unternehmensrechnung. S. 156.

[90] Vgl. *Franken*, Gläubigerschutz, S. 40f., 45ff.

die Eigenkapitalgeber.[91] Die Gläubiger werden u.U. der Gefahr ausgesetzt, dass ihre Ansprüche im Insolvenzfall nicht (vollständig) befriedigt werden.

Informationsbedingte Risiken sind dadurch gekennzeichnet, dass Kapitalgeber vor und nach Vertragsabschluss vom Management getäuscht werden. Dabei können vom Management einerseits *Fehlinformationen* über die wahre Lage des Clubs an die Kapitalgeber gegeben werden und andererseits entscheidungsrelevante *Informationen verschwiegen* werden.[92] Die Kapitalgeber können mithin durch die gezielte Vorspiegelung falscher Tatsachen oder das Vorenthalten relevanter Informationen zu Entscheidungen veranlasst werden, die sie bei zutreffendem bzw. vollständigem Informationsstand nicht getroffen hätten.

Die *Eigenkapitalgeber* werden z.B. durch Verschweigen einer ungünstigen Lage der ausgegliederten Kapitalgesellschaft geschädigt, da sie erforderliche Anpassungsentscheidungen hinsichtlich ihres weiteren finanziellen Engagements nicht rechtzeitig treffen können. *Fremdkapitalgeber* sind bspw. dadurch getäuscht, dass das Management ihnen die finanzielle Situation des Clubs bewusst zu günstig darstellt, um sie zu einer (weiteren) Kreditgewährung zu bewegen bzw. um zu verhindern, dass sie rechtzeitig Anpassungsentscheidungen etwa bezüglich einer vorzeitigen Kündigung des Kredits treffen.

Von Fehlinformationen oder vom Verschweigen entscheidungsrelevanter Tatbestände sind *Vereinsmitglieder* etwa dann betroffen, wenn das Management eine in Wahrheit schlechte wirtschaftliche Situation des Vereins bewusst zu günstig dargestellt, um zu verhindern, dass die Mitglieder rechtzeitig Anpassungsentscheidungen hinsichtlich einer vorzeitigen Abberufung oder der Verhinderung einer erneuten Bestellung treffen. Zu denken ist auch an den Fall, dass der Vorstand eines Vereins namhafte bzw. im professionellen Fußball etablierte Spieler verpflichtet, um seine eigene Reputation aufzubauen, aber u.a. mit der Aussage zur Wahl in der Mitgliederversammlung angetreten ist, dass anstelle der Verpflichtung dieser Spieler Investitionen in die eigene Nachwuchsarbeit getätigt bzw. Spieler aus dem eigenen Nachwuchsbereich eingesetzt werden sollen, weil die (ideellen) Mitglieder sich aufgrund einer regionalen Bindung mit lokalen Spielern identifizieren. Des Weiteren kann das Management auch ein Interesse am Erwerb von Spielern mit „Weltformat" unter starkem finanziellen Aufwand haben. Wurde den Mitglieder zugesagt, dass keine übertriebenen Spielerkäufe getätigt werden, sind sie insofern geschädigt, wenn durch diese Spielerinvestitionen keine ausreichenden finanziellen Mittel zur Verfügung stehen, um mittel- bzw. langfristig Ersatz- und Erweiterungsinvestitionen in den Lizenzspielbetrieb zu tätigen oder die erforderlichen Investitionen in Betriebsmittel anderer Sportarten des Vereins bzw. des Amateur- und Hobbybereichs vorzunehmen.

Die bisher angeführten Risiken konzentrieren sich ausschließlich auf den am Lizenzspielbetrieb teilnehmenden Idealverein bzw. die am Lizenzspielbetrieb teilnehmende ausgegliederte Kapitalgesellschaft. Zusätzliche Probleme entstehen aus Sicht der Kapitalgeber eines Fußball-Clubs dann, wenn das Konstrukt der ausgegliederten Kapitalgesellschaft i.V.m. dem Mutterverein in die Betrachtung einbezogen wird. Da

---

[91] Vgl. *Streim*, Grundzüge, S. 12f.; *Ewert*, Rechnungslegung, S. 14ff.

[92] Vgl. *Streim*, Grundzüge, S. 12ff. Vgl. auch *Leippe*, Bilanzierung von Leasinggeschäften, S. 45, 50; *Franken*, Gläubigerschutz, S. 49ff., 56f.

der Mutterverein aus gesellschaftsrechtlicher Sicht allein schon aufgrund der verbandsrechtlich vorgeschriebenen „50+1"-Regel regelmäßig als herrschendes Unternehmen anzusehen ist[93], bestehen für das Management des Muttervereins angesichts der mit der Konzernierung einhergehenden Kompetenzverschiebung von der Haupt- bzw. Gesellschafterversammlung zu ihren Gunsten[94] zusätzliche diskretionäre Handlungsspielräume, Kapitalgeberrisiken zu erhöhen und/oder zu verlagern.[95] Für die Betrachtung *verbundbedingter Risiken* ist dabei entscheidend, ob die Mitglieder bzw. Fremdkapitalgeber des Muttervereins und/oder die Eigen- bzw. Fremdkapitalgeber der ausgegliederten Kapitalgesellschaft von einem bestimmten Kapitalgeberrisiko hinsichtlich ihrer Wohlfahrt berührt werden.[96]

Problematisch ist die Konzernierung insbesondere für die *Fremdkapitalgeber* des Muttervereins („Problem der strukturellen Nachrangigkeit"[97]).[98] Dies soll an einem kurzen Beispiel illustriert werden. Nimmt bspw. der Mutterverein Fremdkapital auf und investiert diese finanziellen Mittel – möglicherweise auch noch absprachewidrig – in die ausgegliederte Kapitalgesellschaft, dann finanzieren die Fremdkapitalgeber des Muttervereins zwar den Lizenzspielbetrieb in der ausgegliederten Kapitalgesellschaft mit, sind jedoch dort nur „nachrangige Fremdkapitalgeber"[99] und eventuell zusätzlich über die Mittelverwendung getäuscht worden. Die Nachrangigkeit ergibt sich aus der Tatsache, dass im Insolvenzfall der ausgegliederten Kapitalgesellschaft zunächst deren Fremdkapitalgeber befriedigt werden, während dem Mutterverein lediglich das Vermögen der ausgegliederten Kapitalgesellschaft zusteht, welches über die Schulden gegenüber den primären Fremdkapitalgebern der Kapitalge-

---

[93] Vgl. hierzu auch Gliederungspunkt 2.2.1.2 und *Emmerich/Habersack*, Konzernrecht, S. 478f. i.V.m. S. 29ff.; *Fiedler*, Konzernhaftung, S. 30ff. (insbesondere S. 37); *Sprengel*, Vereinskonzernrecht, S. 91ff. Anderer Ansicht *Lehmann/Weigand*, Mitsprache und Kontrolle, S. 49; *Habersack*, Umwandlung von Sportvereinen, S. 51f. Zum Konzernbegriff vgl. *Ballwießer*, Konzernrechnungslegung, S. 9ff.; *Pellens*, Aktionärsschutz, S. 14ff. Vgl. zu den konzernrechtlichen Aspekten bzw. Folgen etwa *Emmerich/Habersack*, Konzernrecht, S. 479ff. m.w.N.; *Fiedler*, Konzernhaftung, S. 44ff.; *Sprengel*, Vereinskonzernrecht, S. 114ff.

[94] Vgl. *Pellens*, Aktionärsschutz, S. 2. Vgl. auch hinsichtlich des Clubs Borussia Dortmund *Schewe*, Fußball-Verein als Kapitalgesellschaft, S. 169ff., 174f.

[95] Vgl. *Pellens*, Aktionärsschutz, S. 70ff. Aus Sicht der – insbesondere ideell motivierten – Vereinsmitglieder ist die Konzernierung bereits dahingehend problematisch, als mit der Ausgliederung die Entscheidungskompetenz hinsichtlich des Lizenzspielbetriebs von der Mitgliederversammlung des Muttervereins über die Hauptsammlung der ausgegliederten Kapitalgesellschaft auf das Management des Muttervereins verlagert wird. Dies wird insofern noch zusätzlich durch eine eventuelle Personenidentität zwischen dem Vereinsvorstand und dem Vorstand bzw. der Geschäftsführung der ausgegliederten Kapitalgesellschaft verstärkt. Vgl. etwa *Balzer*, Rechtliche Aspekte des Börsengangs, S. 53f.; *Habersack*, Umwandlung von Sportvereinen, S. 54; *Sprengel*, Vereinskonzernrecht, S. 197ff. Letztlich findet somit bereits mit der Ausgliederung an sich eine Kompetenzverschiebung in Form einer Verwässerung des Stimmrechts der Mitglieder statt. Da es jedoch bezüglich der Abstimmung über die Ausgliederung auf der Mitgliederversammlung einer Dreiviertelmehrheit bedarf (§ 125 i.V.m. §§ 13, 103 UmwG), ist dieser Problematik keine gesonderte Aufmerksamkeit beizumessen.

[96] Vgl. *Ballwießer*, Konzernrechnungslegung, S. 14, 35.

[97] *Theisen*, Konzern, S. 620. Vgl. auch *Schneider*, Konzernfinanzierung, S. 503.

[98] Vgl. ebenfalls *Emmerich/Habersack*, Konzernrecht, S. 480f.; *Madl*, Sportverein, S. 26.

[99] Vgl. auch *Schneider*, Konzernfinanzierung, S. 503.

sellschaft hinausgeht. Im Insolvenzfall sowohl der ausgegliederten Kapitalgesell-schaft als auch des Muttervereins werden zunächst die Fremdkapitalgeber der aus-gegliederten Kapitalgesellschaft befriedigt, bevor die Fremdkapitalgeber des Mutter-vereins durch Verwertung der Beteiligung an der ausgegliederten Kapitalgesellschaft bedient werden.[100] Aber auch die *Mitglieder des Muttervereins*, vor allem diejenigen, die der sportlichen Sphäre zugeordnet werden können, sind von der Konzernierung bspw. dann betroffen, wenn finanzielle Mittel an die ausgegliederte Kapitalgesell-schaft weitergeleitet werden und somit nicht im Mutterverein verbleiben, obwohl sie für ihre Zwecke i.S. des Hauptzwecks des Muttervereins bestimmt sind. Das heißt das Risiko, dass möglicherweise unzureichende Erhaltungs- bzw. Erweiterungsin-vestitionen in bspw. Sportstätten und Sportgeräte des Muttervereins getätigt werden, wird durch die Verbundproblematik noch erhöht.[101]

3.1.2.5   Implikationen für die Institution „Rechnungslegung" als Schutzin-strument hinsichtlich eines Fußball-Clubs

Wie die vorangegangenen Ausführungen gezeigt haben, können die Kapitalgeber ei-nes Fußball-Clubs in Form der Vereinsmitglieder, Eigenkapitalgeber und Fremdkapi-talgeber aufgrund von Informationsasymmetrien und möglichen Interessendivergen-zen durch Kapitalgeberrisiken induzierten Wohlfahrtsverlusten ausgesetzt sein. Die aggregierten individuellen Wohlfahrtseinbußen[102] implizieren gesamtgesellschaftliche Wohlfahrtsverluste, wenn an sich nutzensteigernde Transaktionen behindert oder sogar ganz unterlassen werden. Informationsasymmetrien können folglich Funkti-onsstörungen des Marktsystems bedingen, die im Extremfall ein totales Marktversa-gen zur Folge haben können.[103]

Ein institutionelles Arrangement zur Reduktion bzw. Vermeidung von aus Auftrags-beziehungen resultierenden Wohlfahrtsverlusten im Sinne des *Schutzes der Ver-einsmitglieder, Eigenkapitalgeber und Fremdkapitalgeber* (Kapitalgeber) vor den skizzierten Kapitalgeberrisiken ist die Institution „Rechnungslegung".[104] Zu deren Analyse erfolgt regelmäßig eine Konzentration auf die verhandlungsschwachen bzw. einflusslosen und damit ausbeutungsoffenen Kapitalgeber (eines Fußball-Clubs).[105]

---

[100] Vgl. etwa *Theisen*, Konzern, S. 620, 679ff. m.w.N.; *Steiner*, Fremdfinanzierung, Rz. 64f.; *Ballwie-ßer*, Konzernrechnungslegung, S. 47, 78; *Schneider*, Konzernfinanzierung, S. 503.

[101] Vgl. *Madl*, Sportverein, S. 26. Anderer Ansicht *Lehmann/Weigand*, Mitsprache und Kontrolle, S. 49.

[102] Zu den individuellen Wohlfahrtsverlusten im Rahmen der Agency-Theorie in Form der sog. „Agency Costs" vgl. *Jensen/Meckling*, Theory of the Firm, S. 308.

[103] Vgl. etwa *Terberger*, Neo-institutionalistische Ansätze, S. 22. Vgl. auch grundlegend *Akerlof*, Mar-ket for "Lemons".

[104] Vgl. etwa *Scott*, Accounting Theory, S. 101ff.; *Franke/Hax*, Finanzwirtschaft, S. 453ff., 469f.; *El-schen*, Principal-Agent, S. 558; *Schmidt*, Grundformen der Finanzierung, S. 192. Weitere Instru-mente zur Reduktion bzw. Vermeidung von Wohlfahrtsverlusten aus Agency-Beziehungen sind bspw. vertragliche Schutzregeln wie Covenants, Anreizmechanismen in der Form von Signaling und Screening sowie anreizverträglichen Entlohnungsverträgen, disziplinierende Marktmechanis-men oder auch kapitalmarktrechtliche Bestimmungen. Vgl. hierzu etwa m.w.N. *Bieker*, Fair Value Accounting, S. 47; *Leippe*, Bilanzierung von Leasinggeschäften, S. 53; *Franken*, Gläubigerschutz, S. 58ff.

[105] Vgl. zu dieser Vorgehensweise *Kübler*, Vorsichtsprinzip, S. 369; *Streim*, Grundzüge, S. 20f.; *Streim/Kugel*, GmbH & Co. KG, S. 108.

Durch den Schutz dieser Kapitalgeber mittels der Rechnungslegung soll ein Beitrag zur Funktionsfähigkeit der Kapitalmärkte und der sonstigen Märkte geleistet werden, um die Wohlfahrt der einzelnen Marktteilnehmer und damit letztendlich der gesamten Volkswirtschaft zu erhöhen (*Funktionenschutz*).[106]

Folglich sollen Rechnungslegungsvorschriften für Fußball-Clubs dazu beitragen, dass zum einen das Risikokapital in die rentabelste Verwendungsmöglichkeit gelenkt wird. Ziel ist es also zu verhindern, dass potenziell wohlfahrtssteigernde Kapitalüberlassungsverhältnisse eingeschränkt oder sogar unterlassen werden (*Funktionsfähigkeit des Kapitalmarkts*).[107]

Zum anderen sichert nur ein funktionsfähiger Stimmenmarkt die Durchsetzung des Mehrheitswillens speziell der Vereinsmitglieder (*Funktionsfähigkeit des Stimmenmarkts*).[108] Dem liegt folgende Überlegung zu Grunde: Mitglieder wählen in periodischen Abständen mit den Vereinsvorständen ihre Vertreter, die im Auftrag des Vereins handeln und über dessen Geschicke entscheiden. Die Wohlfahrt der einzelnen Mitglieder wird demnach von den Folgen der Entscheidungen bzw. des Wirkens der Vereinsvorstände unmittelbar beeinflusst.[109] Vor dem Hintergrund der der Auftragsbeziehung immanenten asymmetrischen Informationsverteilung benötigen die Mitglieder folglich Informationen, die ihnen eine fundierte Wahlentscheidung ermöglichen bzw. die sie in die Lage versetzen, die notwendigen Anpassungsentscheidungen bezüglich einer vorzeitigen Abberufung oder der Verhinderung einer erneuten Bestellung des Vorstands zu treffen. Insbesondere Mitglieder der ideellen Sphäre bedürfen insofern eines sog. „voice"-Mechanismus.[110] Rechnungslegung soll somit das Unterlaufen des Mehrheitswillens und besonders die Ausrichtung der Entscheidungen des Managements an den Interessen organisierter Minderheiten verhindern.[111]

---

[106] Vgl. etwa *Streim*, Grundzüge, S. 22, 24; *Streim*, Grundsätzliche Anmerkungen, S. 14f., 16; *Barnea/Haugen/Senbet*, Agency Problems, S. 140ff.

[107] Vgl. *Franke/Hax*, Finanzwirtschaft, S. 420; *Ewert*, Anlegerschutz, S. 45f.; *Hartmann-Wendels*, Signalling-Ansätze, S. 645; *Schmidt/Terberger*, Investitions- und Finanzierungstheorie, S. 422f.; *Streim*, Grundsätzliche Anmerkungen, S. 14f.; *Koch/Schmidt*, Anlegerschutz, S. 236f.

[108] Vgl. zu dieser Argumentation hinsichtlich öffentlicher Institutionen bzw. Gemeinden *Streim*, Erweiterung der kommunalen Rechnungslegung, S. 308f.; *Streim*, Der kommunale Lagebericht, S. 316f.; *Streim*, Grundsätzliche Anmerkungen, S. 20. Zum Stimmrecht der Vereinsmitglieder und zur Bestellung des Vereinsvorstands vgl. die Literaturverweise in FN 28 des Gliederungspunkts 3.1.2.2.

[109] Zu den möglichen Wohlfahrtsverlusten der Vereinsmitglieder vgl. Gliederungspunkt 3.1.2.3.

[110] Vgl. *Hamil/Holt/Michie/Oughton/Shailer*, professional football clubs, S. 47. Vgl. hinsichtlich der Eigenkapitalgeber *Ballwieser*, Nutzen handelsrechtlicher Rechnungslegung, S. 17f. Vgl. bezogen auf öffentliche Institutionen *Streim*, Erweiterung der kommunalen Rechnungslegung, S. 305ff.; *Streim*, Der kommunale Lagebericht, S. 313ff.; *Streim*, Grundsätzliche Anmerkungen, S. 20. Neben der Rechnungslegung existiert zumindest aus Sicht der Mitglieder der rein sportlichen Sphäre ein weiterer marktlicher Disziplinierungsmechanismus des Managements. Diese Mitglieder können durch Vereinsaustritte und -eintritte zusätzlich die Wahrscheinlichkeit des Fehlverhaltens reduzieren (sog. „exit"-Mechanismus). Gleicher Ansicht *Lehmann/Weigand*, Mitsprache und Kontrolle, S. 49f.

[111] Vgl. auch *Lehmann/Weigand*, Mitsprache und Kontrolle, S. 45: „Da Entscheidungsgewalt und Verantwortung in Form von Haftung auseinander fallen, besteht der Anreiz zu opportunistischem Verhalten, d.h. die Mitglieder können den Eigennutzen zu Lasten der Erreichung kollektiver Ziele maximieren." Insofern können die Mitglieder in einzelnen Organen wie dem Vorstand des Vereins bzw. als organisierte Minderheit eigennutzorientiert handeln und die nicht mit Entscheidungsgewalt ausgestatteten Mitglieder potenziell schädigen.

Als allgemeiner Grundsatz der Agency-Theorie gilt zwar, dass „Agents [...] nur dann im Sinne der Principals handeln [werden], wenn sie periodisch zur Rechenschaft verpflichtet sind"[112]. Jedoch erfährt die Institution „Rechnungslegung" ausschließlich dann eine Rechtfertigung, wenn die Interessen der Anspruchsgruppen als schutzwürdig anzusehen sind. Anknüpfungspunkt zur Beurteilung der *Schutzwürdigkeit* der Interessen der Kapitalgeber eines Fußball-Clubs ist das Ausmaß des finanziellen Engagements der jeweiligen Anspruchsgruppe.

Aus Sicht der *Eigen- und Fremdkapitalgeber* ergibt sich der Schutzbedarf in Anbetracht der aus den skizzierten Kapitalgeberrisiken potenziell resultierenden Kapitalverluste aus der Einschränkung von für sämtliche Beteiligten prinzipiell vorteilhaften Kapitalüberlassungsverhältnissen.[113] Das heißt die Eigen- und Fremdkapitalgeber sind nur unter erhöhten Finanzierungskosten für die Clubs zur Kapitalüberlassung bereit, da sie den Anreiz zur bewussten Schädigung seitens des Managements antizipieren.

Vergegenwärtigt man sich die von den *Vereinsmitgliedern* der Fußball-Clubs zu entrichtenden regelmäßig geringen Mitgliedsbeiträge (vgl. Tabelle 15 auf S. 67), so lässt sich aufgrund des geringfügigen Ausmaßes der potenziellen Schädigung nur ein geringer Schutzbedarf vor allem verglichen mit dem finanziellen Engagement der Eigenkapitalgeber und Fremdkapitalgeber eines Fußball-Clubs feststellen.[114] Das finanzielle Engagement der Vereinsmitglieder beläuft sich zwar auf die Summe der während ihrer Mitgliedschaft insgesamt entrichteten Mitgliedsbeiträge. Da jedoch für die in der Vergangenheit gezahlten Beiträge periodische Gegenleistungen seitens des Vereins erbracht worden sind – bspw. durch die Möglichkeit zur Nutzung von zur Verfügung gestellten Vereinseinrichtungen und Vermögenswerten bzw. die Ermöglichung der Zugehörigkeit zu einem bestimmten Verein sowie die Gewährung der aus der Mitgliedschaft resultierenden Vorteilsrechte[115] –, kann insofern nur der Mitgliedsbeitrag der aktuellen Berichtsperiode als potenziell ausfallbedroht betrachtet werden. Hinzu kommt, dass Aspekte der persönlichen Haftung der Vereinsmitglieder aufgrund des generellen Austrittsrechts aus wichtigem Grund im „worst case"-Szenario des Entzugs der Rechtsfähigkeit oder der Eröffnung des Insolvenzverfahrens unbeachtlich sind.[116] Fraglich erscheint aufgrund der Geringfügigkeit der Vorleistung der Vereinsmitglieder des Weiteren die Schutzwürdigkeit vor idellen Wohlfahrtsverlusten wie bspw. vor durch Fehlinvestitionen bedingtem Ausbleiben sportlichen Erfolgs. In diesem Zusammenhang spricht als weiterer Aspekt gegen einen Schutzbedarf, dass regelmäßig ein nicht unerheblicher Teil des finanziellen Engagements der ideellen Vereinsmitglieder etwa in Form von ermäßigten Eintrittskarten sowie der Möglichkeit, bevorzugt Eintritts- bzw. Dauerkarten zu erwerben, an sie zurückfließt.

---

[112] *Streim*, Erweiterung der kommunalen Rechnungslegung, S. 303.

[113] Vgl. auch *Franke/Hax*, Finanzwirtschaft, S. 420.

[114] Gleicher Ansicht *Lehmann/Weigand*, Mitsprache und Kontrolle, S. 49f.

[115] Vgl. Gliederungspunkt 3.1.2.3.

[116] Vgl. ausführlich Gliederungspunkt 3.1.2.3.

Verein	jährlicher Beitragssatz
VfL Wolfsburg	168 €
Eintracht Frankfurt	144 €
SV Werder Bremen	132 €
Hannover 96	96 €
1. FC Nürnberg	95 €
1. FC Köln	92 €
1. FSV Mainz 05	78 €
VfB Stuttgart	78 €
MSV Duisburg	74 €
BV Borussia Dortmund 09	62 €
1. FC Kaiserslautern	60 €
Borussia Mönchengladbach	60 €
DSC Arminia Bielefeld	60 €
Hertha BSC Berlin	60 €
FC Bayern München	50 €
FC Schalke 04	48 €
Hamburger SV	48 €
TSV Bayer 04 Leverkusen	30 €
Durchschnitt als arithmetisches Mittel	**80 €**

Tabelle 15: Jährliche Mitgliedsbeiträge der Bundesliga-Vereine in der Saison 2005/2006[117]

Obwohl Vereinsmitglieder angesichts der potenziellen Wohlfahrtsverluste als prinzipiell schutzwürdig anzusehen sind, kann lediglich im Rahmen einer umfassenden Kosten-Nutzen-Analyse überprüft werden, ob die infolge eingeschränkter oder sogar vollständig unterlassener Vereinsbeitritte resultierenden gesamtgesellschaftlichen Wohlfahrtsverluste als so gravierend einzuschätzen sind, dass sie die Kosten einer eigenständigen, mitgliederorientierten Rechnungslegung rechtfertigen und insofern einen Schutzbedarf der Vereinsmitgliederinteressen begründen. Da jedoch sowohl die Interessen der Eigenkapitalgeber als auch die der Fremdkapitalgeber eines Fußball-Clubs zweifelsfrei als schutzwürdig anzusehen sind – und demnach die Interessen der Fremdkapitalgeber des (Mutter-)Vereins –, kann auf eine solche Untersuchung verzichtet werden, wenn die Informationsinteressen der Vereinsmitglieder mit denen der (Eigenkapitalgeber und) Fremdkapitalgeber übereinstimmen und die Mit-

---

[117] Die angeführten Mitgliedsbeiträge sind auf eigene Erhebungen zurückzuführen (Stand: 16.02.2006). Die von den Mitgliedern der Bundesliga-Clubs zu entrichtenden Mitgliedsbeiträge können dabei als repräsentativ für sämtliche Fußball-Clubs angesehen werden. Bei der Ermittlung der jährlichen Mitgliedsbeiträge wurden lediglich die Beiträge für aktive Mitgliedschaften berücksichtigt, da diese den passiven Mitgliedschaftsbeitrag grundsätzlich übersteigen und insofern aussagekräftiger sind. Des Weiteren wurden bei unterschiedlichen Beitragssätzen für verschiedene Sportarten ausschließlich diejenigen für die Fußballabteilung berücksichtigt, weil sich einerseits die Beitragssätze für die unterschiedlichen Sportarten eines Vereins nur rudimentär unterscheiden und andererseits der Großteil der Vereinsmitglieder regelmäßig der Fußballabteilung zugehörig ist. Vgl. zum zuletzt genannten Punkt auch *Lehmann/Weigand*, Mitsprache und Kontrolle, S. 50f.

glieder daher „reflexartig" geschützt werden. Eine separate Würdigung des Schutz-bedarfs der Interessen der Vereinsmitglieder und die Frage nach der zweckmäßigen Ausgestaltung eines möglichen eigenständigen, mitgliederorientierten Rechnungsle-gungssystems hat dementsprechend ausschließlich dann zu erfolgen, wenn ihre In-formationsinteressen nicht mit denen der (Eigenkapitalgeber und) Fremdkapitalgeber übereinstimmen.[118] Eine abschließende Klärung kann vor dem Hintergrund des In-formationsinteresses der einzelnen Anspruchsgruppen erst im folgenden vierten Ka-pitel erfolgen.

Für die im siebten Kapitel vorzunehmende ökonomische Analyse bedeutet das zuvor Gesagte, dass zu überprüfen ist, ob die Bilanzierungsvorschriften für professionelle Fußballspieler zur Überwindung von durch Informationsprobleme hervorgerufenen Kapitalgeberrisiken im Fußball-Club bzw. zum Abbau der asymmetrischen Informati-onsverteilung beitragen.[119] Für Zwecke dieser Arbeit unbeachtlich ist, ob diese Funk-tion allein durch Rechnungslegung und/oder durch andere Institutionen erfüllt werden sollte.[120] Entscheidend ist vielmehr, wie Rechnungslegung einen Beitrag zum Abbau der asymmetrischen Informationsverteilung leisten kann. Im Rahmen dieser Arbeit wird weiterhin nicht der Frage nachgegangen, welche Institution zweckmäßigerweise für die Erarbeitung und Durchsetzung von Rechnungslegungsnormen verantwortlich sein sollte und ob eine ausschüttungs- oder informationsorientierte Rechnungsle-gung einen höheren Beitrag zum Kapitalgeberschutz leistet.

3.2   Rechnungslegung aus Gründen der Gerechtigkeit

Gerechtigkeitsüberlegungen bzw. Verteilungsfragen wurden in den bisherigen Aus-führungen rigoros ausgeklammert. In diesem Kontext ist allerdings insbesondere daran zu denken, den verhandlungsschwachen bzw. einflusslosen und damit aus-beutungsoffenen Kapitalgebern eines Fußball-Clubs mittels Rechnungslegungsvor-

---

[118] Derartige Überlegungen wären analog anzustellen, wenn sich Vereine ausschließlich über Eigen-mittel (ergo Mitgliedsbeiträge) finanzieren würden. Dieser Fall kann allerdings für die im Rahmen dieser Arbeit betrachteten professionellen Fußball-Clubs ausgeschlossen werden, weil dem niedri-gen Beitragsaufkommen der Clubs regelmäßig eine enorm hohe Verschuldung gegenübersteht. Vgl. hierzu *WGZ-Bank/KPMG*, Fußball und Finanzen, S. 91ff. Vgl. auch *Doberenz*, Rechtsformge-staltung professioneller Fußballklubs, S. 28f., 129 m.w.N. und das bereits angeführte Zitat von *Haas/Prokop*, nichtwirtschaftliche Vereine, S. 1150: „Der durch die Teilnahme am Wirtschaftsleben bedingte erhöhte Kapitalbedarf der Vereine wird in der Vereinspraxis oftmals nicht aus Eigen-, sondern aus Fremdmitteln gedeckt. Als Kreditgeber kommen dabei nicht nur institutionelle Geldge-ber in Betracht. Vielmehr begegnet man in der Vereinspraxis zunehmend Fällen, in denen Ver-einsmitglieder dem Verein ein Darlehen oder andere Hilfen gewähren, sei es um dringende Investi-tionen zu tätigen oder aber eine andere Krise abzuwenden."

[119] Dabei soll die verbale Agency-Theorie als Leitlinie dienen. Vgl. ebenfalls *Bieker*, Fair Value Ac-counting, S. 45f. Vgl. hierzu und zu der Abgrenzung zwischen der normativen und der positiven bzw. der verbalen und der formalen Agency-Theorie etwa *Meinhövel*, Defizite, S. 23ff.; *Terberger*, Neo-institutionalistische Ansätze, S. 106ff.; *Neus*, Ökonomische Agency-Theorie, S. 11ff.; *Schnei-der*, Agency Costs, S. 486f.; *Jensen/Smith*, Applications of Agency-Theory, S. 96. Vgl. grundlegend zur normativen Agency-Theorie *Arrow*, Economics of Agency; *Pratt/Zeckhauser*, Principals and Agents und zur positiven Agency-Theorie *Fama/Jensen*, Agency Problems; *Fama*, Agency Prob-lems; *Jensen/Meckling*, Theory of the Firm.

[120] Vgl. hierzu etwa *Franken*, Gläubigerschutz, S. 58ff.

schriften einen gewissen *Mindestschutz* zu gewährleisten.[121] Schließlich bedürfen sie eines Schutzes davor, dass „sich andere aufgrund von Informations- und Machtvorsprüngen zu ihrem Nachteil bereichern"[122] bzw. das Management unsolide wirtschaftet. So bedürfen bspw. die Vereinsmitglieder eines Schutzes davor, dass Mitgliedsbeiträge, Entgelte und Gebühren vom Management willkürlich festgesetzt werden.

Gerechtigkeitsfragen lassen sich jedoch vorwiegend nur durch juristisch und philosophisch geprägte Werturteile beantworten und entziehen sich somit weitestgehend rein ökonomischen Analysen.[123] Mithin lassen sich klare Aussagen zur Gerechtigkeit ausschließlich dann treffen, „wenn das Ausmaß der Ungerechtigkeit so groß ist, daß sie ihrerseits zu Effizienzeinbußen führt"[124]. Demnach soll Gerechtigkeitsüberlegungen im Rahmen dieser Arbeit keine weitere Bedeutung beigemessen werden.

Überdies lässt sich der *Individualschutz* auch unter Effizienzgesichtspunkten beantworten. Schließlich sind die Kapitalgeber eines Fußball-Clubs nur im Fall eines gewissen Mindestschutzes zur (Risiko-)Kapitalüberlassung[125] bzw. zum Vereinsbeitritt bereit. Demnach leistet der Individualschutz einen Beitrag zur Funktionsfähigkeit der Kapitalmärkte und sonstigen Märkte, d.h. zum *Funktionenschutz*.[126] Mithin soll fortfolgend ausschließlich der Beitrag der Rechnungslegungsvorschriften zur Bilanzierung professioneller Fußballspieler zum Funktionenschutz betrachtet werden.

3.3   Zweck der Rechnungslegung nach IFRS und daraus folgende Implikationen für den Fußball-Club

Zu den Hauptzielen der vorliegenden Arbeit zählt neben der Erarbeitung von Anwendungsleitlinien zur IFRS-konformen bilanziellen Abbildung professioneller Fußballspieler auch deren umfassende ökonomische Analyse vor dem Hintergrund der Zwecke der Rechnungslegung.[127] Bevor eine derartige Analyse überhaupt durchgeführt werden kann, muss jedoch zunächst der Zweck der Rechnungslegung nach IFRS beleuchtet werden, schließlich könnte das IASB auch einen ganz anderen als den zuvor erarbeiteten Zweck verfolgen. An dieser Stelle soll nunmehr herausgestellt werden, welchen Weg das IASB zur Vermeidung bzw. Reduktion agency-bedingter Kapitalgeberrisiken eingeschlagen hat und wie diese Vorgehensweise in den Kontext eines Fußball-Clubs einzuordnen ist.

---

[121] Vgl. *Ballwieser*, Grenzen des Vergleichs, S. 375; *Streim*, Erweiterung der kommunalen Rechnungslegung, S. 307f.; *Streim*, Grundzüge, S. 23; *Streim*, Der kommunale Lagebericht, S. 315; *Streim*, Grundsätzliche Anmerkungen, S. 15.

[122] *Koch/Schmidt*, Anlegerschutz, S. 235.

[123] Vgl. etwa *Wagenhofer/Ewert*, Externe Unternehmensrechnung, S. 166f.; *Brotte*, Geschäftsberichte, S. 102; *Musgrave/Musgrave/Kullmer*, Finanzen, S. 110; *Feldhoff*, Regulierung der Rechnungslegung, S. 17f.

[124] *Franken*, Gläubigerschutz, S. 32.

[125] Vgl. etwa *Streim*, Grundzüge, S. 24; *Schmidt*, Rechnungslegung als Informationsproduktion, S. 746.

[126] Vgl. auch *Leippe*, Bilanzierung von Leasinggeschäften, S. 52; *Siegel/Bareis/Rückle/Schneider/Sigloch/Streim/Wagner*, Stille Reserven, S. 2078; *Koch/Schmidt*, Anlegerschutz, S. 237f.

[127] Vgl. Gliederungspunkt 1.

Selbst gesetztes *Ziel* der Rechnungslegung nach IFRS „is to provide information about the financial position, performance and changes in financial position of an enterprise that is useful to a wide range of users in making economic decisions" (IASB, Framework, Par. 12).[128] Der IFRS-Abschluss soll folglich einem weiten Adressatenkreis *entscheidungsnützliche Informationen* insbesondere hinsichtlich der Entscheidung über das Halten oder Verkaufen von Unternehmensanteilen sowie über die Bestellung bzw. Abberufung des Managements bereitstellen (IASB, Framework, Par. 14). Entscheidungsnützliche Informationen, die zum einen durch eine *Gewinnermittlung* mit Hilfe einer Bilanz und einer Gewinn- und Verlustrechnung zur Verfügung gestellt werden, sollen die Adressaten in die Lage versetzen, die in der abgelaufenen Periode erbrachte Managementleistung hinsichtlich Qualität und Effizienz zu messen sowie zukünftige Cashflows i.S. der richtigen Einschätzung der zukünftigen Entwicklung des Unternehmens zu prognostizieren. Zusätzliche entscheidungsnützliche Informationen sollen zum anderen mittels *sonstiger Informationsregeln* wie Kapitalflussrechnung, Segmentberichterstattung, Eigenkapitalspiegel und Anhang sowie Gliederungs- und Ausweisvorschriften vermittelt werden.[129]

Die aktuellen und potenziellen Eigenkapitalgeber bilden bezüglich des angeführten weiten Adressatenkreises die primäre Adressatengruppe der IFRS-Rechnungslegung. Daneben werden jedoch auch Fremdkapitalgeber, Lieferanten, Kunden, Arbeitnehmer, der Staat sowie die allgemeine Öffentlichkeit als mögliche Adressaten angeführt (IASB, Framework, Par. 9). Das IASB nimmt allerdings an, dass mit der Befriedigung der Informationsbedürfnisse der Eigenkapitalgeber zugleich auch die wesentlichen Informationsinteressen der übrigen Adressaten erfüllt werden (IASB, Framework, Par. 10). Letztlich lässt sich das Framework dahingehend interpretieren, dass der Schutz der Kapitalgeber vor *informationsbedingten* Wohlfahrtsverlusten den *primären Zweck* der IFRS-Rechnungslegung darstellt.[130] In diesem Sinn ist auch die IAS-Verordnung der EU zu sehen. Hier heißt es in den Gründen:

> „Diese Verordnung zielt darauf ab, einen Beitrag zur *effizienten* und kostengünstigen *Funktionsweise des Kapitalmarkts* zu leisten. Der *Schutz der Anleger* und der Erhalt des Vertrauens in die Finanzmärkte sind auch ein wichtiger Aspekt der Vollendung des Binnenmarkts in diesem Bereich."[131]

Die Konzentration des IASB auf die Informationsbedürfnisse der Eigenkapitalgeber wird mit annahmegemäß zumindest zum Teil identischen Informationsinteressen des gesamten Adressatenkreises begründet (IASB, Framework, Par. 10).

---

[128] Vgl. grundlegend zum Framework des IASB etwa *Kümpel*, Framework.

[129] Vgl. IAS 1 *Presentation of Financial Statements*, Par. 7f.; *Streim*, Vermittlung von entscheidungsnützlichen Informationen, S. 115; *Streim*, Internationalisierung von Gewinnermittlungsregeln, S. 328, 333f.

[130] Vgl. *Streim*, Vermittlung von entscheidungsnützlichen Informationen, S. 113; *Streim*, Internationalisierung von Gewinnermittlungsregeln, S. 327. Während das Ziel der IFRS-Rechnungslegung dem Framework eindeutig zu entnehmen ist, lässt sich die Frage, warum Kapitalgeber durch entscheidungsnützliche Informationen geschützt werden sollen, nur implizit beantworten. Als ökonomisches Motiv des Kapitalgeberschutzes wird im Preface angeführt, dass durch die Vermittlung entscheidungsnützlicher Informationen die Fähigkeit der Adressaten verbessert wird „to make *efficient* [Hervorhebung nicht im Original] economic decisions" (IASB, Preface, Par. 7).

[131] IAS-Verordnung, Gründe Nr. 4 [Hervorhebung nicht im Original].

Im siebten Kapitel dieser Arbeit ist somit der Frage nachzugehen, ob speziell die IFRS-konformen Bilanzierungsvorschriften für professionelle Fußballspieler zur Überwindung bzw. Reduzierung der *informationsbedingten* Wohlfahrtsverluste[132] beitragen. Zudem wird überprüft, ob die Vereinsmitglieder aufgrund der vom IASB aufgestellten Hypothese des teilweise identischen Informationsinteresses der Adressaten „reflexartig" geschützt werden oder ob es vor dem Hintergrund der Kosten der Einführung eines eigenständigen, mitgliederorientierten Rechnungslegungssystems – sofern sich die Interessen der Vereinsmitglieder letztendlich als schutzwürdig erweisen – möglicherweise einer lediglich erweiterten Berichtsform bzw. eines zusätzlichen Abschlussbestandteils bedarf, um eine zweckadäquate Informationsversorgung der Vereinsmitglieder zu gewährleisten.

---

[132] Vgl. zu den Wohlfahrtsverlusten ausführlich Gliederungspunkt 3.1.2.3.

Viertes Kapitel

4   Anforderungen an Rechnungslegungsvorschriften zur Reduktion bzw. Vermeidung informationsbedingter Kapitalgeberrisiken im Fußball-Club

Nachdem im vorangegangenen Kapitel der Beurteilungsmaßstab für die im siebten Kapitel vorzunehmende ökonomische Analyse der IFRS-konformen Bilanzierungsregeln für professionelle Fußballspieler hergeleitet wurde, soll nunmehr eine Operationalisierung dieses Maßstabs dahingehend erfolgen, dass konkrete Anforderungen an die Ausgestaltung der Rechnungslegung zur Zweckerreichung abgeleitet werden. Gemäß den Überlegungen des vorangegangenen Kapitels ist der Zweck der Rechnungslegung für Fußball-Clubs der Schutz der Kapitalgeber vor den aus Agency-Problemen resultierenden Wohlfahrtsverlusten. Hierdurch soll ein Beitrag zur Steigerung der gesamtgesellschaftlichen Wohlfahrt geleistet werden. Da die Größe „Wohlfahrt" wenig operational ist, müssen zum Schutz der Kapitalgeber vor den im Fokus dieser Arbeit stehenden *informationsbedingten* Risiken solche entscheidungsnützliche Informationen vermittelt werden, die vermutlich positiv mit der „Wohlfahrt" korrelieren. Letzten Endes sind die IFRS-konformen Bilanzierungsvorschriften für Profifußballspieler daran zu messen, inwieweit sie diesen idealen Anforderungen genügen.

4.1   Fußball-Clubspezifische Vorüberlegungen

Die Frage nach der zweckmäßigen Ausgestaltung der Rechnungslegung zum Schutz der Kapitalgeber eines Fußball-Clubs vor den informationsbedingten Risiken lässt sich nur anhand der Informationsinteressen der einzelnen Kapitalgebergruppen beantworten.[1] Sofern sich im Rahmen deren Betrachtung herausstellt, dass die Anspruchsgruppen eines Fußball-Clubs übereinstimmende Informationsinteressen haben, erübrigen sich die im dritten Kapitel angestellten Überlegungen hinsichtlich der Schutzwürdigkeit der Interessen der Vereinsmitglieder für Zwecke dieser Arbeit. Die Mitglieder eines Clubs würden als Folge des übereinstimmenden Informationsinteresses „reflexartig" geschützt.[2]

Der Nutzen und damit die Wohlfahrt der *Eigen- und Fremdkapitalgeber* wird primär durch die aus dem Fußball-Club fließenden Zahlungen und die daraus realisierbaren Konsummöglichkeiten geprägt und infolgedessen vorwiegend durch finanzielle Ziele determiniert.[3] Aktuelle und potenzielle *Eigenkapitalgeber* sind dabei an der Höhe, der zeitlichen Struktur und der Unsicherheit der ihnen zustehenden zukünftigen Ausschüttungen bzw. Entnahmen sowie an der zukünftigen Entwicklung möglicher Unternehmenspreise interessiert. Aktuelle und potenzielle *Fremdkapitalgeber* sind vor allem an Informationen darüber interessiert, inwiefern der Club in der Lage ist, zukünftig die vertraglich vereinbarten Zins- und Tilgungszahlungen fristgerecht zu erbringen, und wie groß ein eventuelles künftiges Insolvenzrisiko und die Höhe der

---

[1]   Zur Reduktion ausschüttungsbedingter Kapitalgeberrisiken durch Rechnungslegung vgl. ausführlich *Bieker*, Fair Value Accounting, S. 49ff.; *Leippe*, Bilanzierung von Leasinggeschäften, S. 54ff.

[2]   Vgl. zu dieser Diskussion Gliederungspunkt 3.1.2.5.

[3]   Vgl. ebenfalls Gliederungspunkt 3.1.2.3.

daraus möglicherweise resultierenden Kreditverluste ist.[4] Letztendlich sind sowohl die Eigenkapitalgeber als auch die Fremdkapitalgeber an der Fähigkeit des Fußball-Clubs interessiert, zukünftig einen Einkommensstrom in Form von Ausschüttungen, Zinsen und Tilgungen zu erzeugen.[5]

Auf den ersten Blick liegt die Schlussfolgerung nahe, *Vereinsmitglieder* hätten kein finanzielles Interesse an einem Fußball-Club, da sie einem Club entweder aus ideellen Gründen oder aus Gründen der sportlichen Betätigung beitreten.[6] Insofern scheinen sie ausschließlich an nicht finanziellen Informationen hinsichtlich Art, Menge und Qualität der (voraussichtlich) produzierten Leistungen bzw. hinsichtlich der (voraussichtlich) durchgeführten Maßnahmen des Managements interessiert zu sein und daran, ob diese Leistungen sowie Maßnahmen ihren Erwartungen und Präferenzen entsprechend hergestellt bzw. durchgeführt werden oder wurden.[7] Allerdings benötigen die Mitglieder zur Überwachung der Tätigkeit des Managements auch Informationen in finanzieller Hinsicht, vor allem um abschätzen zu können, ob das Leistungsangebot des Vereins und/oder der Lizenzspielbetrieb den Erwartungen entsprechend sichergestellt ist bzw. möglicherweise Leistungseinschränkungen, Beitragserhöhungen etc. hinzunehmen sind.[8] Schließlich sollten zur Verwirklichung des erhofften (künftigen) sportlichen Erfolgs bzw. bezogen auf den vom Verein verfolgten ideellen Zweck zumindest in Form einer Nebenbedingung ausreichend finanzielle Mittel zur Verfügung stehen bzw. erwirtschaftet werden.[9]

Die Befriedigung des *finanziellen* Interesses kann unmittelbar nur über Finanzpläne erfolgen.[10] Für den Fall, dass derartige Daten nicht bereit gestellt werden (sollen), können die finanziellen Informationsinteressen der Kapitalgeber mittelbar über informative Gewinnermittlungsregeln (informativer Gewinn bzw. informative Bilanzpositionen) und/oder über sonstige Informationsregeln befriedigt werden.[11] Diese Lösung strebt auch das IASB an.[12]

---

[4] Vgl. *Streim*, Vermittlung von entscheidungsnützlichen Informationen, S. 120; *Streim*, Stellenwert des Lageberichts, S. 717f.; *Lange*, Jahresabschlußinformationen, S. 16; *Clemm*, Rechnungslegung, S. 96ff.; *Busse von Colbe*, Prognosepublizität, S. 93f.

[5] Vgl. *Streim/Bieker/Leippe*, Anmerkungen zur theoretischen Fundierung der Rechnungslegung, S. 181; *Streim*, Internationalisierung von Gewinnermittlungsregeln, S. 338.

[6] Vgl. hierzu ausführlich Gliederungspunkt 3.1.2.3.

[7] Vgl. auch *Streim*, öffentliche Verwaltung, S. 15; *Streim*, Informationsgehalt, S. 322; *Streim*, Erweiterung der kommunalen Rechnungslegung, S. 312; *Streim*, Der kommunale Lagebericht, S. 322.

[8] Vgl. ebenfalls *Streim*, Informationsgehalt, S. 322; *Streim*, Erweiterung der kommunalen Rechnungslegung, S. 312; *Streim*, Der kommunale Lagebericht, S. 322.

[9] Ähnlich *Crasselt*, Investitionsbeurteilung im Profifußball, S. 231f. Vereinsmitglieder benötigen insofern Informationen über "das Ausmaß der Fähigkeit zum künftigen Ausgleich der [...] Ein- und Auszahlungen". *Rückle*, Finanzlage, S. 174. Vgl. ausführlich auch Gliederungspunkt 7.3.2.

[10] Vgl. *Streim/Bieker/Leippe*, Anmerkungen zur theoretischen Fundierung der Rechnungslegung, S. 181; *Ballwieser*, Nutzen handelsrechtlicher Rechnungslegung, S. 16; *Streim*, Stellenwert des Lageberichts, S. 718; *Lange*, Jahresabschlußinformationen, S. 123f., 156; *Moxter*, Bilanztheorie, S. 151ff. Vgl. zum Finanzplan etwa *Schmalz*, Berichterstattung, S. 41.

[11] Vgl. *Bieker*, Fair Value Accounting, S. 49; *Esser*, Goodwillbilanzierung, S. 48; *Leippe*, Bilanzierung von Leasinggeschäften, S. 54; *Streim/Bieker/Leippe*, Anmerkungen zur theoretischen Fundierung der Rechnungslegung, S. 181.

[12] Vgl. hierzu Gliederungspunkt 3.3.

Die oben angeführten *nicht finanziellen* Informationen für die Vereinsmitglieder eines Fußball-Clubs können im Rahmen der sonstigen Informationsregeln bspw. in Form eines eigenständigen Berichts wie einem „Fußball-Lagebericht" oder innerhalb des Anhangs oder des „klassischen" Lageberichts bereitgestellt werden.[13] Diese nicht finanziellen Informationen weisen allerdings nicht nur für die Vereinsmitglieder eines Fußball-Clubs Entscheidungsnützlichkeit auf, sondern ebenfalls für die Eigenkapitalgeber und Fremdkapitalgeber. Schließlich benötigen diese zur Abschätzung der zukünftigen Zahlungsströme ebenso Informationen über das (voraussichtlich) produzierte Leistungsangebot bzw. über die (voraussichtlich) durchgeführten Maßnahmen des Managements. Dieser Zusammenhang lässt sich ebenfalls durch das nachstehende Zitat von *Lehmann/Weigand* illustrieren:

> „Die residuale Funktion der Aktionäre besteht nun darin, dass sie ein Managementteam auswählen, motivieren und überwachen, das gleichermaßen über *wirtschaftliche und sportliche Kompetenzen* verfügt und sie *im besten Interesse der Aktionäre* einsetzt."[14]

Es ist folglich festzustellen, dass die Informationsinteressen der Vereinsmitglieder sowie der Eigenkapitalgeber und Fremdkapitalgeber eines Fußball-Clubs gleichgerichtet sind, d.h. zwischen den verschiedenen Anspruchsgruppen besteht grundsätzlich *Interessenharmonie*. Unterschiede ergeben sich lediglich hinsichtlich des Ausmaßes des Informationsinteresses. So sind die Vereinsmitglieder stärker an nicht finanziellen Informationen interessiert, wohingegen die Eigenkapitalgeber und Fremdkapitalgeber den finanziellen Informationen ein größeres Gewicht beimessen. Damit lässt sich das folgende Fazit ziehen: Die angestellten Überlegungen bezüglich der Schutzwürdigkeit der Interessen der Vereinsmitglieder können für Zwecke dieser Arbeit vernachlässigt werden.

Die nachfolgende Abbildung fasst abschließend die voranstehenden Aussagen zum Schutz der Kapitalgeber eines Fußball-Clubs durch Rechnungslegung zusammen:

---

[13] Vgl. hinsichtlich öffentlicher Institutionen *Streim*, öffentliche Verwaltung, S. 15. Vgl. auch *Franken*, Gläubigerschutz, S. 76. Anderer Ansicht wohl *Leippe*, Bilanzierung von Leasinggeschäften, S. 30 die davon ausgeht, dass nicht finanzielle (qualitative) Informationen grundsätzlich nur in eingeschränktem Maß durch Rechnungslegung vermittelt werden können. Die Bedeutung nicht finanzieller Informationen insbesondere bei Vereinen hat ebenfalls das IDW erkannt, als es in seiner Empfehlung zur Anwendung der handelsrechtlichen Rechnungslegungsvorschriften auf Idealvereine ebenfalls die Berücksichtigung nicht finanzieller Indikatoren bei der Erstellung des Lageberichts empfiehlt. Vgl. *IDW*, IDW RS HFA 14, Tz. 28.

[14] *Lehmann/Weigand*, Mitsprache und Kontrolle, S. 46.

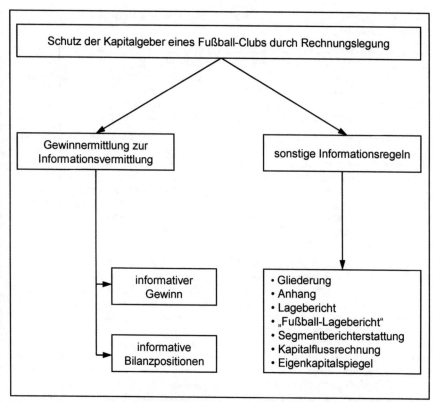

Abbildung 8: Schutz der Kapitalgeber eines Fußball-Clubs durch Rechnungslegung[15]

Sowohl an die finanziellen als auch an die nicht finanziellen Informationen sind bestimmte Anforderungen zu stellen, damit sie zur Befriedigung der Informationsinteressen der Kapitalgeber eines Fußball-Clubs geeignet und mithin entscheidungsnützlich sind. Diese grundlegenden Anforderungen an entscheidungsnützliche Informationen gilt es nachfolgend darzustellen, bevor die zweckmäßige Ausgestaltung der Gewinnermittlung zur Informationsvermittlung und der sonstigen Informationsregeln beleuchtet wird.

4.2 Grundlegende Anforderungen an entscheidungsnützliche Informationen

Damit Informationen als entscheidungsnützlich eingestuft werden können, müssen sie vor allem die Eigenschaften der Relevanz und der Verlässlichkeit innehaben.[16]

---

[15] In Anlehnung an *Streim*, Vermittlung von entscheidungsnützlichen Informationen, S. 116.

[16] Vgl. etwa *Streim/Bieker/Leippe*, Anmerkungen zur theoretischen Fundierung der Rechnungslegung, S. 182f.

Diese beiden zentralen Informationskriterien hat auch das IASB in seinem Rahmenkonzept verankert.[17]

Das Kriterium der *Relevanz* legt fest, welche Informationen überhaupt vermittelt werden sollen.[18] Demnach sollen nur solche Informationen abgebildet werden, die dem Nutzer dabei helfen, vergangene, gegenwärtige oder zukünftige Ereignisse zu beurteilen bzw. vergangene Beurteilungen zu bestätigen oder zu korrigieren. Relevante Informationen müssen folglich „*predictive value*" (Prognosetauglichkeit) bzw. „*feedback value*" (Erwartungsüberprüfung bzw. Kontrollfunktion) besitzen.

Informationen besitzen die Eigenschaft der *Verlässlichkeit*, wenn sie sowohl objektiv als auch genau sind.[19] Das Kriterium der Genauigkeit fordert einerseits die Vermeidung systematischer Verzerrungen (Treffgenauigkeit). Andererseits sollten die vermittelten Informationen möglichst frei von Zufallsfehlern sein (Messgenauigkeit). Letzten Endes sollen genaue Informationen auch tatsächlich über das informieren, worüber sie vorgeben zu informieren.[20] Das Kriterium der Objektivität verlangt intersubjektiv nachprüfbare Informationen in dem Sinne, dass unterschiedliche Informationsvermittler bei Einhaltung einer Toleranzgrenze dieselbe Information über ein Ereignis bzw. einen Zustand liefern.

Die beiden grundlegenden Kriterien der Relevanz und der Verlässlichkeit stehen dabei insbesondere hinsichtlich der Vermittlung zukunftsorientierter Informationen in einem *Zielkonflikt* dergestalt, dass zukunftorientierte Informationen regelmäßig eine hohe Relevanz aufweisen, allerdings aufgrund der mit ihnen verbundenen Unsicherheit über zukünftige Entwicklungen mit enormen Ermessens- und Schätzproblemen behaftet und damit nur eingeschränkt verlässlich sind.[21] In Konfliktfällen ist jedoch vor dem Hintergrund der Informationsbedürfnisse der Kapitalgeber das Kriterium der Relevanz vorrangig zu beachten, da der „standard of relevance is primary [...]. Although not sufficient as a sole criterion, it represents a necessary characteristic for all accounting information. None of other standards has this position of primacy."[22] Auch das IASB lässt im Fall eines Konflikts zwischen den beiden genannten Grundsätzen eine eindeutige Präferenz für das Relevanzkriterium erkennen.[23] Dem Verlässlichkeitskriterium kommt demzufolge eine lediglich untergeordnete Bedeutung zur Plausibilisierung der vermittelten relevanten Informationen zu.[24]

---

[17] Vgl. hierzu *Streim/Bieker/Leippe/Schmidt*, International Accounting Standards, Rz. 38ff.

[18] Vgl. ausführlich *Streim*, Human Resource Accounting, S. 29ff.; *Coenenberg*, Beurteilungskriterien, S. 738ff.; *Snavely*, Information Criteria, S. 227f. Vgl. auch IASB, Framework, Par. 26ff.

[19] Vgl. grundlegend *Streim*, Human Resource Accounting, S. 37ff.; *Coenenberg*, Beurteilungskriterien, S. 745ff.; *Snavely*, Information Criteria, S. 228ff. Vgl. insofern ebenfalls IASB, Framework, Par. 31ff.

[20] Vgl. *Streim/Bieker/Leippe*, Anmerkungen zur theoretischen Fundierung der Rechnungslegung, S. 184.

[21] Vgl. *Beyhs*, Impairment of Assets, S. 60ff.; *Streim/Bieker/Leippe*, Anmerkungen zur theoretischen Fundierung der Rechnungslegung, S. 184; *Snavely*, Information Criteria, S. 228, 232.

[22] *American Accounting Association*, Basic Accounting Theory, S. 9.

[23] Vgl. insofern IASB, Framework, Par. 43; *Streim/Bieker/*Leippe, Anmerkungen zur theoretischen Fundierung der Rechnungslegung, S. 184.

[24] Vgl. dahingehend auch *Bieker*, Fair Value Accounting, S. 70f.; *Streim/Bieker/Esser*, Informationsbilanz, S. 241f.; *Leippe*, Bilanzierung von Leasinggeschäften, S. 79.

4.3 Gewinnermittlung zur Informationsvermittlung

Zum Schutz der Kapitalgeber eines Fußball-Clubs vor den agency-induzierten Kapitalgeberrisiken[25] kann das Konzept der Gewinnermittlung einen Beitrag leisten. Da prinzipiell so viele Gewinnbegriffe existieren, wie Zielsetzungen, die mit dem Gewinnbegriff verfolgt werden, sind die Gewinnermittlungsregeln vor dem Hintergrund des jeweiligen Rechnungslegungsziels zu spezifizieren.[26] Nachfolgend soll hinsichtlich der Reduktion bzw. Vermeidung *informationsbedingter* Kapitalgeberrisiken der Frage nachgegangen werden, wie entscheidungsnützliche und damit informative Gewinnermittlungsregeln zweckmäßigerweise zu konzipieren sind.

4.3.1 Konzept des informativen Gewinns

Besteht ein Rechnungslegungsziel in der Ermittlung eines *informativen Gewinns*, dann kann der ökonomische Gewinn als theoretischer Referenzmaßstab für diesen informativen Gewinn fungieren. Der ökonomische Gewinn bemisst sich grundlegend als Veränderung des Barwerts aller aus dem Unternehmen fließenden künftigen Ein- und Auszahlungen.[27]

Unter dem Gesichtspunkt der Entscheidungsrelevanz soll ein informativer Gewinn die Kapitalgeber eines Fußball-Clubs in die Lage versetzen, die in der abgelaufenen Periode erbrachte Managementleistung beurteilen sowie zukünftige Cashflows prognostizieren zu können.[28] Die beiden divergierenden Abbildungsziele haben dabei lediglich Einfluss auf den Umfang der zu erfassenden finanziellen Konsequenzen. So benötigen die Kapitalgeber eines Fußball-Clubs zur Beurteilung der *Performance* Informationen über Veränderungen der Erfolgspotenziale des Clubs, die auf Dispositionen des Managements in der abgelaufenen Periode zurückzuführen sind.[29] Zur *Prognose* künftiger Cashflows benötigen die Kapitalgeber darüber hinaus Informationen über zukünftige Cashflows, die aus für die in Zukunft nur geplanten und somit noch nicht initiierten Maßnahmen des Managements resultieren.[30] Derartige Effekte dürfen einen informativen Gewinn, der ausschließlich zur Performancebeurteilung herangezogen wird, jedoch nicht beeinflussen.[31]

---

[25] Vgl. hierzu Gliederungspunkt 3.1.2.4.

[26] Vgl. *Schneider*, Rechnungswesen, S. 45; *Moxter*, Wirtschaftliche Gewinnermittlung, S. 300; *Moxter*, Gewinnermittlung, S. 1f., 151; *Stützel*, Bilanztheorie, S. 320.

[27] Vgl. zum ökonomischen Gewinn *Franke/Hax*, Finanzwirtschaft, S. 82ff.; *Streim*, Internationalisierung von Gewinnermittlungsregeln, S. 340; *Ordelheide*, ökonomischer Gewinn, S. 276f.; *Schneider*, Bilanzgewinn; *Hicks*, Value and Capital, S. 171ff.; *Lindahl*, concept of income; *Fisher*, Nature of Capital and Income; *Böhm-Bawerk*, Capital und Capitalzins.

[28] Vgl. *Streim/Esser*, Informationsvermittlung, S. 839; *Streim/Bieker/Esser*, Fair Values, S. 475; *Streim*, Vermittlung von entscheidungsnützlichen Informationen, S. 114. Vgl. auch *Bieker*, Fair Value Accounting, S. 64f.; *Leippe*, Bilanzierung von Leasinggeschäften, S. 55 und Gliederungspunkt 3.3.

[29] Vgl. *Laux*, Unternehmensrechnung, S. 89f.; *Streim/Esser*, Informationsvermittlung, S. 839; *Streim/Bieker/Esser*, Fair Values, S. 475; *Streim*, Vermittlung von entscheidungsnützlichen Informationen, S. 114f.; *Hax*, Bilanzgewinn, S. 646.

[30] Vgl. *Pellens/Fülbier*, Rechnungslegungsregulierung, S. 584; *Streim*, Vermittlung von entscheidungsnützlichen Informationen, S. 115.

[31] Vgl. *Streim/Esser*, Informationsvermittlung, S. 839; *Streim/Bieker/Esser*, Fair Values, S. 475; *Busse von Colbe*, Informationsgehalt, S. 93.

Aufgrund der schier unmöglichen Separation dieser unterschiedlichen Erfolgsfaktoren im Rahmen des ökonomischen Gewinns und der geringen Verlässlichkeit des ökonomischen Gewinns aufgrund von Problemen bei der Prognose der in die Gewinnermittlung eingehenden künftigen Ein- und Auszahlungen wurde und wird der ökonomische Gewinn für die bilanzielle Gewinnermittlung weitestgehend abgelehnt. Im Ergebnis bedarf es der Suche nach einem Surrogat i.s. eines Gewinns, der sowohl relevante als auch hinreichend verlässliche Informationen zur Performancemessung und zur Prognose künftiger Cashflows liefert.[32] Das IASB hat sich für eine buchhalterische und damit vergangenheitsorientierte Gewinnkonzeption entschieden[33], sodass nachfolgend der Frage nachgegangen werden soll, welche Voraussetzungen ein buchhalterisch ermittelter Gewinn erfüllen muss, um als entscheidungsnützlich eingestuft zu werden und insofern als Prognosegröße bzw. Performancemaß geeignet zu sein.

Ein vergangenheitsorientierter, buchhalterischer Gewinn kann für die Kapitalgeber eines Fußball-Clubs mittelbar entscheidungsnützlich sein, wenn er als *prognosegeeignete* Ist-Größe interpretiert werden kann. Der auf Vergangenheitsdaten beruhende Gewinn ist demnach unter bestimmten und fortfolgend noch näher zu erläuternden Bedingungen als Indikator für zukünftige Gewinne des Fußball-Clubs anzusehen. Das heißt vom Gewinn der aktuellen Periode kann auf zukünftige Gewinne geschlossen werden.[34] Dieser Zusammenhang führt *Ballwieser* zu folgender Aussage:

> „Rechnungslegung [...] unterricht damit über die Anfangsbedingungen, die beim Empfänger aufgrund seiner Kenntnis oder seiner Vermutungen über Gesetzmäßigkeiten die Ableitung von Erwartungen über Zielbeiträge erlauben."[35]

Schildbach argumentiert in diesem Zusammenhang zutreffend:

> „Die [...] bereitgestellten Rechnungen zur Information der externen Beteiligten bilden natürlich noch nicht die Entscheidungsrechnungen der Externen, sondern sie münden erst in diese Entscheidungsrechnungen ein, welche die Externen selbst aufstellen müssen."[36]

Der „Indikator-Gewinn" darf sich unter der Annahme weitgehend konstanter Rahmenbedingungen ausschließlich aufgrund nachhaltig erwarteter Verbesserungen oder Verschlechterungen der Geschäftsaussichten eines Fußball-Clubs ändern.[37] Folglich darf die Höhe dieses tendenziell „geglätteten" Gewinns durch außerordentliche, weil voraussichtlich nicht regelmäßig wiederkehrende Ereignisse – unabhängig

---

[32] Vgl. *Esser*, Goodwillbilanzierung, S. 48, 52; *Neus*, Betriebswirtschaftslehre, S. 372; *Streim*, Vermittlung von entscheidungsnützlichen Informationen, S. 120; *Streim*, Generalnorm, S. 405; *Schildbach*, Analyse des Rechnungswesens, S. 274ff.; *Schildbach*, Eignung des ökonomischen Gewinns, S. 40f.

[33] Vgl. etwa *Streim*, Vermittlung von entscheidungsnützlichen Informationen, S. 117.

[34] Vgl. *Pellens/Fülbier*, Rechnungslegungsregulierung, S. 582; *Streim*, Vermittlung von entscheidungsnützlichen Informationen, S. 115; *Wagner*, Periodenabgrenzung, S. 1184; *Holthausen/Leftwich*, accounting choice implications, S. 112; *Schildbach*, Analyse des Rechnungswesens, S. 249; *Coenenberg*, Beurteilungskriterien, S. 739; *Moxter*, Grundsätze ordnungsmäßiger Bilanzierung, S. 49.

[35] *Ballwieser*, Nutzen handelsrechtlicher Rechnungslegung, S. 18.

[36] *Schildbach*, Analyse des Rechnungswesens, S. 249.

[37] Vgl. *Streim*, Vermittlung von entscheidungsnützlichen Informationen, S. 125; *Schildbach*, Analyse des Rechnungswesens, S. 265f.; *Stützel*, Bilanztheorie, S. 337; *Moxter*, Grundsätze ordnungsmäßiger Bilanzierung, S. 44f.

von ihrer Zugehörigkeit zum operativen Kerngeschäft eines Clubs – nicht beeinflusst werden.[38] Die Gewinngröße muss demnach um einmalige oder seltene Effekte der Vergangenheit bereinigt werden, sodass derartige außerordentliche Positionen entweder erfolgsneutral verrechnet oder bei erfolgswirksamer Erfassung separat ausgewiesen werden müssen.[39] Die Kapitalgeber eines Clubs werden dadurch in die Lage versetzt, die außerordentlichen Effekte aus dem Gewinn eliminieren zu können.[40]

Jedoch darf nicht übersehen werden, dass die Gewinnprognose lediglich einen – wenngleich auch bedeutsamen – Teilschritt zum eigentlichen Ziel der Ableitung zukünftiger Cashflows darstellt. Insofern bedarf es eines Anhaltspunkts über den Zusammenhang zwischen zukünftigen Gewinnen und zukünftigen Cashflows, welcher aufgrund der nicht vorhandenen Ausschüttungsbemessungsfunktion von IFRS-Abschlüssen im Vergleich zum HGB eher lose ausgeprägt ist.[41]

Ein auf Vergangenheitsdaten beruhender buchhalterischer Gewinn kann als *Performancemaß* geeignet sein, wenn er sämtliche positiven sowie negativen Wirkungen der Dispositionen des Managements in der abgelaufenen Periode auf den Unternehmenswert widerspiegelt, wobei diese Wirkungen durchaus über die jeweilige Periode hinausreichen können.[42] Soll ein buchhalterischer Gewinn zur Performancemessung zweckdienlich sein, so darf er folglich keine Effekte aus für die in Zukunft nur geplanten und somit noch nicht initiierten Maßnahmen des Managements beinhalten.[43]

4.3.2 Konzept der informativen Bilanzposition

Die finanziellen Informationsinteressen der Kapitalgeber eines Fußball-Clubs können nicht nur über eine informative Gewinngröße, sondern ebenfalls über einzelne Bilanzpositionen befriedigt werden.

So symbolisiert der Ausweis einer Bilanzposition in Verbindung mit sonstigen Informationsregeln wie entsprechenden Gliederungs- und Ausweisvorschriften[44] einen Informationsnutzen für die Kapitalgeber, wenn er das Vorhandensein eines *Ein- bzw. Auszahlungspotenzials* signalisiert. In der Bilanz ausgewiesene *Aktiva* sind demnach entscheidungsrelevant, wenn sie direkt oder indirekt einen Beitrag zu den künftigen Einzahlungsüberschüssen des Fußball-Clubs leisten. Der Ausweis eines *Passivums* ist folglich dann mit einem Informationsnutzen verbunden, wenn dadurch ein Auszahlungspotenzial angezeigt wird. Im Sinne einer informativen Bilanzierungskonzeption müssten demzufolge alle nachweislich existierenden Positionen angesetzt werden,

---

[38] Vgl. *Moxter*, Rechnungslegung, S. 235; *Streim/Leippe*, Neubewertung, S. 399.

[39] Vgl. *Streim/Leippe*, Neubewertung, S. 399ff.

[40] Vgl. auch *Schildbach*, Erfolg im Rahmen der internationalen Rechnungslegung, S. 313 m.w.N.

[41] Vgl. hierzu auch *Bieker*, Fair Value Accounting, S. 75f.

[42] Vgl. *Laux*, Unternehmensrechnung, S. 89f.; *Streim/Esser*, Informationsvermittlung, S. 839; *Streim/ Bieker/Esser*, Fair Values, S. 475; *Streim*, Vermittlung von entscheidungsnützlichen Informationen, S. 114f.; *Hax*, Bilanzgewinn, S. 646.

[43] Vgl. *Streim/Esser*, Informationsvermittlung, S. 839; *Streim/Bieker/Esser*, Fair Values, S. 475; *Busse von Colbe*, Informationsgehalt, S. 93.

[44] Vgl. zu den sonstigen Informationsregeln Gliederungspunkt 4.4.

die Cashflow-Potenziale verkörpern.[45] Die Bewertung der Bilanzpositionen hat idealerweise zu ihrem jeweiligen *Ertragswert* – d.h. zum Barwert der erwarteten künftigen Ein- und Auszahlungen – zu erfolgen, damit den Bilanzpositionen zukunftsorientierte Informationen entnommen werden können.[46] Werden in einer potenziell informativen Bilanz nicht sämtliche Ein- und Auszahlungspotenziale ausgewiesen bzw. diese nicht durchgängig zum Barwert der erwarteten künftigen Cashflows bewertet, können dieser Bilanz dennoch entscheidungsrelevante Informationen entnommen werden und zwar dann, wenn *einzelne Bilanzpositionen* als informativ angesehen werden können.[47]

4.4   Sonstige Informationsregeln

Die mittels einer informativen Gewinngröße bzw. einer informativen Bilanz generierten entscheidungsnützlichen Informationen werden zweckmäßigerweise durch sonstige Informationsregeln ergänzt[48], hinsichtlich eines Fußball-Clubs insbesondere auch zur Vermittlung der geforderten nicht finanziellen Informationen. Die sonstigen Informationsregeln müssen dabei ebenfalls den grundlegenden Kriterien der Relevanz und Verlässlichkeit genügen.[49] Verlässlichkeitsaspekte treten an dieser Stelle jedoch aufgrund der notwendigen Berichterstattung über sog. „soft facts" naturgemäß weiter in den Hintergrund als im Rahmen der finanziellen Berichterstattung.

Regeln zur *sonstigen Informationsvermittlung* legen fest, welche Bestandteile ein Abschluss zu enthalten hat, wie die äußere Form der einzelnen Abschlussbestandteile beschaffen sein muss, welche Positionen separat auszuweisen sind, welche zusätzlichen Berichtsbestandteile zu erstellen sind und in welcher Art und Form die Offenlegung des Abschlusses zu erfolgen hat.[50]

Die sonstigen Informationen sollen den Kapitalgebern eines Fußball-Clubs Rückschlüsse auf künftig zu erwartende Cashflows ermöglichen und über das (voraussichtlich) produzierte Leistungsangebot bzw. die (voraussichtlich) durchgeführten Maßnahmen des Managements informieren.[51] Besondere Bedeutung erlangen die

---

[45] Vgl. *Streim/Bieker/Esser*, Informationsbilanz, S. 231f.; *Streim/Esser*, Informationsvermittlung, S. 837; *Streim/Bieker/Esser*, Fair Values, S. 470; *Streim/Bieker/Leippe*, Anmerkungen zur theoretischen Fundierung der Rechnungslegung, S. 191f.

[46] Vgl. *Streim/Bieker/Esser*, Informationsbilanz, S. 232; *Streim/Esser*, Informationsvermittlung, S. 838; *Streim/Bieker/Esser*, Fair Values, S. 470; *Streim/Bieker/Leippe*, Anmerkungen zur theoretischen Fundierung der Rechnungslegung, S. 195. Hinsichtlich der Wertänderungen der zum Ertragswert bewerteten Bilanzpositionen wäre in Einklang mit dem Konzept des informativen Gewinns einerseits eine Separation der ordentlichen von den außerordentlichen Effekten erforderlich und andererseits zwischen solchen Wertänderungen zu differenzieren, die auf initiierte bzw. nicht initiierte Maßnahmen des Managements zurückzuführen sind. Vgl. Gliederungspunkt 4.3.1.

[47] Vgl. *Esser*, Goodwillbilanzierung, S. 53f.; *Leippe*, Bilanzierung von Leasinggeschäften, S. 81.

[48] Vgl. für einen kurzen Überblick über die wesentlichen Bestandteile der sonstigen Informationsvermittlung nach IFRS etwa *Bieker*, Fair Value Accounting, S. 93f. und die Gliederungspunkte 6.6 sowie 7.2.

[49] Vgl. *Leippe*, Bilanzierung von Leasinggeschäften, S. 89.

[50] Vgl. *Leippe*, Bilanzierung von Leasinggeschäften, S. 89ff.; *Streim*, Grundzüge, S. 115.

[51] Vgl. *Franken*, Gläubigerschutz, S. 81f.; *Streim*, Stellenwert des Lageberichts, S. 718; *Schildbach*, Analyse des Rechnungswesens, S. 248f.; *Stützel*, Bilanztheorie, S. 340.

sonstigen Informationsregeln bei der Betrachtung eines Fußball-Clubs im Zusammenhang mit der Vermittlung *nicht finanzieller Informationen*. Die Forderung nach der Vermittlung nicht ausschließlich finanzieller Informationen für alle Unternehmen veranlasste *Stützel* bereits 1967 zu folgender Aussage:

> „Denn zu Indizien, die der [... Kapitalgeber] braucht, um seine Schätzungen vornehmen zu können, gehören viele, die nicht in Währungsbeträgen eingefangen werden können, wie Informationen über Produktionszahlen, *Qualitäten*, Verfahren, Beschäftigtenzahl, *Personen*."[52]

So ist für die Kapitalgeber eines Fußball-Clubs bezogen auf ihr nicht finanzielles Informationsinteresse am Leistungsangebot und die Maßnahmen des Managements einerseits der aktuelle bzw. potenzielle zukünftige Zustand des Clubs gemäß der Einschätzung des Managements von Bedeutung. Darüber hinaus ist entscheidend, wie dieser Zustand durch sonstige Rahmenbedingungen beeinflusst wird bzw. werden könnte.[53] Die erforderlichen nicht finanziellen Informationen können, wie bereits zu Beginn dieses Kapitels angedeutet, entweder in einem eigenständigen Berichtsinstrument („Fußball-Lagebericht") oder innerhalb des Anhangs oder des klassischen Lageberichts vermittelt werden. Die Frage nach der zweckmäßigen inhaltlichen Ausgestaltung des eigenständigen und/oder integrierten Berichtsinstruments soll aufgrund eines zumindest für Fußball-Clubs bisher nicht vorhandenen Instruments zur Vermittlung nicht finanzieller Informationen im Rahmen des IFRS-Regelwerks[54] erst im Rahmen der ökonomischen Analyse der IFRS-konformen Vorschriften zur Bilanzierung professioneller Fußballspieler in Form eines Reformvorschlags abschließend beantwortet werden.[55]

Nachdem im Rahmen dieses Kapitels der operationalisierte Beurteilungsmaßstab für die im siebten Kapitel vorzunehmende ökonomische Analyse der IFRS-konformen Bilanzierungsregeln für professionelle Fußballspieler erarbeitet wurde, sollen diese IFRS-Vorschriften im Folgenden zunächst ausführlich erarbeitet werden. Im kommenden fünften Kapitel wird jedoch vorab ein Ausblick auf ausgewählte bestehende Rechnungslegungsvorschriften für professionelle Fußballspieler vorgenommen.

---

[52] *Stützel*, Bilanztheorie, S. 340 [Hervorhebung nicht im Original].

[53] Vgl. auch *Streim*, Stellenwert des Lageberichts, S. 719f.

[54] Vgl. zur derzeitigen Diskussion über die Implementierung eines dem deutschen Lagebericht ähnlichen Berichtsinstruments im Rahmen der IFRS-Rechnungslegung in Form des so genannten „Management Commentary" exemplarisch *Beiersdorf/Buchheim*, Management Commentary; *Kirsch/Scheele*, Management Commentary. Vgl. ferner Gliederungspunkt 7.2.

[55] Vgl. dazu die Gliederungspunkte 7.3.4 und 7.3.5.

Fünftes Kapitel

5 Die bilanzielle Abbildung von Profifußballspielern in Deutschland und England – Eine Bestandsaufnahme bestehender Rechnungslegungsvorschriften

Bevor im nachfolgenden sechsten Kapitel die IFRS-konformen Bilanzierungsvorschriften für professionelle Fußballspieler ausführlich erläutert werden, werden zunächst die kontrovers diskutierten Bilanzierungsvorschriften für Fußballspieler im deutschen Handels- und Steuerrecht und hinsichtlich des Nachweises der wirtschaftlichen Leistungsfähigkeit gemäß der Lizenzierungsordnung des Ligaverbands dargestellt. Anschließend wird die Entwicklung der entsprechenden Bilanzierungsvorschriften im „Mutterland des Fußballs" skizziert, da sich die aktuell gültigen Regelungen der UK-GAAP stark an die einschlägigen Vorschriften des IASB anlehnen und die Frage der Bilanzierung dort seit langem eine intensive Diskussion erfährt.

5.1 Bilanzierung in der deutschen Handels- und Steuerbilanz und gemäß den Vorschriften der Lizenzierungsordnung des „Die Liga – Fußballverband" e.V. (Ligaverband)

Für die Fußball-Clubs der Lizenzligen in Form des (Mutter-)Idealvereins sind hinsichtlich der Rechnungslegung regelmäßig die vereinsrechtlichen Rechenschaftspflichten des Vorstands über die Geschäftsführung bedeutsam. Darüber hinausgehend waren bzw. sind die Clubs bisweilen nicht zwingend zur Aufstellung und Offenlegung eines Jahresabschlusses verpflichtet. Diese Anforderung gilt vielmehr nur aufgrund der Bestimmungen der Lizenzierungsordnung des Ligaverbands und zusätzlich gemäß den einschlägigen Vorschriften des Steuerrechts.[1] Die Umwandlung diverser Lizenzspielerabteilungen in Kapitalgesellschaften und die diesen inhärente Formkaufmannseigenschaft nach § 6 HGB verpflichtet die professionellen Fußball-Clubs vermehrt auch zur Aufstellung eines HGB-Abschlusses (§§ 238ff. HGB).[2] Im Gegensatz zu dieser partiellen handelsrechtlichen Rechnungslegungspflicht als Auswirkung der nunmehr zugelassenen Rechtsform der Kapitalgesellschaft schreibt die Lizenzierungsordnung des Ligaverbands den Clubs zum Nachweis der wirtschaftlichen Leistungsfähigkeit generell die Aufstellung und Einreichung eines Jahresabschlusses beim Ligaverband entsprechend den handelsrechtlichen Vorschriften für Kapitalgesellschaften nach den §§ 264 bis 289 i.V.m. §§ 242ff. HGB sowie der §§ 317, 321 bis 323 HGB vor (§ 8 Nr. 1, Anhang VII LO).[3] Dieser HGB-Abschluss wird u.a. um fußballspezifische Sonderposten hinsichtlich der Gliederung von Bilanz und GuV erweitert.[4]

---

[1] Vgl. z.B. *Sigloch*, Rechenschaft im gemeinnützigen Sportverein, S. 5f. m.w.N.; *Brast/Stübinger*, Verbandsrechtliche Grundlagen, S. 48f.; *Littkemann/Sunderdiek*, Analyse der wirtschaftlichen Lage, S. 1217f.; *Littkemann/Sunderdiek*, Rechnungslegung von Vereinen, S. 254 m.w.N. Zur Rechenschaftspflicht des Vorstands eines nicht wirtschaftlichen Vereins und zur steuerlichen Einordnung der Vereinstätigkeit vgl. Gliederungspunkt 2.2.1.1.

[2] Zur Ausgliederung der Lizenzspielerabteilung vgl. Gliederungspunkt 2.2.1.2.

[3] Zur Lizenzierungsordnung des Ligaverbands vgl. grds. Gliederungspunkt 2.2.2.

[4] Für einen Überblick über die Rechnungslegungsvorschriften gemäß der Lizenzierungsordnung vgl. *Thyll*, Lizenzierungsordnung; *Littkemann/Brast/Stübinger*, Neuregelung der Prüfungsvorschriften;

Die bilanzielle Abbildung von *Profifußballspielern* im Kontext des deutschen Handels- und Steuerrechts wurde vor allem in den 1980er und 1990er Jahren kontrovers diskutiert.[5] Im Mittelpunkt der damaligen und auch heute noch andauernden Diskussion stand bzw. steht insbesondere die Frage nach einer möglichen Aktivierbarkeit gezahlter Transferentschädigungen für „erworbene" Fußballspieler als Vermögensgegenstand bzw. Wirtschaftsgut.[6] Anknüpfungspunkt dieser Aktivierungsdiskussion war das vor dem Bosman-Urteil des Europäischen Gerichtshofs geltende Transfersystem des DFB, nach dem für den aufnehmenden Fußball-Club unabhängig vom Clubwechsel sowohl während der Vertragsdauer als auch nach Ablauf eines Vertrags stets eine Verpflichtung zur Zahlung einer Ablösesumme an den abgebenden Club bestand.[7]

Auslöser der Debatte um die bilanzielle Abbildung der Transferentschädigungszahlungen waren insbesondere diverse steuerliche Erlasse bzw. Urteile unterschiedlichster Instanzen. Sie fand steuerrechtlich ihr vorläufiges Ende in einem Grundsatzurteil des Bundesfinanzhofs aus dem Jahr 1992.[8] Vor diesem einschneidenden Urteil war die gezahlte Ablösesumme in der *Steuerbilanz* nach Ansicht der Finanzrechtsprechung wie folgt zu behandeln:

* Bis zum Jahr 1974 existierten zunächst keine verbindlichen steuerrechtlichen Regelungen zur bilanziellen Abbildung von Transferentschädigungszahlungen. Die gängige Bilanzierungspraxis der Fußball-Clubs bestand überwiegend darin, die gezahlte Ablösesumme analog zu den gemäß § 5 Abs. 2 EStG zu behandelnden Ausgaben für „selbst erstellte" Fußballspieler sofort als Gewinn mindernde Betriebsausgabe zu erfassen. Mit dem Erlass des Finanzministeriums Nordrhein-Westfalen vom 26. Juli 1974 waren Transferentschädigungszahlungen dann allerdings als immaterielle Wirtschaftsgüter zu aktivieren und planmäßig bzw. gegebenenfalls außerplanmäßig abzuschreiben.[9]
* Infolge des Beschlusses des Bundesfinanzhofs vom 13. Mai 1987 und des Urteils des Finanzgerichts Düsseldorf vom 28. November 1990 setzte sich in der Finanzrechtsprechung die ursprüngliche steuerliche Auffassung wieder durch. Transfer-

---

Brast/Stübinger, Verbandsrechtliche Grundlagen, S. 29ff.; *Ellrott/Galli*, Rechnungslegung und Prüfung im deutschen Berufsfußball; *Galli*, Rechnungslegung von Vereinen; *Galli*, Rechnungswesen im Berufsfußball, S. 173ff.

[5] Vgl. zur bilanziellen Abbildung aktuell und ausführlich *Steiner/Gross*, Bilanzierung von Spielerwerten, S. 531ff.; *Lüdenbach/Hoffmann*, Profifußball, S. 1442f.; *Ebel/Klimmer*, Fußball-Profis in der Bilanz; *Littkemann*, Probleme der bilanziellen Behandlung von Transferentschädigungszahlungen, S. 144ff.; *Littkemann/Schaarschmidt*, Behandlung von Transferentschädigungen.

[6] Zu den Eigenschaften eines Vermögensgegenstands vgl. etwa *Lutz*, Aktivierung; *Streim*, § 240 HGB; *Rückle*, Vermögensgegenstand; *Schneider*, Vermögensgegenstände; *Roland*, Begriff des Vermögensgegenstandes; *Freericks*, Bilanzierungspflicht. Zum Begriff des Wirtschaftsguts vgl. *Scheffler*, Besteuerung, S. 112ff.; *Moxter*, Bilanzrechtsprechung, S. 10ff.; *Knobbe-Keuk*, Bilanz- und Unternehmenssteuerrecht, S. 86ff.

[7] Vgl. hierzu ausführlich Gliederungspunkt 2.3.2.1.

[8] Vgl. für einen Überblick über die diversen Urteile sowie die entsprechende Diskussion in der Literatur exemplarisch und m.w.N. *Galli*, Rechnungswesen im Berufsfußball, S. 244ff. Vgl. auch *Parensen*, Transferentschädigungen, S. 173f. m.w.N.

[9] Vgl. FinMin. NRW vom 26.07.1974.

entschädigungszahlungen waren entsprechend der vor 1974 vorherrschenden Bilanzierungspraxis sofort als Gewinn mindernde Betriebsausgabe zu erfassen.[10] Im handelsrechtlichen Schrifttum wurden hingegen zwei divergierende Auffassungen vertreten. So sollten gezahlte Ablösesummen in der *Handelsbilanz* nach Meinung einiger Autoren

- sofort – und damit analog zu den gemäß § 248 Abs. 2 HGB zu behandelnden Ausgaben für „selbst erstellte" Fußballspieler – aufwandswirksam erfassen werden[11] bzw. gemäß einer anderen Auffassung
- als immaterielle Vermögensgegenstände aktiviert[12] und planmäßig bzw. gegebenenfalls außerplanmäßig abgeschrieben werden.

Die in diesem Zusammenhang geäußerte Kritik an einer möglichen Aktivierung der Transferzahlung als immaterielles Wirtschaftsgut bzw. als immateriellen Vermögensgegenstand richtete sich insbesondere auf das den Vermögensgegenstand bzw. das Wirtschaftsgut begründende Recht am Spieler. Schließlich sei das Recht am Spieler durch den Arbeitsvertrag und nicht durch die Transferzahlung begründet und zudem nicht selbständig verkehrsfähig. Die Transferzahlung biete mithin nur die Möglichkeit zum Abschluss eines Arbeitsvertrags, sie begründe jedoch kein Recht dazu.[13]

Weiterhin wurde angeführt, dass durch die Entschädigungszahlungen lediglich die Nachteile ausgeglichen werden, die dem abgebenden Club durch den Wechsel des Spielers entstehen, jedoch keine Leistungen an den aufnehmenden Verein erbracht oder geschuldet werden.[14] Folglich sei der Transfer nicht als Übertragung von Rechten am Fußballspieler, sondern als „Aufhebung eines zwischen den Klubs bestehenden Wettbewerbsverbots"[15] zu klassifizieren. Der abgebende Club besitzt nach Ablauf eines Arbeitsvertrags keine Rechte mehr am Spieler, hat aber dennoch einen Anspruch auf Zahlung einer Transferentschädigung. Letztendlich sei dieser Anspruch mit dem geheimen Wettbewerbsverbot der §§ 75f. HGB vergleichbar, nach dem sich der aufnehmende Club gemäß den verbandsrechtlichen Bestimmungen verpflichtet, bisher oder derzeit anderweitig vertraglich gebundene Spieler erst dann unter Vertrag zu nehmen, wenn er eine Ablösesumme i.S. eines Rücktritts von den Bestimmungen zahlt.

Zudem wurde der Ansatz eines Vermögensgegenstands bzw. eines Wirtschaftsguts in der Literatur deshalb verneint, weil die menschliche Arbeitskraft als Gegenleistung für die Ablösezahlung im Zivil- und Bilanzrecht grundsätzlich nicht als Vermögensgegenstand bzw. Wirtschaftsgut anerkannt wird.[16]

Am 26. August 1992 erließ der BFH schließlich ein Urteil, das einen über Jahre währenden Rechtsstreit zwischen einem Bundesliga-Club und dem Finanzamt beende-

---

[10] Vgl. FG Düsseldorf vom 28.11.1990; BFH vom 13.05.1987.

[11] Vgl. *Ströfer*, „Berufsfußballspieler" als „Aktivposten"; *Ziegler*, Behandlung von Ablösebeträgen, S. 83ff.

[12] Vgl. *Ziegler*, Bilanzierung von Ablösebeträgen.

[13] Vgl. etwa *Ströfer*, „Berufsfußballspieler" als „Aktivposten", S. 1089.

[14] Vgl. z.B. *Ströfer*, „Berufsfußballspieler" als „Aktivposten", S. 1090.

[15] *Malatos*, Berufsfußball, S. 131.

[16] Vgl. bspw. *Ströfer*, „Berufsfußballspieler" als „Aktivposten", S. 1090f.

te.[17] Mit Wirkung dieser höchstrichterlichen Entscheidung wurde die bilanzielle Abbildung von Profifußballspielern zumindest aus steuerrechtlicher Sicht umfassend geregelt. Ungeachtet der im Schrifttum besonders aus handelsrechtlicher Sicht geäußerten Kritik[18] verweist nunmehr auch die Lizenzierungsordnung des Ligaverbands in Anhang VII bei der Frage der Bilanzierung „erworbener" Spieler explizit auf dieses Urteil. Allerdings scheint hieraus keine unmittelbare Verpflichtung zur Anwendung des Urteils abzuleiten zu sein. Dies auch deshalb, da für die Lizenzvergabe letztlich die Liquiditäts- und nicht die Vermögensverhältnisse entscheidend sind und insofern der Frage nach einer Aktivierbarkeit von Transferentschädigungszahlungen im Rahmen des Lizenzierungsverfahrens nur eine untergeordnete Bedeutung beigemessen wird.[19]

Die Kernaussagen des BFH-Urteils vom 26. August des Jahres 1992 lassen sich wie folgt zusammenfassen:

* Die vom DFB nach erfolgtem Abschluss eines Arbeitsvertrags erteilte Spielerlaubnis ist ein immaterieller Vermögensgegenstand i.S. des § 266 Abs. 2 A. I. 1. HGB und damit zugleich ein immaterielles Wirtschaftsgut im steuerrechtlichen Sinn.[20]
* Die Transferentschädigungen, die beim Wechsel eines Spielers an den abgebenden Club zu zahlen sind, stellen die Anschaffungskosten für die zu erteilende Spielerlaubnis dar.[21]
* Die Spielerlaubnis ist als abnutzbares Wirtschaftsgut zu klassifizieren und über die betriebsgewöhnliche Nutzungsdauer gemäß § 7 Abs. 1 Satz 2 EStG abzuschreiben, wobei sich die Nutzungsdauer ausschließlich nach der Laufzeit des Arbeitsvertrags bemisst.[22]

Der BFH stufte somit im Ergebnis nicht die Transferzahlung als solche, sondern nunmehr die (heute vom Ligaverband) erteilte Spielerlaubnis verpflichtend als immateriellen Vermögensgegenstand i.S. eines konzessionsähnlichen Rechts bzw. Werts[23] und steuerrechtlich zugleich als immaterielles und abnutzbares Wirtschaftsgut ein.[24] Eine Gewinn mindernde Berücksichtigung der Transferzahlung als Be-

---

[17] Hintergrund des Rechtsstreits war die seitens des Clubs vorgenommene steuerliche Behandlung sämtlicher Transferentschädigungszahlungen als Gewinn mindernde Betriebsausgabe, die allerdings vom zuständigen Finanzamt nicht anerkannt wurde, da das Finanzamt seinerseits von immateriellen Wirtschaftsgütern ausging. Vgl. BFH vom 26.08.1992.

[18] Vgl. hierzu FN 37 dieses Gliederungspunkts.

[19] Vgl. *Müller*, Praxis der bilanziellen Behandlung von Transferentschädigungen, S. 195. Vgl. auch Gliederungspunkt 2.2.2.

[20] Vgl. BFH vom 26.08.1992, B. 1., 2.

[21] Vgl. BFH vom 26.08.1992, B. 1.

[22] Vgl. BFH vom 26.08.1992, B. 9.

[23] Nach Ansicht des BFH ist diese Kennzeichnung als ähnliches Recht bzw. ähnlicher Wert gerechtfertigt, weil die Spielerlaubnis sowohl befristet erteilt wird als auch Erlaubnischarakter besitzt. Bis auf die Tatsache, dass es sich bei der Spielerlaubnis um keine behördliche Genehmigung zur Ausübung einer bestimmten Tätigkeit handelt, seien alle an eine Konzession zu stellenden Anforderungen erfüllt. Vgl. BFH vom 26.08.1992, B. 2.

[24] Vgl. zur Abgrenzung immaterieller Vermögensgegenstände bzw. Wirtschaftsgüter von materiellen und finanziellen Vermögensgegenständen bzw. Wirtschaftsgütern und zu deren bilanzieller Abbildung *Scheffler*, Besteuerung, S. 129; *Baetge/Kirsch/Thiele*, Bilanzen, S. 164f., 187ff., 295ff.; *Buch-*

triebsausgabe gemäß § 4 Abs. 4 EStG wurde dadurch ausgeschlossen.[25] Die von einem Club gezahlten Transferentschädigungen werden in der (gemäß der Lizenzierungsordnung des Ligaverbands zu erstellenden) Handelsbilanz seither überwiegend[26] und in der Steuerbilanz mithin verpflichtend als Bestandteil der Anschaffungskosten der Spielerlaubnis aktiviert und über die Vertragsdauer planmäßig abgeschrieben (§ 253 Abs. 1 Satz 1, Abs. 2 Satz 1, 2 i.V.m. § 255 Abs. 1 HGB; § 6 Abs. 1 Nr. 1, § 7 Abs. 1 Satz 2 EStG).[27] Als Begründung für die vorzunehmende planmäßige Abschreibung über die rechtliche Nutzungsdauer führt der BFH an, dass die Spielerlaubnis zum Zeitpunkt des Auslaufens oder Aufhebens des Arbeitsvertrags gemäß § 13 Nr. 5 LOS erlischt und dadurch der Vermögensgegenstand bzw. das Wirtschaftsgut untergeht.[28] Beinhaltet der Arbeitsvertrag zudem eine Anschlussoption zur Verlängerung des bestehenden Vertrags, ist die betriebsgewöhnliche Nutzungsdauer unter Berücksichtigung der Wahrscheinlichkeit der Optionsausübung zu ermitteln. Gegebenenfalls ist die Spielerlaubnis somit über die um die Option verlängerte Vertragsdauer abzuschreiben.[29]

Vom BFH gänzlich unbeleuchtet und im Schrifttum äußerst umstritten ist die Folgebewertung einer aktivierten Spielerlaubnis hinsichtlich der Erfassung außerplanmäßiger Abschreibungen bzw. Teilwertabschreibungen.[30] Geht man von einer generel-

---

holz, Grundzüge des Jahresabschlusses, S. 47ff., 67ff., 135f.; *Coenenberg*, Jahresabschluss, S. 143ff., 155ff.; *Federmann*, Bilanzierung, S. 195ff., 204ff., 231f., 272f., 312ff., 388f.; *Moxter*, Bilanzrechtsprechung, S. 29ff.; *Kählert/Lange*, Abgrenzung immaterieller von materiellen Vermögensgegenständen; *Knobbe-Keuk*, Bilanz- und Unternehmenssteuerrecht, S. 90ff.; *Veit*, Behandlung immaterieller Vermögensgegenstände bzw. Wirtschaftsgüter und Gliederungspunkt 6.2.2.2.

[25] Im Folgenden soll lediglich eine verkürzte Darstellung der bilanziellen Abbildung – insbesondere der Erst- und Folgebewertung – vorgenommen werden. Hinsichtlich der Ausgestaltung der einzelnen Wertmaßstäbe und Abschreibungsverfahren sind analoge Überlegungen zur Bilanzierung nach IFRS anzustellen, sodass hierauf verwiesen wird. Insbesondere die Vorschriften zur Ermittlung der Anschaffungskosten und zur planmäßigen Abschreibung unterscheiden sich nur geringfügig. Vgl. demnach die Gliederungspunkte 6.3.1 und 6.4.1. Falls zur Klärung beitragend wird jedoch an geeigneter Stelle auf die einschlägige Literatur verwiesen.

[26] So ergab bspw. eine interne Untersuchung der DFL aus der Saison 2001/2002, dass lediglich ein Drittel der Bundesliga-Clubs und zwei Clubs der 2. Bundesliga die von ihnen gezahlten Transferentschädigungen nicht aktivieren. Vgl. *Müller*, Praxis der bilanziellen Behandlung von Transferentschädigungen, S. 193f.

[27] Vgl. BFH vom 26.08.1992, B. 9.

[28] Vgl. BFH vom 26.08.1992, B. 4.

[29] Vgl. hierzu auch *Littkemann*, Probleme der bilanziellen Behandlung von Transferentschädigungszahlungen, S. 159.

[30] Außerplanmäßige Abschreibungen bzw. Teilwertabschreibungen in der Literatur befürwortend vgl. *Ebel/Klimmer*, Fußball-Profis in der Bilanz, S. 263ff.; *Littkemann/Schaarschmidt*, Behandlung von Transferentschädigungen, S. 93; *Söffing*, Transferzahlungen im Lizenzfußball, S. 525f.; *Hüttemann*, Transferentschädigungen im Lizenzfußball, S. 494; *Jansen*, Aktivierung von Transferentschädigungen, S. 1789. Anderer Ansicht wohl *Kessler*, Teilwertabschreibung auf Spielgenehmigungen. Problematisch an den in der Literatur vorgeschlagenen Vorschriften zur Erfassung außerplanmäßiger Wertminderungen erscheint insbesondere, dass dabei grundsätzlich nicht schlüssig zur Urteilsbegründung des BFH auf das Recht zum Einsatz des Spielers in der Lizenzspielermannschaft und der damit verbundenen Möglichkeit für die Aufhebung des bestehenden Arbeitsvertrags eine Ablösezahlung zu erhalten Rekurs genommen wird, sondern letztlich auf die verminderte Leistungsfähigkeit des Spielers. Vgl. dazu *Parensen*, Transferentschädigungen, S. 178; BFH vom

len Zulässigkeit aus, so gelten die für das immaterielle Anlagevermögen einschlägigen Vorschriften des HGB und EStG.[31]

Unabhängig von der Rechtsform besteht nur im Fall einer voraussichtlich *dauerhaften Wertminderung*[32] der Spielerlaubnis (bspw. aufgrund von schweren Verletzungen, Invalidität, Ausschlüssen vom Trainings- und Spielbetrieb oder hohen Leistungsverlusten wegen fortgeschrittenen Alters) übereinstimmend sowohl in der Handels- als auch über die Maßgeblichkeit[33] in der Steuerbilanz eine Abwertungspflicht auf den niedrigeren beizulegenden Zeitwert[34] bzw. Teilwert[35] (gemildertes Niederstwertprinzip; § 253 Abs. 2 Satz 3, § 279 Abs. 1 HGB; § 5 Abs. 1 Satz 1 i.V.m. § 6 Abs. 1 Nr. 1 Satz 2 EStG). Stellt der Club lediglich eine Steuerbilanz auf, so besteht bei einer voraussichtlich dauerhaften Wertminderung ein Abwertungswahlrecht (§ 6 Abs. 1 Nr. 1 Satz 2 EStG).

Bei einer voraussichtlich nur *vorübergehenden Wertminderung* (z.B. keine schweren Verletzungen oder systemumstellungsbedingter Leistungsverlust) besteht in der Handelsbilanz für alle Einzelkaufleute und Personengesellschaften ein Abwertungswahlrecht (§ 253 Abs. 2 Satz 3 HGB), in der Steuerbilanz gilt hingegen ungeachtet der Rechtsform ein ausnahmsloses Abwertungsverbot (§ 6 Abs. 1 Nr. 1 Satz 2 EStG). Für die ausgegliederten Kapitalgesellschaften ist zusätzlich eine Einschränkung in der Handelsbilanz dahingehend zu beachten, dass die aktivierten Spielerlaubnisse gemäß den für immaterielle Vermögensgegenstände des Anlagevermögens geltenden Vorschriften einem Abwertungsverbot unterliegen (§ 279 Abs. 1 Satz 2 i.V.m. § 253 Abs. 2 Satz 3 HGB).

26.08.1992, B. 3., 5. Eine ausführliche Diskussion muss allerdings an dieser Stelle unterbleiben, sodass hierzu auf das oben angegebene Schrifttum verwiesen wird.

[31] Vgl. allgemein zu den entsprechenden Vorschriften *Scheffler*, Besteuerung, S. 229ff.; *Baetge/Kirsch/Thiele*, Bilanzen, S. 240ff.; *Buchholz*, Grundzüge des Jahresabschlusses, S. 81ff., 135f.; *Coenenberg*, Jahresabschluss, S. 143ff.; *Federmann*, Bilanzierung, S. 195ff., 204ff., 231f., 272f., 312ff., 388f.; *Moxter*, Bilanzrechtsprechung, S. 247ff.; *Knobbe-Keuk*, Bilanz- und Unternehmenssteuerrecht, S. 197ff.

[32] Zur Unterscheidung zwischen einer voraussichtlich dauernden und einer voraussichtlich vorübergehenden Wertminderung vgl. repräsentativ für die Handelsbilanz *Karrenbauer/Döring/Buchholz*, § 253 HGB, Rn. 165; *Schildbach*, Jahresabschluss, S. 287f.; *Thiele/Breithaupt/Kahling/Prigge*, § 253 HGB, Rz. 316; *Adler/Düring/Schmaltz*, Rechnungslegung und Prüfung, § 253 HGB, Tz. 472ff. und für die Steuerbilanz *Scheffler*, Besteuerung, S. 230ff. Bezogen auf die aktivierte Spielerlaubnis etwa *Ebel/Klimmer*, Fußball-Profis in der Bilanz, S. 263ff.

[33] Vgl. zur Maßgeblichkeit etwa *Scheffler*, Besteuerung, S. 15ff.; *Knobbe-Keuk*, Bilanz- und Unternehmenssteuerrecht, S. 17ff.

[34] Bei dem beizulegenden Zeitwert handelt es sich um einen gesetzlich unbestimmten Begriff, der anhand der Umstände des Einzelfalls auszufüllen ist. Für den Fußballsport kommen grundsätzlich die Wiederbeschaffungskosten und der Ertragswert in Frage. Vgl. zur allgemeinen Konkretisierung *Wohlgemuth*, § 253 HGB, Rz. 154.109 - 154.121; *Castan*, Rechnungslegung, S. 85ff.; *Streim*, Grundzüge, S. 102f.

[35] Als Teilwert gilt gemäß § 6 Abs. 1 Nr. 1 Satz 3 EStG grundsätzlich „der Betrag, den ein Erwerber des ganzen Betriebs im Rahmen des Gesamtkaufpreises für das einzelne Wirtschaftsgut ansetzen würde; dabei ist davon auszugehen, dass der Erwerber den Betrieb fortführt". Die Konkretisierung dieser abstrakten Konzeption des Teilwerts wurde allerdings der Rechtsprechung überlassen, nach der sich der Teilwert bei abnutzbaren Wirtschaftsgütern des Anlagevermögens regelmäßig an den Wiederbeschaffungskosten orientiert. Vgl. exemplarisch m.w.N. *Scheffler*, Besteuerung, S. 240ff.

Sind die Gründe für eine in einer vorherigen Periode erfasste Wertminderung bspw. aufgrund einer gesundheitlichen Genesung ganz oder teilweise entfallen, so besteht handelsrechtlich für alle Einzelkaufleute und Personengesellschaften ein generelles Wertbeibehaltungswahlrecht (§ 253 Abs. 5 HGB), welches für Kapitalgesellschaften zum *Wertaufholung*sgebot wird (§ 280 Abs. 1 HGB). Steuerrechtlich gilt eine generelle Zuschreibungspflicht, wenn der Steuerpflichtige nicht nachweisen kann, dass der Teilwert weiterhin gemindert ist oder dass die Wertminderung unverändert voraussichtlich von Dauer ist (§ 6 Abs. 1 Nr. 1 Satz 4 EStG). Zuschreibungen sind maximal bis zu den fortgeführten historischen Anschaffungskosten der Spielerlaubnis zulässig.[36]

Während die Literatur aus handelsrechtlicher Sicht insbesondere der Bilanzierung dem Grunde nach in weiten Teilen unverändert ablehnend gegenüber stand[37], wurde das BFH-Urteil von Seiten der Fußball-Clubs größtenteils begrüßt. Neben der erheblichen bilanzpolitischen Bedeutung für die Aktivseite der Bilanz und der damit einhergehenden Vermeidung einer möglichen bilanziellen Überschuldung durch eine Aktivierung der Zahlungen[38] erlangen die sog. „Spielerwerte" eine besondere Bedeutung für die Clubs, da sie häufig als Sicherheiten bei Kreditinstituten oder anderen Gläubigern eingesetzt werden, um den Spielbetrieb insbesondere hinsichtlich des Nachweises der wirtschaftlichen Leistungsfähigkeit im Rahmen des Lizenzierungsverfahrens zu finanzieren.[39]

Das Bosman-Urteil des Europäischen Gerichtshofs aus dem Jahr 1995 bewirkte alsdann nicht nur eine Anpassung des bis dato geltenden Transfersystems und der Ausländerklauseln wegen deren Unvereinbarkeit mit dem europäischen Gemeinschaftsrecht[40], sondern gleichzeitig eine Wiederbelebung der abgeebbten, ja sogar teilweise verstummten Debatte um die Bilanzierung von Profifußballspielern in den Handels- und Steuerbilanzen der Fußball-Clubs.[41] Als Hintergrund sei mithin ange-

---

[36] Zur Zweckmäßigkeit außerplanmäßiger Abschreibungen bzw. einer entsprechenden Wertaufholung nach HGB vgl. *Streim*, Wahlrechte; *Streim*, Grundzüge, S. 112; *Streim*, Wertaufholungsgebot.

[37] Zu den an dieser Einstufung des BFH geäußerten Bedenken in der Literatur u.a. aufgrund mangelnder Verkehrsfähigkeit und selbständiger Bewertbarkeit der Spielerlaubnis vgl. *Moxter*, Bilanzrechtsprechung, S. 24, 33f.; *Madl*, Sportverein, S. 19f.; *Marx*, Objektivierungserfordernisse, S. 2384ff.; *Jansen*, Aktivierung von Transferentschädigungen. Befürwortend äußerte sich einzig *Hüttemann*, Transferentschädigungen im Lizenzfußball.

[38] Rechtsfolge der bilanziellen Überschuldung ist für Kapital-, Personengesellschaften und Vereine grundsätzlich die unverzügliche Eröffnung des Insolvenzverfahrens (§ 92 Abs. 2 AktG; § 42 Abs. 2 BGB; § 64 Abs. 1 GmbHG; § 130a Abs. 1, § 161 Abs. 2 HGB). Zum Insolvenzverfahren vgl. etwa *Götz*, Überschuldung und Handelsbilanz. Zur Bilanzierung von Profifußballspielern im insolvenzrechtlichen Überschuldungsstatus vgl. *Kaiser*, Behandlung von Spielerwerten, S. 1111.

[39] Vgl. bspw. *Hoffmann*, Bilanzierung von Fußballprofis, S. 130f.; *Littkemann*, Probleme der bilanziellen Behandlung von Transferentschädigungszahlungen, S. 154; *Müller*, Praxis der bilanziellen Behandlung von Transferentschädigungen, S. 194f.; *Parensen*, Transferentschädigungen, S. 180; *Wertenbruch*, Lizenzspieler als Gläubigersicherheit.

[40] Vgl. ausführlich Gliederungspunkt 2.3.2.2.

[41] Vgl. dazu exemplarisch *Wertenbruch*, Bilanzierung beim Spielerkauf, S. 1304ff.; *Kaiser*, Behandlung von Spielerwerten; *Reiter*, Bilanzierbarkeit einer „Spielerlaubnis"; *Wehrheim*, Bilanzierung von Aufhebungszahlungen; *Littkemann*, Probleme der bilanziellen Behandlung von Transferentschädigungszahlungen, S. 155ff.; *Littkemann/Schaarschmidt*, Behandlung von Transferentschädigungen, S. 89ff.; *Schoor*, Planmäßige Abschreibung, S. 6505; *Littkemann/Sunderdiek*, Analyse der wirt-

führt, dass seit der Umsetzung des Urteils in nationales Verbandsrecht Transferent-schädigungszahlungen hauptsächlich nur dann bezahlt werden, wenn ein Spieler aus einem laufenden Arbeitsvertrag „herausgekauft" wird. Aufgrund der im Anschluss an das Bosman-Urteil zu beobachtenden Bestrebungen der Fußball-Clubs, vermehrt längerfristige Arbeitsverträge abzuschließen, sind Ablösezahlungen heute zumindest bei solchen Spielern noch die Regel, für die ursprünglich auch eine Ablösesumme gezahlt worden ist.[42]

Littkemann/Schaarschmidt argumentierten in diesem Zusammenhang, dass sich durch die Anpassung des Verbandsrechts infolge des Bosman-Urteils vom BFH in seinem Urteil von 1992 angeführte wesentliche Grundlage für die Aktivierung als nicht mehr haltbar erweise, da die bisher erforderliche Transferentschädigungszah-lung mit Umsetzung des Bosman-Urteils in das nationale Verbandsrecht nicht mehr wie noch zuvor zwingende Voraussetzung für die Erteilung der Spielerlaubnis sei. Transferentschädigungszahlungen seien folglich umgehend aufwandswirksam zu er-fassen.[43] Dieser Auffassung entgegnen *Ebel/Klimmer*, dass eine verbandsrechtliche Verpflichtung zur Zahlung einer Transferentschädigung keinesfalls entscheidend sei für die Zulässigkeit der Aktivierung, da die vom aufnehmenden Club geleistete Zah-lung den Abschluss eines Arbeitsvertrags ermögliche, welcher den Clubs dann wie-derum die Gelegenheit zur Beantragung der Spielerlaubnis verschafft. Die Transfer-entschädigungszahlung sei letztendlich unverändert als wirtschaftliche Gegenleis-tung für die ermöglichte Erteilung der Spielerlaubnis anzusehen.[44] *Wehrheim* be-gründet diesbezüglich die fortwährende Gültigkeit des BFH-Urteils und den bestän-digen Zusammenhang zwischen der Erteilung der Spielerlaubnis und der notwendigen Ablösesumme bei Aufhebung eines laufenden Arbeitsvertrags damit, dass es an-dernfalls zu keiner Aufnahme in die Transferliste des Ligaverbands und demzufolge zu einer Wechselsperre gemäß § 4 Nr. 1, 6 LOS käme, wenn der aufnehmende Club keine Ablösezahlung für die vorzeitige Vertragsaufhebung entrichten würde.[45] Der bei der Deutschen Fußball Liga für das Ressort Finanzen, Verwaltung und Rech-nungswesen zuständige Geschäftsführer *Müller* führte zuletzt als Replik zu *Littke-mann/Schaarschmidt* an, dass die Transferentschädigungszahlung nie Vorausset-zung für die Erteilung der Spielerlaubnis gewesen ist. Schließlich hätte eine aus die-sem Grund nicht erteilte Spielerlaubnis vor keinem Arbeitsgericht Bestand gehabt und das Recht auf freie Berufsausübung der Spieler nach Art. 12 GG sei zudem von jeher seitens des DFB respektiert worden.[46]

Ungeachtet der im Schrifttum geführten Diskussion ist eine erneute Überprüfung der Bilanzierungsvorschriften von Seiten des Ligaverbands sowie insbesondere seitens

---

schaftlichen Lage, S. 1217; *Galli*, Rechnungswesen im Berufsfußball, S. 271ff.; *Söffing*, Transfer-zahlungen im Lizenzfußball.

[42] Vgl. ausführlich die Gliederungspunkte 2.3.2.2.2 und 2.3.2.2.3.

[43] Vgl. *Littkemann/Schaarschmidt*, Behandlung von Transferentschädigungen, S. 83ff. Vgl. ebenfalls *Littkemann*, Probleme der bilanziellen Behandlung von Transferentschädigungszahlungen, S. 141ff.

[44] Vgl. *Ebel/Klimmer*, Fußball-Profis in der Bilanz, S. 254f.

[45] Vgl. *Wehrheim*, Bilanzierung von Aufhebungszahlungen, S. 434. Anderer Ansicht *Kaiser*, Behand-lung von Spielerwerten, S. 1110.

[46] Vgl. *Müller*, Praxis der bilanziellen Behandlung von Transferentschädigungen, S. 192.

des BFH trotz der fortwährenden, größtenteils ablehnenden Haltung im einschlägigen Schrifttum gegenüber diesem BFH-Urteil bis heute ausgeblieben. Insofern sind die Fußball-Clubs steuerrechtlich unverändert an die letztinstanzliche Einstufung der Transferentschädigungszahlung als immaterielles Wirtschaftsgut durch den BFH gebunden. Aber auch die gängige handelsrechtliche Bilanzierungspraxis der Fußball-Clubs besteht unvermindert fort, sodass Transferzahlungen in den handelsrechtlichen Bilanzen der lizenzierten Fußball-Clubs regelmäßig innerhalb des Bilanzsonderpostens „Spielerwerte" als immaterielle Vermögensgegenstände des Anlagevermögens ausgewiesen werden.

5.2   Bilanzierung gemäß dem Rechnungslegungssystem der UK-GAAP

Der Fußballsport im „Mutterland des Fußballs" besitzt eine ähnliche *Organisationsstruktur* wie in Deutschland, die allerdings insbesondere bezogen auf den Berufsfußball eine deutlich längere Tradition besitzt.[47] Als englischer Fußballdachverband besitzt die „Football Association" (FA) in diesem Zusammenhang die ausschließliche Macht zur Kodifizierung und Anwendung eines für sämtliche den Fußballsport ausübenden Personen und Vereinigungen unmittelbar geltenden Verbandsrechts, obwohl die FA als „Private Limited Company"[48] eine juristische Person des Privatrechts darstellt. Die FA hat insofern analog zum DFB eine so genannte faktische Monopolstellung inne, die von der Rechtsprechung gewohnheitsrechtlich begründet wird. Die englischen Fußballverbände werden von der Rechtsprechung trotz der generellen Einstufung des Sports als Privataktivität ausnahmslos als „'quasi-public bodies' mit Aufgaben von öffentlichem Interesse"[49] anerkannt und die diversen Ordnungen des Verbandsrechts werden letztendlich wie staatliche Normen beurteilt.

Während der *Berufsfußball* in Deutschland zwar seit dem Jahr 1963 existiert und schließlich mit Beginn der Spielzeit 2001/2002 vom Amateurfußball organisatorisch getrennt wurde[50], besteht in England bereits seit dem Jahr 1904 eine eigenständige Berufsfußball-Liga, die bis zum Jahr 1992 von der ebenfalls privatrechtlich organisierten „Football League" (FL) unter Beachtung des Regelwerks der FA gänzlich eigenständig betrieben wurde. Die FL ist wie die FL-Fußball-Clubs zugleich Mitglied bei der FA und das Verhältnis der FL zur FA ist durch eine Konvention geregelt.

Im Unterschied zu Deutschland, wo sich grundsätzlich jeder Club sportlich für die beiden Lizenzligen Bundesliga und 2. Bundesliga qualifizieren kann, stellt die FL auch heute noch ein in sich geschlossenes System dar. Bis zur Gründung der „Football Association Premier League" (FAPL) im Jahr 1992 war der Berufsfußball in England zunächst in vier Divisionen mit jeweils 24 Clubs aufgeteilt, in die man nicht automatisch durch sportlichen Erfolg aufgenommen wurde. Die Letztplatzierten der untersten Division stiegen nämlich nicht automatisch aus der FL ab, sondern nur dann,

[47] Vgl. zur Organisationsstruktur im englischen Fußballsport im Folgenden m.w.N. *Schamberger*, Berufsfußball in England, S. 6ff., 62ff.; *Galli*, Rechnungswesen im Berufsfußball, S. 43ff.; *Malatos*, Berufsfußball, S. 43ff.

[48] Vgl. ausführlich zur „Private Limited Company" und einem Vergleich mit den deutschen gesellschaftsrechtlichen Organisationsformen m.w.N. *Güthoff*, Gesellschaftsrecht in Großbritannien, S. 49ff.; *Triebel/Hodgson/Kellenter/Müller*, Handels- und Wirtschaftsrecht, Rdnr. 575ff.

[49] *Malatos*, Berufsfußball, S. 44.

[50] Vgl. hierzu Gliederungspunkt 2.1.2.

wenn sie die wirtschaftlichen Vorgaben der FL nicht erfüllen konnten. Ansonsten vermochten sie durch die Mehrheit der FL-Clubs für die FL wiedergewählt werden (Verfahren der „reelection"). Eine Teilnahme am Spielbetrieb der FL war „Aufsteigern" in die unterste Division somit nur dann möglich, wenn es in dem geschlossenen System einen freien Platz gab. Insofern war in England von jeher eine deutliche Trennung des Berufsfußballs vom auf Amateurbasis betriebenen Sport zu erkennen.

Mit Gründung der „Football Association Premier League" im Jahr 1992 als nunmehr höchste Spielklasse im englischen Berufsfußball wurde die „Football League" schließlich auf momentan drei Divisionen reduziert. Die Premier League ist dabei für die Organisation und die Durchführung des Spielbetriebs dieser höchsten Spielklasse nach einer eigenen Satzung und von ihr autonom erlassenen Ordnungen verantwortlich, wobei jedoch die verbandsrechtlichen Bestimmungen der FA zu beachten sind.

Den am Spielbetrieb der FA, FAPL und FL teilnehmenden *Fußball-Clubs* wird im Gegensatz zu den Clubs in Deutschland seit jeher eine Wahlmöglichkeit hinsichtlich der Rechtsform gewährt.[51] So können die zunächst nicht rechtsfähigen „Private Social Clubs" fakultativ gemäß den gesellschaftsrechtlichen Bestimmungen des „Companies Act" in „Private Limited Companies" oder „Public Limited Companies"[52] umgewandelt werden, wobei diese Wahlmöglichkeit nicht nur den professionellen Clubs, sondern auch den Amateur-Clubs eingeräumt wird. Im Bereich des Berufsfußballs hat Nottingham Forrest FC im Jahr 1982 als letzter Club dieses Rechtsformwahlrecht für sich in Anspruch genommen und im Jahr 1983 wagte mit dem Club Tottenham Hotspur sogar erstmals ein englischer Fußball-Club den Gang an die Börse.[53]

Neben den allgemeinen gesellschaftsrechtlichen Bestimmungen des „Companies Act" sind die in eine „Limited Company" umgewandelten Clubs zusätzlich bestimmten Gesellschaftsvorschriften wie bspw. Beschränkungen hinsichtlich der Dividendenausschüttung aufgrund des englischen Verbandsrechts unterworfen. Zu den allgemeinen gesellschaftsrechtlichen Bestimmungen des „Companies Act" zählen insbesondere auch bestimmte Anforderungen an das externe Rechnungswesen.[54] So sind die Gesellschaften mitunter zum Ende eines Geschäftsjahres verpflichtet, einen handelsrechtlichen *Jahresabschluss* bestehend aus Bilanz, GuV und Anhang zu erstellen und diesen von einem unabhängigen Abschlussprüfer prüfen zu lassen. Inhalt und Form des Jahresabschlusses haben dabei grundsätzlich den Anforderungen des

---

[51] Vgl. zur Rechtsform der Fußball-Clubs m.w.N. *Erning*, Professioneller Fußball, S. 200; *Fuhrmann*, Ausgliederung der Berufsfußballabteilungen, S. 96ff.; *Galli*, Rechnungswesen im Berufsfußball, S. 46; *Malatos*, Berufsfußball, S. 68f. Dabei ist grundsätzlich zu beachten, dass das englische Gesellschaftsrecht für bestimmte Arten der unternehmerischen Tätigkeit eben nicht wie das deutsche Recht bestimmte Rechtsformen verbindlich vorschreibt. Vgl. *Güthoff*, Gesellschaftsrecht in Großbritannien, S. 1.

[52] Vgl. zur „Public Limited Company" m.w.N. *Güthoff*, Gesellschaftsrecht in Großbritannien, S. 20ff.; *Triebel/Hodgson/Kellenter/Müller*, Handels- und Wirtschaftsrecht, Rdnr. 575ff.

[53] Vgl. auch *Hamil/Holt/Michie/Oughton/Shailer*, professional football clubs, S. 45. Vgl. zum Börsengang englischer Fußball-Clubs und den dabei zu beachtenden verbandsrechtlichen Bestimmungen bspw. *Fuhrmann*, Ausgliederung der Berufsfußballabteilungen, S. 111ff.

[54] Vgl. m.w.N. *Güthoff*, Gesellschaftsrecht in Großbritannien, S. 43ff., 53; *Galli*, Rechnungswesen im Berufsfußball, S. 47ff.; *Triebel/Hodgson/Kellenter/Müller*, Handels- und Wirtschaftsrecht, Rdnr. 740ff.; *Köhler/Rotter*, Britische Rechnungslegung, S. 376f.

„Companies Act" und demnach dem Grundsatz des „true and fair view" zu entsprechen.[55]

Mit dem „Companies Act" von 1989 wurde die Verantwortlichkeit für die externe Rechnungslegung dem im August 1990 neu gegründeten Financial Reporting Council (FRC) zugewiesen. Die dem System des „Common Law" (Gewohnheitsrecht, Fallrecht)[56] folgende Entwicklung und Veröffentlichung einzelfallbezogener Vorschriften – den so genannten Financial Reporting Standards (FRS) – wird jedoch autonom vom Accounting Standards Board (ASB) durchgeführt.[57] Das FRC stellt eine unabhängige Organisation dar, die mit der entsprechenden Macht zur Kodifizierung und Durchsetzung verbindlicher Rechtsnormen ausgestattet ist. Bei Nichtbefolgung der Normen seitens der Gesellschaften besteht mithin die Möglichkeit zur Verhängung rechtlicher Sanktionen. Allerdings ist ein Abweichen von den vom ASB erlassenen Vorschriften ausnahmsweise dann erlaubt, wenn dadurch der im „Companies Act" geforderten Generalklausel des „true and fair view" Rechnung getragen wird. Ebenso werden bislang ungeregelte Bereiche von diesem Grundsatz dahingehend erfasst, dass die Unternehmen in Absprache mit ihrem Abschlussprüfer eine geeignete Lösung für ein spezifisches Bilanzierungsproblem unter Beachtung des „true and fair view" finden sollen.[58]

Das ebenso wie die IFRS-Rechnungslegung auf die Vermittlung entscheidungsnützlicher Informationen[59] ausgerichtete Rechnungslegungssystem der UK-GAAP[60] ließ spezifische Vorschriften für die Bilanzierung von Profifußballspielern bis Ende der 1990er Jahre vermissen. Die gängige Bilanzierungspraxis bestand nach einer jährlich erscheinenden Studie von Deloitte & Touche (vormals Touche Ross & Co.) bis

---

[55] Zum gesetzlich und durch die Rechtsprechung nicht umschriebenen Begriff des „true and fair view" vgl. etwa Flower, Global Financial Reporting, S. 106ff.; Ernst & Young, IAS/UK GAAP Comparison, S. 26f.; Wild/Creighton, GAAP 2000, S. 44f.; Streim, Generalnorm, S. 393ff.

[56] Vgl. hierzu grundlegend Merkt/Göthel, Gesellschaftsrecht, S. 59ff.; Hay, US-Amerikanisches Recht, S. 1ff.; Blumenwitz, anglo-amerikanische Recht, S. 11ff. Für eine kurze Abgrenzung des angelsächsischen Rechtssystems zum kodifizierten kontinentaleuropäischen Rechtssystem vgl. Pellens/Fülbier/Gassen, Internationale Rechnungslegung, S. 35ff.

[57] Vgl. ASB, Foreword, Par. 7f., 16. Ergänzt werden die FRS um die Statements of Standard Accounting Practice (SSAP), die von der Vorgängerorganisation des ASB, dem Accounting Standards Committee (ASC), erlassen wurden. Vgl. nachfolgend und für einen grundlegenden Überblick über die externe Rechnungslegung in England nebst einem historischen Abriss m.w.N. Choi/Meek, International Accounting, S. 89ff.; Flower, Global Financial Reporting, S. 89ff.; Schmidt, Bilanzierung des Goodwills, S. 62ff.; Ernst & Young, IAS/UK GAAP Comparison, S. 16ff.; Premm, Aufwendungen, S. 85ff.; Wild/Creighton, GAAP 2000, S. 5ff.; Lawson, Großbritannien; Briston/Simon, Großbritannien.

[58] Vgl. auch ASB, Foreword, Par. 18f.

[59] Vgl. hierzu m.w.N. Wild/Creighton, GAAP 2000, S. 12. Zur Vermittlung entscheidungsnützlicher Informationen als Ziel der Rechnungslegung zur Zweckerreichung vgl. allgemein die Gliederungspunkte 3.3 und 4.

[60] Obwohl der unbestimmte Begriff GAAP im britischen Recht freier verwendet wird als bspw. in den Vereinigten Staaten, kann dennoch auf die grundlegende Interpretation der US-GAAP verwiesen werden, nach welcher der Begriff GAAP ein dynamisches, sich an neue wirtschaftliche Gegebenheiten anpassendes Rechnungslegungssystem – hier die Verlautbarungen des ASB und seiner Vorgängerorganisation – umschreibt. Vgl. Ernst & Young, IAS/UK GAAP Comparison, S. 19f.; Premm, Aufwendungen, S. 87f.

einschließlich der Saison 1992/1993 darin, die entrichteten und erhaltenen Transferzahlungen umgehend erfolgswirksam in der GuV zu erfassen.[61] Mit Beginn der Spielzeit 1993/1994 konnte jedoch erstmalig eine Änderung dieser Bilanzierungsmethode und ein Trend zur Aktivierung der erworbenen und teilweise sogar der clubintern ausgebildeten Spieler in der Bilanz festgestellt werden.[62] Beispielhaft wurde für die Saison 1994/1995 dokumentiert, dass „there were 12 clubs (1994 – 10 clubs) who included players on the balance sheet"[63].

Die Bewertungsmethoden für die in der Bilanz ausgewiesenen Fußballspieler waren zudem sehr uneinheitlich. So erfolgte die Bewertung nicht wie etwa im deutschen Handels- und Steuerrecht auf der Grundlage der entrichteten Ablösesumme, die aktiviert und anschließend über die Vertragslaufzeit abgeschrieben wurde. Unter anderem aufgrund der Aktivierung „selbst erstellter" Spieler kamen ebenfalls subjektive Marktpreisschätzungen des verantwortlichen Managements („directors'/manager's valuation") oder Kapitalisierungsverfahren („capitalised value") zum Einsatz.[64] Darüber hinaus wurden die wegen fehlender allgemein verbindlicher Regeln subjektiven Bewertungen nur teilweise offen gelegt.[65] Eine intersubjektive Nachprüfbarkeit der ermittelten Werte war folglich in derartigen Fällen nicht gegeben.

Mit Veröffentlichung des FRS 10 *Goodwill and Intangible Assets* im Dezember 1997 wurde die bilanzielle Abbildung von Profifußballspielern im Rechnungslegungssystem der UK-GAAP erstmals umfassend geregelt. Seit der Spielzeit 1998/99 sind akquirierte Spieler[66] als immaterielle Vermögenswerte mit der Bezeichnung „cost of players' registrations" in der Bilanz anzusetzen (FRS 10.2, 9, 65). Hingegen sind Aufwendungen für „selbst erstellte" Fußballspieler, die aus eigenen Amateur- oder Jugendmannschaften hervorgehen, regelmäßig sofort erfolgswirksam in der GuV zu erfassen (FRS 10.2, 14).[67]

---

[61] Vgl. *Touche Ross & Co.*, Football Club Accounts 1995, S. 27. Vgl. ebenfalls *Morrow*, Accounting for Football Players, S. 59.

[62] Vgl. *Touche Ross & Co.*, Football Club Accounts 1995, S. 27f. Vgl. ferner *Morrow*, Accounting for Football Players, S. 59.

[63] *Deloitte & Touche*, Football Finance 1996, S. 28.

[64] Vgl. *Morrow*, FRS 10, S. 2f.; *Deloitte & Touche*, Football Finance 1997, S. 25, 28; *Deloitte & Touche*, Football Finance 1996, S. 23, 28; *Morrow*, Human Assets, S. 86; *Touche Ross & Co.*, Football Club Accounts 1995, S. 26ff. In einzelnen Fällen bezogen sich die angegebenen Werte sogar auf den gesamten Spielerkader und nicht auf die einzelnen Spieler.

[65] Vgl. *Touche Ross & Co.*, Football Club Accounts 1995, S. 27f.

[66] Auch im Mutterland des Fußballs wird der Berufsfußballspieler als angestellter Arbeitnehmer eines Fußball-Clubs angesehen. Vgl. *Schamberger*, Berufsfußball in England, S. 39ff.; *Malatos*, Berufsfußball, S. 89f. m.w.N.

[67] Vgl. *Amir/Livne*, Football Player Contracts, S. 555; *Forker*, Discussion of Football Player Contracts, S. 589f.; *Deloitte & Touche*, Football Finance 2004, S. 59, Appendix 13; *Deloitte & Touche*, Football Finance 2003, S. 67; *Deloitte & Touche*, Football Finance 2002, S. 53; *Deloitte & Touche*, Football Finance 2001, S. 41f.; *Deloitte & Touche*, Football Finance 2000, S. 9f., 46f.; *Michie/Verma*, accounting issues for football clubs, S. 5; *Morrow*, FRS 10, S. 3ff. Aufgrund der bis auf wenige Ausnahmen fast identischen Vorschriften zu denen gemäß IFRS erfolgt hier lediglich eine rudimentäre Beschreibung der einschlägigen UK-GAAP-Bilanzierungsvorschriften für Profifußballspieler. Für eine ausführliche Betrachtung der Normen und insbesondere auch zur Beantwortung der Frage, ob es sich bei einem Fußballspieler tatsächlich um einen Vermögenswert und dabei

Hintergrund der Aktivierung nach Ablauf eines Profiarbeitsvertrags erworbener Spieler als „cost of players' registrations" ist das derzeitige englische Transfersystem, welches aufgrund der im Anschluss an das Bosman-Urteil des EuGH erfolgten Anpassungen und unter Berücksichtigung der Reaktionen seitens der FIFA fast identisch mit dem deutschen Transfersystem ist. Unterschiede sind ausschließlich im abweichenden nationalen Recht begründet.[68] Entscheidend für die Aktivierung ist mithin, dass der aufnehmende Club gemäß den verbandsrechtlichen Transferbestimmungen grundsätzlich über eine gültige Spielerlaubnis („registration") zum Einsatz des erworbenen Spielers verfügen muss und im Fall eines Clubwechsels diese Registrierung für den Club der eigentliche Gegenstand des Transfergeschäfts ist.[69] Die Registrierung für den Club ist jedoch wie in Deutschland lediglich als ein Formererfordernis i.S. der Einhaltung sämtlicher verbandsrechtlicher Vorgaben anzusehen. Hinter der Bezeichnung „player's registration" verbirgt sich somit nichts anderes als der Fußballspieler selbst. Schließlich kommt in diesem Konstrukt nur die letztinstanzliche Entscheidungsgewalt des englischen Fußballverbands über die Zulässigkeit eines Spielertransfers zum Ausdruck.[70]

Die Bilanzierung der Höhe nach richtet sich beim erstmaligen Ansatz nach der Summe der insgesamt im Rahmen des Transfers entstandenen (Anschaffungs-)Kosten (FRS 10.9). In den nachfolgenden Geschäftsjahren sind die aktivierten „cost of player's registration" gemäß den Vorschriften für die Folgebewertung immaterieller Vermögenswerte mit bestimmter Nutzungsdauer planmäßig über die Vertragslaufzeit abzuschreiben (FRS 10.15, 24f.).[71]

Bestehen zudem Anzeichen für eine Wertminderung, sind zusätzlich zu den planmäßigen Abschreibungen und in Einklang mit FRS 11 *Impairment of Fixed Assets and Goodwill* ebenfalls außerplanmäßige Abschreibungen auf den niedrigeren erzielbaren Betrag eines Profifußballspielers vorzunehmen (FRS 10.34, 39; FRS 11.8ff., 14). Dieser ist als höherer Wert aus dem Nettoveräußerungspreis und dem Nutzungswert des Spielers definiert (FRS 10.2). Sollte sich in den Folgeperioden zudem ein Anhaltspunkt dafür ergeben, dass eine in der Vergangenheit erfasste außerplanmäßige

---

speziell um einen immateriellen Vermögenswert handelt, wird auf Gliederungspunkt 6 und die dort untersuchten IFRS-Regelungen verwiesen.

[68] Vgl. hierzu und zu einer Entwicklung des englischen Transfersystems im Zeitablauf *Fuhrmann*, Ausgliederung der Berufsfußballabteilungen, S. 96ff.; *Schamberger*, Berufsfußball in England, S. 55ff.; *Malatos*, Berufsfußball, S. 108ff.

[69] Vgl. hierzu Football Association Rules, Rules of The Association, Section C, Art. 1(b), (g); Premier League Rules, Section L, Art. 2ff., Section M, Art. 11ff.

[70] Vgl. in diesem Zusammenhang exemplarisch den Geschäftsbericht von Manchester United aus dem Jahr 2004 und die dort im Anhang vorgenommene Aufschlüsselung der aktivierten Ablösesummen auf die einzelnen erworbenen Spieler. Dieser Auflistung ist eindeutig zu entnehmen, dass nicht die Registrierung sondern der Spieler selbst Gegenstand der Aktivierung ist. Vgl. *Manchester United*, Annual Report 2004, S. 65ff. und Gliederungspunkt 6.2.2.2.1. Vgl. hierzu ebenfalls *Hoffmann*, Bilanzierung von Fußballprofis, S. 130; *Schamberger*, Berufsfußball in England, S. 51 unten.

[71] Analog zur IFRS-Rechnungslegung gestattet FRS 10.43 unter bestimmten Bedingungen ebenfalls die regelmäßige Marktbewertung (Neubewertungsmethode) alternativ zur Bewertung auf der Basis fortgeführter historischer Kosten. Aufgrund der ähnlich restriktiven Anwendungsvoraussetzungen gelangt diese Methode jedoch insbesondere bei Profifußballspielern regelmäßig nicht zur Anwendung. Vgl. hierzu ausführlich Gliederungspunkt 6.4.2.

Abschreibung nicht länger besteht oder sich vermindert hat, ist zwingend eine erfolgswirksame Wertaufholung auf den erzielbaren Betrag des Fußballspielers vorzunehmen (FRS 10.44; FRS 11.60). Der Wertansatz des Spielers ist allerdings maximal bis auf die fortgeführten historischen Anschaffungskosten zu erhöhen (FRS 10.45; FRS 11.61).

Sechstes Kapitel

6 Die bilanzielle Abbildung von Profifußballspielern in der informationsorientierten Rechnungslegung – Professionelle Fußballspieler als immaterielle Vermögenswerte gemäß IAS 38 *Intangible Assets*

6.1 Vorbemerkungen

Die bilanzielle Abbildung professioneller Fußballspieler ist vom IASB bisher in keinem bestimmten Standard explizit kodifiziert worden. Insbesondere vor dem Hintergrund der vermehrten Kapitalmarktorientierung von Fußball-Clubs in Europa und der damit verbundenen Verpflichtung zur Erstellung eines IFRS-Konzernabschlusses stellt sich jedoch die Frage der konkreten bilanziellen Abbildung.[1]

In diesem Kapitel sollen die für Zwecke der Bilanzierung relevanten IFRS-Vorschriften herausgearbeitet und dargestellt werden. Wie zu zeigen sein wird, stellen professionelle Fußballspieler gemäß den Konventionen des IASB Vermögenswerte dar und sind dabei durchweg als immaterielle Vermögenswerte anzusehen, obwohl sie zweifelsfrei auch physische (materielle) Elemente aufweisen.[2] Insofern werden nachfolgend die für immaterielle Vermögenswerte einschlägigen Vorschriften des IAS 38 *Intangible Assets* auf das Spezifikum „Profifußballspieler" mit seinen charakteristischen Eigenschaften übertragen. Ziel dieses Kapitel ist es, IFRS-konforme Anwendungsleitlinien zur bilanziellen Abbildung professioneller Fußballspieler zu erarbeiten.[3]

Bei den nachfolgenden Ausführungen können etwaige ethische und juristische Bedenken hinsichtlich der Klassifizierung eines Fußballspielers als Vermögenswert entkräftet werden. Schließlich ist die seit Abschaffung der Sklaverei unmögliche Käuflichkeit eines Menschen für Zwecke der Bilanzierung eines Spielers nach IFRS unbeachtlich. Die Bilanzierung richtet sich grundsätzlich nach dem tatsächlichen *wirtschaftlichen Gehalt* und nicht nach der rechtlichen Grundlage (IASB, Framework, Par. 35).[4]

---

[1] Vgl. ausführlich Gliederungspunkt 1.

[2] Vgl. insofern auch *Lüdenbach/Hoffmann*, Profifußball, S. 1443 und FN 36 des ersten Gliederungspunkts.

[3] Vgl. allgemein zur Bilanzierung immaterieller Vermögenswerte nach IAS 38 etwa *Epstein/Mirza*, WILEY, Abschn. 9; *Hoffmann*, Immaterielle Vermögenswerte; *Pellens/Fülbier/Gassen*, Internationale Rechnungslegung, S. 265ff.; *Scheinpflug*, Immaterielle Vermögenswerte; *Coenenberg*, Jahresabschluss, S. 143ff.; *Esser/Hackenberger*, Immaterielle Vermögenswerte; *Wagenhofer*, IAS/IFRS, S. 202ff.; *Esser/Hackenberger*, Bilanzierung immaterieller Vermögenswerte; *Baetge/Keitz*, IAS 38; *Dawo*, Immaterielle Güter, S. 187ff.; *Kümpel*, Immaterielle Vermögenswerte; *Wehrheim*, IAS 38.

[4] Ebenso *Hoffmann*, Bilanzierung von Fußballprofis, S. 130; *Lüdenbach/Hoffmann*, Profifußball, S. 1442f. Vgl. ferner *Sigloch*, Fußballspieler in der Bilanz, S. 61. Vgl. in diesem Zusammenhang auch das Zitat von *Blanpain*, Geschichte und Hintergründe, S. 167: „Als menschliches Wesen ist ein Fußballspieler keine Ware und hat keinen Preis. Er ist extra commercium." Anderer Ansicht *Kaiser*, Behandlung von Spielerwerten, S. 1109; *Ströfer*, „Berufsfußballspieler" als „Aktivposten", S. 1095f.

6.2   Ansatz professioneller Fußballspieler

6.2.1   Einführende Überlegungen

Die Frage, ob eine Aktivierungspflicht für einen bestimmten Sachverhalt vorliegt, ist im Rechnungslegungssystem der IFRS grundsätzlich in einem zweistufigen Entscheidungsprozess zu beantworten. In einem ersten Schritt ist zu prüfen, ob der betreffende Sachverhalt die definitorischen Begriffsmerkmale eines Vermögenswerts erfüllt (Ebene der *abstrakten Aktivierungsfähigkeit*). Erfüllt der Sachverhalt diese Definitionsmerkmale, verlangt das IASB für einen konkreten Bilanzansatz die Erfüllung zusätzlicher Ansatzkriterien.[5] Im zweiten Schritt der Aktivierungsprüfung ist daher die Frage zu beantworten, ob neben den Definitionsmerkmalen auch die konkreten Ansatzkriterien erfüllt sind (Ebene der *konkreten Aktivierungsfähigkeit*).

Unabhängig davon, ob der vorliegende Sachverhalt finanzielle, immaterielle oder materielle Eigenschaften aufweist, sind prinzipiell die allgemeinen Anforderungen des *Framework* zu beachten. Diese grundlegenden Anforderungen werden jeweils durch die für finanzielle, immaterielle oder materielle Vermögenswerte einschlägigen Bilanzierungsvorschriften konkretisiert. Fraglich für Zwecke dieser Arbeit ist somit zunächst, ob professionelle Fußballspieler überhaupt die definitorischen Begriffsmerkmale eines Vermögenswerts erfüllen. Nur für den Fall, dass Profifußballspieler die Vermögenswerteigenschaft inne haben, sind weitere Überlegungen dahingehend anzustellen, wie sie der Art nach zu qualifizieren sind und gemäß welcher IFRS-Bilanzierungsvorschrift sie demnach konkret zu bilanzieren sind.

6.2.2   Abstrakte Aktivierungsfähigkeit

6.2.2.1   Der Vermögenswertbegriff des Framework als Ausgangspunkt – professionelle Fußballspieler und künftiger wirtschaftlicher Nutzen?

Ausgangspunkt der definitorischen Begriffsbestimmung eines jeden Vermögenswerts sind die im Framework verankerten allgemeinen Vermögenswerteigenschaften (IASB, Framework, Par. 49(a)):

> „An asset is a resource controlled by the enterprise as a result of past events and from which future economic benefits are expected to flow to the enterprise."

Ein Vermögenswert stellt demnach eine Ressource dar, die das Unternehmen aufgrund von Ereignissen in der Vergangenheit kontrolliert und von dem es einen über das Ende der laufenden Periode hinausgehenden zukünftigen wirtschaftlichen Nutzenzufluss erwartet. Hierbei ist die bloße Möglichkeit zur Erzielung des künftigen Nutzens dem Wortlaut des Framework nach völlig ausreichend.

Der zukünftige wirtschaftliche Nutzen eines Vermögenswerts kann entweder direkt oder indirekt in Form eines künftigen Zuflusses von Zahlungsmitteln bzw. Zahlungsmitteläquivalenten – bspw. aus dem Verkauf von Produkten oder der Erbringung von Dienstleistungen – oder auch in einer Auszahlungsersparnis bestehen (IASB, Framework, Par. 53, 55). Entscheidend ist letztendlich, dass sich der künftige wirtschaft-

---

[5]   Erfüllt der Sachverhalt die Definitionskriterien eines Vermögenswerts nicht, so ist ein Ansatz in der Bilanz ausgeschlossen und die entsprechenden Aufwendungen sind zum Zeitpunkt ihres Anfalls erfolgswirksam in der GuV zu erfassen (IASB, Framework, Par. 88).

liche Nutzen auf zukünftige Abrechnungsperioden erstreckt. Als Indiz für den künftigen Nutzen werden regelmäßig die getätigten Ausgaben herangezogen, die zur Entstehung eines Vermögenswerts notwendig sind bzw. waren (IASB, Framework, Par. 59).

Profifußballspieler[6] i.S. einer Ressource können zweifelsfrei einen künftigen Nutzen für den Arbeit gebenden Fußball-Club erzeugen und stellen in der Terminologie des IASB – sofern zusätzlich das Kriterium der Kontrolle erfüllt ist[7] – einen Vermögenswert dar. Dies zeigt sich bereits daran, dass rationale Vertragspartner bei jeglichen Kontraktformen einen Nutzen realisieren wollen.[8] Diese These gilt regelmäßig auch für den zwischen professionellem Fußballspieler und Fußball-Club abgeschlossenen Arbeitsvertrag (vergangenes Ereignis), welcher dem Club den Zugang zu dem aus dem Spieler erwarteten Nutzen verschafft. So erwartet der Club im Austausch für die mit dem Vertrag verbundenen Zahlungen und die erst zum Vertragschluss führenden, teilweise zusätzlich zu entrichtenden Ablösesummen sportliche Leistungen des Spielers, die über die Vertragslaufzeit erwartungsgemäß einen Nutzen für den Fußball-Club erzeugen.[9] Andernfalls würde es zu keinem Vertragsabschluss kommen. Der Nutzen für den Fußball-Club liegt dabei nicht nur im erhofften sportlichen Erfolg, sondern auch im wirtschaftlichen Erfolg aus dem exklusiven Einsatz der Spieler in den Lizenzmannschaften. Schließlich können erst durch den Einsatz der Spieler, deren Vermarktung und die Teilnahme des Clubs an den nationalen und internationalen Wettbewerben die teilweise – wie in Kapitel 2.2.1.1 skizziert – enormen Umsätze und der damit verbundene wirtschaftliche Erfolg erzielt werden.[10] Zudem ist die Erzielung eines (künftigen) wirtschaftlichen Nutzens grundsätzlich eine unabdingbare Voraussetzung für zumindest langfristigen (künftigen) sportlichen Erfolg des Lizenzspielbetriebs. Letztlich ermöglicht nur ein bestimmtes finanzielles Budget die Verpflichtung überdurchschnittlicher Spieler, um den angestrebten sportlichen Erfolg zu realisieren. Des Weiteren kann ein zukünftiger wirtschaftlicher Nutzen auch aus einem mögli-

---

[6]　Die folgenden Überlegungen sind analog auf die in den Lizenzspielermannschaften der Fußball-Clubs der beiden Bundesligen eingesetzten *Vertragsamateure* übertragbar.

[7]　Vgl. zum Kontrollkriterium die Ausführungen in Gliederungspunkt 6.2.2.4.

[8]　Vgl. hierzu auch *Streim*, Grundzüge, S. 61.

[9]　Die sportlichen Leistungen des Einzelnen sind dabei unabhängig vom tatsächlichen Einsatz eines Spielers in Meisterschaftsspielen zu sehen. Schließlich trägt auch der nur trainierende und nicht in Meisterschaftsspielen zum Einsatz kommende Spieler mit seinen sportlichen Leistungen und dem dadurch erzeugten Konkurrenzkampf innerhalb der Lizenzspielermannschaft zum sportlichen Erfolg der gesamten Mannschaft bei.

[10]　Vgl. ebenfalls *Homberg/Elter/Rothenburger*, Bilanzierung von Spielervermögen, S. 253f.; *Lüdenbach/Hoffmann*, Profifußball, S. 1443; *Wüstemann*, Bilanzierung, S. 51f.; *Ebel/Klimmer*, Fußball-Profis in der Bilanz, S. 256; *Galli*, Spielerbewertung im Teamsport, S. 812, 814; *Michie/Verma*, accounting issues for football clubs, S. 5; *Galli*, Rechnungswesen im Berufsfußball, S. 274, 279. Vgl. in diesem Zusammenhang das Zitat von *Galli*, Spielerbewertung im Teamsport, S. 814: „Klubs messen dem Vorteil, einen Spieler im eigenen Team und für Vermarktungszwecke einsetzen und später vielleicht selbst transferieren zu können, einen über laufende Vergütung und ggf. über die Leistung einer Transferzahlung bzw. Aus- und Fortbildungsinvestitionen, hinausgehenden Nutzen bei." Zum Zusammenhang zwischen sportlichem und wirtschaftlichem Erfolg vgl. *Swieter*, Fußball-Bundesliga, S. 66ff.; *Erning*, Professioneller Fußball, S. 124ff.; *Frick/Lehmann/Weigand*, Kooperationserfordernisse; *Szymanski/Kypers*, Winners and losers, S. 157ff.; *Flory*, Fall Bosman, S. 32; *Lehmann/Weigand*, Money Makes the Ball Go Round.

chen künftigen Verkauf des Spielers vor Ablauf des befristeten Arbeitsvertrags in Form der dabei zu erzielenden Ablösesumme entstehen.[11] Der von einem Fußball-Club erwartete sportliche und wirtschaftliche Nutzen wird zwar unstrittig durch die (eventuell) kontrollierte Ressource „Profifußballspieler" erzeugt, jedoch sind die vertraglichen Konditionen für die Art der bilanziellen Abbildung und hierbei insbesondere für die Frage der Kontrolle und der planmäßigen Folgebewertung[12] von entscheidender Bedeutung. Insofern könnte diesbezüglich die Ansicht vertreten werden, anstelle des Profifußballspielers den mit dem Spieler abgeschlossenen Arbeitsvertrag als Gegenstand der Bilanzierung aufzufassen. Da allerdings einerseits diese Bilanzierungsdiskussion materiell unerheblich ist und andererseits bei den Ausführungen zum Fair Value[13] grundsätzlich auf den Fußballspieler an sich abgestellt wird, erscheint eine Betrachtung des *Bilanzierungsgegenstands „Profifußballspieler"* zweckmäßiger.[14]

Kritischer zu beleuchten ist im Folgenden, um welche Art von Vermögenswert (immateriell oder materiell) es sich bei einem Profifußballspieler handelt – d.h. es stellt sich die Frage, welche konkrete IFRS-Bilanzierungsvorschrift auf professionelle Fußballspieler anzuwenden ist – und ob der Arbeit gebende Fußball-Club zudem die Kontrolle über die Ressource „Spieler" ausüben kann. Das für jeden Vermögenswert begriffsbestimmende Merkmal der Kontrolle wird dabei jeweils durch die für immaterielle bzw. materielle Vermögenswerte einschlägigen Vorschriften gegenüber den grundlegenden Anforderungen des Framework konkretisiert und soll demzufolge erst im Anschluss an die Frage, ob Fußballspieler als materiell oder immateriell zu qualifizieren sind, beantwortet werden.[15]

6.2.2.2 Profifußballspieler als immaterielle (Vermögens-)Werte

Bezüglich der Frage, ob ein Profispieler als immateriell zu klassifizieren ist, sind zunächst die definitorischen Begriffsmerkmale immaterieller Vermögenswerte heranzuziehen. Ein *immaterieller Vermögenswert* wird in IAS 38.8 über die allgemeinen Vermögenswerteigenschaften des Framework hinausgehend als „an identifiable non-monetary asset without physical substance" definiert. Somit zeichnet sich ein immaterieller Vermögenswert gegenüber der allgemeinen Vermögenswertdefinition zusätzlich dadurch aus, dass es sich um eine nicht monetäre Ressource mit fehlender körperlicher Substanz handelt und ferner das Kriterium der Identifizierbarkeit erfüllt ist.[16]

---

[11] Zur Veräußerung vertraglich gebundener Profispieler vgl. Gliederungspunkt 6.7.2.

[12] Vgl. Gliederungspunkt 6.4.

[13] Vgl. die Gliederungspunkte 6.4.2, 6.5.1.2.1, 6.5.2, 6.7.1 und 6.7.2.

[14] Vgl. im Ergebnis auch *Homberg/Elter/Rothenburger*, Bilanzierung von Spielervermögen, S. 252. *Parensen* unterläuft in diesem Zusammenhang ein Fehler dergestalt, als er nicht auf den Spieler (oder den Arbeitsvertrag), sondern auf die *Spielerlizenz* abstellt, obwohl der Nutzen eindeutig durch den Spieler selbst erzeugt wird. Vgl. *Parensen*, Transferentschädigungen, S. 184f. Vgl. insofern ebenso fehlerhaft *Wüstemann*, Bilanzierung, S. 50ff. Im Gegensatz zur handels- und steuerrechtlichen Bilanzierung begründet allerdings nicht die Transferzahlung den zu bilanzierenden Vermögenswert. Vgl. dazu Gliederungspunkt 5.1.

[15] Vgl. zum Kontrollkriterium insofern Gliederungspunkt 6.2.2.4.

[16] Dem Einsatzbereich eines immateriellen Vermögenswerts kommt im Rahmen der Aktivierungskriterien keine Bedeutung zu. Auch wenn die Vorschriften des IAS 38 (1998) die abstrakte Aktivie-

Im Rahmen dieses Gliederungspunkts soll nunmehr gezeigt werden, weshalb professionelle Fußballspieler bilanziell ausnahmslos als immaterielle Vermögenswerte anzusehen sind, obwohl sie zweifelsohne physische Elemente aufweisen, die zudem während eines Spiels überaus deutlich zum Einsatz gelangen. Bevor jedoch der Nachweis für diese These erbracht wird, soll zunächst eine Beschreibung dieser abstrakten immateriellen Werte im Allgemeinen erfolgen und ein möglicher Klassifikationsansatz dargestellt werden, der im Vorfeld der Bilanzierung den Zugang zu der doch sehr abstrakten Welt der Immaterialität erleichtert.

6.2.2.2.1   Generelle Bedeutung und Merkmale immaterieller (Vermögens-) Werte

Immaterielle Werte (synonym auch Intellectual Capital, Intellectual Assets, Intellectual Property oder Knowledge Assets) werden in der Literatur allgemein und analog zu IAS 38.8 über eine Negativabgrenzung als nicht monetäre Werte ohne (wesentliche) körperliche Substanz definiert.[17] Sie umfassen dabei neben vertraglich oder gesetzlich geschützten wirtschaftlichen Vorteilen wie z.B. gewerblichen Schutzrechten, Konzessionen, Urheberrechten und Lizenzen auch rechtlich nicht geschützte wirtschaftliche Vorteile, die Objekte von Rechtsgeschäften sein können (bspw. ungeschützte Erfindungen), und solche rein wirtschaftlichen Vorteile, die weder rechtlich geschützt sind noch einzeln Gegenstand eines Rechtsgeschäfts sein können. Zu Letzteren zählen u.a. Standortvorteile, Reputation, Know-how und Managementqualität.[18]

Während die hier eingangs angeführte Definition immaterieller Werte noch relativ einheitlich erfolgt, finden sich im Schrifttum hinsichtlich der Systematisierung zahlreiche Klassifikationsansätze, die teilweise beträchtlich voneinander abweichen.[19] In diesem Zusammenhang sei der vom *Arbeitskreis „Immaterielle Werte im Rechnungswesen" der Schmalenbach-Gesellschaft für Betriebswirtschaft e.V.* entwickelte Vorschlag zur Kategorisierung angeführt (vgl. Tabelle 16 auf S. 101)[20], der vor allem auf einer von *Edvinsson/Malone* vorgenommenen Einteilung basiert[21] und unabhängig von der bilanziellen Betrachtungsweise Gültigkeit besitzt. Diese Systematisierung soll dem Bilanzierenden insbesondere die spätere Identifizierung erleichtern, um „das

---

rungsfähigkeit zusätzlich davon abhängig gemacht haben, dass der immaterielle Vermögenswert für die Herstellung von Erzeugnissen oder die Erbringung von Dienstleistungen, die Vermietung an Dritte oder für die eigene Verwaltung genutzt wird, ist das IASB der Ansicht, dass die unter den Anwendungsbereich des Standards fallenden immateriellen Vermögenswerte diese Kriterien ohnehin regelmäßig erfüllen (IAS 38.BC6). Dies gilt generell auch für Profifußballspieler.

[17] Vgl. exemplarisch und m.w.N. *Zimmermann/Schütte*, Intangibles; *Dawo*, Immaterielle Güter, S. 5f.; *Schmidt*, Werttreiber, S. 297; *Haller*, Immaterielle Vermögenswerte, S. 564.

[18] Vgl. zu dieser Einteilung *Keitz*, Immaterielle Güter, S. 5ff.

[19] Für einen Überblick über die unterschiedlichen Klassifikationsansätze vgl. etwa *Mouritsen/Bukh/Larsen*, Intellectual Capital, Sp. 770ff.

[20] Vgl. *Arbeitskreis „Immaterielle Werte im Rechnungswesen"*, Kategorisierung immaterieller Werte. Auf diesem Vorschlag baut ferner der im Jahr 2003 ebenfalls vom Arbeitskreis veröffentlichte Vorschlag zur Berichterstattung über immaterielle Werte auf. Vgl. dazu *Arbeitskreis „Immaterielle Werte im Rechnungswesen"*, externe Berichterstattung.

[21] Vgl. *Edvinsson/Malone*, Intellectual capital, S. 75ff.

abstrakte Problem des Immateriellen [...] erst einmal „greifen" und anschließend einer bilanziellen Erfassung zuführen zu können"[22].

Kategorie	Beschreibung	Beispiele
Innovation Capital	immaterielle Werte im Bereich der *Produkt-, Dienstleistungs- und Verfahrensinnovationen* eines Unternehmens	• Patente • nicht patentrechtlich geschützte Rezepturen • neue Software • Filme
Human Capital	immaterielle Werte im *Personalbereich* eines Unternehmens	• Mitarbeiter-Know-how • Führungsqualität • gutes Betriebsklima • Wissens-Datenbank
Customer Capital	immaterielle Werte im *Absatzbereich* eines Unternehmens	• Kundenlisten • Marktanteile • Kundenzufriedenheit • Marken • Abnahmeverträge
Supplier Capital	immaterielle Werte im *Beschaffungsbereich* eines Unternehmens	• Beschaffungsverträge • vorteilhafte nichtvertragliche Lieferantenbeziehungen
Investor Capital	immaterielle Werte im *Finanzbereich* eines Unternehmens	• günstige Konditionen bei der EK-Beschaffung • günstige Konditionen bei der FK-Beschaffung
Process Capital	immaterielle Werte im *Organisationsbereich* eines Unternehmens, insbesondere die Ablauf- und Aufbauorganisation betreffend	• ausgebautes Vertriebsnetz • hochwertige Qualitätssicherung • gutes Kommunikationsnetz
Location Capital	immaterielle Werte, die den *Unternehmensstandort* betreffen	• Standortvorteile • Steuervorteile • günstige Verkehrsanbindung

Tabelle 16: **Kategorisierung immaterieller Werte gemäß dem Arbeitskreis „Immaterielle Werte im Rechnungswesen" der Schmalenbach-Gesellschaft für Betriebswirtschaft e.V.**[23]

---

[22] *Arbeitskreis „Immaterielle Werte im Rechnungswesen",* Kategorisierung immaterieller Werte, S. 989f.

[23] In Anlehnung an *Arbeitskreis „Immaterielle Werte im Rechnungswesen",* Kategorisierung immaterieller Werte, S. 990f. Vgl. ebenfalls *Schmidt,* Werttreiber, S. 297ff.; *Weber,* Intangibles, S. 327f.

Der Stellenwert der immateriellen Werte hat in den letzten Jahrzehnten vor allem aufgrund des gesellschaftlichen Wandels von einer Industriegesellschaft hin zu einer Dienstleistungs- und Hochtechnologiegesellschaft kontinuierlich zugenommen.[24] Die Aussage „today, a firm's intangible assets are often *the* key element in its competitiveness"[25] steht somit stellvertretend dafür, dass immaterielle Werte in der heutigen Zeit regelmäßig als Schlüsselgröße für den Unternehmenserfolg angesehen werden. Exemplarisch für sämtliche entwickelten Volkswirtschaften seien in diesem Zusammenhang die Vereinigten Staaten von Amerika angeführt[26]: Während Anfang der 1980er Jahre nur rund 38% des in Industrie- und Bergbauaktien investierten Kapitals in immaterielle Werte flossen, erhöhte sich dieser Anteil im Laufe der Zeit deutlich, sodass 1999 sogar ein Wert von über 80% erreicht wurde.[27] Weiterhin belegt eine im Jahr 2001 von *Aboody/Lev* durchgeführte Studie für ausgewählte US-börsennotierte Unternehmen der chemischen Industrie, dass im Zeitraum von 1980 bis 1999 ausschließlich solche Unternehmen Renditen über dem branchendurchschnittlichen, gewichteten Gesamtkapitalkostensatz erwirtschafteten, die Investitionen in Forschung und Entwicklung getätigt haben.[28]

Trotz der kurz umrissenen und erkennbar gestiegenen allgemeinen Bedeutung erfolgt die bilanzielle Abbildung dieser von *Moxter* als „ewige Sorgenkinder des Bilanzrechts"[29] verschrienen immateriellen Werte bisher nur äußerst stiefmütterlich. Selbst im Fall einer Unternehmensakquisition finden sie allzu oft keine separate Berücksichtigung, sondern gehen lediglich in der Restgröße „Goodwill" auf.[30]

Im vorangegangenen Kapital wurde bereits dargelegt, dass professionelle Fußballspieler gemäß dem deutschen *Handels- und Steuerrecht* und nach *UK-GAAP* als immateriell zu klassifizieren sind.[31] Die rudimentäre bilanzielle Erfassung immateriel-

---

[24] Vgl. etwa *Küting/Dürr*, Intangibles, S. 1; *Daum*, Intangible Assets, S. 17; *Arbeitskreis „Immaterielle Werte im Rechnungswesen"*, Kategorisierung immaterieller Werte, S. 989; *Haller*, Immaterielle Vermögenswerte, S. 562.

[25] *Eustace*, Intangible Economy Impact, S. 6. Vgl. diesbezüglich ebenfalls m.w.N. *Arbeitskreis „Immaterielle Werte im Rechnungswesen"*, externe Berichterstattung, S. 1233; *Küting/Dürr*, Intangibles, S. 1, 3f.; *Schmidt*, Werttreiber, S. 296; *Weber*, Intangibles, S. 324f.; *Kasperzak/Krag/Wiedenhofer*, Intellectual Capital, S. 1494; *Labhart/Volkart*, Reflektierung von immateriellen Aktiven, S. 1155f.; *Edvinsson/Brünig*, Aktivposten Wissenskapital, S. 12; *Haller*, Immaterielle Vermögenswerte, S. 562.

[26] Zu einer Umfrage unter den an der Frankfurter Wertpapierbörse im Composite Dax (C-DAX) notierten Unternehmen nach der Einflussstärke interner Faktoren auf den Unternehmenserfolg und der dabei herausragenden Bedeutung immaterieller Werte vgl. *PricewaterhouseCoopers/Günther*, Immaterielle Werte, S. 16.

[27] Vgl. *Daum*, Intangible Assets, S. 17.

[28] Vgl. *Aboody/Lev*, R&D Productivity, S. 25ff. Vgl. ebenfalls *Daum*, Intangible Assets, S. 229; *Lev*, Intangibles, S. 52ff. Zu einem ähnlichen Ergebnis gelangt bspw. auch eine von *Bosworth/Rogers* im Jahr 1998 für australische Firmen durchgeführte Analyse. Vgl. dazu *Bosworth/Rogers*, Research and Development, S. 2, 31f.

[29] *Moxter*, Immaterielle Anlagewerte, S. 1102.

[30] Vgl. hierzu etwa *Arbeitskreis „Immaterielle Werte im Rechnungswesen"*, Kategorisierung immaterieller Werte, S. 989; *Hommel*, Bilanzierung, S. 802; *Labhart/Volkart*, Reflektierung von immateriellen Aktiven, S. 1157; *Pellens/Fülbier/Sellhorn*, Immaterielle Werte, S. 82f.; *Haller*, Immaterielle Vermögenswerte, S. 562ff.

[31] Vgl. insofern Gliederungspunkt 5.

ler Werte manifestiert sich diesbezüglich in dem in den entsprechenden Bilanzen der diversen Fußball-Clubs ausgewiesenen Spielervermögen.[32] Exemplarisch seien in diesem Zusammenhang die Spielerwerte in den Bilanzen der beiden Clubs Borussia Dortmund und Manchester United angeführt (vgl. Tabelle 17 und Tabelle 18 auf S. 104). Obwohl professionelle Fußballspieler die entscheidenden Ressourcen eines Fußball-Clubs darstellen, machen die Spielerwerte für das Geschäftsjahr 2003/04 jeweils nur einen Anteil von 12%[33] bzw. 27,5%[34] an der Bilanzsumme aus. Dies ist darauf zurückzuführen, dass beide Clubs in ihren Bilanzen lediglich erworbene und keine clubintern ausgebildeten Spieler ausweisen. Zudem erfolgt die Bewertung dabei grundsätzlich nicht mit einem zukunftsbezogenen Wert, sondern auf der Basis historischer Kosten.[35] Hinsichtlich der folgenden Untersuchung drängt sich somit ebenfalls die Frage auf, ob die Aussage zur rudimentären bilanziellen Erfassung analog auf die IFRS-Rechnungslegung übertragen werden kann.

Name	Nutzungs-dauer	Anschaffungs-kosten	bisherige Nutzungsdauer	Buchwert
André Bergdölmo	2,5 Jahre	300.000 €	1,5 Jahre	120.000 €
Evanilson	2,5 Jahre	15.000.000 €	0,5 Jahre	12.000.000 €
Ewerthon	5 Jahre	7.100.000 €	3,5 Jahre	2.130.000 €
Torsten Frings	5 Jahre	8.500.000 €	2 Jahre	5.100.000 €
Niclas Jensen	3 Jahre	1.000.000 €	1 Jahr	666.667 €
Sebastian Kehl	5 Jahre	3.200.000 €	3,5 Jahre	960.000 €
Jan Koller	5 Jahre	10.500.000 €	3 Jahre	4.200.000 €
Christoph Metzelder	5 Jahre	200.000 €	4 Jahre	40.000 €
Tomás Rosicky	5 Jahre	14.500.000 €	4,5 Jahre	1.450.000 €
Thiago	2,5 Jahre	20.000 €	1,5 Jahre	8.000 €
SUMME		**60.320.000 €**		**26.674.667 €**

Tabelle 17: Geschätzte Buchwerte des Spielervermögens der Borussia Dortmund GmbH & Co. KGaA zum 30. Juni 2004[36]

---

[32]   Vgl. auch *Sigloch*, Fußballspieler in der Bilanz, S. 53.

[33]   Vgl. *Borussia Dortmund GmbH & Co. KGaA*, Geschäftsbericht 2004, S. 54 i.V.m. Tabelle 17. Wird die Bilanzsumme um das finanzielle Vermögen (Kassenbestand, Guthaben bei Kreditinstituten, Forderungen und Finanzanlagen) bereinigt, erhöht sich dieser Anteil allerdings auf 38%.

[34]   Vgl. *Manchester United*, Annual Report 2004, S. 55, 65f.

[35]   Vgl. grundlegend die Gliederungspunkte 5.1 und 5.2.

[36]   Die verwendeten Daten sind http://www.transfermarkt.de (abgerufen am 30.05.2005) entnommen, da eine entsprechende Einzelauflistung aus dem Geschäftsbericht nicht abgeleitet werden kann. Insofern handelt es sich hierbei grundsätzlich um geschätzte Werte. Anzumerken ist, dass die in der Handelsbilanz ausgewiesenen Spielerwerte gemäß dem im Gliederungspunkt 5.1 erläuterten BFH-Urteil vom 26.08.1992 aktiviert und über die individuelle Vertragsdauer planmäßig abgeschrieben werden. Vgl. *Borussia Dortmund GmbH & Co. KGaA*, Geschäftsbericht 2004, S. 61.

Name	Laufzeit*beginn* (erster Arbeits- vertrags)	Laufzeit*ende* (aktueller Arbeitsvertrag)	historische Anschaffungs- kosten	Buchwert
Bellion	Juli 2003	Juni 2007	£2.812.000	£2.109.000
Carroll	Juli 2001	Juni 2005	£3.386.000	£978.000
Djemba Djemba	Juli 2003	Juni 2008	£3.456.000	£2.765.000
Ferdinand	Juli 2002	Juni 2007	£31.120.000	£18.899.000
Fortune	August 1999	Juni 2006	£1.575.000	£60.000
Heinze	Juli 2004	Juni 2009	£6.807.000	£6.692.000
Howard	Juli 2003	Juni 2007	£2.258.000	£1.694.000
Kleberson	August 2003	Juni 2008	£5.795.000	£4.645.000
Lopez	August 2002	Juni 2005	£1.498.000	£499.000
Ronaldo	August 2003	Juni 2008	£11.959.000	£9.586.000
Saha	Januar 2004	Juni 2009	£12.515.000	£11.317.000
Silvestre	September 1999	Juni 2007	£4.340.000	£410.000
Smith	Mai 2004	Juni 2009	£7.050.000	£6.800.000
Van Nistelrooy	Juli 2001	Juni 2008	£19.791.000	£9.333.000
Others (cost < £1m)			£5.166.000	£2.446.000
SUMME			**£119.528.000**	**£78.233.000**

Tabelle 18:   Cost of players' registrations von Manchester United zum 31. Juli 2004[37]

Nachfolgend soll nun der Frage nachgegangen werden, inwiefern eine Klassifizierung von Profifußballspielern als immaterielle (Vermögens-)Werte gemäß IAS 38 gerechtfertigt ist und ob eine Identifizierung trotz der geäußerten skeptischen Haltung hinsichtlich eines vom Goodwill getrennten bilanziellen Ansatzes immaterieller Werte möglich ist. Im Anschluss an diese Untersuchungen soll das Kontrollkriterium hinsichtlich professioneller Fußballspieler beleuchtet werden.

6.2.2.2.2   Der Profifußballspieler im Spannungsverhältnis zwischen Materialität und Immaterialität

Eine eindeutige Abgrenzung immaterieller Vermögenswerte sowohl gegenüber monetären[38] als auch gegenüber materiellen Vermögenswerten ist nicht immer zweifelsfrei möglich. Speziell die Differenzierung zwischen immateriellen und materiellen Vermögenswerten ist für den Bilanzierenden immer dann mit Schwierigkeiten verbunden, wenn eine Vermögensposition gleichzeitig aus einem körperlichen Bestandteil sowie einer immateriellen Komponente besteht. So bestehen auch *professionelle*

---

[37]   Vgl. *Manchester United*, Annual Report 2004, S. 65f.

[38]   Unter einem monetären Vermögenswert versteht das IASB gehaltene Geldmittel und weiterhin jegliche Vermögenswerte, für die das bilanzierende Unternehmen einen festen oder bestimmbaren Geldbetrag erhält (IAS 38.8). Jedoch dient das Definitionsmerkmal des nicht monetären Vermögenswerts letztlich der Abgrenzung vom finanziellen Vermögen insgesamt, da auch variabel verzinsliche Wertpapiere und Aktien unter die monetären Vermögenswerte i.S. der Definition des IAS 38 zu fassen sind. Vgl. dazu m.w.N. *Baetge/Keitz*, IAS 38, Tz. 19.

Fußballspieler grundsätzlich sowohl aus einer „ausführenden" körperlichen Komponente (Kondition und Ausdauer, Schnelligkeit, Motorik, körperliche Leistungsfähigkeit und Belastbarkeit, Verletzungsanfälligkeit, Körperbau, Kraft etc.)[39] als auch aus einer immateriellen Komponente in Form einer *Kombination* aus den immanenten sportlichen Fähigkeiten eines Spielers wie bspw.[40]

- besondere fußballerische Begabungen/Talent (Qualität),
- Ausbildung (Qualifikation),
- technisches und taktisches Spielverhalten und Spielverständnis,
- Auffassungsgabe,
- taktische Schulung bzw. taktisches Wissen,
- Charakter und zwischenmenschliches Spielverhalten,
- Torgefährlichkeit („Torriecher"),
- Integrationsfähigkeit und -bereitschaft,
- Motivation bzw. Wille, Leistungsbereitschaft und Spielfreude,
- Image sowie
- genetische Veranlagung.

In der Literatur wird davon ausgegangen, dass es sich bei professionellen Fußballspielern prinzipiell um immaterielle Vermögenswerte handelt.[41] Eine nähere Begründung für diese These ist dem Schrifttum allerdings nicht zu entnehmen. Deshalb ist im Folgenden zu prüfen, ob sich die Einordnung als immaterieller Vermögenswert gemäß IAS 38 als zutreffend erweist.

Nach IAS 38.4 ist zur Abgrenzung von materiellen und immateriellen Vermögenswerten auf die *Wesentlichkeit* der Komponenten abzustellen, deren Beurteilung stets nach eigenem Ermessen zu erfolgen hat. Aus der Anforderung der Wesentlichkeit der Komponenten wird bspw. gefolgert, dass Software als immaterieller Vermögenswert anzusehen ist, sofern es sich nicht um ein Betriebssystem oder um Firmware[42] handelt. Ebenso kommt nach Maßgabe des IASB eine Aktivierung getätigter Forschungs- und Entwicklungsausgaben als materieller Vermögenswert auch dann nicht in Frage, wenn die Forschungs- und Entwicklungsmaßnahmen zur Entwicklung eines Prototyps führen, d.h. eines Vermögenswerts mit physischer Substanz (IAS 38.5). Da Forschungs- und Entwicklungsaktivitäten regelmäßig auf die Erschließung neuen Wissens abzielen, wird das körperliche Element des entstehenden Vermögenswerts stets durch die immaterielle Komponente der Wissenserweiterung dominiert.

---

[39] Vgl. auch *Lüdenbach/Hoffmann*, Profifußball, S. 1443; *Graf/Rost*, Hauptbeanspruchungsformen.

[40] Vgl. insofern *Homberg/Elter/Rothenburger*, Bilanzierung von Spielervermögen, S. 249; *Lüdenbach/Hoffmann*, Profifußball, S. 1443; *Galli*, Spielerbewertung im Teamsport, S. 814; *Rost*, Genetische Voraussetzungen. Vgl. in diesem Zusammenhang ebenfalls *Sandström*, Sportphysiologie, S. 53: „Unter Begabung werden alle leistungsbeeinflussenden Faktoren verstanden, die sich durch Übung nicht ändern lassen."

[41] Vgl. bspw. *Homberg/Elter/Rothenburger*, Bilanzierung von Spielervermögen, S. 249, 252f.; *Lüdenbach/Hoffmann*, Profifußball, S. 1443; *Galli*, Spielerbewertung im Teamsport, S. 810; *Michie/Verma*, accounting issues for football clubs, S. 5; *Büch*, „Bosman Urteil", S. 286; *Galli*, Rechnungswesen im Berufsfußball, S. 278ff. Anderer Ansicht *Parensen*, Transferentschädigungen, S. 184.

[42] Unter Firmware werden fest mit dem Computer verbundene Programmbausteine (z.B. BIOS) verstanden, welche sowohl die Hardware mit der Software verbinden als auch die Elementarfunktionen eines Computers steuern.

Eine weitergehende inhaltliche Definition des Wesentlichkeitskriteriums wird im Rahmen des IAS 38 jedoch nicht vorgenommen. Gemäß der allgemeinen Begriffs-bestimmung im *Framework* hat die Beurteilung der Wesentlichkeit in Abhängigkeit von der Größe einer Position zu erfolgen (IASB, Framework, Par. 30). Übertragen auf die Abgrenzung von materiellen und immateriellen Vermögenswerten kann bspw. auf die Wertrelation der Komponenten abgestellt werden. Als eindeutig erweist sich der Rekurs auf die Definition im Framework jedoch nicht, da neben der Wertrelation ebenfalls das Gewicht oder sonstige Maße zur Beurteilung der Größe der Kompo-nenten herangezogen werden können.

Hilfreich bei der Klassifizierung professioneller Fußballspieler können die im Schrift-tum diskutierten *Abgrenzungskriterien* sein. Angeführt werden in diesem Zusammen-hang regelmäßig die Funktion der körperlichen Komponente, das wirtschaftliche Inte-resse, die Wertrelation und die Vervielfältigung des Vermögenswerts.[43]

Das *Kriterium der Vervielfältigung* des Vermögenswerts – hier in Form des Spielers – scheidet zur Klassifizierung von Profifußballspielern aus, da die einem Spieler inhä-renten sportlichen Fähigkeiten nicht in materieller Form wie bspw. bei Standardsoft-ware vervielfältigt werden können: ein Fußballspieler ist und bleibt einzigartig und ist zudem nicht reproduzierbar.[44]

Ebenfalls als nicht anwendbar erweist sich das *Kriterium der Wertrelation*, gemäß dem die Einordnung des Spielers davon abhängig gemacht wird, welche Komponen-te den höheren Wert aufweist. Die Anwendung dieses Kriteriums setzt die Bestim-mung der Werte der materiellen und immateriellen Komponente voraus, was entwe-der kosten- bzw. aufwandsorientiert oder marktpreisorientiert erfolgen soll. Da sich dies jedoch schon für nicht einzigartige Vermögenswerte als problematisch erweist, dürfte diese Vorgehensweise für den Bereich der Fußballspieler unmöglich sein. An-stelle einer kosten- oder marktpreisorientierten Sichtweise wird infolgedessen vorge-schlagen, auf den Nutzen abzustellen. Der Rekurs auf den Nutzen, den die beiden Komponenten für den Bilanzierenden erzeugen, lässt jedoch ebenfalls keine eindeu-tige Abgrenzung zu, da eine isolierte Bewertung des Nutzens aus beiden Komponen-ten grundsätzlich nicht möglich ist. Der Nutzen entsteht schließlich erst aus dem Zu-sammenspiel der Komponenten.[45]

Führt man sich das in IAS 38 angeführte Abgrenzungsbeispiel zur Software vor Au-gen, so scheint das IASB implizit auf die *Funktion der körperlichen Komponente* ab-zustellen.[46] Mit diesem Kriterium ist gemeint, dass ein immaterieller Vermögenswert immer dann vorliegt, wenn dem körperlichen Bestandteil ausschließlich die Funktion der Dokumentation des immateriellen Werts i.S. des Festhaltens der immateriellen

---

[43] Zu den nachfolgend angeführten Abgrenzungskriterien vgl. ausführlich etwa *Kähler/Lange*, Ab-grenzung immaterieller von materiellen Vermögensgegenständen, S. 614ff.

[44] Abgesehen werden soll hier von der Möglichkeit des Klonens eines Menschen.

[45] Gleicher Ansicht *Gathen*, Marken, S. 150f.; *Kähler/Lange*, Abgrenzung immaterieller von materiel-len Vermögensgegenständen, S. 614 deren Ausführungen sich jedoch auf sämtliche Vermögens-werte beziehen, die aus einer materiellen und immateriellen Komponente bestehen.

[46] Gleicher Ansicht *Baetge/Keitz*, IAS 38, Tz. 20.

Komponente zukommt. Die körperliche Komponente dient lediglich als eine Art „Transportmedium" zur Übermittlung der immateriellen Komponente an Dritte und ist gemessen an ihrer Funktion von untergeordneter Bedeutung. Fraglich ist bei dieser Art der Abgrenzung jedoch stets, welche Eigenschaften die materielle Komponente aufweisen muss, damit ihr eine über die Dokumentation hinausgehende Funktion zugesprochen werden kann.

In der Literatur werden in diesem Zusammenhang exemplarisch Patente und Lizenzen angeführt. Diese sind nicht allein deshalb als materiell einzustufen, weil sie auf einem „Stück Papier" niedergeschrieben sind. Schwieriger erweist sich die Abgrenzung anhand dieses Kriteriums am Beispiel der Musik: komponierte Werke können grundsätzlich auf Notenblättern, Schallplatten, Musikkassetten, CDs etc. nachgefragt werden, sodass es dem Erwerber neben der Musik auch auf die Art der Speicherung ankommen kann und der materiellen Komponente dann keine ausschließliche Dokumentationsfunktion zukommt.

Das Kriterium der Funktion der körperlichen Komponente lässt sich jedoch nicht ohne weiteres auf das Spezifikum „Profifußballspieler" übertragen. Während eine Lizenz unabhängig von dem „Stück Papier", auf dem es niedergeschrieben ist, existiert und ein Musikstück ebenfalls losgelöst von der Art der Speicherung besteht, können die immateriellen und materiellen Eigenschaften eines Profifußballspielers nicht getrennt voneinander gesehen werden. Denn die immaterielle Komponente kann bei einer nicht funktionsfähigen materiellen Komponente isoliert nicht bestehen. Zudem ist ein Fußball-Club bei einem Fußballspieler regelmäßig an beiden Komponenten interessiert. Aufgrund dieses strikten Funktionszusammenhangs erweist sich das Kriterium der Funktion der körperlichen Komponente zur Klassifizierung professioneller Fußballspieler insofern ebenfalls als nicht einschlägig.

Gemäß dem *Kriterium des wirtschaftlichen Interesses* hängt die Klassifizierung eines Vermögenswerts als materiell oder immateriell grundsätzlich davon ab, auf welche Komponente sich das primäre Interesse im Wirtschaftsleben richtet.

Ein Profifußballspieler zeichnet sich gerade durch die *Kombination der spezifischen sportlichen Fähigkeiten* wie Talent (Qualitäten), Ausbildung (Qualifikation), taktische Schulung, Torgefährlichkeit („Torriecher"), Integrationsfähigkeit in die Mannschaft, Charakter und das zwischenmenschliche Spielverhalten, das technische und taktische Spielverhalten und Spielverständnis, Image und letztlich die genetische Veranlagung und Motivation aus. Diese besonderen Eigenschaften grenzen ihn zudem gegenüber allen anderen Fußballspielern des nicht professionellen Sports ab.[47] Das *wirtschaftliche Interesse* der Fußball-Clubs richtet sich primär auf genau diese außergewöhnlichen sportlichen Fähigkeiten eines Fußballspielers. Schließlich sind die

---

[47] Vgl. hierzu auch *Franck*, Institutionen der Teamsportindustrie, S. 169. Diese Argumentation ist analog übertragbar auf die *Vertragsamateure* eines Fußball-Clubs der beiden Bundesligen, vor allem auf diejenigen Nachwuchsspieler des Clubs, die sich im Status des Vertragsamateurs befinden. Denn gerade der Abschluss eines solchen Vertrags bei noch im Aufbau befindlichen Spieler indiziert die Möglichkeit und das Potenzial zum späteren Erhalt eines professionellen Arbeitsvertrags. Zur Bedeutung von Eigenschaften bzw. Fähigkeiten bezogen auf das Bilanzierungsobjekt „Humankapital" vgl. allgemein *Streim*, Human Resource Accounting, S. 6.

Clubs nur bei dieser besonderen Sorte von Spielern bereit, einen Arbeitsvertrag mit im Vergleich zum Hobby- oder Amateurspieler sehr hohen Gehältern zu schließen und eventuell zusätzlich Ablösesummen zu entrichten, die bisweilen horrende Höhen annehmen (so etwa im Fall des Transfers von Zinedine Zidane von Juventus Turin zu Real Madrid im Jahr 2001 bei einer Ablösesumme von 71,6 Mio. €).[48] Fußball-Clubs sichern sich insofern durch Transferzahlungen, Ausbildungsinvestitionen und hoch dotierte Arbeitsverträge die spezifischen Fähigkeiten eines professionellen Fußballspielers zur Realisierung des angestrebten sportlichen und wirtschaftlichen Nutzens.

Als Ergebnis lässt sich somit feststellen, dass die einem Profifußballspieler *inhärenten sportlichen Fähigkeiten* in ihrer Summe die *wesentlichere Komponente* darstellen, sodass ein Profispieler bilanziell ausnahmslos als immateriell einzustufen ist und demzufolge gemäß den einschlägigen Vorschriften des IAS 38 zu bilanzieren ist. Hinsichtlich des oben angeführten Systematisierungsvorschlags der Schmalenbach-Gesellschaft für immaterielle Werte[49] sind die Spieler somit der Kategorie „Humankapital" zuzuordnen, da professionelle Fußballspieler zweifelsfrei im Personalbereich eines Fußballunternehmens zum Einsatz gelangen. Aus der Sicht des bilanzierenden Fußball-Clubs stellen die sportlichen Fähigkeiten eines Profifußballspielers nichts anderes als „knowledge that can be converted into profit"[50] dar i.S. der besonderen „importance of the creative, unique individual".[51,52] In diesem Sinne ist es somit ebenfalls der Aussage von *Michie/Verma* zuzustimmen:

> „The benefits that [football players] are contracted to generate are intangible - a contribution to the footballing success of the club."[53]

Als möglicher Ausweg aus dem zuvor beschriebenen Abgrenzungsdilemma (immateriell versus materiell) könnte theoretisch auch an die Vornahme einer Atomisierung i.S. einer *separaten Bilanzierung* der körperlichen und immateriellen Komponente gedacht werden. Da jedoch sowohl der Nutzen eines Spielers für seinen Club, wie zuvor dargestellt, erst aus dem Zusammenspiel der Komponenten entsteht als auch die Vorgaben des IAS 38 keine separate Bilanzierung zulassen, ist nachfolgend der Frage nachzugehen, inwiefern ein Profifußballspieler das durch den IAS 38 konkretisierte Kontrollkriterium und die zusätzlich für immaterielle Vermögenswerte geltende Voraussetzung der Identifizierbarkeit erfüllt.

6.2.2.3   Identifizierbarkeit von Profifußballspielern

Die Erweiterung der allgemeinen Vermögenswerteigenschaften des Framework um das Merkmal der Identifizierbarkeit dient der eindeutigen Abgrenzung immaterieller Vermögenswerte vom originären und derivativen Goodwill.

---

[48] Vgl. hierzu ausführlich Gliederungspunkt 2.3.2.2.3.

[49] Vgl. Gliederungspunkt 6.2.2.2.1.

[50] *Sullivan*, Intellectual Capital, S. 21.

[51] *Mouritsen/Bukh/Larsen*, Intellectual Capital, Sp. 768.

[52] Vgl. hierzu auch *Daum*, Intangible Assets, S. 35f., 152 (insbesondere S. 36): „Humankapital umfasst somit den ökonomischen Wert der Besitzer dieser Fähigkeiten für das Unternehmen."

[53] *Michie/Verma*, accounting issues for football clubs, S. 5.

Ein identifizierbarer immaterieller Vermögenswert liegt gemäß IAS 38.12 immer dann vor, wenn „it is separable [...] or arises from contractual or other legal rights", d.h. wenn der Vermögenswert separierbar ist *oder* auf einem vertraglichen oder sonstigen gesetzlichen Recht basiert. Unter *Separierbarkeit* ist dabei die Möglichkeit zu verstehen, den Vermögenswert losgelöst von der Unternehmung allein oder in Verbindung mit einem Vertrag bzw. weiteren Vermögenswerten oder Schulden zu verkaufen, zu übertragen, zu vermieten, zu lizenzieren oder zu tauschen (IAS 38.12(a)). Dieses Kriterium der selbständigen Verwertbarkeit stellt letztlich darauf ab, dass sich der zukünftige wirtschaftliche Nutzen eines immateriellen Vermögenswerts vom Nutzenzufluss aus anderen Vermögenswerten unterscheiden lässt.[54] Die Frage nach einer rechtlichen Grundlage ist unabhängig davon zu beantworten, ob sich das jeweilige *Recht* auch tatsächlich übertragen bzw. von anderen Rechten und Verpflichtungen oder der gesamten Unternehmung trennen lässt (IAS 38.12(b)).

Als Interpretationshilfe bei der Identifizierung immaterieller Vermögenswerte beinhalten die Illustrative Examples zu IFRS 3 *Business Combinations* zudem einen vom amerikanischen Standardsetter FASB übernommenen Beispielkatalog, in dem in einer nicht abschließenden Auflistung zahlreiche immaterielle Vermögenswerte angeführt werden und eine Kategorisierung dahingehend vorgenommen wird, ob die Identifizierbarkeit aufgrund eines vertraglichen oder sonstigen gesetzlichen Rechts oder lediglich aufgrund der Separierbarkeit erfüllt ist (vgl. Tabelle 19 auf S. 110).

---

[54] Vgl. *Baetge/Keitz*, IAS 38, Tz. 18.

	Vermögenswerte, die auf einem vertraglichen oder einem sonstigen gesetzlichen Recht basieren	Vermögenswerte, die nicht auf einem vertraglichen oder einem sonstigen gesetzlichen Recht basieren, jedoch separierbar sind
absatzmarkt-bezogene immaterielle Vermögenswerte (marketing-related intangible assets)	• Markenrechte, Markenzeichen und Embleme • Internet-Addressen • Aufmachung und Design • Zeitschriftentitel • Wettbewerbsunterlassungsvereinbarungen	
kundenbezogene immaterielle Vermögenswerte (customer-related intangible assets)	• Auftrags- und Produktionsrückstände • vertragliche Kundenbeziehungen	• Kundenlisten • nichtvertragliche Kundenbeziehungen
immaterielle Vermögenswerte im künstlerischen Bereich (artistic-related intangible assets)	• Theaterstücke, Opern, Ballettaufführungen • Bücher, Zeitschriften, Zeitungen • Kompositionen, Liedtexte, Werbemelodien • Gemälde, Fotografien • Videoaufzeichnungen, Filme, TV-Sendungen	
auf Verträgen basierende immaterielle Vermögenswerte (contract-based intangible assets)	• Lizenzen, Tantiemen, Stillhaltevereinbarungen • Werbe-, Konstruktions-, Management-, Dienstleistungs-, Liefer- und Abnahmeverträge • Leasingverträge • Baurechte • Franchiseverträge • Betriebs- u. Sendegenehmigungen • Förderungs- u. Abbaurechte • Schuldenbedienungsrechte durch Dritte • Dienstverträge	
technologie-bezogene immaterielle Vermögenswerte (technology-based intangible assets)	• patentierte Technologien • EDV-Software • Geschäftsgeheimnisse, z.B. vertrauliche Formeln, Prozesse und Rezepte	• nicht patentrechtlich geschützte Technologien • Datenbanken

Tabelle 19: Beispielkatalog identifizierbarer immaterieller Vermögenswerte[55]

---

[55] Vgl. *Esser/Hackenberger*, Bilanzierung immaterieller Vermögenswerte, S. 404.

Die Identifizierbarkeit von Fußballspielern ist allein schon deshalb gegeben, weil der immaterielle Vermögenswert „Profifußballspieler" auf einem *vertraglichen Recht* beruht. Schließlich bindet sich ein Profispieler mittels eines Arbeitsvertrags über einen gewissen Zeitraum an einen bestimmten Fußball-Club und erlangt schließlich durch den Abschluss des Lizenzvertrags mit dem Ligaverband den besonderen Status eines Profifußballspielers[56], sodass eine Identifizierung des Spielers regelmäßig gelingt. Ebenfalls als identifizierbar anzusehen sind die in den Lizenzspielermannschaften eingesetzten Vertragsamateure eines Fußball-Clubs der Bundesliga oder der 2. Bundesliga.

Fußballspieler können aufgrund der im Profisport geltenden rechtlichen Übertragungsmöglichkeiten für die Dauer des Arbeitsvertrags außerdem selbständig verwertet werden, sodass generell auch das Kriterium der *Separierbarkeit* erfüllt ist. Die Verwertung kann dabei entweder durch Transferverkauf des Spielers an einen anderen Fußball-Club, durch Vermietung in Form einer Spielerausleihe an einen anderen Club oder durch einen Transfer des Spielers im Austausch gegen einen anderen Spieler erfolgen.[57] Somit wäre der oben angeführte Beispielkatalog identifizierbarer immaterieller Vermögenswerte in der Kategorie „auf Verträgen basierende immaterielle Vermögenswerte" um den Profifußballspieler zu erweitern. Letztlich sind diese Arbeitsverträge jedoch als Spezialfall unter die Dienstverträge zu subsumieren.

6.2.2.4   Kontrolle über identifizierte Profifußballspieler

Das für jeden Vermögenswert begriffsbestimmende Merkmal der Kontrolle ist gemäß IAS 38.13 immer dann erfüllt, wenn

„the entity has the power to obtain the future economic benefits flowing from the underlying resource and to restrict the access of others to those benefits."

Kontrolle liegt mithin stets dann vor, wenn das Unternehmen die Verfügungsmacht hat, sich den zukünftigen wirtschaftlichen Nutzen aus der Ressource zu verschaffen und außerdem Dritte vom Nutzenzufluss ausschließen kann. Eine hinreichende aber nicht notwendige Bedingung für die Verfügungsmacht ist, dass der immaterielle Vermögenswert mit einem *durchsetzbaren Recht* verbunden ist. Dies ist bspw. bei einer Konzession oder einem gewerblichen Schutzrecht der Fall. Das IASB macht in diesem Zusammenhang allerdings deutlich, dass die juristische Durchsetzbarkeit eben nicht als notwendige Bedingung zu verstehen ist, da die Verfügungsmacht über den zukünftigen wirtschaftlichen Nutzen auch auf einer *faktischen Durchsetzbarkeit* basieren kann. Allerdings ist der Nachweis der Kontrolle in diesem Fall deutlich schwieriger zu erbringen. Beispielsweise kontrolliert das Unternehmen die Ergebnisse aus dem Forschungsbereich nicht erst, wenn das Wissen bspw. durch Urheberrechte geschützt wird. Der künftige wirtschaftliche Nutzen unterliegt schon dann der faktischen Verfügungsmacht des Unternehmens, wenn die Mitarbeiter zur Geheimhaltung verpflichtet wurden (IASB, Framework, Par. 57; IAS 38.14).[58]

---

[56] Vgl. hierzu Gliederungspunkt 2.3.1.

[57] Vgl. ebenfalls *Galli*, Rechnungswesen im Berufsfußball, S. 280f. Die hierfür potenziell erforderliche Zustimmung des Spielers ist für das Kriterium der Separierbarkeit gemäß IAS 38 unbeachtlich. Die bloße Möglichkeit des Verkaufs, des Tauschs etc. seitens des Clubs reicht aus.

[58] Vgl. auch *Dawo*, Immaterielle Güter, S. 196; *Kümpel*, Immaterielle Vermögenswerte, S. 217.

Eine zentrale Bedeutung kommt dem Kriterium der Kontrolle bei der Frage nach der Bilanzierungsfähigkeit von *Humankapital* zu. Das IASB führt in diesem Zusammenhang beispielhaft den qualifizierten Mitarbeiterstamm eines Unternehmens (Fachkräfte, *skilled staff*) bzw. damit verbundene Weiterbildungsausgaben und zusätzlich spezifische Managementbegabungen (*management talent*) oder fachliche Fähigkeiten (*technical talent*) an. Speziell bei den Fachkräften besteht hinsichtlich der Verfügungsmacht über den aus ihnen erzielbaren künftigen wirtschaftlichen Nutzen ein grundsätzliches Problem dahingehend, dass die Mitarbeiter, abgesehen von der Einhaltung der gesetzlichen Kündigungsfristen, im Regelfall nicht an das bilanzierende Unternehmen gebunden sind. Die Formulierung „an entity usually has insufficient control over the expected future economic benefits arising from a team of skilled staff and from training for these items to meet the definition of an intangible asset" (IAS 38.15) lässt zwar Zweifel des IASB an der Kontrollierbarkeit von Humankapital erkennen, jedoch kann hieraus kein grundsätzliches Aktivierungsverbot abgeleitet werden.[59]

Das angeführte Beispiel bezüglich der Fachkräfte eines Unternehmens ist gleichwohl nicht uneingeschränkt auf den Bereich des professionellen Fußballsports – und damit auf die Fachkräfte „Profifußballspieler" – übertragbar. Wie bereits in Kapitel 2.3.1 dargelegt, schließen die befristeten Arbeitsverträge zwischen einem Fußball-Club und einem Profifußballspieler regelmäßig ein ordentliches Kündigungsrecht aus, sodass die Vertragsverhältnisse vor Ablauf des Vertrags nur im gegenseitigen Einvernehmen jederzeit aufgelöst oder aus wichtigem Grund von beiden Seiten fristlos gekündigt werden können. Diese besondere Vertragskonstellation gewährleistet demnach für die Dauer des Arbeitsvertrags die rechtlich abgesicherte Verfügungsmacht über den zukünftigen wirtschaftlichen Nutzen aus der exklusiven Einsatzmöglichkeit der Ressource „Spieler" und schließt andere Fußball-Clubs oder sonstige Dritte vom Nutzenzufluss aus.[60] Schließen die befristeten Verträge mit den Vertragsamateuren der Bundesliga-Clubs bzw. die Förderverträge mit den A- und B-Junioren im Leistungsbereich der Leistungszentren der Lizenzligen ebenfalls ein ordentliches Kündigungsrecht aus[61], so gelten die für den Lizenzspielerbereich angestellten Überlegungen hinsichtlich des Kontrollkriteriums analog.[62]

---

[59] Diesen Schluss legt auch die Tatsache nahe, dass die Mitarbeiterqualität (*assembled workforce*) im Rahmen der Kaufpreisallokation im Standardentwurf ED 3 *Business Combinations* in Übereinstimmung mit dem US-GAAP-Standard SFAS 141 *Business Combinations* Par. 39 zunächst explizit von einer eigenständigen Aktivierung ausgeschlossen wurde (ED 3.36), der endgültige Standard IFRS 3 diesen Passus allerdings nicht mehr enthält (IFRS 3.37(c)).

[60] Vgl. ebenfalls *Homberg/Elter/Rothenburger*, Bilanzierung von Spielervermögen, S. 253; *Flower*, Global Financial Reporting, S. 572f., 577f.; *Michie/Verma*, accounting issues for football clubs, S. 5 und insofern auch *Flory*, Fall Bosman, S. 45: „Zwischen Lizenzspieler und Verein besteht ein Arbeitsvertrag, der dem Verein das Recht gibt, das fußballerische Können eines Spielers für die Mannschaft in Anspruch zu nehmen, sowie den Verein verpflichtet, die zugesicherten Leistungen zu erbringen." Anderer Ansicht *Steiner/Gross*, Bilanzierung von Spielerwerten, S. 536; *Galli*, Spielerbewertung im Teamsport, S. 812; *Parensen*, Transferentschädigungen, S. 184. Vgl. auch die zusätzlichen, der Kontrolle nicht abträglichen Bestimmungen des Art. 17 FIFA-Spielerstatus in FN 70 in Gliederungspunkt 2.3.1.

[61] Vgl. dazu Gliederungspunkt 2.3.1.

[62] Anderer Ansicht wohl *Homberg/Elter/Rothenburger*, Bilanzierung von Spielervermögen, S. 253.

Die grundsätzlichen Zweifel des IASB an der Aktivierungsfähigkeit von Humankapital lassen sich somit für den Bereich des Profifußballs nicht bestätigen. Diese Ansicht wird zudem dadurch gestützt, dass das IASB selbst dem Bilanzierenden die Verfügungsmacht über den aus einer fachlichen Begabung resultierenden künftigen wirtschaftlichen Nutzen zugesteht, sofern dieser Nutzen durch Rechtsansprüche geschützt ist (IAS 38.15).[63] Diese gesamten Zusammenhänge führten *Michie/Verma* insofern zu folgender Aussage:

> „Players who have a contract with a club cannot leave that club or play for anyone else without permission of the club. This is in contrast to the position of employees in most other entities where such strong legal contracts between employees and their employers do not exist."[64]

Nachstehende Übersicht fasst die bisherigen Ergebnisse der Untersuchung der abstrakten Aktivierungsebene schematisch zusammen:

Ebene der abstrakten Aktivierungsfähigkeit bei Profifußballspielern		
Vorliegen eines Vermögenswerts?	*Spieler als immaterieller Vermögenswert?*	*Identifizierbarkeit von Profifußballspielern?*
• *zukünftiger* wirtschaftlicher *Nutzen* ⊕ exklusive Einsatzmöglichkeit in Lizenzspielermannschaft • Ergebnis *vergangener Ereignisse* ⊕ abgeschlossener Arbeitsvertrag • *Kontrolle* ⊕ rechtlich abgesichert durch ausgeschlossenes ordentliches Kündigungsrecht	• *nicht monetär* ⊕ • keine wesentliche *körperliche Substanz* ⊕ wirtschaftliches Interesse der Clubs auf die besonderen Fähigkeiten von Profispielern gerichtet	• auf vertraglichem oder sonstigem gesetzlichen *Recht* basierend ⊕ lizenzierter Arbeitsvertrag • *Separierbarkeit* ⊕ während der Laufzeit des Vertrags durch Transferverkauf, Spielerausleihe oder Transfer in Form eines Spielertausches

Tabelle 20: Die abstrakten Aktivierungskriterien des IAS 38 bei professionellen Fußballspielern

Im Folgenden werden nun die konkreten Ansatzkriterien hinsichtlich professioneller Fußballspieler einer eingehenden Betrachtung unterzogen.

6.2.3 Konkrete Aktivierungsfähigkeit

6.2.3.1 Einleitende Bemerkungen

Die Erfüllung der definitorischen Begriffsmerkmale eines immateriellen Vermögenswerts reichen für einen konkreten Bilanzansatz professioneller Fußballspieler keinesfalls aus. Vielmehr verlangen die Rechnungslegungsvorschriften des IAS 38 in Ein-

---

[63] Insofern irrt *Parensen*, Transferentschädigungen, S. 184 als er dem IAS 38 explizit eine grundsätzlich fehlende Verfügungsmacht über Humankapital entnimmt.

[64] *Michie/Verma*, accounting issues for football clubs, S. 5.

klang mit den allgemeinen Ansatzkriterien des Framework zusätzlich die Erfüllung der konkreten Ansatzkriterien. Erfüllt ein Profifußballspieler zwar die Definitions-, nicht aber die Ansatzkriterien, so ist ein Ansatz in der Bilanz ausgeschlossen (IASB, Framework, Par. 88; IAS 38.68).

Für die konkrete Aktivierungsfähigkeit eines professionellen Fußballspielers als immaterieller Vermögenswert verlangt IAS 38.21 die kumulative Erfüllung der folgenden zwei Voraussetzungen:

- Der mit dem Profifußballspieler verbundene erwartete *wirtschaftliche Nutzenzufluss* ist *wahrscheinlich*.
- Die Anschaffungs- oder Herstellungs*kosten* des Spielers können *verlässlich bestimmt* werden.

Hintergrund der Formulierung des zusätzlichen Ansatzkriteriums der *Wahrscheinlichkeit* ist die mit jedem Sachverhalt verbundene Unsicherheit über den Zufluss eines zukünftigen wirtschaftlichen Nutzens (IASB, Framework, Par. 85). Zwar wird das Wahrscheinlichkeitskriterium vom IASB in quantitativer Hinsicht – etwa durch die Angabe eines Grenzwerts – nicht weitergehend konkretisiert. Jedoch fordert IAS 38.22 in einer zu der äußerst vagen Umschreibung im Framework leicht erhöhten Anforderung[65], dass die Beurteilung der Wahrscheinlichkeit auf vernünftigen und nachvollziehbaren Annahmen zu erfolgen hat, die auf der bestmöglichen Einschätzung des Managements bezüglich der künftigen wirtschaftlichen Rahmenbedingungen beruhen. Durch die Verwendung vor allem externer substanzieller Hinweise soll zudem die intersubjektive Nachprüfbarkeit erhöht werden (IAS 38.23).

Hinsichtlich einer möglichen Quantifizierung der Wahrscheinlichkeit ist allerdings auch ein Rekurs auf die Vorschriften zur Bilanzierung von Rückstellungen gemäß IAS 37 *Provisions, Contingent Liabilities and Contingent Assets* denkbar, wonach das IASB dem Begriff der Wahrscheinlichkeit einen Prozentsatz größer 50[66] beimisst (IAS 37.15, 23).[67] Folglich müssen mehr Gründe für den Nutzenzufluss aus dem Fußballspieler als dagegen sprechen.

Für das Wahrscheinlichkeitskriterium ist allerdings unbeachtlich, dass der betreffende Spieler während der Vertragslaufzeit eventuell nur als Ersatzspieler fungiert und in Meisterschaftsspielen mithin nicht zum Einsatz innerhalb der Lizenzspielermannschaft kommt. Schließlich ist für die Bestimmung der Wahrscheinlichkeit eines Nutzenzuflusses grundsätzlich der Informationsstand zum Zeitpunkt der Bilanzaufstellung maßgeblich (IASB, Framework, Par. 85). Jegliche während der Vertragslaufzeit eintretende Veränderung im ursprünglich antizipierten Nutzenniveau – bspw. aufgrund eines dauerhaften Daseins als „Bankdrücker", obwohl der Spieler ursprünglich als wesentliche Verstärkung des Spielerkaders betrachtet wurde – ist somit im Rahmen der Folgebewertung in Form eventuell vorzunehmender Wertminderungen zu berücksichtigen.[68]

---

[65] Vgl. *Wagenhofer*, IAS/IFRS, S. 205.

[66] Vgl. z.B. *Pellens/Fülbier/Gassen*, Internationale Rechnungslegung, S. 399; *Coenenberg*, Jahresabschluss, S. 79; *Wagenhofer*, IAS/IFRS, S. 256.

[67] Vgl. hierzu auch *Wagenhofer*, IAS/IFRS, S. 135.

[68] Vgl. demnach Gliederungspunkt 6.5.

Durch das zusätzliche Ansatzkriterium der *zuverlässigen Bestimmung der Kosten* wird ferner dem Primärgrundsatz der Verlässlichkeit Rechnung getragen. Schätzwerte werden hierdurch jedoch nicht vom Ansatz ausgeschlossen, sofern sie hinreichend verlässlich bestimmt werden können (IASB, Framework, Par. 86). Eine Stützung der Wertansätze durch Erfahrungswerte ist jedoch notwendig.[69]

Im folgenden Kapitel ist zu prüfen, ob Profifußballspieler die Voraussetzungen für die konkrete Bilanzierungsfähigkeit erfüllen. Dabei ist zwischen separat erworbenen und „selbst erstellten" Spielern zu differenzieren.

6.2.3.2 Separat erworbene Profifußballspieler: ablösepflichtiger versus ablösefreier Erwerb

Das IASB stellt zunächst explizit klar, dass die Bedingungen der konkreten Aktivierungsfähigkeit für den Erwerbsfall regelmäßig als erfüllt anzusehen sind.[70] Dies gilt explizit auch für solche immateriellen Vermögenswerte, die das Ergebnis von Forschungs- oder Entwicklungstätigkeiten darstellen.[71]

Als Begründung für diese Einschätzung führt das IASB zum einen an, dass der für den Erwerb eines Vermögenswerts entrichtete Preis bzw. – genauer gesagt – die Anschaffungskosten stets ein Indikator dafür ist bzw. sind, dass dem Unternehmen aus dem erworbenen Vermögenswert wahrscheinlich ein künftiger wirtschaftlicher Nutzen zufließen wird (IAS 38.25). Zum anderen können die Anschaffungskosten des Vermögenswerts nach Ansicht des IASB üblicherweise verlässlich bestimmt werden, vor allem dann, wenn die Gegenleistung in Form von Zahlungsmitteln oder Zahlungsmitteläquivalenten erbracht wird (IAS 38.26). Besteht die Gegenleistung jedoch vollständig oder teilweise aus nicht monetären Vermögenswerten – wie bspw. im Fall des Tauschs[72] – erweist sich die zuverlässige Bestimmung der Anschaffungskosten als problematischer (IAS 38.BC28).

Hinsichtlich des separaten Erwerbs von Profifußballspielern sind nachfolgend zwei Fälle[73] einer näheren Untersuchung zu unterziehen:[74]

---

[69] Vgl. *Wollmert/Achleitner*, Konzeptionelle Grundlagen, S. 218.

[70] Der Fall des Erwerbs im Rahmen eines Unternehmenskaufs ist aufgrund der sog. „50+1"-Regel fortfolgend von der Betrachtung auszuschließen. Vgl. zu den verbandsrechtlichen Bestimmungen Gliederungspunkt 2.2.1.2. Zur potenziellen bilanziellen Abbildung vgl. *Lüdenbach/Hoffmann*, Profifußball, S. 1443f. In Verbindung mit der Argumentation in Gliederungspunkt 6.2.2.4 liegt der Fokus im Fall des Unternehmenskaufs nicht auf dem grundsätzlich (und insofern auch hierbei) erfüllten separaten Ansatz im Erwerbsfall, sondern auf der Erstbewertung mit dem Fair Value. Vgl. zur Fair Value-Bewertung insofern auch die Gliederungspunkte 6.5.1.2.1 und 6.7.1. Zur Bilanzierung der im Rahmen eines Unternehmenskaufs erworbenen immateriellen Vermögenswerte im Allgemeinen vgl. etwa *Esser/Hackenberger*, Bilanzierung immaterieller Vermögenswerte, S. 407.

[71] Vgl. zur Bilanzierung von Forschungs- und Entwicklungsaktivitäten ausführlich Gliederungspunkt 6.2.3.3. Zur Bilanzierung von Forschungs- und Entwicklungsaktivitäten bei Unternehmenserwerben vgl. *Lüdenbach/Prusaczyk*, In-Process Research and Development.

[72] Vgl. zum Fall des Tauschs Gliederungspunkt 6.7.1.

[73] Bezüglich der Bilanzierung einer Spielerausleihe sind grundsätzlich die Anwendungsleitlinien des IAS 17 *Leases* zu beachten, da der entleihende dem ausleihenden Fußball-Club das Recht auf Nutzung des Spielers über einen vereinbarten Zeitraum überträgt. Hierbei stellt sich insbesondere die Frage, ob durch das Ausleihgeschäft die maßgeblichen Chancen und Risiken an dem Spieler übertragen werden. Dies wird wohl regelmäßig zu bejahen sein, sodass der entleihende Club als

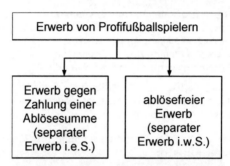

Abbildung 9:   Separater Erwerb professioneller Fußballspieler

Den eindeutigeren Fall stellt hierbei der Erwerb eines Spielers dar, welcher aus einem laufenden Arbeitsvertrag „herausgekauft" worden ist (*separater Erwerb i.e.S.*).[75] Schließlich ist die dabei entrichtete Ablösesumme in der Terminologie des IASB das entscheidende Indiz für die Wahrscheinlichkeit eines künftigen wirtschaftlichen Nutzens aus dem erworbenen Profispieler.[76] Zudem können bei dieser Erwerbsform auch die Anschaffungskosten regelmäßig zuverlässig bestimmt werden, da insofern eine beobachtbare Markttransaktion auf dem Transfermarkt stattgefunden hat und die Gegenleistung regelmäßig in Form von Zahlungsmitteln oder Zahlungsmitteläquivalenten erbracht wird.[77]

Neben den ablösepflichtigen Spielern sind auch jene Fußballspieler in die Betrachtung einzubeziehen, die ablösefrei „erworben" wurden (*separater Erwerb i.w.S.*). Zwar fehlt es in diesem Fall an einer entsprechenden monetären oder nicht monetären Gegenleistung für den Erwerb des Spielers, welche die Wahrscheinlichkeit eines künftigen wirtschaftlichen Nutzens indizieren würde. Jedoch lassen die in Kapitel 6.2.2.1 angestellten Überlegungen hinsichtlich des Abschlusses eines Arbeitsvertrags keine anderen Schlüsse zu, als dass das Management eines Fußball-Clubs regelmäßig sowohl einen künftigen wirtschaftlichen Nutzen erwartet und zudem die Wahrscheinlichkeit hierfür im Zeitpunkt des Vertragsschlusses als hoch einschätzt. Jegliche anderweitig unterstellten Prämissen entbehren somit der nach IAS 38 geforderten vernünftigen und nachvollziehbaren Managementeinschätzung. Gemäß der

---

wirtschaftlicher Eigentümer und i.S. eines Finanzierungsleasing den Spieler zu aktivieren und gleichzeitig in identischer Höhe eine bilanzielle Schuld anzusetzen hat, während der ausleihende Club eine Forderung aktiviert. Vgl. generell und ausführlich zu IAS 17 etwa *Esser*, Leasingverhältnisse; *Kirsch*, IAS 17; *Vater*, Bilanzierung von Leasingverhältnissen; *Alvarez/Wotschofsky/Miethig*, Leasingverhältnisse nach IAS 17; *Küting/Hellen/Brakensiek*, Bilanzierung von Leasinggeschäften.

[74] Die folgenden Ausführungen sind analog auf den Erwerb eines bisherigen Amateurs oder Vertragsamateurs durch einen Fußball-Club der beiden Profiligen zu übertragen, wenn der Spieler als Folge des Transfers den Status des Vertragsamateurs bei dem neuen Club erhält bzw. beibehält.

[75] Für Zwecke der Bilanzierung eines Spielers nach IFRS ist hierbei die seit Abschaffung der Sklaverei unmögliche Käuflichkeit eines Menschen unbeachtlich. Vgl. hierzu auch FN 4 dieses Kapitels.

[76] Vgl. hierzu auch *Homberg/Elter/Rothenburger*, Bilanzierung von Spielervermögen, S. 252.

[77] Vgl. ebenfalls *Galli*, Rechnungswesen im Berufsfußball, S. 281. Zur zuverlässigen Bestimmung der Anschaffungskosten im Sondererwerbsfall des Spielertauschs vgl. Gliederungspunkt 6.7.1.

Wahrscheinlichkeitskonzeption des IAS 37 dürften somit zumindest mehr Gründe für den Nutzenzufluss aus dem Einsatz des Profispielers als dagegen sprechen.[78] Während das Wahrscheinlichkeitskriterium folglich auch im Fall des ablösefreien Erwerbs generell als erfüllt anzusehen ist, bedarf es hinsichtlich der zuverlässigen Bestimmung der Anschaffungskosten des Profifußballspielers einer weitergehenden Differenzierung. Fallen neben der fehlenden Ablösesumme auch keine weiteren wesentlichen Zahlungen im Rahmen des Spielerkaufs an, scheidet ein Ansatz in der Bilanz generell aus. Schließlich stellt der IAS 38.24 im Rahmen der Zugangsbewertung dem Wortlaut nach explizit auf die tatsächlich entrichteten Anschaffungskosten ab, die im Fall des vollständig ablösefreien Erwerbs regelmäßig Null betragen. Nur für den Fall, dass zwar keine Ablösesumme für den Erwerb eines Fußballspielers entrichtet wird, jedoch weitere wesentliche Zahlungen (Anschaffungsnebenkosten) wie z.B. Ausbildungsentschädigungen für Spieler direkt mit dem ablösefreien Erwerb verbunden sind, kommt ein Bilanzansatz in Frage. Dabei ist wiederum die widerlegbare Vermutung zu beachten, dass die Anschaffungskosten des Profispielers verlässlich bestimmt werden können.[79] Zu denken ist jedoch auch – obwohl nicht unmittelbar konform mit dem Wortlaut des IAS 38.24 – an den Ansatz eines ablösefreien Spielers analog zum unentgeltlichen Erwerb. Ein unentgeltlicher Erwerb erfolgt bspw. durch Schenkungen oder Erbschaften und im Gegensatz zum ablösefreien Erwerb mit Beteiligung Dritter. Die Erstbewertung hat dabei gemäß h.M.[80] aufgrund fehlender expliziter Regelungen zum Fair Value zu erfolgen, sofern dieser zuverlässig bestimmt werden kann.[81]

6.2.3.3   „Selbst erstellte" Profifußballspieler

Bei selbst erstellten immateriellen Vermögenswerten ist der Nachweis der Erfüllung des Kriteriums der hinreichenden Wahrscheinlichkeit des Nutzenzuflusses und der zuverlässigen Bestimmbarkeit der Kosten nach Ansicht des IASB schwieriger als bei separat erworbenen immateriellen Vermögenswerten (IAS 38.51). Dies hat zur Formulierung zusätzlicher konkreter Ansatzkriterien für diese Werte geführt. Zu diesem Zweck wird der Erstellungsprozess eines immateriellen Vermögenswerts in eine Forschungsphase und eine Entwicklungsphase unterteilt (IAS 38.52).[82]

---

[78]   Eine Einschränkung dieser Argumentation könnte sich jedoch dann ergeben, wenn zwischen dem Vertragsschluss und dem tatsächlichen Wechsel eine gewisse Zeitspanne liegt und innerhalb dieses Zeitraums die Wahrscheinlichkeit eines künftigen wirtschaftlichen Nutzens widerlegende Umstände wie bspw. die Invalidität des verpflichteten Spielers eintreten.

[79]   Zu den direkt mit der Anschaffung verbundenen Kosten und der Bestimmung der Anschaffungskosten im Fall des ablösefreien Erwerbs vgl. ausführlich Gliederungspunkt 6.3.1.

[80]   Vgl. etwa *Ballwieser*, IAS 16, Tz. 59; *Adler/Düring/Schmaltz*, Rechnungslegung nach Internationalen Standards, Abschnitt 9, Tz. 71.

[81]   Vgl. hierzu die Gliederungspunkte 6.5.1.2.1 und 6.7.1.

[82]   Eine empirische Untersuchung zur Praxis der Bilanzierung von Forschungs- und Entwicklungsaufwendungen im Allgemeinen bietet etwa *Leibfried/Pfanzelt*, Forschungs- und Entwicklungskosten. Die im Folgenden beschriebenen allgemeinen Kriterien zur Abgrenzung von Forschungs- gegenüber Entwicklungsaktivitäten werden zudem durch SIC-32 *Intangible Assets – Web Sites Costs* im Hinblick auf die Erstellung von Internetauftritten konkretisiert.

Forschung ist gemäß IAS 38.8 gemeinhin definiert als die eigenständige und planmäßige Suche nach neuen wissenschaftlichen oder technischen Erkenntnissen. Exemplarisch seien die Grundlagenforschung oder die Suche nach Material-, Produkt- oder Verfahrensalternativen angeführt (IAS 38.56). Da in der Forschungsphase insbesondere der zukünftig erwartete wirtschaftliche Nutzenzufluss relativ unsicher ist und damit der Nachweis der Erfüllung des Wahrscheinlichkeitskriteriums nach Auffassung des IASB regelmäßig nicht gelingt, unterliegen die getätigten Aufwendungen stets einem Aktivierungsverbot und sind demnach im Zeitpunkt ihres Anfalls umgehend aufwandswirksam zu erfassen (IAS 38.54f.). Ist eine Trennung zwischen der Forschungs- und der Entwicklungsphase bspw. aufgrund eines fließenden Übergangs der Phasen nicht durchführbar, sind ebenfalls sämtliche Aufwendungen der Forschungsphase entsprechend aufwandswirksam zu erfassen (IAS 38.53).[83]

In der Entwicklungsphase ist der Nachweis der Erfüllung der konkreten Ansatzkriterien in bestimmten Fällen möglich, da das Projekt bereits weiter fortgeschritten ist (IAS 38.58). Unter *Entwicklung* wird die Anwendung von Forschungsergebnissen oder sonstigem Wissen in der Produktionsplanung im Vorfeld der kommerziellen Produktion oder Nutzung verstanden (IAS 38.8). Hierzu zählen beispielsweise der Entwurf oder die Fertigung von Prototypen oder Modellen und die Konstruktion von Pilotanlagen (IAS 38.59). Eine Aktivierung von Entwicklungsausgaben als immaterieller Vermögenswert ist gemäß IAS 38.57 immer dann geboten, wenn die folgenden sechs Kriterien kumulativ erfüllt sind, das Unternehmen mithin nachweisen kann,

1. dass die *Fertigstellung* des immateriellen Vermögenswerts zur Nutzung oder zum Verkauf *technisch realisierbar* ist;
2. dass es die *Absicht* hat, den immateriellen Vermögenswert fertig zu stellen und anschließend *zu nutzen oder zu verkaufen*;
3. dass es die *Fähigkeit* besitzt, den immateriellen Vermögenswert *zu nutzen oder zu verkaufen*;
4. *wie* der immaterielle Vermögenswert einen voraussichtlichen *künftigen wirtschaftlichen Nutzenzufluss erzeugen* wird (z.B. Nachweis, dass für den immateriellen Vermögenswert oder die mit dem immateriellen Vermögenswert hergestellten Produkte ein Markt existiert);
5. dass es über *ausreichend* gesicherte technische, finanzielle oder sonstige *Ressourcen* verfügt, um den immateriellen Vermögenswert fertig zu stellen und später zu verkaufen oder zu nutzen (bspw. anhand eines Unternehmens- oder Geschäftsplans) und
6. dass es die dem immateriellen Vermögenswert während seiner Entwicklung zurechenbaren *Kosten zuverlässig bestimmen* kann (z.B. durch ein entsprechend ausgestaltetes Kostenrechnungssystem).

Der Ansatz eines selbst erstellten immateriellen Vermögenswerts hat ab dem Zeitpunkt zu erfolgen, zu dem sowohl die abstrakten als auch die konkreten Ansatzkriterien erstmals erfüllt sind. Eine Nachaktivierung von Entwicklungskosten, die vor diesem Zeitpunkt angefallen sind, ist gemäß IAS 38.65 grundsätzlich ausgeschlossen.

---

[83] Vgl. *Hoffmann*, Immaterielle Vermögenswerte, Rz 22; *Baetge/Keitz*, IAS 38, Tz. 55, 57. Diese Vorgehensweise unterscheidet sich folglich grundlegend vom Fall des separaten Erwerbs, im Rahmen dessen Vermögenswerte im Forschungsstadium grundsätzlich als konkret bilanzierungsfähig gelten und damit zu aktivieren sind.

Gemäß dem Wortlaut des IAS 38 lässt sich bei Vorliegen der oben genannten Bedingungen ein unmittelbares Aktivierungsgebot ableiten. Aufgrund der erheblichen Ermessensspielräume bei der Auslegung der „schwammigen" Ansatzkriterien ist jedoch von einem faktischen Aktivierungswahlrecht für Entwicklungskosten im IFRS-Abschluss auszugehen.[84] Dieser erhebliche Ermessensspielraum wird jedoch insofern eingeschränkt, als das IASB – jedoch nicht abschließend – bestimmte selbst erstellte immaterielle Vermögenswerte von vornherein ausdrücklich von einer Aktivierung ausschließt, da sich unter anderem die zu ihrer Schaffung getätigten Aufwendungen nicht von den allgemeinen Aufwendungen auf der Ebene der Gesamtunternehmung trennen lassen und es somit an einer zuverlässigen Bestimmbarkeit der Kosten fehlt (IAS 38.63f.):[85]

- Markennamen,
- Kundenlisten,
- Drucktitel,
- Verlagsrechte sowie
- ihrem Wesen nach ähnliche Sachverhalte.

Daneben sind nach Ansicht des IASB auch Gründungs- und Anlaufkosten, *Aus- und Weiterbildungskosten*, Ausgaben für Werbefeldzüge und für Maßnahmen zur Verkaufsförderung sowie Verlagerungs- und Reorganisationskosten regelmäßig als Aufwand in der Periode ihres Anfalls zu erfassen (IAS 38.69).

Bei genauerer Betrachtung der voranstehenden Auflistung scheint ein Ansatz „selbst erstellter" Fußballspieler im IFRS-Abschluss aufgrund des Aktivierungsverbots für Aus- und Weiterbildungskosten generell ausgeschlossen. Dieses angeführte Ansatzverbot leitet sich nach Ansicht des IASB aus der Annahme ab, dass Humankapital der Zugang zu einem Bilanzansatz wegen der fehlenden Verfügungsmacht über den daraus erzielbaren künftigen wirtschaftlichen Nutzen regelmäßig verwehrt bleibt. Jedoch wurde in Kapitel 6.2.2.4 bereits ausführlich dargelegt, dass sich die seitens des IASB geäußerten Bedenken hinsichtlich eines Bilanzansatzes von Humankapital nicht auf den Bereich des professionellen Fußballspielers übertragen lassen. Infolge der besonderen Vertragskonstellation gelingt für die Dauer des Arbeitsvertrags regelmäßig der Nachweis über die Kontrolle des aus einem Spieler generierbaren künftigen wirtschaftlichen Nutzens. Vor dem Hintergrund dieser Diskussion ist ebenfalls das oben angeführte Aktivierungsverbot für Aus- und Weiterbildungsausgaben zu sehen: Aus- und Weiterbildungsausgaben sind gemäß IAS 38.68f. einer Aktivierung ausnahmsweise dann zugänglich, wenn sie Bestandteil der Anschaffungs- oder Herstellungskosten eines immateriellen Vermögenswerts sind, der sowohl die abstrakten als auch die konkreten Ansatzkriterien des IAS 38 erfüllt.

---

[84] Vgl. etwa *Hoffmann*, Immaterielle Vermögenswerte, Rz 28ff.; *Wagenhofer*, IAS/IFRS, S. 209f.; *Baetge/Keitz*, IAS 38, Tz. 69.

[85] Anderer Ansicht *Arbeitskreis „Externe Unternehmensrechnung"*, internationale Konzernrechnungslegung, S. 50 der die zuverlässige Bestimmbarkeit der von den in IAS 38.63 genannten Werten verursachten Kosten nicht grundsätzlich ausschließt.

Nachfolgend sind somit zwei Fälle einer eingehenden Untersuchung zu unterziehen:
1. Zunächst ist zu klären, ob, und wenn ja, welche „selbst erstellten" Fußballspieler in einer IFRS-Bilanz anzusetzen sind (*erstmaliger Ansatz*).
2. Des Weiteren stellt sich die Frage, wie *nachträgliche Kosten* im Anschluss an den erstmaligen Ansatz eines „selbst erstellten" (oder auch eines separat erworbenen) Spielers bilanziell zu berücksichtigen sind.

Hinsichtlich des *erstmaligen Ansatzes* „selbst erstellter" Fußballspieler ist zunächst festzuhalten, dass analog zu den separat erworbenen Spielern grundsätzlich erst der mit dem Fußball-Club abgeschlossene Arbeitsvertrag die Kontrolle über den aus dem immateriellen Vermögenswert „Fußballspieler" erzielbaren künftigen wirtschaftlichen Nutzen gewährleistet. Ein Ansatz der aus dem eigenen Amateur- und Jugendbereich durch gezielte sportliche Förderung und Ausbildung erwachsenen Spieler darf als Folge erst mit Beginn der Laufzeit des Arbeitsvertrags erfolgen. Zu diesen potenziell anzusetzenden „selbst erstellten" Spielern gehören einerseits diejenigen vereinseigenen Amateure, die schließlich einen Vertrag als Vertragsamateur bzw. als Lizenzspieler erhalten. Andererseits können mit Beginn der B-Jugend so genannte Förderverträge mit Nachwuchsspielern in den Leistungszentren der Lizenzligen abgeschlossen werden, die mit Abschluss dieser Förderverträge als Vertragsamateure gelten.[86]

Eine genauere Untersuchung dieses „Herstellungsvorgangs" lässt eine gewisse Analogie zum ablösefreien Erwerb erkennen. Nur dann, wenn weitere wesentliche Zahlungen (Anschaffungsnebenkosten) wie z.B. Signing Fees oder Entschädigungszahlungen an lizenzierte Spielervermittler mit der clubinternen Statusänderung verbunden sind, kommt ein Bilanzansatz in Frage. Jegliche Ausbildungskosten des Arbeit gebenden Fußball-Clubs, die vor dem Beginn der Vertragslaufzeit angefallen sind und im „klassischen" Sinn als Herstellungskosten interpretiert werden könnten, sind hingegen aufgrund des oben beschriebenen Nachaktivierungsverbots grundsätzlich nicht ansatzfähig. Entfallen folglich jedwede „Anschaffungsnebenkosten"[87] im Zusammenhang mit dem Vertragsabschluss, so scheidet ein Ansatz der „selbst erstellten" Spieler in der Bilanz generell aus. Hinsichtlich der Erfüllung der konkreten Aktivierungskriterien kann somit grundlegend auf den Fall des ablösefreien Erwerbs verwiesen werden.[88]

Die folgende Abbildung fasst die vorangegangenen Aussagen zusammen:

---

[86] Vgl. Gliederungspunkte 2.3.1 und 2.3.2.2.2.

[87] Vgl. hierzu ausführlich Gliederungspunkt 6.3.1.

[88] Vgl. insofern Gliederungspunkt 6.2.3.2. Hingegen gehen *Ernst & Young*, Profifußball, S. 57 grundsätzlich von einem Aktivierungsverbot für „selbst erstellte" Spieler aus.

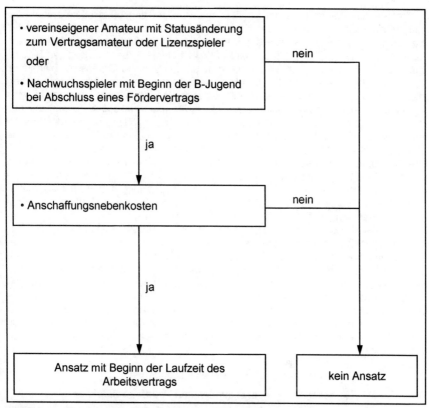

Abbildung 10: Ansatz „selbst erstellter" Profifußballspieler

Kritischer zu beleuchten ist indes der Fall *nachträglicher Kosten*, die im Anschluss an den erstmaligen Ansatz eines „selbst erstellten" (oder eines separat erworbenen[89]) Spielers entstehen. Fraglich ist in diesem Zusammenhang, ob durch Trainingsaktivitäten verursachte „Erweiterungskosten" potenziell zu einer Erhöhung des aus einem Spieler erzielbaren wirtschaftlichen Nutzens, resultierend aus einer erhöhten bzw. vertieften sportlichen Leistungsfähigkeit des Spielers, führen und insofern aktivierungsfähig sind. Zur Beantwortung dieser Frage sind in einem nächsten Schritt die oben angeführten sechs konkreten Aktivierungskriterien zu würdigen.[90]

Die fortfolgenden Trainingsaktivitäten, d.h. die Anwendung der Trainingslehre oder die Anwendung von sonstigem Wissen im Vorfeld des konkreten Einsatzes eines Spielers an einem bestimmten Spieltag bzw. in einer Saison (Saisonvorbereitung), könnten in der Systematik des IAS 38 zunächst als Entwicklungsaktivitäten einge-

---

[89] Vgl. auch Gliederungspunkt 6.3.1.

[90] Zu den abstrakten Aktivierungskriterien kann grundlegend auf die bisherigen Ausführungen verwiesen werden. Vgl. dazu Gliederungspunkt 6.2.2.

ordnet werden. Während bei der Beurteilung der Aktivierungsfähigkeit derartiger Kosten die Kriterien 1. bis 3. und das Kriterium 5. noch relativ unkritisch zu sehen sind, bestehen vor allem hinsichtlich der Beurteilung des künftigen wirtschaftlichen Nutzens aus der Erweiterung des Spielers und der Fähigkeit der zuverlässigen Bestimmung der Erweiterungskosten (Kriterien 4. und 6.) erhebliche Ermessensspielräume. Es stellt sich vor allem die Frage, ob sich Veränderungen im Nutzenniveau überhaupt vom ursprünglich erwarteten Nutzen separieren lassen bzw. ob durch die entsprechenden Trainingsaktivitäten letztlich nur das ursprüngliche Nutzenniveau aus der beim Vertragsschluss erwarteten sportlichen Leistungsfähigkeit des Spielers erhalten wird.[91] Schließlich zielen die laufenden Trainingsaktivitäten nicht nur auf die Erhöhung der sportlichen Leistungsfähigkeit eines Spielers ab, sondern dienen zugleich dem Erhalt dieser Fähigkeiten, der Regeneration sowie der Rehabilitation nach Verletzungen. Dies wird im besonderen Maße für ältere Spieler gelten, wohingegen bei jungen Spielern noch am ehesten eine Erhöhung des Nutzens erklärbar scheint. Der Zusatz des IAS 38.22, dass die Einschätzung der Wahrscheinlichkeit des künftigen wirtschaftlichen Nutzens auf vernünftigen und nachvollziehbaren Annahmen des Managements zu erfolgen hat, hilft in diesem Zusammenhang nicht weiter, da eine Offenlegung der getroffenen Annahmen grundsätzlich nicht vorgeschrieben ist und eine intersubjektive Nachprüfbarkeit folglich nicht gewährleistet ist. Eine zuverlässige Bestimmung der Erweiterungskosten ist ebenfalls als äußerst fraglich einzustufen, zumal wohl die wenigsten Fußball-Clubs über ein entsprechend ausgestaltetes Kostenrechnungssystem verfügen.[92] Letzten Endes verbleibt die Entscheidung über eine Aktivierung nachträglicher Kosten durch Trainingsaktivitäten aufgrund der erheblichen Ermessensspielräume bei der Auslegung der bereits oben als „schwammig" klassifizierten Ansatzkriterien einzelfallbezogen beim bilanzierenden Fußball-Club.[93]

6.3 Erstbewertung professioneller Fußballspieler

6.3.1 Erstbewertung separat erworbener Profifußballspieler

Ein separat erworbener immaterieller Vermögenswert ist bei Zugang generell mit seinen Anschaffungskosten zu bewerten, die nach Ansicht des IASB regelmäßig zuverlässig bestimmt werden können (IAS 38.24, 26). Die Anschaffungskosten eines immateriellen Vermögenswerts umfassen (IAS 38.27f.):[94]

- den *Anschaffungspreis* einschließlich Einfuhrzölle und nicht abzugsfähiger Vorsteuern abzüglich eventueller *Anschaffungspreisminderungen* wie z.B. Rabatte, Boni und Skonti sowie

---

[91]   Gleicher Ansicht *Homberg/Elter/Rothenburger*, Bilanzierung von Spielervermögen, S. 262.

[92]   Vgl. u.a. *Galli*, Spielerbewertung im Teamsport, S. 814. *WGZ-Bank/KPMG*, Fußball und Finanzen, S. 131 gehen hingegen gänzlich von der Unmöglichkeit einer zuverlässigen Kostenbestimmung aus. Zur Problematik der Kostenallokation bei selbst erstellten immateriellen Vermögenswerten vgl. auch *Haller*, Immaterielle Vermögenswerte, S. 567.

[93]   *Galli* verneint hingegen die Möglichkeit einer zuverlässigen Bestimmung der Kosten und lehnt insofern grundsätzlich eine Aktivierung von Herstellungskosten (erstmalig und nachträglich) bei Fußballspielern ab. Vgl. *Galli*, Rechnungswesen im Berufsfußball, S. 281f.

[94]   Vgl. allgemein zu den Anschaffungskosten nach IFRS bspw. *Hoffmann*, Anschaffungs- und Herstellungskosten, Rz 11ff.; *Coenenberg*, Jahresabschluss, S. 91ff.; *Wagenhofer*, IAS/IFRS, S. 153ff.; *Baetge/Keitz*, IAS 38, Tz. 79ff.; *Wohlgemuth/ Radde*, Anschaffungskosten, S. 906ff.

- sämtliche direkt zurechenbaren Kosten i.H. ihres Fair Value[95] zur Versetzung des Vermögenswerts in den *betriebsbereiten Zustand* für seine vom Management vorgesehene Verwendung (Anschaffungsnebenkosten). Der Anschaffungsvorgang endet mithin, wenn dieser vom Management gewünschte Zustand erreicht ist (IAS 38.8, 30).

Als direkt zurechenbare Kosten führt das IASB exemplarisch direkt mit dem Erwerb zusammenhängende Arbeitsentgelte (Löhne und Gehälter), Honorare und sonstige Kosten aus Maßnahmen zur Überprüfung und Erlangung der Leistungsfähigkeit wie behördliche Genehmigungen oder Kosten für Probeläufe an.

Gemeinkosten sind hingegen grundsätzlich von einer Aktivierung im Rahmen der Anschaffungskosten eines immateriellen Vermögenswerts ausgeschlossen (IAS 38.29(c)).[96] Ebenfalls von einer Aktivierung ausgenommen sind (Markt-)Einführungskosten wie z.B. Werbung, Kosten der Geschäftserweiterung, Ausgaben für Mitarbeiterschulungen und anfängliche Verluste (IAS 38.29f.).

Hinsichtlich der Anschaffungskosten professioneller Fußballspieler ist analog zu den Kriterien der konkreten Aktivierungsfähigkeit zwischen ablösepflichtig und ablösefrei erworbenen Spielern zu differenzieren.[97] So umfassen die Anschaffungskosten der aus einem laufenden Arbeitsvertrag „herausgekauften" Spieler (*ablösepflichtige Spieler*) zunächst den Anschaffungspreis in Form der entrichteten *Ablösesumme* abzüglich jeglicher Anschaffungspreisminderungen. Wird die Begleichung der Transfersumme zudem über eine unüblich lange Frist hinaus aufgeschoben, ist lediglich der Gegenwert der Ablösesumme als Anschaffungskosten anzusetzen (IAS 38.32). Der Differenzbetrag zur vereinbarten Ablösesumme muss über den Zeitraum des Zahlungsziels als Zinsaufwand erfasst werden.

Neben der um eventuelle Anschaffungspreisminderungen verminderten Transferzahlung sind bei der Bestimmung der Anschaffungskosten ebenfalls sämtliche direkt zurechenbaren *Kosten zur Versetzung* des ablösepflichtigen Spielers *in den betriebsbereiten Zustand* für seine vom Management vorgesehene Verwendung zu berücksichtigen (Anschaffungsnebenkosten). Dabei können insbesondere folgende Kosten anfallen:

- Kosten der ärztlichen Sporttauglichkeitsuntersuchung,
- Signing Fees (Handgelder)[98],
- Umzugskostenerstattungen,
- Gebühren für die Beantragung der Spielerlaubnis,
- Anwaltsgebühren im Rahmen des Arbeitsvertragsabschlusses,

---

[95] Vgl. zum Fair Value Gliederungspunkt 6.4.2.

[96] Anderer Ansicht *Scheinpflug*, Immaterielle Vermögenswerte, Rz. 45; *Baetge/Keitz*, IAS 38, Tz. 81 die auch anhand von Mengen- oder Zeitschlüsselungen zuzurechnende produktionsbezogene Gemeinkosten als Bestandteil der Anschaffungskosten für zulässig erachten.

[97] Die folgenden Ausführungen sind analog auf den Erwerb eines bisherigen Amateurs oder Vertragsamateurs durch einen Fußball-Club der beiden Profiligen zu übertragen, wobei der Spieler als Folge des Transfers den Status des Vertragsamateurs bei dem neuen Club erhält bzw. beibehält. Vgl. auch FN 74 dieses Kapitels.

[98] Hierbei handelt es sich um Unterschriftenprämien an den Spieler für den Abschluss des Arbeitsvertrags. In der Bilanzierungspraxis werden diese allerdings als laufender Personalaufwand verbucht. Vgl. *Müller*, Praxis der bilanziellen Behandlung von Transferentschädigungen, S. 196.

- Entschädigungen an lizenzierte Spielervermittler,
- Ausbildungsentschädigungszahlungen für Spieler jeglichen Status vor Vollendung des 23. Lebensjahrs bei grenzüberschreitenden Transfers in den Lizenzspielerbereich[99] und
- Kosten eines Ablösespiels.

Der betriebsbereite Zustand ist schließlich nach der letztendlich erteilten Spielerlaubnis seitens des Ligaverbands im Anschluss an den zwischen Spieler und Club abgeschlossenen Arbeitsvertrag und die durch den Ligaverband erteilte Spielerlizenz[100] erreicht. Ausgenommen von einer Aktivierung sind insofern (Markt-)Einführungskosten des Spielers wie z.B.

- Kosten für die erstmalige Spielerpräsentation (insbesondere bei Werbeauftritten im Fernsehen, in Zeitschriften, bei den Sponsoren und beim Ausstatter bzw. Ausrüster),
- Kosten für das Merchandising (Trikot des Spielers und sonstige Fanartikel, Vermarktung des Namens, Mannschaftsfotos, Einzelaufnahmen, Autogrammkarten, Internetauftritt etc.),
- Kosten für die Spiel- bzw. Trainingskleidung und -ausrüstung des Spielers.

Ebenfalls ausgenommen von der Aktivierung sind jene Kosten, die aus zeitlicher Sicht vor der Erfüllung der abstrakten und konkreten Aktivierungskriterien – folglich vor dem Beginn der eigentlichen Laufzeit des Arbeitsvertrags – angefallen sind (IAS 38.18). Hierzu zählen bspw. Kosten für das so genannte Scouting[101] inkl. der dabei anfallenden Reisekosten oder Kosten für Probetrainings. Jedoch könnte auch eine Überlegung dahingehend angestellt werden, derartige Kosten in Analogie zu IAS 11 *Construction Contracts* als Kosten der Auftragserlangung zu klassifizieren, die dann einer Aktivierung zugänglich wären, wenn sie in der Periode des Vertragsabschlusses angefallen sind, einzeln identifiziert und zudem verlässlich bewertet werden können (IAS 11.21). Gegen eine solche Vorgehensweise spricht jedoch, dass Fertigungsaufträge explizit vom Anwendungsbereich des IAS 38 ausgenommen sind (IAS 38.3).

Ablösefrei „erworbene" Spieler sind ausschließlich dann in der Bilanz anzusetzen, wenn mit dem ablösefreien Erwerb weitere Zahlungen direkt verbunden sind.[102] Insofern sind hinsichtlich der Ermittlung der Anschaffungskosten lediglich die oben angeführten Kostenarten zur Versetzung des ablösefreien Spielers in den betriebsbereiten Zustand zu berücksichtigen.

Fremdkapitalkosten sind nach IAS 23 *Borrowing Costs* ausschließlich dann in die Anschaffungskosten einzubeziehen, wenn sie dem Vermögenswert direkt zugerechnet werden können und sich der Zeitraum der Versetzung des Vermögenswerts in seinen beabsichtigten Gebrauchszustand über mehrere Perioden erstreckt (IAS

---

[99] Vgl. Gliederungspunkt 2.3.2.2.2.

[100] Vgl. zur Spielerlizenz ausführlich Gliederungspunkt 2.3.1.

[101] Unter Scouting wird allgemein die Beobachtung einzelner Spieler u.a. auch hinsichtlich der Beratung des Managements eines Clubs und dessen Trainerteam bei Neuverpflichtungen verstanden, aber auch die Beobachtung von Spielen gegnerischer Mannschaften nebst der Analyse des Gegners.

[102] Vgl. Gliederungspunkt 6.2.3.2.

23.8). Es muss sich folglich um einen so genannten *qualifizierten Vermögenswert* gemäß IAS 23.5 handeln. Bezogen auf professionelle Fußballspieler dürfte die Berücksichtigung von Fremdkapitalkosten (bspw. aus der Aufnahme von Fremdkapital oder der Erhöhung eines Kreditlimits exklusiv für den Erwerb eines Spielers) im Rahmen der Anschaffungskosten nach intuitivem Verständnis generell ausscheiden. Denn die Anforderung des beträchtlichen Zeitraums zur Versetzung eines Spielers in den betriebsbereiten Zustand scheint regelmäßig nicht erfüllt zu sein und die Anschaffungskosten dürfen zudem aus zeitlicher Sicht nur jene Kosten umfassen, die seit der Erfüllung der abstrakten und konkreten Aktivierungskriterien – ergo Beginn der Laufzeit des Arbeitsvertrags – angefallen sind. Die weit gefassten Aktivierungsvoraussetzungen des IAS 23 erfordern jedoch im folgenden besonderen Fall dennoch eine Aktivierung von Fremdkapitalkosten im Hinblick auf den Erwerb eines Profispielers[103]: Betrachtet wird ein im Verlauf einer Saison lediglich vertraglich vereinbarter Wechsel eines Spielers zu einem anderen Fußball-Club, wobei die vereinbarte Ablösesumme von dem aufnehmenden Club umgehend entrichtet, der eigentliche Wechsel des Spielers aber erst zu einem wesentlich späteren Zeitpunkt vollzogen wird (z.B. zwei Saisons nach der Transaktion). Gemäß IAS 23.17ff. reicht für eine Aktivierung der im Rahmen dieser Transaktion angefallenen Fremdkapitalkosten aus, wenn bereits Zahlungen (hier: Entrichtung der Ablösesumme) für den Vermögenswert „Profispieler" erfolgt sind und weiterhin administrative Tätigkeiten wie die Beschaffung von Genehmigungen vor der eigentlichen Nutzung des Spielers – der Vertragsschluss – verrichtet worden sind.[104]

Zu einem späteren Zeitpunkt anfallende Kosten (*nachträgliche Anschaffungskosten*) für die Erweiterung, den teilweisen Ersatz oder die Instandhaltung eines immateriellen Vermögenswerts sind generell nur dann zu aktivieren, wenn sie ebenfalls die abstrakten und konkreten Ansatzkriterien erfüllen (IAS 38.18). Das IASB geht dabei allerdings nur in Ausnahmefällen von einer Aktivierung nachträglicher Kosten aus, da diese zumeist nur zur Realisierung des ursprünglich erwarteten wirtschaftlichen Nutzens aus einem bestehenden immateriellen Vermögenswert beitragen (IAS 38.20).[105] Grundsätzlich zu berücksichtigen sind sämtliche nachträglich anfallenden und zunächst bedingten Zahlungen im Zusammenhang mit dem Erwerb eines Spielers, die erst durch das Erreichen bestimmter künftiger Ereignisse ausgelöst werden.[106] Hierzu zählen bspw. jene Zahlungen, die an bestimmte sportliche Ziele des aufnehmenden Clubs (z.B. Gewinn der Deutschen Fußballmeisterschaft, Qualifikation des neuen Clubs zur Teilnahme an europäischen Clubwettbewerben, Aufstieg in eine höhere Spielklasse, Berufung des Spielers in die Fußballnationalmannschaft etc.) oder die

---

[103] Beispiel in Anlehnung an *Homberg/Elter/Rothenburger*, Bilanzierung von Spielervermögen, S. 255.

[104] Insofern kommt es in diesem Fall zur Durchbrechung des oben angeführten Aktivierungsverbots von Kosten, die vor dem Beginn der Laufzeit des Arbeitsvertrags angefallen sind.

[105] Bspw. sind nachträgliche Kosten für Markennamen, Kundenlisten, Drucktitel und Verlagsrechte generell umgehend erfolgswirksam zu erfassen und zwar unabhängig davon, ob diese immateriellen Vermögenswerte separat erworben oder selbst erstellt worden sind. Nach Ansicht des IASB gelingt schließlich gerade bei immateriellen Werten regelmäßig keine Separation der nachträglichen Aufwendungen vom Gesamtunternehmen oder von einzelnen Teileinheiten.

[106] Denkbar ist jedoch ebenfalls ein sofortiger Einbezug in die Anschaffungskosten in Analogie zu IFRS 3 *Business Combinations*, wenn die bedingten Zahlungen wahrscheinlich sind und zudem zuverlässig bewertet werden können (IFRS 3.32).

Anzahl der Pflichtspieleinsätze des Spielers geknüpft sind. Fraglich ist jedoch, ob durch Trainingsaktivitäten verursachte „Erweiterungskosten" potenziell zur Erhöhung des aus einem Spieler erzielbaren wirtschaftlichen Nutzens, resultierend aus der erhöhten bzw. vertieften sportlichen Leistungsfähigkeit eines Spielers, führen und zudem aktivierungsfähig sind. Hierbei gelten grundsätzlich dieselben Kriterien nebst den dort angeführten Ermessensspielräumen wie bei den „selbst erstellten" Fußballspielern, sodass auf die dortigen Ausführungen verwiesen werden kann.[107]

Nachstehende Tabelle fasst die Struktur der Anschaffungskosten bei professionellen Fußballspielern abschließend schematisch zusammen:

Anschaffungspreis	
=	vertragliches Hauptentgelt (= Ablösesumme; nur bei *ablösepflichtigen Spielern*)
+	**Anschaffungsnebenkosten**
=	Entschädigungszahlungen (für die Ausbildung, an Spielervermittler), ärztliche Untersuchungen, Signing Fees etc.
+	direkt zurechenbare Fremdkapitalkosten, wenn der vereinbarte Clubwechsel eines Spielers zu einem beträchtlich späteren Zeitpunkt als der Vertragsabschluss nebst der Begleichung der vereinbarten Ablösesumme stattfindet
–	**Anschaffungspreisminderungen**
=	Nachlässe und Erstattungen auf die Ablösesumme und die Anschaffungsnebenkosten (Rabatte, Boni, Skonti)
=	**ursprüngliche Anschaffungskosten** (*initial costs*)
+	**nachträgliche Anschaffungskosten** (*subsequent costs*)
=	Erhöhungen der ursprünglichen Anschaffungskosten nach erstmaligem Ansatz (bedingte Zahlungen)
+	Erweiterungskosten nach erstmaligem Ansatz zur Erhöhung des wirtschaftlichen Nutzens aus der erhöhten sportlichen Leistungsfähigkeit
=	**Anschaffungskosten eines Profifußballspielers**

Tabelle 21: Zusammensetzung der Anschaffungskosten bei professionellen Fußballspielern gemäß IAS 38[108]

6.3.2   Erstbewertung „selbst erstellter" Profifußballspieler

Aktivierungspflichtige selbst erstellte immaterielle Vermögenswerte werden zu ihren Herstellungskosten angesetzt (IAS 38.24).[109] Diese umfassen zum einen aus *zeitli-*

---

[107] Vgl. Gliederungspunkt 6.2.3.3.

[108] In Anlehnung an *Fischer*, IAS-Abschlüsse, S. 75f.

[109] Zu den Herstellungskosten in der IFRS-Rechnungslegung vgl. allgemein etwa *Hoffmann*, Anschaffungs- und Herstellungskosten, Rz 15ff.; *Coenenberg*, Jahresabschluss, S. 97ff.; *Wagenhofer*, IAS/IFRS, S. 156ff.; *Baetge/Keitz*, IAS 38, Tz. 90ff.; *Wohlgemuth/Radde*, Herstellungskosten, S. 207ff.

cher Sicht sämtliche Kosten, die seit der erstmaligen Erfüllung der abstrakten und konkreten Aktivierungsvoraussetzungen bis zum Zeitpunkt des vom Management beabsichtigten Gebrauchszustands angefallenen sind (IAS 38.65f.). Zum anderen entsprechen die Herstellungskosten *materiell* der Summe aller direkt zurechenbaren Kosten, die zur Schaffung und Herstellung des immateriellen Vermögenswerts sowie dessen Vorbereitung auf den beabsichtigten Gebrauchszustand angefallen sind (IAS 38.66). Als direkt zurechenbare Kosten nennt das IASB beispielhaft Material- und Dienstleistungskosten, mit der Herstellung zusammenhängende Arbeitsentgelte (Löhne und Gehälter), Registrierungskosten eines Rechtsschutzes und Abschreibungen auf Patente und Lizenzen, die zur Herstellung genutzt werden.

Vertriebs- und Verwaltungsgemeinkosten sowie andere Gemeinkosten stellen keine Bestandteile der Herstellungskosten eines selbst geschaffenen immateriellen Vermögenswerts dar, es sei denn, die entstandenen Aufwendungen können der Herstellung direkt zugeordnet werden (IAS 38.67(a)). Daher wird in der Literatur von so genannten „produktionsbezogenen" Gemeinkosten gesprochen.[110] Vor Beendigung der Fertigstellung identifizierte Ineffizienzen und auftretende Anfangsverluste sind bei der Bestimmung der Herstellungskosten nicht zu berücksichtigen (IAS 38.67(b), (c)).

Gemäß der mit den konkreten Aktivierungskriterien konformen Differenzierung hinsichtlich „selbst erstellter" Fußballspieler[111] sind im Rahmen des *erstmaligen Ansatzes* ausschließlich die in Kapitel 6.3.1 erläuterten Bestimmungen zu den Anschaffungskosten eines ablösefrei „erworbenen" Spielers zu beachten (analoger „ablösefreier" Erwerb).

Herstellungskosten im eigentlichen Sinn fallen indes nur für bereits angesetzte Spieler an und zwar unabhängig davon, ob diese Spieler „selbst erstellt" oder aber separat erworben wurden (*nachträgliche Kosten*).[112] Für den Fall, dass Trainingsaktivitäten zu einer Erhöhung des aus einem Spieler erzielbaren wirtschaftlichen Nutzens führen und zudem die konkreten Aktivierungskriterien gemäß der einzelfallbezogenen Ermessensentscheidung des Managements erfüllt sind, können die aktivierungspflichtigen Herstellungskosten in materieller Hinsicht bspw. umfassen:

- Trainergehälter sowie Kosten für Sondertraining,
- Kosten für Trainingskleidung und -ausrüstung des Spielers,
- anteilige Abschreibungen auf das Trainingsgelände,
- Kosten ärztlicher Untersuchungen/sonstiger medizinischer Maßnahmen,
- Ausgaben für Trainingslager inkl. Reisekosten und Unterkunft.[113]

Neben der einzelfallbezogenen Ermessensentscheidung bei der Frage, ob nachträglich durch Trainingsaktivitäten verursachte Kosten aktivierungsfähig sind oder nicht und ob diese Erweiterungskosten zudem zuverlässig bestimmt sowie einzelnen Spie-

---

[110] Vgl. etwa *Hoffmann*, Immaterielle Vermögenswerte, Rz 49; *Baetge/Keitz*, IAS 38, Tz. 90.

[111] Vgl. Gliederungspunkt 6.2.3.3.

[112] Vgl. hierzu Gliederungspunkte 6.2.3.3 und 6.3.1.

[113] Im Gegensatz zu den separat erworbenen Spielern scheidet eine Aktivierung von im Rahmen der Herstellung angefallenen Fremdkapitalkosten grundsätzlich aus, da entgegen dem in Gliederungspunkt 6.3.1 angeführten Beispiel der „erweiterte" Spieler in jedem Fall bereits exklusiv vom Arbeit gebenden Fußball-Club eingesetzt werden kann und die Anforderung des beträchtlichen Zeitraums folglich regelmäßig nicht erfüllt ist.

lern direkt zugerechnet werden können[114], besteht für das bilanzierende Management ein weiterer Ermessensspielraum bei der Beurteilung, wann im Fall der Aktivierung letztendlich der beabsichtigte Gebrauchszustand – folglich das Ende der Herstellung – erreicht ist. Hierdurch lässt sich der Umfang der Herstellungskosten nicht nur aus materieller, sondern auch aus zeitlicher Sicht gezielt steuern.

6.4   Planmäßige Folgebewertung professioneller Fußballspieler

IAS 38.72 gewährt dem Bilanzierenden ein generelles Wahlrecht zur Bewertung seiner immateriellen Vermögenswerte zu fortgeführten Kosten (Anschaffungskostenmodell) oder unter bestimmten Bedingungen alternativ und gleichwertig zum Fair Value (Neubewertungsmethode). Das Bewertungswahlrecht ist dabei gemäß IAS 8 *Accounting Policies, Changes in Accounting Estimates and Errors* grundsätzlich stetig anzuwenden (IAS 8.13). Zu prüfen ist im Folgenden, wie die Bewertung gemäß dem Anschaffungskostenmodell für professionelle Fußballspieler auszugestalten ist und ob die Profispieler darüber hinaus die äußerst restriktiven Anforderungen an die Neubewertungsmethode erfüllen.

6.4.1   Bewertung zu fortgeführten Kosten (Anschaffungskostenmodell)

Nach dem Anschaffungskostenmodel sind Profifußballspieler zu ihren Anschaffungs- oder Herstellungskosten abzüglich der kumulierten planmäßigen Abschreibungen und kumulierten Wertminderungsaufwendungen[115] anzusetzen (IAS 38.74). Für die Wertfortführung ist hierbei zunächst grundsätzlich entscheidend, ob ein Profispieler eine bestimmte oder aber eine unbestimmte wirtschaftliche Nutzungsdauer aufweist.

6.4.1.1   Bestimmung der wirtschaftlichen Nutzungsdauer

Die Nutzungsdauer als der Zeitraum der voraussichtlichen Nutzbarkeit durch das bilanzierende Unternehmen gilt nach IAS 38.88 immer dann als unbestimmt, wenn ein immaterieller Vermögenswert nach Einschätzung des Managements Netto-Cashflows über einen nicht abzusehenden Zeitraum generiert. Der Term ,unbestimmt' meint in diesem Zusammenhang allerdings nicht notwendigerweise unbegrenzt bzw. unendlich, sondern drückt nur eine derzeit nicht abzusehende Grenze der Nutzungsdauer aus (IAS 38.91).[116] Entscheidend bei der Beurteilung, ob die wirtschaftliche Nutzungsdauer als unbestimmt zu klassifizieren ist oder nicht, sind sowohl die Absicht als auch die Fähigkeit des Managements, ein ursprünglich angestrebtes Nutzenniveau zu erreichen (IAS 38.BC61). Schwierigkeiten bei der Bestimmung der Nutzungsdauer rechtfertigen jedoch nicht die Annahme einer unbestimmten Nutzungsdauer (IAS 38.93, BC65(a)).

Im Rahmen seiner Einschätzung, ob der immaterielle Vermögenswert eine bestimmte oder unbestimmte wirtschaftliche Nutzungsdauer aufweist und welche Zeitspanne eine eventuell bestimmte Nutzungsdauer umfasst, hat das verantwortliche Manage-

---

[114] Vgl. hierzu auch FN 92 und 93 dieses Kapitels.

[115] Vgl. dazu Gliederungspunkt 6.5.

[116] Insofern ist die Übersetzung der englischen Bezeichnung „indefinite" durch das Wort „unbegrenzt" in der deutschen Ausgabe des Standards irreführend.

ment gemäß IAS 39.90 eine Reihe rechtlicher, vertraglicher, ökonomischer und anderer Faktoren zu analysieren. Das IASB führt hierbei bspw. folgende Aspekte an:

- Die erwartete *Nutzungsart* des immateriellen Vermögenswerts durch das bilanzierende Unternehmen,
- typische *Produktlebenszyklen* des betrachteten immateriellen Vermögenswerts,
- *öffentlich verfügbare Nutzungsdauern* ähnlich genutzter Vermögenswerte,
- technische oder wirtschaftliche *Veralterung* (insbesondere bei Computersoftware),
- die *Stabilität der Branche* und das *Nachfrageverhalten* seitens der Konsumenten hinsichtlich der mit dem Vermögenswert erzeugten Produkte und Dienstleistungen,
- voraussichtliche Handlungen aktueller und potenzieller *Konkurrenten*,
- erforderliche *Erhaltungsaufwendungen* zur Sicherung des erwarteten künftigen wirtschaftlichen Nutzens und
- gesetzliche oder vertragliche *Nutzungsbeschränkungen* des Vermögenswerts.

Hinsichtlich der wirtschaftlichen Nutzungsdauer von Profifußballspielern ist zunächst anzumerken, dass die *Verfügungsmacht* über den zukünftigen wirtschaftlichen Nutzen aus der Ressource „Fußballspieler" über den lizenzierten Arbeitsvertrag gewährleistet wird.[117] Dieser Arbeitsvertrag weist generell eine Befristung der Vertragsdauer auf[118], sodass das Kriterium der Kontrolle über den Spieler nur für eine bestimmte Zeitspanne – nämlich die Vertragslaufzeit – erfüllt ist. Bezogen auf den obigen Kriterienkatalog besteht somit eine vertragliche Nutzungsbeschränkung des immateriellen Vermögenswerts „Profifußballspieler". Professionelle Fußballspieler sind regelmäßig als immaterielle Vermögenswerte mit *bestimmter Nutzungsdauer* zu klassifizieren.

In diesem Zusammenhang ist weitergehend zu beachten, dass die wirtschaftliche Nutzungsdauer von immateriellen Vermögenswerten, die auf vertraglichen oder sonstigen gesetzlichen Rechten basieren, generell nicht länger als der rechtlich gesicherte Zeitraum sein darf. Aufgrund der beabsichtigten unternehmensspezifischen Nutzung kann allerdings eine kürzere Nutzungsdauer als die rechtliche Schutzfrist angezeigt sein (IAS 38.94). Der immaterielle Vermögenswert „Profifußballspieler" basiert auf einem vertraglichen Recht[119], sodass die wirtschaftliche Nutzungsdauer stets der *Laufzeit des Arbeitsvertrags* entspricht. Eine kürzere Nutzung durch den Arbeit gebenden Fußball-Club ist deshalb auszuschließen, weil das verantwortliche Management in einem derartigen Fall auf einen entsprechend ausgestalteten Arbeitsvertrag hinwirken würde.[120]

Können diese vertraglichen oder sonstigen gesetzlichen Rechte zudem erneuert bzw. verlängert werden, dürfen zusätzlich die *Verlängerungsperioden* bei der Bestimmung der wirtschaftlichen Nutzungsdauer berücksichtigt werden. Dies gilt allerdings nur dann, wenn das bilanzierende Unternehmen die Prolongation der Rechte bei nur unwesentlichen Kosten unterstützt (IAS 38.94). Das IASB nennt beispielhaft

---

[117] Vgl. dazu Gliederungspunkt 6.2.2.4.

[118] Vgl. Gliederungspunkt 2.3.1.

[119] Vgl. Gliederungspunkt 6.2.2.3.

[120] Vgl. auch *Ebel/Klimmer*, Fußball-Profis in der Bilanz, S. 261.

nur unwesentliche Verlängerungskosten im Vergleich zum zukünftigen wirtschaftlichen Nutzen aus der Verlängerung und sonstige durch Erfahrungswerte gestützte substantielle Hinweise als Faktoren, welche die Möglichkeit zur Verlängerung der Rechte ohne wesentliche Kosten anzeigen (IAS 38.96). Der Möglichkeit zur Erneuerung steht zudem eine hierfür notwendige Entscheidung Dritter (z.B. einer Behörde) nicht entgegen, solange von der Zustimmung des Dritten auszugehen ist (IAS 38.96(a)), BC70).[121]

Die Arbeitsverträge mit Fußballspielern können jederzeit im gegenseitigen Einvernehmen verlängert werden. Zudem beinhalten die Verträge in der Regel eine Anschlussoption, die beiden Vertragsparteien ein- oder zweiseitig die Verlängerung des bestehenden Vertrags zu gleichen Konditionen um mindestens ein weiteres Jahr gestattet.[122] Demzufolge wäre in Abhängigkeit des Einzelfalls zu überprüfen, ob

- der Arbeit gebende Fußball-Club eine Verlängerung des bestehenden Arbeitsvertrags unterstützt und zudem von einer Zustimmung des Fußballspielers zu dieser Verlängerung auszugehen ist bzw.
- im Fall einer vertraglich vereinbarten Anschlussoption von einer Ausübung dieser Option auszugehen ist

und die Nutzungsdauer somit zusätzlich die Verlängerungsperioden umfasst oder nicht.[123] Jedoch steht der Berücksichtigung derartiger Verlängerungsperioden bereits bei der Bestimmung der Nutzungsdauer entgegen, dass die Entscheidung über die Verlängerung des bestehenden Arbeitsvertrags seitens des Arbeit gebenden Fußball-Clubs und die Zustimmung des Spielers regelmäßig erst während der Laufzeit des Vertrags fallen dürfte. Schließlich hängt die Vertragsverlängerung bzw. Optionsausübung entscheidend davon ab, wie der Profispieler seine ihm inhärenten sportlichen Fähigkeiten in den Club einbringt und zudem sportlich und sozial in die Lizenzspielermannschaft integriert werden kann bzw. ob der Fußballspieler nach Ablauf des Vertrags weiterhin ein Interesse an einer Weiterbeschäftigung hat oder nicht.[124]

6.4.1.2   Profifußballspieler als immaterielle Vermögenswerte mit bestimmter Nutzungsdauer

Immaterielle Vermögenswerte mit bestimmter wirtschaftlicher Nutzungsdauer und damit professionelle Fußballspieler werden stets planmäßig über die wirtschaftliche Nutzungsdauer und gegebenenfalls außerplanmäßig abgeschrieben („Amortisation Ansatz" der IAS 38.89, 97).

---

[121] Jedoch dürfen bspw. bei Kundenverträgen keine Verlängerungsperioden berücksichtigt werden, da die Entscheidung über eine Verlängerung regelmäßig beim Kunden und nicht beim bilanzierenden Unternehmen liegt. Vgl. IAS 38.BC71.

[122] Vgl. Gliederungspunkt 2.3.1.

[123] Die Kosten der Verlängerung eines Arbeitsvertrags dürften sich dabei regelmäßig als nicht signifikant erweisen.

[124] Gleicher Ansicht *Homberg/Elter/Rothenburger*, Bilanzierung von Spielervermögen, S. 256. Vgl. auch *Littkemann*, Probleme der bilanziellen Behandlung von Transferentschädigungszahlungen, S. 159; *Littkemann/Schaarschmidt*, Behandlung von Transferentschädigungen, S. 91f.; *Jansen*, Aktivierung von Transferentschädigungen, S. 1788. Zur Frage der Bilanzierung einer während der Vertragslaufzeit unterstützten Vertragsverlängerung vgl. den folgenden Gliederungspunkt 6.4.1.2.

Die Vornahme *planmäßiger Abschreibungen* bedingt somit im ersten Jahr der Nutzung die Aufstellung eines Abschreibungsplans. Die Abschreibung hat hierbei über den Zeitraum der voraussichtlichen Verfügbarkeit des erwarteten wirtschaftlichen Nutzens i.S. der Nutzbarkeit durch das bilanzierende Unternehmen zu erfolgen (IAS 38.8). Dieser Zeitraum entspricht bei einem Profifußballspieler – wie bereits im voranstehenden Kapitel 6.4.1.1 dargelegt – ständig der Laufzeit des Arbeitsvertrags. Dabei dürfen Verlängerungsperioden, die sich aufgrund einer einvernehmlichen Arbeitsvertragsprolongation oder der Ausübung einer vertraglich vereinbarten Anschlussoption ergeben, bei der Bestimmung der Nutzungsdauer nicht berücksichtigt werden.

Die planmäßige Abschreibung immaterieller Vermögenswerte hat grundsätzlich von dem Zeitpunkt an zu erfolgen, ab dem der immaterielle Vermögenswert dem bilanzierenden Unternehmen zur Nutzung zur Verfügung steht – d.h. den vom Management beabsichtigten Gebrauchszustand erreicht hat – und endet zum früheren der Zeitpunkte (IAS 38.97, 112(a)),

• zu dem der immaterielle Vermögenswert als zur Veräußerung gehalten eingestuft wird oder

• zu dem der Vermögenswert tatsächlich abgeht und somit ausgebucht wird.

Die planmäßige Abschreibung professioneller Fußballspieler beginnt insofern nach der letztendlich erteilten Spielerlaubnis seitens des Ligaverbands im Anschluss an den zwischen Spieler und Club abgeschlossenen Arbeitsvertrag und die durch den Ligaverband zuerteilte Spielerlizenz.[125] Sie endet dann, wenn der Spieler nur noch zur Veräußerung gehalten wird[126] – und demzufolge nicht mehr für den Einsatz in der Lizenzmannschaft des Arbeit gebenden Fußball-Clubs vorgesehen ist – oder aber wenn der Arbeitsvertrag ausläuft.[127] Bei Beendigung des Arbeitsvertrags erlischt zudem mit sofortiger Wirkung die zuvor erteilte Spielerlaubnis.

Durch die systematische Verteilung der Anschaffungs- oder Herstellungskosten über die wirtschaftliche Nutzungsdauer mittels einer spezifischen Abschreibungsmethode soll regelmäßig der erwartete Verbrauch des dem immateriellen Vermögenswert „Profifußballspieler" inhärenten wirtschaftlichen Nutzens widergespiegelt werden. Eine bestimmte Abschreibungsmethode wird jedoch vom IASB letztlich nicht vorgeschrieben. IAS 38.98 führt lediglich verschiedene Methoden wie die lineare, die degressive und die leistungsabhängige Abschreibung an, die grundsätzlich dem erwarteten Verbrauch des wirtschaftlichen Nutzen entsprechen können.

Obwohl auch grundsätzliche Zweifel an der unterstellten Prämisse des Nutzenverbrauchs über die Dauer des Arbeitsvertrags gehegt werden können – bspw. können Führungsspieler durch Trainingsaktivitäten ihr ursprünglich erwartetes Nutzenniveau auch erhalten[128] –, sind professionelle Fußballspieler als immaterielle Vermö-

---

[125] Vgl. zur Spielerlizenz ausführlich Gliederungspunkt 2.3.1.

[126] Vgl. hierzu Gliederungspunkt 6.7.2.

[127] Im letzteren Fall ist die planmäßige Abschreibung auch bei einer bestehenden Veräußerungsabsicht i.V.m. einer nicht möglichen Klassifizierung als zur Veräußerung gehalten bis zum Ende der Vertragslaufzeit fortzuführen (IAS 38.117).

[128] Vgl. hierzu ebenfalls Gliederungspunkt 6.2.3.3.

genswerte mit bestimmter Nutzungsdauer ausnahmslos planmäßig über die wirtschaftliche Nutzungsdauer abzuschreiben. Insofern ist gemäß dem Rechnungslegungssystem der IFRS unwiderlegbar von einem Verbrauch des dem Spieler inhärenten wirtschaftlichen Nutzens auszugehen.

Theoretisch könnte in diesem Zusammenhang an die Vornahme einer *leistungsabhängigen Abschreibung* von Fußballspielern gedacht werden, da diese die Anschaffungs- oder Herstellungskosten entsprechend der jeweiligen Leistungsabgabe verteilt.[129] So könnte sich die Leistungsabgabe an der Zahl der Pflichtspieleinsätze (genauer: gemessen an den Minuten bzw. Stunden auf dem Spielfeld) oder an den erzielten bzw. verhinderten Toren, den Torschussvorlagen, den Torschüssen, den gewonnenen Zweikämpfen, den Ballkontakten etc. orientieren. Der Abschreibungsbetrag a in einer Saison t gemäß der Leistung ergibt sich dabei aus

$$a_t = \frac{AHK}{B} \times b_t$$

wobei B die maximal realisierbaren Leistungseinheiten eines Spielers während der gesamten Nutzungsdauer und b die Leistungseinheiten einer Saison t darstellen.

Die Anwendung dieser Methode scheitert letztlich daran, dass zum einen die maximal zu absolvierenden Pflichtspiele während der Dauer des Arbeitsvertrags nicht verlässlich bestimmbar sind. Schließlich hängt der Einsatz eines Spielers einerseits von einer möglichen Teilnahme des Clubs an internationalen Wettbewerben und andererseits von einem möglichen Dasein als „Bankdrücker" oder „Tribünengast" aufgrund von Verletzungen, sportlichen oder taktischen Motiven ab. Zum anderen ist eine zuverlässige Ermittlung der insgesamt während der vertraglichen Bindung an einen Club erzielten bzw. verhinderten Tore, geleisteten Torschussvorlagen, abgegebenen Torschüsse, gewonnenen Zweikämpfe etc. ex ante nicht möglich.

Der im Zeitablauf erwartete Verbrauch des einem Profifußballspieler immanenten wirtschaftlichen Nutzens lässt sich letzten Endes durch keine systematische Verteilungsmethodik widerspiegeln. Eine systematische Verteilung der Anschaffungs- oder Herstellungskosten scheitert allein schon an den generellen Unwägbarkeiten im Sport, da der Nutzenverbrauch u.a. auch von Variablen wie der Form eines Spielers oder dessen Glück im Spiel über den gesamten Verlauf einer Saison abhängt.

Zusammenfassend lässt sich demnach festhalten, dass grundsätzlich die in IAS 38.98 angeführte Regelung zu beachten ist, wonach der Buchwert eines Profifußballspielers mittels der *linearen Abschreibungsmethode* wertmäßig fortzuführen ist, da sich der Nutzenverbrauch im Zeitablauf nicht verlässlich bestimmen lässt.[130]

Ein möglicher *Restwert* ist bei der systematischen Verteilung der Kosten nur ausnahmsweise von den Anschaffungs- oder Herstellungskosten in Abzug zu bringen und zwar dann, wenn sich eine dritte Partei gegenwärtig zum Erwerb des Fußball-

---

[129] Vgl. zur leistungsabhängigen Abschreibung z.B. *Baetge/Kirsch/Thiele*, Bilanzen, S. 232f.; *Coenenberg*, Jahresabschluss, S. 168; *Schildbach*, Jahresabschluss, S. 311f.; *Schmied*, Leistungs-Abschreibung; *Streim*, Grundzüge, S. 100f.

[130] Gleicher Ansicht *Homberg/Elter/Rothenburger*, Bilanzierung von Spielervermögen, S. 256; *Neumeister*, Bilanzierung von Transferentschädigungen, S. 116ff.

spielers am Ende der Nutzungsdauer verpflichtet hat oder aber ein aktiver Markt für den betreffenden Spieler besteht und der Restwert mit Rekurs auf diesen Markt ermittelt werden kann (IAS 38.100). Als Restwert gilt dabei jener geschätzte Betrag, den das Unternehmen gegenwärtig bei einem gedachten Abgang erhalten würde, wenn sich der betreffende Vermögenswert bereits heute im Alter und Zustand zum Abgangszeitpunkt befinden würde (IAS 38.8).[131] Da Profifußballspieler jedoch – wie noch zu zeigen sein wird – unter keinen Umständen die restriktiven Anforderungen an das Vorliegen eines aktiven Markts erfüllen[132], ist einzig und allein ein im Zeitpunkt des erstmaligen Ansatzes bereits vereinbarter Kaufpreis (= Ablösesumme) aus einer Kaufverpflichtung eines anderen Fußball-Clubs als Restwert bei der planmäßigen Abschreibung zu berücksichtigen.[133] Gleichwohl finden Verhandlungen über den Transfer eines Fußballspielers regelmäßig erst während der Vertragslaufzeit statt, sodass bei professionellen Fußballspielern in Einklang mit IAS 38.100 stets von einem Restbuchwert i.H. von Null auszugehen ist.

Des Weiteren ist mindestens zu jedem Bilanzstichtag sowohl die wirtschaftliche Nutzungsdauer als auch die gewählte Abschreibungsmethode und ein eventueller Restwert zu überprüfen und bei Änderungen entsprechend anzupassen (IAS 38.102, 104). Sollten hierbei Änderungen hinsichtlich der Nutzungsdauer (bspw. aus einer vom Fußball-Club unterstützten Verlängerung eines Arbeitsvertrags[134] oder im Fall einer außerordentlichen Kündigung), der Abschreibungsmethode oder aber eines eventuellen Restwerts (z.B. aus einer späteren Kaufverpflichtung eines anderen Fußball-Clubs)[135] festzustellen sein, so sind die jeweiligen Korrekturen erfolgswirksam und prospektiv über die Restnutzungsdauer als Änderung einer Schätzung zu erfassen (IAS 8.32, 36(b), 38). Grafisch lässt sich demzufolge bei einer Vertragsverlängerung während der Laufzeit des Vertrags folgender Abschreibungsverlauf skizzieren:

---

[131] Im Fall der Berücksichtigung eines Restwerts ist nach Ansicht des IASB generell davon auszugehen, dass das bilanzierende Unternehmen die Absicht hat, den immateriellen Vermögenswert vor dem Ende der wirtschaftlichen Nutzungsdauer zu veräußern (IAS 38.101).

[132] Vgl. hierzu Gliederungspunkt 6.4.2.

[133] Der Kaufpreis wäre zudem um die bei einer vorzeitigen Vertragsauflösung ggf. zusätzlich zu entrichtenden Entschädigungszahlungen zu erhöhen.

[134] Vgl. Gliederungspunkt 6.4.1.1.

[135] Sollte der Restwert dem Buchwert des Spielers zu einem späteren Zeitpunkt entsprechen oder ihn sogar übersteigen, so ist zudem die planmäßige Abschreibung solange auszusetzen, bis der Restwert wieder unter den Buchwert gefallen ist (IAS 38.103).

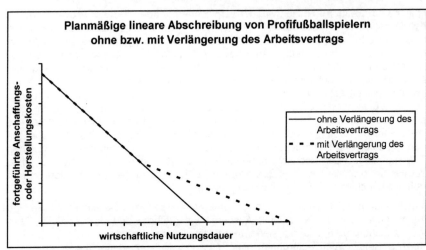

Abbildung 11: Planmäßige lineare Abschreibung von Profifußballspielern ohne bzw. mit Verlängerung des Arbeitsvertrags

Nachfolgend ist nunmehr zu prüfen, ob Profispieler die äußerst restriktiven Anforderungen an die Neubewertungsmethode erfüllen und insofern alternativ zum Fair Value bewertet werden können.

6.4.2   Neubewertungsmethode

Im Rahmen der Neubewertungsmethode werden immaterielle Vermögenswerte zu ihrem jeweiligen Neubewertungsbetrag angesetzt, der dem Fair Value am Tag der Neubewertung abzüglich nachfolgender kumulierter planmäßiger Abschreibungen und nachfolgender kumulierter Wertminderungsaufwendungen entspricht (IAS 38.75). Als Fair Value gilt grundsätzlich jener Betrag, zu dem der betreffende Vermögenswert zum Zeitpunkt der Neubewertung zwischen sachverständigen, vertragswilligen und voneinander unabhängigen Kontraktpartnern getauscht werden könnte (IAS 38.8).

Im Unterschied zur „reinen" Fair Value-Bewertung werden Änderungen des Fair Value über die historischen (fortgeführten) Anschaffungs- oder Herstellungskosten hinaus jedoch nicht erfolgswirksam, sondern erfolgsneutral in einer Neubewertungsrücklage im Eigenkapital erfasst, es sei denn, der Vermögenswert wurde in der Vergangenheit aufgrund einer Neubewertung erfolgswirksam außerplanmäßig abgeschrieben. In diesem Fall ist die Wertsteigerung in Höhe der vorgenommenen außerplanmäßigen Abschreibung bzw. bis zur Höhe der fortgeführten Anschaffungs- oder Herstellungskosten erfolgswirksam zu erfassen (IAS 38.85). Liegt der Fair Value hingegen unter dem Buchwert, muss generell erfolgswirksam auf den niedrigeren Fair Value abgeschrieben werden, wobei jedoch eine bestehenden Neubewertungsrücklage zunächst erfolgsneutral aufzulösen ist (IAS 38.86).[136] Nachstehende Abbildung verdeutlicht die angeführten Zusammenhänge:

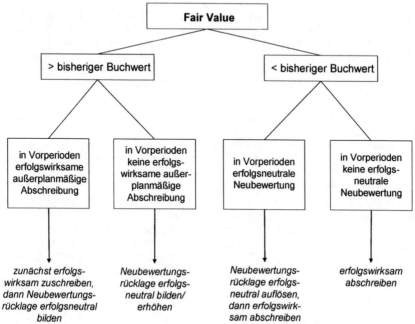

Abbildung 12: Vorgehensweise bei der Neubewertungsmethode[137]

Die Zulässigkeit der Neubewertungsmethode ist jedoch an eine Reihe von *Voraussetzungen* geknüpft:

- Die Neubewertung muss zunächst mit einer im Zeitablauf hinreichenden *Regelmäßigkeit* vorgenommen werden, um zu gewährleisten, dass der Buchwert des immateriellen Vermögenswerts nicht wesentlich vom Fair Value zum Bilanzstichtag abweicht (IAS 38.75).
- Zudem hat die Neubewertung mit einer hinreichenden *Häufigkeit* zu erfolgen, wobei für immaterielle Vermögenswerte, die hohen Wertschwankungen unterliegen, eine jährliche Neubewertung empfohlen wird. Letztlich ist eine Neubewertung immer dann durchzuführen, wenn der Buchwert signifikant vom Fair Value abweicht (IAS 38.79).
- Das Wahlrecht der Neubewertung ist jeweils für *Gruppen* immaterieller Vermögenswerte, die hinsichtlich ihrer Art und ihres Verwendungszwecks innerhalb des

---

[136] Für eine detaillierte Darstellung der Neubewertungsmethode vgl. *Hoffmann*, Anschaffungs- und Herstellungskosten, Rz 50ff.; *Hoffmann*, Immaterielle Vermögenswerte, Rz 54ff.; *Baetge/Keitz*, IAS 38, Tz. 109ff.; *Hoffmann/Lüdenbach*, Neubewertungskonzeption; *Streim/Leippe*, Neubewertung, S. 373ff.

[137] *Streim/Leippe*, Neubewertung, S. 380.

bilanzierenden Unternehmens ähnlich sind, einheitlich auszuüben. Die in einer Gruppe enthaltenen Vermögenswerte sind zudem gleichzeitig zu bewerten (IAS 38.72f.).

Eine Folgebewertung immaterieller Vermögenswerte entsprechend der Neubewertungsmethode ist allerdings nur unter einer weiteren äußerst restriktiven Bedingung zulässig. So muss der Bilanzierende nach IAS 38.75 zusätzlich zu den obigen Anforderungen den Nachweis erbringen, dass für den neu zu bewertenden immateriellen Vermögenswert ein *aktiver Markt* besteht. Der Fair Value am Tag der Neubewertung ist folglich prinzipiell i.S. eines hypothetischen Veräußerungspreises (*exit value*) zu ermitteln (IAS 38.75).[138]

Ein Markt wird nach IAS 38.8 als aktiv bezeichnet, wenn er folgende *Eigenschaften kumulativ* aufweist:
* Es werden grundsätzlich homogene Produkte gehandelt,
* zu jedem Zeitpunkt finden sich kauf- und verkaufswillige Kontraktpartner und
* die Marktpreise sind öffentlich verfügbar.

Das IASB geht nur in Ausnahmefällen von der Erfüllung der Voraussetzungen für einen aktiven Markt aus und nennt beispielhaft handelbare Taxi- und Fischereilizenzen oder Produktionsquoten (IAS 38.78).[139] Zu denken ist allerdings auch an Umweltzertifikate im Rahmen eines Emissionshandelsprogramms bspw. der EU.[140] Grundsätzlich kann nach Ansicht des IASB für nachstehende immaterielle Vermögenswerte unwiderlegbar kein aktiver Markt existieren, weil diese Vermögenswerte nicht homogen sind, die Preise individuell ausgehandelt werden und oftmals nicht öffentlich verfügbar sind:
* Markennamen,
* Drucktitel bei Zeitungen,
* Musik- und Filmverlagsrechte,
* Patente und
* Warenzeichen.

Profifußballspieler sind ebenso wie die oben angeführten Beispiele nicht homogen, schließlich lebt der Fußballsport gerade von der Einzigartigkeit jedes einzelnen Spielers. Obwohl Fußballspieler gekauft und verkauft werden, ist doch das besondere Merkmal dieser Transaktionen, dass sie zwischen individuellen Kontraktpartnern ausgehandelt werden. Zudem finden Transaktionen bezogen auf einen bestimmten Spieler relativ selten statt und es darf schließlich bezweifelt werden, dass sich zu jedem Zeitpunkt ein Käufer und ein Verkäufer für einen bestimmten Spieler finden

---

[138] Hingegen gestattet das IASB für den Bereich des Sachanlagevermögens im Fall fehlender Marktpreise auch einen Rückgriff auf Wiederbeschaffungskosten oder auf diskontierte zukünftige Cashflows zur Bestimmung des Fair Value (IAS 16.32f.).

[139] Die Vermutung des IASB wird für den Bereich der immateriellen Vermögenswerte im Allgemeinen gestützt durch eine empirische Untersuchung von *Keitz*, nach der kein einziges der untersuchten Unternehmen eine Neubewertung ihrer immateriellen Vermögenswerte im Rahmen der Folgebewertung vollzogen hat. Vgl. *Keitz*, Praxis, S. 43.

[140] Zur Bilanzierung von Emissionsrechten gemäß dem allerdings nicht in Kraft getretenen IFRIC 3 *Emission Rights* vgl. etwa *Hommel/Wolf*, IFRIC 3. Zum Entwurf IFRIC D1 vgl. *Hermes/Jödicke*, Emissionsrechte nach IFRS; *Schmidt/Schnell*, Bilanzierung von Emissionsrechten.

lässt. Gestützt wird diese Aussage allein schon dadurch, dass der Transfer professioneller Fußballspieler dergestalt reglementiert wird, dass ein Clubwechsel nur innerhalb der beiden vorgegebenen Wechselperioden erlaubt ist.[141] Demzufolge erfüllt der Markt für Profifußballspieler unter keinen Umständen die Anforderungen an einen aktiven Markt. Die alternative Folgebewertungskonzeption der Neubewertung scheidet somit für den Bereich der professionellen Fußballspieler grundsätzlich aus und die Bewertung mit den fortgeführten Anschaffungs- oder Herstellungskosten ist damit obligatorisch (IAS 38.72).

6.5 Wertminderung und Wertaufholung professioneller Fußballspieler

6.5.1 Wertminderung von Profifußballspielern

6.5.1.1 Der Werthaltigkeitstest gemäß IAS 36 und seine Ausgestaltung hinsichtlich professioneller Fußballspieler

Für immaterielle Vermögenswerte ist am Bilanzstichtag zusätzlich zu den eventuell vorzunehmenden planmäßigen Abschreibungen ebenfalls ein Wertminderungstest gemäß IAS 36 *Impairment of Assets* durchzuführen und zwar immer dann, wenn

- *Anzeichen* einer Wertminderung in Form eines Test auslösenden Indikators (sog. *triggering event*) vorliegen (IAS 36.9; IAS 38.111),
- es sich um einen immateriellen Vermögenswert mit *unbestimmter Nutzungsdauer* handelt (IAS 36.10(a); IAS 38.108) oder
- ein *Wechsel* von einer unbestimmten zu einer bestimmten *Nutzungsdauer* erfolgt (IAS 38.110).[142]

Aufgrund der grundsätzlich bestimmten Nutzungsdauer von professionellen Fußballspielern[143] ist nachfolgend einzig und allein der fallweise durchzuführende Wertminderungstest zu betrachten. Bei der Beurteilung, ob zumindest ein Test auslösender Indikator für das Vorliegen einer Wertminderung eines Fußballspielers gegeben ist – die zudem nicht unbedingt dauerhaft sein muss (IAS 36.BCZ95)[144] –, hat der bilanzierende Fußball-Club externe und interne Informationsquellen zu würdigen (IAS 36.12). In Anlehnung an die vom IASB exemplarisch vorgenommene Auflistung können bspw. folgende Anzeichen eine Wertminderung indizieren, wobei zwischen Indikatoren, die einen einzelnen Spieler, und solchen, die den gesamten Fußball-Club betreffen, zu differenzieren ist:

---

[141] Vgl. Gliederungspunkt 2.3.2.2.2.

[142] Vgl. zum Werthaltigkeitstest des IAS 36 allgemein etwa *Bartels/Jonas*, Wertminderungen; *Epstein/Mirza*, WILEY, Abschn. 8, Rn. 78ff.; *Hoffmann*, Außerplanmäßige Abschreibungen; *Pellens/Fülbier/Gassen*, Internationale Rechnungslegung, S. 243ff.; *Coenenberg*, Jahresabschluss, S. 116ff.; *Wagenhofer*, IAS/IFRS, S. 165ff.; *Esser/Hackenberger*, Bilanzierung immaterieller Vermögenswerte, S. 410ff.; *Baetge/Krolak/Thiele*, IAS 36; *Dawo*, Immaterielle Güter, S. 224ff.

[143] Vgl. Gliederungspunkt 6.4.1.1.

[144] Nach Ansicht des IASB spielt sowohl die Wahrscheinlichkeit als auch die Frage der Dauerhaftigkeit einer Wertminderung keine Rolle im Rahmen der Beurteilung des Vorliegens einer Wertminderung. Diese Faktoren sollen erst auf einer nachgelagerten Stufe bei der Bemessung der Höhe der Wertminderung berücksichtigt werden (IAS 36.BCZ106).

Indikatoren bezogen auf _einzelnen_ Spieler
• _geringe Anzahl an Einsätzen_ aus sportlichen oder taktischen Gründen („Bankdrücker", „Tribünengast")[145]   Tomasz Waldoch, der ehemalige Kapitän von Schalke 04, verlor in der Hinrunde der Saison 2003/04 seinen Stammplatz. Zeitweise wurden ihm sogar mehrfach Amateure vorgezogen.
• _spielsystemumstellung_sbedingter starker Leistungsverlust
• _Konkurrenz_ durch einen jüngeren Spieler, der unerwartet einen enormen Leistungsschub hat
• hoher Leistungsverlust aufgrund _fortgeschrittenen Alters_   Der Stürmer und ehemalige Nationalspieler Fredi Bobic von Hertha BSC Berlin fristete bereits während der laufenden Saison 2004/05 sein Dasein aufgrund altersbedingt abnehmender Leistungen (33 Jahre) größtenteils auf der Ersatzbank und verließ schließlich den Club zur Saison 2005/06.
• Verlust des Nationalspielerstatus   Zum Beispiel wurde der Mittelfeldspieler Dietmar Hamann nach dem desolaten Vorrundenausscheiden der deutschen Fußball-Nationalmannschaft bei der Europameisterschaft 2004 nicht mehr in den Kader der Nationalmannschaft berufen, da man ihm eine gewisse Teilschuld an der Misere anlastete.
• _Umstellungsschwierigkeiten_ eines neuen Spielers   So wechselte Nationalspieler Torsten Frings zur Saison 2004/05 von Borussia Dortmund zu Bayern München, konnte sich dort allerdings keinen Stammplatz erspielen; schließlich wurde er sogar zum Ende der Saison wieder verkauft. Dazu Bayern-Manager Uli Hoeneß: „Er fightet nicht wie ein Tier, er hat in Dortmund und Bremen ein anderes Gesicht gezeigt als hier."
• neuer Spieler passt nicht ins Spielsystem („_Fehlkauf_")
• Öffentliche Ankündigung des Clubs, einen _Spieler verkaufen_ zu wollen   Der beim Hamburger SV unter Vertrag stehende iranische Nationalspieler Mehdi Mahdavikia sollte trotz eines bis zum Jahr 2007 abgeschlossenen Vertrags zur Saison 2005/06 transferiert werden, sofern sich ein Käufer finden würde.
• Streichung aus dem Spielerkader („Suspendierung")
• langfristige _Sperre durch Fußballverband_ z.B. wegen Dopings
• langwierige _Verletzungen_   Beispielsweise erlitt Christoph Metzelder von Borussia Dortmund in der Rückrunde der Saison 2002/03 eine Verletzung an der Achillessehne, die ihn zu einer mehr als 20 Monate andauernden Verletzungspause zwang.
• _Sportinvalidität_
• _vertragswidriges Verhalten_

---

[145] Anderer Ansicht _Homberg/Elter/Rothenburger_, Bilanzierung von Spielervermögen, S. 258.

Indikatoren einen *Fußball-Club* betreffend

- *Champions League oder UEFA-Pokal nicht erreicht* trotz regelmäßiger Teilnahme an internationalen Clubwettbewerben in der Vergangenheit

  „Ratlos nach der Demütigung. Der VfB Stuttgart rätselt, warum das Team Platz drei verspielte – und findet nur wenige Antworten."[146] Im UEFA-Pokal, in dem der VfB Stuttgart daraufhin in der Saison 2005/06 antreten musste, war für den Club deutlich weniger Geld zu verdienen als in der Champions League, zu deren Teilnahme Platz drei berechtigt hätte.

- *Abstieg* in die 2. Bundesliga oder in die Regionalliga

  Nach der erfolgreichen Qualifikation für den UEFA-Pokal in der Saison 2003/04 musste der VfL Bochum in der folgenden Saison den Abstieg in die 2. Bundesliga verzeichnen.

- *niedrige Verkaufsraten* für Eintrittskarten oder Fanartikel

- *Sponsorengelderkürzungen* oder niedriger dotierte Neuverträge mit Sponsoren als bisher

- *finanzielle Probleme* des Clubs, sodass bspw. Spielerverkäufe notwendig sind

  „Borussia Dortmund mit Rekordverlust. Schulden belaufen sich auf knapp 120 Millionen Euro. [...] Borussia Dortmund, Deutschlands einziger börsennotierter Fußball-Klub, befindet sich in der größten Finanzkrise seiner fast 100-jährigen Geschichte."[147] „BVB muss sich von Stars trennen. Mit Spielerverkäufen will Dortmund wieder in die Gewinnzone."[148]

- *Lizenz*verlust oder Lizenz nur mit Auflagen und/oder unter Bedingungen

- *Kursverluste* bei börsennotierten Clubs, die zu einer Unterschreitung des Buchwerts des Reinvermögens durch die Marktkapitalisierung führen

  Aufgrund der angespannten finanziellen Lage von Borussia Dortmund konnten während der Saison 2003/04 teilweise enorme Kursverluste festgestellt werden, in deren Folge die Marktkapitalisierung von 55,77 Mio. € (Kurs von 2,89 € je Aktie bei einer Anzahl von 19,5 Mio. Aktien) das bilanzielle Eigenkapital von rund 82 Mio. €[149] (jeweils zum 30.06.2004) unterschritt.

- nachteilige Veränderungen im *ökonomischen Umfeld* des Clubs, bspw. aufgrund der sog. „Kirch-Krise", die in der Folge reduzierte Erträge aus TV- und sonstigen Medienrechten bewirkte

  „Statt der einst mit der inzwischen insolventen Kirch-Media vereinbarten 460 Millionen Euro bekommen die Vereine für die neue Saison nur noch 290 Millionen Euro."[150]

- *Erhöhung der Marktzinssätze*, welche wahrscheinlich zu einer wesentlichen Erhöhung des Kalkulationszinssatzes führt und eine entsprechende Reduktion des Nutzungswerts zur Folge hat

Tabelle 22: Mögliche Indikatoren einer Wertminderung von professionellen Fußballspielern nach IAS 36

Wird ein Fußballspieler schließlich auf die Notwendigkeit einer außerplanmäßigen Abschreibung hin überprüft, so ist in einem zweiten Schritt der aktuelle Buchwert des betreffenden Fußballspielers mit dem *erzielbaren Betrag (recoverable amount)* des

---

[146] *Trust*, Demütigung.

[147] *Kläsgen*, Rekordverlust.

[148] *Hintermeier*, BVB.

[149] Vgl. *Borussia Dortmund GmbH & Co. KGaA*, Geschäftsbericht 2004, S. 55. Zum 06.01.2005 betrug der Kurs der Aktie sogar lediglich 1,85 €.

[150] *Balser*, Unternehmen Fußball.

Spielers zu vergleichen. Als erzielbaren Betrag definiert das IASB allgemein den *höheren Betrag* aus dem Fair Value abzüglich der Veräußerungskosten (im Folgenden *Nettozeitwert, fair value less costs to sell*) und dem *Nutzungswert* (*value in use*) eines Vermögenswerts (IAS 36.6, 18). Nur dann, wenn der erzielbare Betrag den Buchwert unterschreitet, ist zwingend eine erfolgswirksame außerplanmäßige Abschreibung in Höhe der Differenz zwischen beiden Größen vorzunehmen (IAS 36.59f.).

Für die Ermittlung des erzielbaren Betrags sind beide Werte zu bestimmen, es sei denn,

- einer der beiden Werte übersteigt den Buchwert des Fußballspielers (in diesem Fall ist von einer Werthaltigkeit des Spielers auszugehen) (IAS 36.19) oder
- es besteht kein Grund zu der Annahme, dass der Nutzungswert den Nettozeitwert bspw. aufgrund einer beabsichtigen Veräußerung eines Spielers oder der dauerhaften Streichung aus dem Spielerkader wesentlich übersteigt (IAS 36.21). In diesem Fall determiniert einzig und allein der Nettozeitwert den erzielbaren Betrag.

Indes wird im Schrifttum diskutiert, auf welcher einschlägigen *Unternehmensebene* der Wertminderungstest für professionelle Fußballspieler durchzuführen ist. Während hinsichtlich der Bestimmung des erzielbaren Betrags sogar vereinzelt davon ausgegangen wird, dass zumindest der Nettozeitwert für einen *einzelnen* Fußballspieler bestimmt werden kann[151], wird andererseits übereinstimmend die Auffassung vertreten, dass der Nutzungswert ausschließlich pauschal für die *Lizenzspielermannschaft* und folglich auf der Ebene der gesamten Lizenzspielerabteilung eines Clubs bzw. der ausgegliederten Kapitalgesellschaft ermittelt werden kann.[152] Die letztere Auffassung leitet sich dabei aus der Annahme ab, dass ein Fußballspieler nach Ansicht dieser Autoren und in Anlehnung an IAS 36.22 keine permanenten Cashflow-Zuflüsse erzeugt, die weitestgehend unabhängig von den Cashflow-Zuflüssen der anderen Spieler des gesamten Lizenzspielerkaders sind: „Das gesamte Geschäft [eines Fußball-Clubs] steht und fällt mit dem Erfolg der Profimannschaft insgesamt."[153] Falls demzufolge der Nettozeitwert – sofern bestimmbar – den Buchwert des potenziell wertgeminderten Spielers unterschreitet und der Nutzungswert zudem nicht nah am Nettozeitwert liegt[154], ist der Wertminderungstest in der Terminologie des IAS 36 für die

---

[151] Vgl. *Homberg/Elter/Rothenburger*, Bilanzierung von Spielervermögen, S. 258; *WGZ-Bank/KPMG*, Fußball und Finanzen, S. 131; *Galli*, Spielerbewertung im Teamsport, S. 816ff. Anderer Ansicht wohl *Hoffmann*, Außerplanmäßige Abschreibungen, Rz 36; *Lüdenbach/Hoffmann*, Profifußball, S. 1445; *Ebel/Klimmer*, Fußball-Profis in der Bilanz, S. 265, 270. Zumindest kritisch hierzu äußern sich *Littkemann/Schulte/Schaarschmidt*, Außerplanmäßige Abschreibungen auf Spielerwerte, S. 663.

[152] Vgl. *Hoffmann*, Bilanzierung von Fußballprofis, S. 132; *Hoffmann*, Außerplanmäßige Abschreibungen, Rz 36; *Littkemann/Schulte/Schaarschmidt*, Außerplanmäßige Abschreibungen auf Spielerwerte, S. 663; *Homberg/Elter/Rothenburger*, Bilanzierung von Spielervermögen, S. 258ff.; *Lüdenbach/Hoffmann*, Profifußball, S. 1445; *WGZ-Bank/KPMG*, Fußball und Finanzen, S. 131; *Galli*, Spielerbewertung im Teamsport, S. 814f. Als Ausnahme hiervon wird lediglich der Fall der *Spielerausleihe* gesehen. Hierbei können die Cashflow-Zuflüsse in Form der „Mietzahlungen" dem Spieler eindeutig zugeordnet werden und sind zudem unabhängig von den Cashflow-Zuflüssen der anderen Spieler des Clubs. Vgl. insofern Gliederungspunkt 6.5.1.2.2.2.

[153] *Hoffmann*, Außerplanmäßige Abschreibungen, Rz 36.

[154] Der Nutzungswert liegt nah am Nettozeitwert und ist ausnahmsweise für einen einzelnen Spieler bestimmbar, falls die künftigen Cashflows aus der Nutzung des Spielers unbedeutend sind.

zahlungsmittelgenerierende Einheit (ZGE, *cash generating unit*) durchzuführen, zu welcher der potenziell wertgeminderte Fußballspieler gehört (IAS 36.22, 66).[155] Hierbei handelt es sich grundsätzlich um die ZGE „Lizenzspielerabteilung".[156]

Die Vorgehensweise bei der Durchführung des Wertminderungstests auf der Ebene einer ZGE richtet sich prinzipiell nach den Grundsätzen, die bei der Bewertung separater Vermögenswerte zu beachten sind und wird lediglich partiell um zusätzliche Anforderungen erweitert (IAS 36.7).[157] Ergibt sich für die ZGE „Lizenzspielerabteilung" mithin ein Abwertungserfordernis, so ist der insgesamt auf die Einheit entfallende Abschreibungsbetrag als Differenz zwischen dem Buchwert der Einheit und dem niedrigeren erzielbaren Betrag proportional zu den jeweiligen Buchwerten auf die einzelnen Fußballspieler und die sonstigen Vermögenswerte der Einheit zu verteilen (IAS 36.74, 104). Zu beachten ist in diesem Zusammenhang, dass ein der ZGE zugeordneter Spieler (bzw. ein sonstiger Vermögenswert) jedoch nicht auf einen Betrag vermindert werden darf, der den höheren Wert aus seinem erzielbaren Betrag und Null unterschreitet (IAS 36.105). Falls beide Ausprägungen des erzielbaren Betrags eines einzelnen Fußballspielers nicht ermittelbar sind, wird ein Wertminderungsaufwand für den betreffenden Spieler erfasst, wenn der Buchwert den höheren Wert aus Nettozeitwert – sofern bestimmbar – und Null überschreitet (IAS 36.107). Wird unterstellt, dass der erzielbare Betrag für Fußballspieler überhaupt nicht einzeln bestimmt werden kann, so ist der ermittelte Wertminderungsbetrag unter Beachtung der absoluten Wertuntergrenze von Null ausnahmslos willkürlich auf die einzelnen Spieler und die sonstigen Vermögenswerte der ZGE „Lizenzspielerabteilung" zu verteilen (IAS 36.106).

---

[155] Als zahlungsmittelgenerierende Einheit gilt per Definition regelmäßig die kleinste identifizierbare Gruppe von Vermögenswerten eines Unternehmens, die durch die fortgeführte Nutzung permanente Cashflow-Zuflüsse von Parteien außerhalb des bilanzierenden Unternehmens erzeugen, die weitestgehend unabhängig von den Cashflow-Zuflüssen anderer Vermögenswerte bzw. anderer Gruppen von Vermögenswerten sind (IAS 36.6, 69). Bei der Abgrenzung einer ZGE ist ausschließlich auf Cashflow-Zuflüsse abzustellen, d.h. Cashflow-Abflüsse müssen nicht weitestgehend unabhängig sein. Hinsichtlich der Identifikation einer ZGE im Allgemeinen ist i.S. des „Management Approach" insbesondere die Art der Unternehmenssteuerung (bspw. nach Produktlinien, Geschäftsfeldern, einzelnen Standorten, Bezirken oder regionalen Gebieten) sowie die Art der Entscheidungsfindung und Entscheidungsfällung zu würdigen (IAS 36.69). Dabei beruht der Management Approach prinzipiell auf der Überlegung, dass die vom Management benutzten Informationen zur Unternehmenssteuerung ebenfalls für die Adressaten des externen Rechnungswesens von Interesse sind. Vgl. hierzu etwa *Böcking*, Rechnungslegung und Kapitalmarkt, S. 44ff.

[156] Anzumerken ist hinsichtlich der Bildung einer ZGE, dass Schulden nur ausnahmsweise dann in eine ZGE einzubeziehen sind, wenn die Ermittlung des erzielbaren Betrages der ZGE ohne ihre Berücksichtigung nicht möglich ist (IAS 36.76(b)).

[157] Einer ZGE mit zugeordnetem Goodwill wird im Folgenden keine eigenständige Bedeutung beigemessen, da dieser Fall als „Spezialproblem" für die nachfolgende Untersuchung nicht von entscheidender Relevanz ist. Zu beachten ist dabei, dass ein im Rahmen eines Unternehmenszusammenschlusses als Goodwill zu aktivierender Betrag für Zwecke des Wertminderungstests denjenigen ZGE oder Gruppen von ZGE zuzuordnen ist, die gemäß den Erwartungen des Managements von den Synergieeffekten aus dem Unternehmenskauf profitieren (IAS 36.80). Bei einem Fußball-Club ist z.B. an den Kauf eines Sportartikelherstellers zu denken, wobei wohl erwartungsgemäß die gesamte Lizenzspielerabteilung von den Synergieeffekten profitieren wird. Vgl. zum Goodwill-Impairment etwa *Hoffmann*, Außerplanmäßige Abschreibungen, Rz 46ff.; *Bieker/Esser*, Impairment-Only-Ansatz.

Nachstehende Übersicht fasst das Ablaufschema des Werthaltigkeitstests nach IAS 36 für professionelle Fußballspieler überblicksartig zusammen:

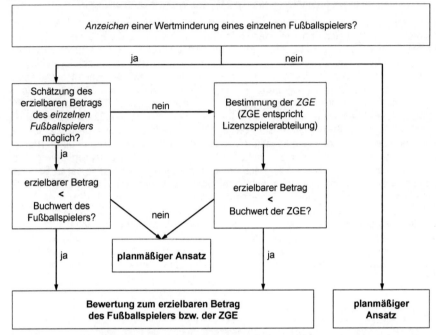

Abbildung 13: Ablaufschema des Wertminderungstests für professionelle Fußballspieler gemäß IAS 36

Eine Durchführung des Wertminderungstests für Profifußballspieler und die damit verbundene erneute und teilweise zudem aufwendige Bestimmung des erzielbaren Betrags darf jedoch unterbleiben, wenn (IAS 36.15)

- aus früheren Berechnungen hervorgeht, dass der erzielbare Betrag erheblich über dem Buchwert eines Spielers bzw. der ZGE „Lizenzspielerabteilung" liegt und zwischenzeitlich eingetretene Ereignisse kein wesentliches Absinken des erzielbaren Betrags implizieren oder
- eine frühere Analyse zeigt, dass der erzielbare Betrag eines Spielers bzw. der ZGE „Lizenzspielerabteilung" durch einen oder mehrere der angeführten Indikatoren nicht beeinträchtigt wird.

6.5.1.2   Bestimmung des erzielbaren Betrags eines Profifußballspielers als Korrekturwert zum Buchwert

Um die Höhe der eventuell vorzunehmenden außerplanmäßigen Abschreibung bestimmen zu können, ist der erzielbare Betrag zu ermitteln. Dieser ist wie bereits erwähnt als höherer Wert aus Nettozeitwert und Nutzungswert eines Spielers bzw. der ZGE „Lizenzspielerabteilung" definiert. Das IASB nimmt somit Bezug auf die beiden möglichen Verwendungsalternativen eines Vermögenswerts bzw. einer ZGE (IAS 36.BCZ9, 22f.).

Eine Sonderstellung bei der Bemessung des erzielbaren Betrags nimmt jedoch der Fall der festgestellten *Sportinvalidität* (sog. Sportuntauglichkeit) eines Fußballspielers ein. Hierbei erlischt dauerhaft sowohl die vom Ligaverband erteilte Spielerlizenz als auch die Spielerlaubnis (§ 3 Nr. 2a), § 13 Nr. 6 LOS). Insofern bedarf es bei einer festgestellten Sportinvalidität einer Vollabschreibung des betreffenden Spielers.[158] Ist für diese Ausnahmesituation vom Arbeit gebenden Fußball-Club zudem eine spezielle Sportinvaliditätsversicherung abgeschlossenen worden, ist die Versicherungssumme in Analogie zu IAS 18 *Revenue* als Ertrag zu vereinnahmen (IAS 18.29f.). Durch den Abschluss einer derartigen Versicherung ist der Fußball-Club gegen die Sportinvalidität seines Spielers versichert und wird im Schadensfall für die fehlende Möglichkeit zum Einsatz und für einen eventuellen zukünftigen Verkauf des Spielers vor Ablauf des befristeten Arbeitsvertrags vollumfänglich entschädigt.[159]

Die folgenden Erläuterungen zur Bestimmung des erzielbaren Betrags beschränken sich auf die angeführten Vorschläge im Schrifttum.[160] Dabei beziehen sich die Ausführungen zum Nutzungswert aufgrund der oben getroffenen Einschätzung ausschließlich auf die ZGE „Lizenzspielerabteilung", wohingegen im Abschnitt zum Nettozeitwert explizit zur Ermittlung bei einzelnen Fußballspielern und zur Ermittlung bei der ZGE „Lizenzspielerabteilung" Stellung genommen wird.

6.5.1.2.1 Nettozeitwert von Profifußballspielern

Der *Nettozeitwert* entspricht nach IAS 36.6 dem im Rahmen eines aktuellen Verkaufs erzielbaren Fair Value[161] eines Vermögenswerts bzw. einer ZGE nach Abzug der direkt dem Verkauf zurechenbaren Veräußerungskosten wie bspw. Vertragskosten, Rechtsberatungskosten oder Gebühren. Der Nettozeitwert stellt somit generell einen *marktorientierten* und keinen unternehmensindividuellen *Wert* dar.

Bei der Bestimmung des Nettozeitwerts eines *einzelnen* Fußballspielers (vgl. Abbildung 14 auf S. 146) ist gemäß IAS 36.25 zunächst auf einen zwischen unabhängigen Geschäftspartnern im Rahmen einer *verbindlichen Verkaufsvereinbarung* festgelegten Preis abzustellen, wobei die direkt dem Verkauf zurechenbaren zusätzlichen Kosten in Abzug zu bringen sind. Ein verbindlicher Verkaufsvertrag dürfte allerdings eine absolute Ausnahmesituation darstellen, zumal unter diesen Umständen regelmäßig eine Klassifizierung als „zur Veräußerung gehalten" geboten scheint.[162] Aufgrund der Anforderung an die Unabhängigkeit der Kontraktpartner scheiden des Weiteren Vereinbarungen zwischen miteinander verflochtenen Fußball-Clubs, wie dies

---

[158] Vgl. ebenfalls *Ebel/Klimmer*, Fußball-Profis in der Bilanz, S. 264.

[159] Vgl. *Galli*, Spielerbewertung im Teamsport, S. 813; *Wertenbruch*, Gewährleistungsansprüche, S. 183. *Parensen*, Transferentschädigungen, S. 178 befürwortet hingegen eine außerplanmäßige Abschreibung auf die Versicherungssumme, obwohl der Spieler aufgrund der fehlenden Spielerlizenz und Spielerlaubnis dauerhaft nicht mehr zum Einsatz in der Lizenzspielermannschaft gelangen kann und eine Veräußerung des Spielers gleichfalls nicht möglich ist.

[160] Vgl. insofern die FN 151 und 152 des Gliederungspunkts 6.5.1.1.

[161] Zur Definition des Fair Value vgl. Gliederungspunkt 6.4.2.

[162] Vgl. hierzu Gliederungspunkt 6.7.2.

bspw. bei Chelsea London und ZSKA Moskau der Fall war, als Ausgangspunkt zur Bestimmung des Nettozeitwerts aus. In diesem speziellen Fall ist Roman Abramovich Eigentümer von Chelsea London und die ehemals in seinem Eigentum befindliche Ölfirma „Sibneft" der größte Sponsor des Clubs ZSKA Moskau. Obwohl sportlicher Einfluss auf den ZSKA von Seiten Abramovich grundsätzlich be-stritten wurde, wechselte jedoch z.b. der Mittelfeldspieler Jiri Jarosik im Jahr 2005 trotz eines bestehenden Vertrags ablösefrei von ZSKA zu Chelsea. Zu beachten ist allerdings, dass diese spezifische Konstellation aufgrund der im deutschen Lizenzfußball geltenden „50+1"-Regel ausgeschlossen ist.[163] Im Arbeitsvertrag festgelegte Ablösesummen i.s. eines Mindestverkaufspreises bei einem vorzeitigen Clubwechsel verstoßen gleichfalls gegen das Postulat der Unabhängigkeit, zumal dieser fixierte Betrag einseitig festgelegt wird, nicht durch Verhandlungen mit einem Kontraktpartner zustande kommt und somit keine Transaktion zu Marktbedingungen darstellt. Des Weiteren dienen diese Mindestablösezahlungen aufgrund ihrer teilweise astronomischen Höhe lediglich der Verhinderung eines vorzeitigen Clubwechsels („Wechselbarriere").

Sollte hingegen kein verbindlicher Verkaufsvertrag vorliegen, so wird der Nettozeitwert als Angebotsmarktpreis abzüglich der Veräußerungskosten bestimmt, sofern der Spieler auf einem *aktiven Markt* gehandelt wird (IAS 36.26). Da Fußballspieler jedoch unter keinen Umständen die restriktiven Anforderungen an einen aktiven Markt erfüllen[164], ist diese Bestimmungsart grundsätzlich auszuschließen. Demzufolge soll der Nettozeitwert hilfsweise als Marktpreis aus einer zeitnahen Transaktion für diesen Fußballspieler bestimmt werden. Allerdings finden Transaktionen bezogen auf einen bestimmten Spieler relativ selten statt, sodass auch diese alternative Ermittlungsform in der Regel ausscheidet.

Falls insofern weder eine bindende Verkaufsvereinbarung noch ein aktiver Markt oder eine zeitnahe Transaktion für einen Spieler vorliegt, sind gemäß IAS 36.27 *Schätzungen* des Nettozeitwerts i.s. eines hypothetischen, zwischen unabhängigen Marktpartnern zustande kommenden Marktpreises (*exit value*) auf Basis der besten verfügbaren Informationen zum Bilanzstichtag vorzunehmen.[165] Dabei ist auf zeitnahe Transaktionen für ähnliche Spieler zurückzugreifen, wobei Anpassungen an zwischenzeitlich eingetretene Veränderungen der ökonomischen Verhältnisse erforderlich sein können.

Hinsichtlich der Frage, wie bzw. anhand welcher Bewertungsverfahren diese Schätzung des Nettozeitwerts vorzunehmen ist, sind dem IAS 36 allerdings keine weiteren Anwendungsleitlinien zu entnehmen. Vorstellbar ist mithin ein Rekurs auf die Vorschriften des IAS 38 hinsichtlich der Fair Value-Bestimmung eines im Rahmen eines Unternehmenskaufs erworbenen immateriellen Vermögenswerts.[166] Nach IAS 38.41 können zur Schätzung des Fair Value bestimmte Bewertungsmethoden wie Multipli-

---

[163] Vgl. zur „50+1"-Regel ausführlich Gliederungspunkt 2.2.1.2.

[164] Vgl. Gliederungspunkt 6.4.2.

[165] Vgl. zur Marktgängigkeit immaterieller Vermögenswerte im Allgemeinen auch Gliederungspunkt 6.4.2 sowie *Lev*, Intangibles, S. 37; *Busse von Colbe*, Konzernrechnungslegung, S. 672.

[166] *Hoffmann/Lüdenbach*, Abbildung des Tauschs, S. 341 gehen hierbei von einer verpflichtenden Anwendung dieser Vorschriften aus.

katorverfahren oder Barwertmodelle (hierfür spricht auch IAS 36.BCZ11) zum Einsatz kommen, allerdings nur dann, wenn das Unternehmen bestimmte Methoden zur Fair Value-Bestimmung auf Grund von regelmäßigen Kauf- oder Verkaufserfahrungen mit Fußballspielern entwickelt hat.[167] Dabei sind durchgängig aktuelle Markttransaktionen und -praktiken zu berücksichtigen.[168]

Allerdings erlaubt diese Vorgehensweise keine intersubjektiv nachprüfbare Wertermittlung, sodass aufgrund fehlender detaillierter Anwendungsleitlinien von einer ermessensbehafteten Einzelfallentscheidung des bilanzierenden Fußball-Clubs auszugehen ist.[169] Mithin verlangt IAS 36.130(f) lediglich die Angabe der Grundlage, auf welcher der Nettozeitwert bestimmt wurde (bspw. auf Basis einer bindenden Verkaufsvereinbarung oder als Schätzung).[170] Die in IAS 38.124(c) geforderte Angabe der Methode und der wesentlichen Annahmen, die zur Schätzung des Fair Value bzw. in diesem Fall des Nettozeitwerts geführt haben, ist allerdings nicht erforderlich. Im weiteren Verlauf dieser Arbeit soll gleichwohl ein in der einschlägigen Literatur vorgeschlagener Lösungsansatz dargestellt und gewürdigt werden, welcher eine Objektivierung der Nettozeitwert- bzw. Fair Value-Ermittlung erlauben könnte.[171]

Sollte jedoch selbst eine Schätzung des Nettozeitwerts aufgrund der Einzigartigkeit eines Spielers und fehlender Schätzgrundlagen nicht möglich sein, ist der Wertminderungstest grundsätzlich auf der Ebene der ZGE „Lizenzspielerabteilung" durchzuführen, selbst wenn der Nutzungswert annahmegemäß nah am Nettozeitwert liegt. Der letztgenannte Fall ist dabei analog zu der Situation zu betrachten, in welcher der Nettozeitwert den Buchwert des Spielers unterschreitet und der Nutzungswert nicht nah am Nettozeitwert liegt.

---

[167] Vgl. zu Multiplikatorverfahren bspw. *Bausch*, Multiplikator-Methode; *Böcking/Nowak*, Marktorientierte Unternehmensbewertung; *Seppelfricke*, Multiplikatorverfahren; *Ballwieser*, Multiplikatoren und zu den Barwertmodellen für einzelne immaterielle Vermögenswerte im Allgemeinen *Ulbricht*, Bewertung immaterieller Vermögensgegenstände, S. 333ff.; *Jäger/Himmel*, Fair Value-Bewertung, S. 432ff.

[168] Wenn den Schätzwerten des Nettozeitwerts zudem verschiedene Eintrittswahrscheinlichkeiten zugeordnet werden können, besteht allerdings kein Grund zu der Annahmen, dass der Fair Value nicht verlässlich bestimmt werden kann (IAS 38.35). Diesen Unsicherheiten ist mithin im Rahmen der Bewertung Rechnung zu tragen.

[169] Vgl. in diesem Zusammenhang auch *Schildbach*, IFRS 5, S. 555: „Nicht alle Unternehmen sind aber am Ausweis vernünftiger Werte interessiert. Derart abweichenden Interessen kommt die neue Wertdefinition [fair value less costs to sell] freundlichst entgegen, denn getarnt durch das Phantom des „fair value" lässt sich nach [Zufalls]Werten suchen [...] Als imaginäre Größe ist der „fair value" nicht wirklich schätzbar und daher in keiner Weise überprüfbar."

[170] Vgl. Gliederungspunkt 6.6.

[171] Vgl. hierzu Gliederungspunkt 7.3.3. Der Verzicht auf eine explizite Darstellung von in der Literatur vorgeschlagenen Bewertungsverfahren zur Fair Value-Ermittlung von Fußballspielern an dieser Stelle ist insofern gerechtfertigt, als sich der Fair Value als Bewertungsmaßstab im Rahmen der ökonomische Analyse auch konzeptionell als unzweckmäßig erweisen könnte und eine Erläuterung der vorgeschlagenen Verfahren zu keinen Erkenntnisgewinnen hinsichtlich der Zielsetzung der vorliegenden Arbeit führen würde.

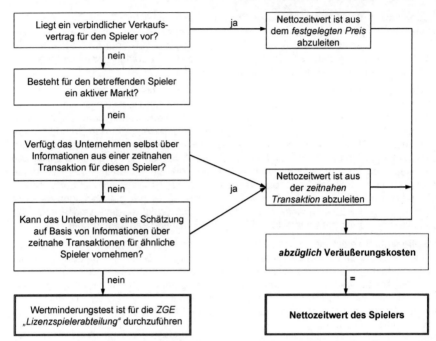

Abbildung 14: Schema zur Bestimmung des Nettozeitwerts eines professionellen Fußballspielers[172]

Fraglich ist indes, ob der Nettozeitwert auf der ZGE-Ebene überhaupt bestimmbar ist oder der erzielbare Betrag eventuell allein durch den Nutzungswert determiniert wird.

Zur Bestimmung des Nettozeitwerts der ZGE *„Lizenzspielerabteilung"* eines Clubs ist das für einzelne Spieler geltende Ermittlungsschema analog anzuwenden. Wenn eine verbindliche Verkaufsvereinbarung schon bei einzelnen Spielern die absolute Ausnahmesituation darstellt, dürfte eine derartige Vereinbarung hinsichtlich einer Lizenzspielerabteilung bzw. eines Fußball-Clubs so gut wie überhaupt nicht vorkommen. In Deutschland scheidet diese Bestimmungsart des Nettozeitwerts zudem aufgrund der verbandsrechtlich vorgeschriebenen „50+1"-Regel generell aus.[173] Der Rückgriff auf einen aktiven Markt ist ebenfalls nur bei börsennotierten Clubs über die Marktkapitalisierung denkbar, sodass lediglich die Schätzung des Nettozeitwerts der ZGE „Lizenzspielerabteilung" als Möglichkeit verbleibt. Eine Schätzung wird allerdings wegen fehlender vergleichbarer Transaktionen und der Einzigartigkeit einer Lizenzspielerabteilung bzw. eines Clubs aufgrund der jeweils spezifischen Zusammensetzung mit den verschiedensten Spielern nicht möglich sein, sodass der erzielbare

---

[172] In Anlehnung an *Heuser/Theile*, IAS-Handbuch, Rz. 403.

[173] Vgl. zu den verbandsrechtlichen Bestimmungen Gliederungspunkt 2.2.1.2.

Betrag der ZGE „Lizenzspielerabteilung" ausschließlich durch den Nutzungswert determiniert wird (IAS 36.20).[174]

IAS 36.6 stellt zwar definitionsgemäß auf den Verkauf einer ZGE im Ganzen ab, gleichwohl wäre auch die *Summation der* isoliert geschätzten *Nettozeitwerte* der einzelnen Spieler vorstellbar.[175] Jedoch würden bei dieser Bestimmungsalternative Faktoren wie bspw. zwischen den Spielern bestehende Interdependenzen vernachlässigt, die vom Markt vergütet werden. Als Beispiel sei das Zusammenspiel von zwei Abwehrspielern angeführt, die ebenfalls in der Nationalmannschaft zum Einsatz gelangen und somit zusätzliche internationale Erfahrung aufweisen und deren Zusammenspiel des Weiteren ständig geschult wird. Insofern stellt der mittels Summation der Einzelwerte ermittelte Nettozeitwert der ZGE „Lizenzspielerabteilung" lediglich eine Approximation des eigentlichen Nettozeitwerts dar.

6.5.1.2.2 Nutzungswert von Profifußballspielern

6.5.1.2.2.1 Allgemeine Anforderungen an den Nutzungswert

Der *Nutzungswert* ist definiert als Barwert der geschätzten künftigen Netto-Cashflows, die erwartungsgemäß aus der ZGE „Lizenzspielerabteilung" erzielbar sind (IAS 36.6). Zu seiner Bestimmung sind zunächst die unternehmensindividuellen Netto-Cashflows aus der fortgesetzten Nutzung und dem Abgang der ZGE am Ende der Nutzungsdauer zu schätzen und anschließend mittels eines angemessenen Kalkulationszinssatzes auf den Bewertungsstichtag zu diskontieren (IAS 36.31, 39). Beim Nutzungswert handelt es sich im Gegensatz zum Nettozeitwert um einen *unternehmensspezifischen* und nicht um einen marktorientierten *Wert*.

Zur Konkretisierung der Vorgehensweise bei der Berechnung des Nutzungswerts enthält IAS 36 eine explizite Aufzählung derjenigen *Parameter*, die sich im Nutzungswert grundsätzlich widerspiegeln müssen (IAS 36.30):
1. Eine ein- oder mehrwertig vorzunehmende Schätzung der zukünftig aus dem Bewertungsobjekt zu erwartenden Cashflows;
2. Erwartungen über eventuelle Abweichungen in der Höhe und/oder der zeitlichen Struktur der zukünftigen Cashflows;
3. der Zeitwert des Geldes, der durch den aktuellen risikolosen Marktzinssatz repräsentiert wird;
4. der Preis für die Übernahme des dem Bewertungsobjekt inhärenten Risikos und
5. andere, teilweise nicht identifizierbare Faktoren wie beispielsweise Illiquidität.

Die Einbeziehung der aufgelisteten Parameter in das Barwertkalkül darf hierbei entweder bei der Cashflow-Projektion oder alternativ im Wege der Adjustierung des Kalkulationszinssatzes erfolgen. Bei konsistenter Berücksichtigung der einzelnen Para-

---

[174] In Bezug auf ZGE im Allgemeinen vgl. auch *Beyhs*, Impairment of Assets, S. 97. Anderer Ansicht wohl *Homberg/Elter/Rothenburger*, Bilanzierung von Spielervermögen, S. 260.

[175] Gleicher Ansicht wohl *Wagenhofer*, IAS/IFRS, S. 174. Diese Vorgehensweise entspräche den in der Unternehmensbewertung bekannten Einzelbewertungsverfahren, nach denen sich der Wert eines Unternehmens (bzw. hier einer ZGE) aus der Summe der einzelnen Vermögenswerte abzüglich der Schulden zusammensetzt. Vgl. hierzu etwa *Mandl/Rabel*, Unternehmensbewertung, S. 46ff. Diese Vorstellung fußt auf dem so genannten Wertadditivitäts-Theorem, nach dem sich eben der Wert eines Ganzen aus der Summe der Werte der einzelnen Teile ergibt. Vgl. hierzu *Dirrigl*, strategische Unternehmensbewertung, S. 423.

meter müssen jedoch beide Vorgehensweisen zu identischen Ergebnissen führen (IAS 36.32, 55). Dabei legt das IASB der Bestimmung des Nutzungswerts grundsätzlich die Prämisse der Risikoaversion zugrunde (IAS 36.30(d), 32, BCZ54).

Als allgemeine Anforderung an den *Kalkulationszinssatz* bestimmt IAS 36.55 zunächst, dass in jedem Fall ein Zinssatz vor Steuern zur Anwendung gelangen muss, welcher zudem die aktuellen Marktgegebenheiten zum Bewertungsstichtag reflektiert.[176] Darüber hinaus sollen Einflüsse auf den Kalkulationszinssatz durch die Kapitalstruktur des Fußball-Clubs und durch die spezifische Art der Finanzierung der zu bewertenden ZGE nicht in die Bestimmung des Kalkulationszinssatzes eingehen (IAS 36.A19).

Die Prognose der künftigen unternehmensindividuellen *Netto-Cashflows* muss sich generell auf nachvollziehbare und vertretbare Annahmen stützen und auf den zuletzt genehmigten Finanzplänen des Managements basieren (IAS 36.33(a), (b)). Mithin soll die Cashflow-Projektion die bestmögliche Einschätzung des Managements hinsichtlich der relevanten ökonomischen Bedingungen zum Ausdruck bringen. Soweit hierbei unternehmensexterne Informationen bspw. aus Verbandsstatistiken zur Verfügung stehen, ist diesen bei der Prognose regelmäßig ein größeres Gewicht beizumessen.

Die Abschätzung der zukünftig erwarteten Netto-Cashflows ist weiterhin dadurch gekennzeichnet, dass eine Zerlegung des Prognosezeitraums in einen Detailprognosezeitraum einerseits sowie in eine zweite Phase mit vereinfachenden Annahmen im Zeitablauf bis zum Planungshorizont andererseits stattfindet. Für den *Detailprognosezeitraum* empfiehlt das IASB zunächst eine maximale Länge von fünf Jahren, eine verbindliche Obergrenze wird jedoch nicht explizit festgelegt (IAS 36.33(b)). Schließlich sind die Cashflows für den Zeitraum nach dem Detailplanungszeitraum (*Phase II*), basierend auf den erwarteten periodischen Cashflows des Detailprognosezeitraums, zu extrapolieren (IAS 36.33(c)). Je nach Einschätzung des Managements sollen dabei entweder konstante oder rückläufige Wachstumsraten herangezogen werden. Steigende Wachstumsraten werden ausnahmsweise nur in solchen Fällen als zulässig erachtet, in denen das Management seine Vorgehensweise anhand weitestgehend objektiver Daten – etwa über einen aus der Analyse der Branche „Profifußball" erkennbaren langfristigen Trendverlauf – begründen kann (IAS 36.36). Die Wachstumsrate darf die langfristige Durchschnittswachstumsrate für die Fußball-Branche nur dann überschreiten, wenn diese objektiv gerechtfertigt werden kann. Zu beachten ist weiterhin, dass die geschätzten künftigen Netto-Cashflows per Definition die Cashflows aus dem Abgang der ZGE „Lizenzspielerabteilung" am Ende der Nutzungsdauer beinhalten sollen. Falls eine derartige Liquidation der ZGE „Lizenzspielerabteilung" nicht geplant oder vorhersehbar ist, wäre in Bezug auf Phase II von einer unendlichen ZGE-Fortführung auszugehen. Allerdings erscheinen Cashflow-Prognosen über einen längeren Zeitraum als die Vertragslaufzeit (inkl. potenzieller Arbeitsvertragsverlängerungen)[177] des am längsten unter Vertrag stehenden Spielers

---

[176] Obwohl es sich beim Nutzungswert um einen unternehmensspezifischen Wert handelt, ist der zur Diskontierung zu verwendende Zinssatz aus Gründen der Objektivierung vom Markt abzuleiten (IAS 36.BCZ54).

[177] Vgl. hierzu Gliederungspunkt 6.4.1.1.

hinsichtlich der Zielsetzung des IAS 36 unangebracht.[178] Die Orientierung an der Vertragslaufzeit wäre zudem konsistent mit der Ansatzebene, da die Kontrolle über den künftigen wirtschaftlichen Nutzen aus der Einsatzmöglichkeit eines Fußballspielers mithin nur für die Laufzeit des Arbeitsvertrags gewährleistet ist.

Eine Restriktion hinsichtlich der Schätzung der künftigen Cashflows besteht grundsätzlich dahingehend, dass lediglich der *aktuelle Zustand* der ZGE am Bewertungsstichtag maßgeblich für die Schätzung ist (IAS 36.44). Insofern dürfen sich erwartete Cashflows aus noch nicht hinreichend konkretisierten Restrukturierungsmaßnahmen oder solche, die aufgrund einer künftigen Verbesserung bzw. Erhöhung der Leistungsfähigkeit der ZGE (Investitionen) anfallen, nicht in der Prognose niederschlagen (IAS 36.44).

Übertragen auf die ZGE „Lizenzspielerabteilung" eines Clubs bedeutet dies, dass zukünftig beabsichtigte Investitionen in neue Spieler und damit bspw. verbundene erhöhte Fanartikelverkäufe ebenso keine Berücksichtigung im Rahmen der Cashflow-Prognose finden dürfen wie Kosteneinsparungen aus der künftigen Reduzierung des Spielerkaders. Erst dann, wenn die Investition in einen neuen Spieler oder die Reduzierung des Spielerkaders vollzogen ist, spiegeln die künftig erwarteten Cashflows den Nutzen aus dem Transfer bzw. der Spielerkaderreduzierung wider. Kurzfristig geplante Transferkäufe von Spielern, die als Ersatz für bspw. anhaltend verletzte oder invalide Spieler des Clubs fungieren sollen, dienen allerdings eher dem Erhalt der ZGE als deren Verbesserung, sodass derartige Mittelabflüsse in die künftigen Cashflows einzubeziehen sind. Die Auswirkungen aus Vertragsverlängerungen aktueller Spieler sind mithin erst dann in die geschätzten künftigen Cashflows einzubeziehen, wenn das Management die jeweilige Prolongation eines Arbeitsvertrags in den zuletzt genehmigten Finanzplänen berücksichtigt hat. Des Weiteren bleiben Cashflows aus der Finanzierungstätigkeit sowie Ertragsteuern des Fußball-Clubs bei der Schätzung der künftigen Ein- und Auszahlungen generell unberücksichtigt (IAS 36.50).

Darüber hinausgehende Konkretisierungen hinsichtlich der Bestimmung des Nutzungswerts finden sich schließlich in Anhang A (IAS 36.32, 57). Das IASB differenziert hierbei zwischen dem ‚traditionellen' Ansatz (*Traditionell Approach*) einerseits und dem ‚erwarteten Cashflow' Ansatz (*Expected Cash Flow Approach*) andererseits. Beide Ansätze unterscheiden sich ausschließlich in der Art der Berücksichtigung des Risikos aus der Unsicherheit der künftigen Cashflows. Fraglich ist im Folgenden einerseits die Anwendbarkeit der beiden Ansätze auf den Profifußballsport und andererseits die Ausgestaltung der Nutzungswertberechnung hinsichtlich der ZGE „Lizenzspielerabteilung".

---

[178] Vgl. ebenfalls *Homberg/Elter/Rothenburger*, Bilanzierung von Spielervermögen, S. 260. Vgl. in diesem Sinne auch *Wirth*, Firmenwertbilanzierung, S. 37ff. Der US-GAAP Standard SFAS 144 *Accounting for the Impairment or Disposal of Long-Lived Assets* enthält ferner die Regelung, dass Cashflow-Prognosen generell nur bis zum Ende der wirtschaftlichen Nutzungsdauer des bedeutendsten Vermögenswerts (*primary asset*) einer ZGE zu erstellen sind (SFAS 144.18).

6.5.1.2.2.2   Traditioneller Ansatz bei Profifußballspielern

Unter dem traditionellen Ansatz[179] versteht das IASB die Diskontierung nur einer, nämlich der wahrscheinlichsten Cashflow-Prognose (Modalwert) mehrwertiger Cashflow-Szenarien mit einem einheitlichen risikoadjustierten Kalkulationszinssatz (*rate commensurate with the risk*). Dieser Zinssatz ist entsprechend anzupassen, sodass er die eingangs angeführten, bei der Berechnung des Nutzungswerts zu berücksichtigenden Parameter 2. bis 5. vollständig erfasst (IAS 36.A2, A4). Der traditionelle Ansatz wird seitens des IASB insbesondere für Bewertungsobjekte mit vertraglich vereinbarten Zahlungsansprüchen bzw. -verpflichtungen (*contractual cash flows*) und insofern einwertigen Cashflows empfohlen (IAS 36.A5). Demnach bietet sich dieser Ansatz in Einklang mit der oben angeführten Literaturmeinung gemeinhin für den Spezialfall der Spielerausleihe an.[180] Schließlich können die ausschließlich einwertigen Cashflow-Zuflüsse in Form der „Mietzahlungen" dem Spieler eindeutig zugeordnet werden und sind zudem unabhängig von den Cashflow-Zuflüssen der anderen Spieler des verleihenden Fußball-Clubs.

Die Unsicherheiten des Zahlungsstroms werden beim traditionellen Ansatz ausschließlich und umfassend über den Kalkulationszinssatz berücksichtigt, wobei der zur Diskontierung verwendete Zinssatz grundsätzlich vom Markt abzuleiten ist (IAS 36.55). Der Marktzinssatz muss dabei derjenigen Rendite entsprechen, die ein Marktteilnehmer (ergo der Fußball-Club) für die Übernahme der Risiken aus dem zu bewertenden Ausleihespieler verlangen würde (IAS 36.56). Dementsprechend müsste neben dem zu bewertenden Fußballspieler zusätzlich ein marktgehandelter Spieler mit vergleichbaren Cashflows und mit einem erkennbaren Zinssatz identifiziert und analysiert werden können (IAS 36.A6). Dieses Unterfangen erweist sich zum einen deshalb als schwierig, weil Transaktionen mit Fußballspielern relativ selten stattfinden und die einzelnen Ausleihgeschäfte zudem nicht homogen, d.h. nicht unmittelbar vergleichbar sind.[181] Überdies ist die Beobachtbarkeit des Zinssatzes aus einer vergleichbaren Spielertransaktion in Frage zu stellen. Jedoch könnte bei einer Ersichtlichkeit der Zahlungsströme aus einer vergleichbaren Transaktion (d.h. im Fall beobachtbarer „Mietzahlungen") zumindest der interne Zinssatz dieses vergleichbaren Ausleihgeschäfts als Surrogat für den risikoadjustierten Kalkulationszinssatz des zu bewertenden Spielers verwendet werden.

Während sich die Anwendbarkeit des traditionellen Ansatzes somit bereits im Fall der Spielerausleihe als schwierig erweist, wird speziell für die Bewertung der nicht marktgängigen ZGE „Lizenzspielerabteilung" die Anwendung des erwarteten Cashflow Ansatzes empfohlen. Das IASB hebt diesen Ansatz entsprechend als „more effective measurement tool than the traditional approach" (IAS 36.A7) hervor.

6.5.1.2.2.3   Erwarteter Cashflow Ansatz bei Profifußballspielern

Im Gegensatz zum traditionellen Ansatz wird beim erwarteten Cashflow Ansatz nicht die wahrscheinlichste Cashflow-Prognose diskontiert. Sondern es werden zunächst

---

[179] Die Bezeichnung ‚traditionell' ist darauf zurückzuführen, dass dieses Diskontierungsverfahren seit jeher Anwendungsfragen der Bilanzierung beherrscht hat (IAS 36.A4).

[180] Vgl. FN 152 dieses Kapitels.

[181] Vgl. auch Gliederungspunkt 6.4.2.

alle nur denkbaren, aus der ZGE „Lizenzspielerabteilung" erwartungsgemäß generierbaren zukünftigen Cashflows mit ihren Eintrittswahrscheinlichkeiten gewichtet und anschließend mit einem angemessenen, vom Markt abgeleiteten Kalkulationszinssatz auf den Bewertungsstichtag diskontiert (IAS 36.A7). Insofern wird im Rahmen dieses Ansatzes regelmäßig die „vollständige" Wahrscheinlichkeitsverteilung i.S. einer Mehrwertigkeit der zukünftigen Cashflows berücksichtigt.[182] In der Literatur werden in diesem Zusammenhang regelmäßig folgende aus der ZGE „Lizenzspielerabteilung" erzielbare Cashflows angeführt:[183]

* Zuschauereinnahmen (Ticketing);
* Einnahmen aus der Verwertung medialer Rechte (Fernseh- und Rundfunkübertragungsrechte, Internet (Streaming), Mobilfunk, Videowand etc.);
* Transfererlöse;
* Einnahmen aus dem Sponsoring (Trikotsponsor, Ausrüster, überregionale Premium Partner und regionale Business Partner, Verwertung des Namensrechts am Stadion, Verwertung von Logorechten etc.) sowie
* Einnahmen aus Merchandising und Catering (inkl. Verwertung der Hospitalityrechte).

Auf der Auszahlungsseite sind regelmäßig folgende Positionen anzuführen:[184]

* Ausgaben für das Stadion und das Trainingsgelände (Mieten, Leasingraten, Sanierungs- und Modernisierungsmaßnahmen etc.) sowie
* Ausgaben für Spieler, Trainer und sonstige Mitarbeiter des Fußball-Clubs (Löhne und Gehälter, Ausbildungsmaßnahmen, Ablösesummen etc.).

Dem Wortlaut des Standards nach schlagen sich beim erwarteten Cashflow Ansatz die bei der Berechnung des Nutzungswerts berücksichtigungspflichtigen Parameter 2., 4. und 5.[185] durch einen Risikoabschlag vom Erwartungswert gänzlich im Zähler der Barwertformel nieder, während im Nenner einzig der Zeitwert des Geldes Berücksichtigung findet, der durch den aktuellen risikolosen Marktzinssatz repräsentiert wird (IAS 36.A2). Insofern schreibt das IASB wegen der ausschließlichen Berücksichtigung des Zeitwerts des Geldes im Kalkulationszinssatz implizit einen Sicherheitsäquivalentansatz vor, wonach die Cashflow-Sicherheitsäquivalente[186] mit dem

---

[182] Als entscheidender Vorteil gegenüber dem traditionellen Ansatz gilt nach Ansicht des IASB, dass die Verwendung von Cashflow-Erwartungswerten eine bessere Abschätzung des Nutzungswert ermöglicht als die Verwendung einer einzigen Zahlungsgröße, sei es der Minimal-, der Maximal- oder der Modalwert (IAS 36.A3(c), 11).

[183] Vgl. etwa Borussia Dortmund GmbH & Co. KGaA, Geschäftsbericht 2004, S. 31ff.; Deloitte & Touche, Football Finance 2004, S. 57; Homberg/Elter/Rothenburger, Bilanzierung von Spielervermögen, S. 260; Lüdenbach/Hoffmann, Profifußball, S. 1445; Manchester United, Annual Report 2004, S. 25ff.; WGZ-Bank/KPMG, Fußball und Finanzen, S. 39ff.; WGZ-Bank, Analyse der Fußballunternehmen, S. 52ff.; WGZ-Bank/Deloitte & Touche, Börsengänge europäischer Fußballunternehmen, S. 61ff.

[184] Vgl. z.B. Deloitte & Touche, Football Finance 2004, S. 57; Manchester United, Annual Report 2004, S. 62f.; WGZ-Bank/KPMG, Fußball und Finanzen, S. 77ff.; Hübl/Swieter, Unternehmen Bundesliga, S. 591ff.; WGZ-Bank, Analyse der Fußballunternehmen, S. 67ff.; WGZ-Bank/Deloitte & Touche, Börsengänge europäischer Fußballunternehmen, S. 81ff.

[185] Vgl. hierzu Gliederungspunkt 6.5.1.2.2.1.

[186] Unter einem Sicherheitsäquivalent wird unter derjenige sichere Betrag verstanden, der ein Investor gegenüber den gewichteten unsicheren Cashflows als gleichwertig einschätzt. Zum Sicherheitsäquivalent allgemein vgl. etwa Brealey/Myers/Allen, Corporate Finance, S. 230f.; Schmidt/Terberger,

risikolosen Marktzinssatz diskontiert werden. Der *Erwartungswertansatz* (Risikozu-schlagsmethode), der eine Diskontierung der unmodifizierten Cashflow-Erwar-tungswerte mit einem risikoadjustierten Marktzinssatz vorsieht, ist allerdings alterna-tiv anwendbar, da beide Verfahren bei konsistenter Anwendung zu identischen Er-gebnissen führen.[187]

Stehen dem bilanzierenden Fußball-Club keine ZGE-spezifischen und beobachtba-ren Marktzinssätze (*asset-specific rates*) zur Diskontierung zur Verfügung – diese Si-tuation wird wohl den Regelfall darstellen –, so werden stets Surrogate zur Abschät-zung des Marktzinssatzes verwendet (IAS 36.57, A16). Als Ausgangsgröße für die vorzunehmende Schätzung des Kalkulationszinssatzes können sowohl die markt-wertbasierten gewogenen Kapitalkosten (WACC)[188] als auch die Fremdkapitalkosten des Fußball-Clubs fungieren (IAS 36.A17). Diese Zinssätze sind insbesondere der-gestalt zu modifizieren, dass sämtliche Faktoren, die für die Bewertung nicht relevant sind oder bereits im Zuge der Cashflow-Prognose einbezogen wurden, herausge-rechnet werden (IAS 36.A18). Exemplarisch führt das IASB das Länderrisiko, das Währungsrisiko und das Preisrisiko als zu würdigende Risikoarten an.

Investitions- und Finanzierungstheorie, S. 292. Zur Anwendung im Rahmen der Unternehmensbe-wertung vgl. *Mandl/Rabel*, Unternehmensbewertung, S. 218ff.

[187] Zur Differenzierung zwischen Sicherheitsäquivalenz- und Erwartungswertmethode vgl. exempla-risch *Mandl/Rabel*, Unternehmensbewertung, S. 218ff. Zur Überführbarkeit der unterschiedlichen Ansätze vgl. z.B. *Mandl/Rabel*, Unternehmensbewertung, S. 229ff.; *Ballwieser/Leuthier*, Unterneh-mensbewertung, S. 609.

[188] Die marktwertbasierten gewogenen Gesamtkapitalkosten (WACC) ergeben sich als Summe der mit der Eigenkapitalquote gewichteten Renditeforderung der Eigenkapitalgeber und des mit der Fremdkapitalquote gewichteten Fremdkapitalkostensatzes, wobei die Gewichtung jeweils auf Basis von Marktwerten erfolgt:

$$r(GK) = r(EK) \times \frac{EK}{GK} + r(FK) \times \frac{FK}{GK}$$

mit:

r(GK) = gewogene Gesamtkapitalkosten (WACC)

r(EK) = Renditeforderung der Eigenkapitalgeber

r(FK) = Fremdkapitalkostensatz

GK   = Marktwert der Unternehmung (EK + FK)

EK   = Marktwert des Eigenkapitals

FK   = Marktwert des Fremdkapitals

Vgl. zum WACC im Allgemeinen z.B. *Brealey/Myers/Allen*, Corporate Finance, S. 444ff., 502ff.; *Mandl/Rabel*, Unternehmensbewertung, S. 39, 321ff. *Beyhs*, Impairment of Assets, S. 133f., 208ff. führt in diesem Zusammenhang einen dem Standard vermeintlich inhärenten Widerspruch an. Die-se Unstimmigkeit liegt nach seiner Ansicht in der vom IASB in IAS 36.A19 empfohlenen Verwen-dung der unternehmensindividuellen WACC unter Berücksichtigung der an den Kalkulationszins-satz gestellten grundlegenden Anforderung der Unabhängigkeit von der unternehmensspezifischen Kapitalstruktur. Allerdings ist dieser Kritik aus folgendem Grund nicht zu folgen: Eine Veränderung des Verschuldungsgrades führt zu einer entsprechenden Anpassung der Renditeforderung der Ei-genkapitalgeber, wobei die WACC als Folge konstant und somit unabhängig von der Kapitalstruk-tur bleiben. Zudem stellt der Kalkulationszinssatz gemäß IAS 36.55 einen Vorsteuerzinssatz dar, sodass die unternehmensindividuelle Kapitalstruktur den WACC folglich nicht beeinflusst. Vgl. hier-zu etwa *Drukarczyk/Schüler*, Unternehmensbewertung, S. 130f.; *Wirth*, Firmenwertbilanzierung, S. 70ff.; *Haring*, Kapitalkosten, S. 211; *Hachmeister*, Discounted Cash Flow, S. 128f.

Zur Ermittlung der durchschnittlichen gewogenen Kapitalkosten (WACC) des Fuß-ball-Clubs wird vom IASB eine Präferenz für das kapitalmarkttheoretische *Capital Asset Pricing Model* (CAPM)[189] ausgedrückt, um die für die Berechnung der WACC benötigten Eigenkapitalkosten zu bestimmen (IAS 36.A17(a)). Die Fremdkapitalkos-ten können einerseits durch den individuellen Zinssatz eines Clubs für Neukredite oder andererseits durch sonstige marktbezogene Fremdkapitalzinssätze (von Fuß-ball-Clubs) determiniert werden (IAS 36.A17(b), (c)). Eine spezifische Anwendungs-leitlinie zur marktgestützten Bestimmung des Kalkulationszinssatzes ist dem Stan-dard jedoch nicht zu entnehmen. Denkbar wäre jedoch hinsichtlich der über das CAPM zu bemessenden Eigenkapitalkostenkomponente bei einem nicht börsenno-tierten Fußball-Club eine Ermittlung über Analogieansätze unter Rückgriff auf Markt-daten vergleichbarer börsennotierter Fußball-Clubs, wie sie vor allem in England an-zutreffen sind.[190]

Sollte der Nutzungswert zudem sensitiv auf die Entwicklung bestimmter Risikoarten (bspw. hinsichtlich der Teilnahme am Abstiegskampf oder des Wettbewerbs um die Plätze, die zur Teilnahme an den internationalen Wettbewerben berechtigen) bzw. auf die Laufzeitstruktur der Zinssätze im Zeitablauf reagieren, sind zur Diskontierung der geschätzten künftigen Cashflows generell periodenspezifische Kalkulationszins-sätze zu verwenden (IAS 36.A21).

6.5.2 Wertaufholung bei Profifußballspielern

Sollte sich in einer Folgeperiode ein Anhaltspunkt aus externen und/oder internen In-formationsquellen dafür ergeben, dass eine in der Vergangenheit erfasste Wertmin-derung nicht länger besteht oder sich vermindert hat, ist der erzielbare Betrag eines einzelnen Profifußballspielers bzw. der ZGE „Lizenzspielerabteilung" erneut zu bestimmen (IAS 36.110).

In Anlehnung an den exemplarischen Kriterienkatalog in IAS 36.111 können z.B. fol-gende Anhaltspunkte auf eine Werterholung bei einem Spieler hinweisen, wobei wie im Fall der Wertminderung zwischen Indikatoren, die einen einzelnen Spieler, und solchen, die den gesamten Fußball-Club betreffen, zu differenzieren ist:

---

[189] Im Grundmodell des CAPM bestimmen sich die (von den Anteilseignern geforderten) Eigenkapital-kosten des Unternehmens durch Addition des risikolosen Zinssatzes und der unternehmensindivi-duellen Risikoprämie, die sich wiederum als Produkt aus dem unternehmensspezifischen Beta-Faktor und der Marktrisikoprämie ergibt. Diese Marktrisikoprämie entspricht der Differenz zwischen der Rendite des Marktportfolios und dem risikolosen Zinssatz:

$$r(EK) = i_r + \beta \times \left[\mu(r_m) - i_r \right]$$

mit:

$r(EK)$ = Renditeforderung der Eigenkapitalgeber

i_r = risikoloser Zinssatz

β = unternehmensspezifischer Beta-Faktor

$\mu(r_m)$ = Rendite des Marktportfolios

Vgl. grundlegend zum CAPM *Sharpe*, Portfolio Theory. Zu ausführlichen Darstellungen des Mo-dells vgl. *Schmidt/Terberger*, Investitions- und Finanzierungstheorie, S. 343ff.; *Laux*, Risikoteilung, S. 119ff.; *Drukarczyk*, Finanzierung, S. 234ff.; *Schneider*, Investition, S. 511ff.

[190] Vgl. hierzu auch Gliederungspunkt 7.3.2.

Indikatoren bezogen auf *einzelnen* Spieler

- Wiedererlangung des Stammspielerstatus, obwohl seit geraumer Zeit nur geringe Einsätze aus sportlichen oder taktischen Gründen („Bankdrücker", „Tribünengast")

  Während der Mittelfeldspieler Stefan Beinlich vom Hamburger SV während der Saison 2003/04 lediglich als Einwechselspieler auf sich aufmerksam machte und größtenteils auf der Bank Platz nehmen musste, stieg er im Laufe der Saison 2004/05 zum Stamm- und sogar Führungsspieler auf.

- systemumstellungsbedingter Leistungsverlust nicht dauerhaft

- Konkurrenz durch einen jüngeren Spieler, der unerwartet einen starken Leistungsschub hatte, ebenfalls nicht dauerhaft

- Wiedererlangen des Nationalspielerstatus

- Beseitigung von Umstellungsschwierigkeiten eines neuen Spielers

- vorherige Ankündigung des Clubs, einen Spieler verkaufen zu wollen, wird widerrufen

- Streichung aus dem Spielerkader („Suspendierung") wird rückgängig gemacht

- Erholung von langwieriger Verletzung

  „Nationalspieler Christoph Metzelder kehrt nach mehr als 20 Monaten Verletzungspause auf den Fußballplatz zurück."[191]

Indikatoren einen *Fußball-Club* betreffend

- Teilnahme an internationalen Clubwettbewerben wieder erreicht

- Aufstieg in die Bundesliga bei vorherigem Abstieg

  Der Fußball-Club 1. FC Kaiserslautern schaffte bspw. nach seinem Abstieg in der Saison 1995/96 den direkten Wiederaufstieg und konnte sogar in der folgenden Saison den Titel des deutschen Fußballmeisters erringen.

- niedrige Verkaufsraten für Eintrittskarten oder Fanartikel („Umsatzeinbrüche") nicht dauerhaft

- finanzielle Probleme des Clubs erweisen sich als nicht anhaltend bzw. es findet eine Erholung statt

- deutliche Kursgewinne bei börsennotierten Clubs

- vorteilhafte Veränderungen im ökonomischen Umfeld des Clubs, bspw. aufgrund einer Erholung von der sog. „Kirch-Krise"

- Absinken der Marktzinssätze oder der Marktrenditen, was wahrscheinlich zu einer wesentlichen Verringerung des Kalkulationszinssatzes führt und eine entsprechende Erhöhung des Nutzungswerts zur Folge hat

Tabelle 23: Mögliche Indikatoren einer Werterholung bei professionellen Fußballspielern nach IAS 36

Sämtliche Anlässe zur Durchführung des Werthaltigkeitstests haben gemein, dass eine in einer vergangenen Periode erfasste außerplanmäßige Abschreibung ausschließlich dann vollständig oder teilweise rückgängig gemacht werden darf, wenn

---

[191] o.V., Comeback.

eine Änderung in den ursprünglichen Schätzungen (bspw. eine Änderung im Betrag oder im zeitlichen Anfall der geschätzten künftigen Cashflows) identifiziert werden kann, welche bei der Bestimmung des erzielbaren Betrags herangezogen wurden (IAS 36.114).[192] Falls der neu ermittelte erzielbare Betrag höher als der Buchwert des Spielers bzw. der ZGE „Lizenzspielerabteilung" ist, muss die vorherige außerplanmäßige Abschreibung verpflichtend erfolgswirksam rückgängig gemacht werden.

Bei *einzelnen* Fußballspielern ist die erforderliche Zuschreibung auf den erzielbaren Betrag jedoch auf die (fortgeführten) historischen Kosten begrenzt, die sich ergeben hätten, wenn die außerplanmäßige Abschreibung zuvor nicht vorgenommen worden wäre (IAS 36.117).

Der Aufwertungsbetrag der *ZGE „Lizenzspielerabteilung"* ist auf die einzelnen Spieler und sonstigen Vermögenswerte analog zur Erfassung einer Wertminderung buchwertproportional zu verteilen (IAS 36.122). Dabei ist grundsätzlich ebenfalls die obige Wertobergrenze – kleinerer Betrag aus erzielbarem Betrag und (fortgeführten) historischen Kosten – zu beachten (IAS 36.123). Entsprechend der zitierten Literaturmeinung sind die Buchwerte der Fußballspieler der betreffenden ZGE insofern nicht auf einen Wert oberhalb ihres Nettozeitwerts – falls bestimmbar – oder, sofern niedriger, über die (fortgeführten) historischen Kosten hinaus zuzuschreiben.

6.6 Angabepflichten im Anhang

IAS 36 und IAS 38 sehen zudem umfangreiche Angabepflichten vor. So sind nach IAS 38.118 für jede Gruppe von Fußballspielern – m.E. sollte eine Unterscheidung zwischen professionellen Spielern und Vertragsamateuren erfolgen – bestimmte Angaben zu machen, wobei innerhalb dieser beiden Gruppen wiederum hinsichtlich separat erworbenen und selbst erstellten Spielern zu differenzieren ist.

Zunächst sind für die in einer *Gruppe* enthaltenen Fußballspieler insbesondere die Nutzungsdauern, die angewandten Abschreibungsraten und die verwendeten Abschreibungsmethoden anzugeben (IAS 38.118(a), (b)). Daneben schreibt der Standard folgende Pflichtangaben für die jeweilige Gruppe vor:

- die Angabe der Bruttobuchwerte und der akkumulierten, planmäßigen und außerplanmäßigen Abschreibungen zum Anfang und zum Ende der Periode (IAS 38.118(c));
- den Ausweis einer Überleitungsrechnung, in der die Entwicklung des Buchwerts der Gruppe im abgelaufenen Geschäftsjahr erläutert wird, wobei folgende Beträge auf Gruppenebene gesondert auszuweisen sind (IAS 38.118(e)):
  - Zugänge von Spielern getrennt nach separatem Erwerb und clubinterner Erstellung;
  - Abgänge von Spielern, wobei zwischen Spielern, die als zur Veräußerung gehalten klassifiziert wurden[193], und anderen Abgängen zu differenzieren ist;
  - während der Berichtsperiode erfasste Wertminderungen;
  - während der Berichtsperiode rückgängig gemachte Wertminderungen;
  - planmäßige Abschreibungen während der Berichtsperiode sowie
  - sonstige Buchwertveränderungen während der Berichtsperiode.

---

[192] Der reine Zeiteffekt bedingt insofern keine Wertaufholung (IAS 36.116).

[193] Vgl. dazu Gliederungspunkt 6.7.2.

Ferner muss für jeden wesentlichen Spieler eine Beschreibung dieses Spielers, sein Buchwert und die ggf. verbleibende Nutzungsdauer angegeben werden (IAS 38.122(b)).

Im Rahmen der außerplanmäßigen *Wertminderung* und der *Wertaufholung* verlangt IAS 36 zahlreiche sowohl qualitative als auch quantitative Erläuterungen. So sind zunächst die insgesamt während einer Periode erfassten Wertminderungen und Wertaufholungen auf Gruppenebene anzugeben (IAS 36.126). Ist ein Wertminderungsaufwand bzw. ein Wertaufholungsbetrag für einen einzelnen Fußballspieler oder für die zahlungsmittelgenerierende Einheit „Lizenzspielerabteilung" zudem wesentlich im Verhältnis zum gesamten Abschluss, sind folgende ausführliche Erläuterungen zu machen:

- Ereignisse und Umstände, die zur Erfassung einer Wertminderung oder einer Wertaufholung geführt haben (IAS 36.130(a));
- die Höhe der erfassten oder aufgehobenen Wertminderung (IAS 36.130(b));
- die Art des Spielers (professioneller Spieler versus Vertragsamateur und separat erworben versus selbst erstellt), falls es sich um einen einzelnen Fußballspieler handelt (IAS 36.130(c));
- falls es sich um die ZGE „Lizenzspielerabteilung" handelt (IAS 36.130(d)):
  - eine Beschreibung der zahlungsmittelgenerierenden Einheit;
  - die Höhe der erfassten oder der aufgehobenen Wertminderung bezogen auf die Einheit;
  - Erläuterung der aktuellen und vergangenen Zusammensetzung der zahlungsmittelgenerierenden Einheit sowie der Gründe für eine eventuelle Änderung der Zusammensetzung;
- die Angabe, ob der erzielbare Betrag dem Nettozeitwert oder dem Nutzungswert entspricht (IAS 36.130(e));
- die Grundlage (bspw. auf Basis einer bindenden Verkaufsvereinbarung oder als Schätzung), auf welcher der Nettozeitwert bestimmt wurde (IAS 36.130(f));
- der verwendete Kalkulationszinssatz bei Bestimmung des Nutzungswerts (IAS 36.130(g)).

Zur Summe von bei isolierter Betrachtung unwesentlichen Wertminderungen und Wertaufholungen sind folgende verkürzte Angaben zu machen:

- Benennung der von Wertminderungen und Wertaufholungen betroffenen Gruppen von Spielern (IAS 36.131(a)) und
- Angabe der wichtigsten Ereignisse und Umstände, die zur Erfassung bzw. Aufhebung der Wertminderungen geführt haben (IAS 36.131(b)).

6.7   Spezialfragen der Bilanzierung von Fußballspielern

6.7.1   Tausch von Fußballspielern

Teilweise erfolgt der Erwerb eines Spielers nicht gegen Zahlung einer vereinbarten Ablösesumme, sondern im Austausch gegen einen anderen Spieler, wobei eventuell weitere Zahlungen mit dem Transfergeschäft verbunden sind (sog. Tausch mit Baraufgabe). In diesem Zusammenhang ist insbesondere fraglich, mit welchem Wert der erhaltene Spieler erstmalig im IFRS-Abschluss anzusetzen ist, da sich regelmäßig das Problem der Bewertung der nicht monetären Gegenleistung stellt.[194] Gemäß IAS 38.45 erfolgt die Zugangsbewertung beim Tausch grundsätzlich mit dem Fair Value, es sei denn

* der Tauschakt hat keinen wirtschaftlichen Gehalt (*commercial substance*) oder
* weder der *Fair Value* des erhaltenen noch der des hingegebenen Vermögenswerts ist *verlässlich bestimmbar*.

In diesen – gemäß Wortlaut wohl – Ausnahmefällen werden die Anschaffungskosten des erhaltenen Vermögenswerts durch den Buchwert des hingegebenen Vermögenswerts determiniert (sog. erfolgsneutrale Buchwertfortführung).

Ob ein Tauschgeschäft *wirtschaftlichen Gehalt* besitzt, hängt gemäß IAS 38.46 vom Ausmaß der erwarteten Änderungen der zukünftigen Cashflows infolge dieses Tauschgeschäfts ab. Mithin liegt wirtschaftlicher Gehalt eines Tauschgeschäfts vor, wenn folgende Voraussetzungen erfüllt sind:

1. Die Konfiguration (Risiko, zeitlicher Anfall und Höhe) der Cashflows des hingegebenen Vermögenswerts unterscheidet sich von der Konfiguration der Cashflows des erhaltenen Vermögenswerts (IAS 38.46(a)); oder
2. der unternehmensspezifische Wert (*entity-specific value*)[195] des betroffenen Unternehmensteils verändert sich durch den Tauschvorgang (IAS 38.46(b)); und
3. der Unterschied in 1. oder 2. ist wesentlich im Vergleich zum Fair Value der beiden Tauschgegenstände (IAS 38.46(c)).

Für den Fall, dass es sich bei dem erworbenen Spieler um einen besseren „Teamplayer", Abwehrspieler, Stürmer etc. handelt oder dass durch den erworbenen Spieler ein effektiveres Spielsystem möglich ist, kann dem Tauschgeschäft wirtschaftlicher Gehalt zweifelsfrei nicht abgesprochen werden. Dies gilt auch dann, wenn aufgrund des erworbenen Spielers ein erhöhter Verkauf von Eintrittskarten und sonstigen Fanartikeln wie bspw. dem Trikot mit dem Namen und der Nummer des Spielers oder auch vermehrte Zahlungen eines Sponsors erwartet werden. Anders verhält es sich in dem Fall des Tauschs von Spielern mit annähernd identischen Eigenschaften. Wirtschaftlicher Gehalt wird dem Tauschgeschäft hierbei eher abzusprechen sein. Jedoch könnten auch die in Kapitel 6.2.2.1 angestellten Überlegungen hinsichtlich des Vertragsschlusses zwischen Spieler und Club und des damit verbundenen wirtschaftlichen Nutzens generell für den wirtschaftlichen Gehalt einer Tauschtransaktion mit Fußballspielern sprechen.

Sind mit dem Tauschgeschäft weitere und zugleich nicht unbedeutende Zahlungen verbunden (sog. Tausch mit Baraufgabe), ergibt sich der wirtschaftliche Gehalt der Transaktion durch die Änderung der Cashflow-Konfiguration aufgrund der Baraufgabe.[196]

---

[194] Vgl. hierzu auch *Hoffmann/Lüdenbach*, Abbildung des Tauschs.

[195] Dieser unternehmensspezifische Wert (*entity-specific value*) entspricht dabei dem in IAS 36 definierten Nutzungswert (*value in use*). Vgl. insofern Gliederungspunkt 6.5.1.2.2.

[196] Vgl. auch *Hoffmann/Lüdenbach*, Abbildung des Tauschs, S. 339f.

Die Beurteilung des wirtschaftlichen Gehalts eines Tauschgeschäfts hängt jedoch insbesondere auch wegen des 3. Beurteilungskriteriums eng mit der Bestimmung des Fair Value der beiden Tauschgegenstände zusammen. Zweite Voraussetzung für die Fair Value-Bewertung im Rahmen eines Tauschgeschäfts ist demnach gemäß IAS 38.47 dessen *verlässliche Ermittlung*. Selbst wenn vergleichbare Markttransaktionen fehlen, ist die verlässliche Bewertbarkeit gegeben, wenn bestimmte Bewertungsverfahren eine Intervallschätzung des Fair Value ermöglichen und

- die Varianz der Werte innerhalb des Intervalls nicht wesentlich ist
  oder
- den verschiedenen Schätzwerten innerhalb des Intervalls begründete Eintrittswahrscheinlichkeiten zugeordnet werden können.

Sofern für beide Tauschgegenstände der Fair Value verlässlich bestimmbar ist, determiniert der Wert des hingegebenen Vermögenswerts die Anschaffungskosten des erworbenen Vermögenswerts. Ist dagegen der Fair Value des erhaltenen Vermögenswerts eindeutiger (*more clearly evident*), dann bestimmt dieser die Anschaffungskosten des erhaltenen Vermögenswerts. Der Ansatz mit dem Fair Value ist dabei in beiden Fällen erfolgswirksam vorzunehmen, sofern der anzusetzende Fair Value vom Buchwert des hingegebenen Vermögenswerts abweicht (IAS 38.45 i.V.m. IAS 16.BC19, BC23).

Die zuverlässige Fair Value-Ermittlung stellt bei Tauschgeschäften mit Fußballspielern die entscheidende Stellgröße im Rahmen der Bilanzierung dar und kann dem Management erhebliche Ermessenspielräume bieten, zumal im Gegensatz zur Neubewertungsmethode von der restriktiven Prämisse des aktiven Markts für immaterielle Vermögenswerte abgesehen wurde. Folgendes Beispiel von *Lüdenbach/Hoffmann* soll dies illustrieren:

> „Der Profifußballklub FC Forza Italia (I) ist bereit, Spieler S an den Klub Real Espana (E) gegen Eintausch von Spieler T abzugeben. Man einigt sich im Verhandlungsweg auf einen „Mehrwert" von T gegenüber S i.H. von 8 Mio. € [...]. Die Kaufpreise können dann ohne Restriktion durch wirtschaftliches Eigeninteresse auf 18 Mio. € für S und 10 Mio. € für T oder z.B. auf 58 bzw. 50 Mio. € festgelegt werden."[197]

Das angeführte Beispiel lässt dabei eine gewisse Willkür bei der Bestimmung der Anschaffungskosten des erworbenen Spielers erkennen. Fraglich ist mithin, ob die Kriterien des IAS 38.47 dieser vermuteten Willkür entgegenwirken.

Analog zur Nettozeitwertermittlung im Rahmen des Werthaltigkeitstests des IAS 36[198] ist bei Fußballspielern regelmäßig eine Schätzung des Fair Value vorzunehmen, wobei auf zeitnahe Transaktionen für ähnliche Spieler zurückzugreifen ist. Allerdings ergeben sich auch hier entsprechende Ermessensspielräume für das bilanzierende Management, da weder eine Angabe des Bewertungsverfahrens und der dabei getroffenen Annahmen noch eine Angabe der Varianz der Werte innerhalb des Schätzintervalls oder der den verschiedenen Schätzwerten innerhalb des Intervalls zugeordneten Eintrittswahrscheinlichkeiten zu erfolgen hat. Eine Nachprüfbarkeit sowohl des Werts des hingegebenen als auch des Werts des erhaltenen Spielers ist nicht möglich. Die geäußerten Bedenken bezüglich der Willkür bei der Ermittlung des Fair Value können demzufolge nicht widerlegt werden.

---

[197] *Lüdenbach/Hoffmann*, Profifußball, S. 1445.

[198] Vgl. Gliederungspunkt 6.5.1.2.1.

Eine gewisse Disziplinierung des Managements hinsichtlich der Fair Value-Bewertung könnte sich jedoch im Fall der separaten Angabe des geschätzten Fair Value i.S. eines sog. „one line item" ergeben, die dann einen Vergleich des angesetzten Werts mit dem Fair Value aus zeitnahen Transaktionen für ähnliche Spieler erlaubt. Eine derartige Angabe obliegt jedoch der Willkür des Managements, da die wertmäßigen Zugänge nur kumuliert anzugeben sind und die gesonderte Angabe des Fair Value selbst für wesentliche Spieler nicht erforderlich ist.[199]

6.7.2 Zur Veräußerung gehaltene Spieler

Fußballspieler, die in naher Zukunft noch vor Ablauf eines laufenden Arbeitsvertrags veräußert werden sollen und demzufolge nicht mehr für einen wesentlichen Einsatz in der Lizenzmannschaft des Arbeit gebenden Fußball-Clubs vorgesehen sind, werden unter bestimmten Voraussetzungen gemäß IFRS 5 *Non-current Assets Held for Sale and Discontinued Operations* als zur Veräußerung gehalten (*held for sale*) klassifiziert (IFRS 5.6).[200]

Diese Klassifizierung eines Fußballspielers ist mithin immer dann geboten, wenn der betreffende Spieler in seinem *derzeitigen Zustand* zur *sofortigen Veräußerung* zur Verfügung steht (IFRS 5.7). Ist die unmittelbare Veräußerbarkeit eines Spielers bspw. aufgrund von Verletzungen erst im Anschluss an weitere Rehabilitationsmaßnahmen gegeben, kommt eine Qualifizierung als „zur Veräußerung gehalten" erst im Anschluss an die Rehabilitation in Frage. Die zur endgültigen Veräußerung notwendige Auflösung oder Kündigung des bestehenden Arbeitsvertrags steht der Klassifizierung allerdings nicht entgegen, da IFRS 5 nicht auf die unmittelbare Abgabe des Spielers, sondern auf die sofortige Veräußer*barkeit* abstellt.[201]

Eine „held for sale"-Klassifizierung ist weiterhin erst dann zulässig, wenn die Veräußerung des Spielers *höchstwahrscheinlich* (*highly probable*) ist. Dabei ist von einer höchstwahrscheinlichen Veräußerung auszugehen, wenn das Management des Fußball-Clubs bereits einen Plan zum Verkauf des Spielers zu einem „vernünftigen" Preis beschlossen hat und zudem aktiv mit der Suche nach einem Käufer für den Spieler begonnen hat (IFRS 5.8). Ferner hat die Veräußerung – d.h. der tatsächliche Wechsel eines Spielers i.S. eines abgeschlossenen Veräußerungsgeschäfts – erwartungsgemäß innerhalb von zwölf Monaten ab dem Zeitpunkt der Klassifizierung stattzufinden.

Die Beurteilung, ob die Veräußerung eines Spielers als höchstwahrscheinlich einzustufen ist, wird letztlich eine einzelfallbezogene und zudem ermessensbehaftete Entscheidung des Managements sein.[202] Zwar wird der Ermessensspielraum dahingehend eingeschränkt, dass der Spieler zu einem bestimmten Preis aktiv am Markt an-

---

[199] Vgl. Gliederungspunkt 6.6.

[200] Der Buchwert des betreffenden Spielers wird somit hauptsächlich durch eine Veräußerung und nicht durch die weitere Nutzung realisiert. Vgl. zu IFRS 5 im Allgemeinen auch *Kümpel/Straatmann*, IFRS 5; *Schildbach*, IFRS 5; *Hoffmann/Lüdenbach*, IFRS 5; *McGeachin*, asset; *Zülch/Lienau*, IFRS 5; *Zülch/Willms*, IFRS 5.

[201] Insofern bedarf es zur Klassifizierung nicht erst der Aufnahme in die Transferliste, da dies bereits eine einvernehmliche Auflösung, fristgerechte Kündigung des Arbeitsvertrags oder einen durch Zeitablauf endenden Arbeitsvertrag voraussetzt. Vgl. hierzu Gliederungspunkt 2.3.2.2.2.

[202] Gleicher Ansicht *Homberg/Elter/Rothenburger*, Bilanzierung von Spielervermögen, S. 261.

geboten werden muss, wobei der Angebotspreis eine zumindest wahrscheinliche Veräußerung indiziert. Die an diesen „vernünftigen" Angebotspreis definitionsgemäß gestellte Anforderung des angemessenen Verhältnisses zum Fair Value, der im Regelfall ein Schätzwert und somit ermessensbehafteter Wert des Managements sein wird[203], relativiert jedoch diese Aussage. Letztlich ist selbst ein im Verhältnis zum Fair Value angemessener Angebotspreis noch keine Garantie für eine tatsächliche Veräußerung des betreffenden Spielers. Die Qualifizierung eines Spielers als zur Veräußerung gehalten scheidet jedoch definitiv aus, wenn der betreffende Spieler zu keinem Preis am Markt angeboten wird. In diesem Fall ist die planmäßige Abschreibung gemäß IAS 38.117 trotz einer bestehenden Veräußerungsabsicht bis zum Ende der Vertragslaufzeit fortzuführen.

Professionelle Fußballspieler, die als zur Veräußerung gehalten klassifiziert werden, sind grundsätzlich mit dem niedrigeren Wert aus dem vor der Umklassifizierung bestehenden Buchwert und dem im Umklassifizierungszeitpunkt geltenden Nettozeitwert[204] zu bewerten (IFRS 5.15). Liegt der Nettozeitwert folglich unterhalb des Buchwerts, so ist eine erfolgswirksam zu erfassende außerplanmäßige Abschreibung in Höhe des Differenzbetrags vorzunehmen (IFRS 5.20). Die planmäßige Abschreibung dieser Spieler ist anschließend auszusetzen (IFRS 5.25).[205] Spätere Wertaufholungen aufgrund eines Anstiegs des Nettozeitwerts sind maximal in Höhe der insgesamt über die Nutzungsdauer des Spielers erfassten kumulierten außerplanmäßigen Abschreibungen zu verrechnen (IFRS 5.21).

Werden die oben angeführten Eigenschaften für zur Veräußerung gehaltene Vermögenswerte nicht mehr länger erfüllt – bspw. weil der Fußball-Club entgegen der ursprünglichen Intention nunmehr doch eine weitere Nutzung des Spielers beabsichtigt –, so ist der betreffende Spieler zu reklassifizieren.[206] Zu diesem Zeitpunkt ist der Fußballspieler mit dem niedrigeren Wert aus seinem ursprünglich fortgeführten Buchwert und dem erzielbaren Betrag[207] zum Zeitpunkt der Reklassifizierung anzusetzen und fortfolgend gemäß den einschlägigen Vorschriften des IAS 38 zu bilanzieren (IFRS 5.26f.). Jegliche Anpassungen an den neuen Wertmaßstab sind dabei erfolgswirksam vorzunehmen (IFRS 5.28).

---

[203] Vgl. Gliederungspunkt 6.5.1.2.1.

[204] Zum Nettozeitwert vgl. die Gliederungspunkte 6.5.1.2.1 und 6.7.1. Zu beachten ist jedoch hier, dass der Nettozeitwert im Fall des ablösefreien Transfers außer bei einer zu erhaltenen Ausbildungsentschädigungszahlung regelmäßig Null beträgt.

[205] Das IASB begründet den Verzicht auf die Fortsetzung der planmäßigen Abschreibung damit, dass die Bilanzierung zur Veräußerung gehaltener Vermögenswerte „a process of valuation rather than allocation" (IFRS 5.BC29) sein sollte.

[206] Findet der Verkauf des Spielers erst nach einem Jahr statt, so ist der Spieler nicht zwingend zu reklassifizieren (IFRS 5.9). Eine Reklassifizierung kann immer dann unterbleiben, wenn sich die Verzögerung bei der Veräußerung auf Ereignisse oder Umstände zurückführen lässt, die nicht im Einflussbereich des Fußball-Clubs liegen (z.B. Gehaltspoker des betreffenden Spielers mit einem anderen Fußball-Club, auftretende vorübergehende Zahlungsschwierigkeiten des aufnehmenden Clubs oder vom aufnehmenden Club geforderte weitere ärztliche Untersuchungen) und die Veräußerung des Spielers trotz dieser Ereignisse oder Umstände weiterhin geplant ist.

[207] Vgl. dazu Gliederungspunkt 6.5.1.2.

Die als zur Veräußerung gehaltenen Spieler sind grundsätzlich gesondert in der Bilanz auszuweisen (IFRS 5.38). Zusätzlich sind im Jahr der Klassifizierung als „zur Veräußerung gehalten" im *Anhang* folgende ausführliche Erläuterungen zu diesen Spielern zu machen:

- eine Beschreibung des betroffenen Spielers (IFRS 5.41(a));
- eine Beschreibung der Sachverhalte und Umstände der Veräußerung bzw. der Sachverhalte und Umstände, die zu dieser Entscheidung führten sowie die voraussichtliche Art und Weise und der voraussichtliche Zeitpunkt der Veräußerung (IFRS 5.41(b));
- der Betrag der aufgrund der Bewertung mit dem Nettozeitwert in der Gewinn- und Verlustrechnung erfassten Wertminderung bzw. Wertaufholung (IFRS 5.41(c)) und
- eine Beschreibung der Sachverhalte und Umstände, die zu einer eventuellen Reklassifizierung des Spielers geführt haben (IFRS 5.42).

Siebtes Kapitel

7 Ökonomische Analyse der IFRS-Bilanzierungsvorschriften für professionelle Fußballspieler

Im vorangegangenen sechsten Kapitel wurden die für Zwecke der bilanziellen Abbildung professioneller Fußballspieler einschlägigen IFRS-Vorschriften herausgearbeitet und ausführlich beleuchtet. So konnte gezeigt werden, dass unstrittig die für immaterielle Vermögenswerte geltenden Bilanzierungsvorschriften des IAS 38 *Intangible Assets* auf das Spezifikum „Profifußballspieler" mit seinen charakteristischen Eigenschaften Anwendung finden.

Ob diese IFRS-konformen Bilanzierungsregeln allerdings zweckmäßige Rechnungslegungsvorschriften darstellen, soll im Folgenden erörtert werden. Ziel des siebten Kapitels ist es demzufolge zu prüfen, inwieweit die dargestellten Bilanzierungsvorschriften für professionelle Fußballspieler dem Zweck der Rechnungslegung für Fußball-Clubs, nämlich dem Schutz der Kapitalgeber in Form der Eigenkapitalgeber und Fremdkapitalgeber sowie der Vereinsmitglieder vor den informationsbedingten Risiken, genügen. Hierzu wird der im vierten Kapitel hergeleitete operationalisierte Beurteilungsmaßstab an die IFRS-konformen Regelungen angelegt. Letzten Endes gilt es somit zu überprüfen, ob die IFRS-Bilanzierungsregeln für Profifußballspieler den Anforderungen an informative Rechnungslegungsvorschriften gerecht werden und demnach zu informativen Bilanzpositionen führen bzw. einen informativen Gewinn bedingen sowie die notwendigen sonstigen Informationen vermitteln.

7.1 Analyse unter dem Aspekt der Gewinnermittlung zur Informationsvermittlung

7.1.1 Auswirkungen der IFRS-Bilanzierungsvorschriften für professionelle Fußballspieler auf die informative Bilanzposition

Die finanziellen Informationsinteressen der Kapitalgeber eines Fußball-Clubs können einerseits über eine informative Gewinngröße und andererseits über einzelne Bilanzpositionen befriedigt werden. Folglich gilt es zunächst zu überprüfen, ob die Ansatz- und Bewertungsvorschriften für professionelle Fußballspieler nach IFRS zum Ansatz informativer Bilanzpositionen führen.

7.1.1.1 Ansatzvorschriften für professionelle Fußballspieler

7.1.1.1.1 Die Ebene der abstrakten Aktivierungsfähigkeit: Vollständige Erfassung von Nutzenpotenzialen?

In der einschlägigen Literatur werden professionelle Fußballspieler regelmäßig als so genannte *„major assets"* eines Fußball-Clubs bezeichnet:

„Other than its ground and facilities, a club's players are often its only major assets."[1]

---

[1]   *Morrow*, Professional Football Clubs, S. 10. Vgl. auch *Michie/Verma*, accounting issues for football clubs, S. 4; *Michie/Verma*, Accounting Issues in Football, S. 142f.; *Morrow*, Football Players, S. 117. Vgl. ebenfalls das Zitat von *Rowbottom*, Intangible Asset Accounting, S. 337: „The main asset base for all companies is the exclusive ownership of football player registrations and in the majority of cases, the ownership of a football stadium."

Wird der Begriff des „major asset" als „Hauptproduktionsfaktor" oder „dominante[r] Einsatzfaktor"[2] interpretiert, ist dieser Aussage zunächst intuitiv zuzustimmen. So „steht und fällt" das Fußballspiel als Hauptbetätigungsfeld eines jeden Fußball-Clubs mit den jeweiligen Fußballspielern.[3] Fraglich ist allerdings, ob diese „Hauptproduktionsfaktoren" eines Clubs auch einer bilanziellen Abbildung als „assets" zugeführt werden sollten, weil sie Einzahlungspotenziale darstellen, und, wenn dies bejaht werden kann, ob die für professionelle Fußballspieler geltenden IFRS-Ansatzvorschriften für immaterielle Vermögenswerte die vollständige Erfassung der potenziell anzusetzenden Spieler gewährleisten. Schließlich ist eine zweckmäßige informative Aktivierungskonzeption dadurch charakterisiert, dass sie die Erfassung aller nachweislich existierenden Cashflow-Potenziale gewährleistet. Nur dann führt sie zu informativen Bilanzposten dem Grunde nach.[4]

Professionelle Fußballspieler stellen zweifelsfrei Einzahlungspotenziale dar und sind insofern zweckmäßigerweise in vollem Umfang zu erfassen, weil mit ihnen ein für die Zukunft erwarteter wirtschaftlicher Nutzenzufluss für den Arbeit gebenden Fußball-Club verbunden ist. Schließlich lassen sich wirtschaftliche Erfolge aus dem exklusiven Einsatz der Spieler in den Lizenzspielermannschaften, der Vermarktung der Spieler und der Teilnahme des Clubs an nationalen und internationalen Wettbewerben sowie aus einem möglichen Verkauf der Spieler vor Ablauf der befristeten Arbeitsverträge in Form der dabei zu erzielenden Ablösesummen erlangen.[5] Die Feststellung, dass ein Profifußballspieler ein Einzahlungspotenzial verkörpert, gilt prinzipiell unabhängig vom tatsächlichen Einsatz eines Spielers in Meisterschaftsspielen. Denn eine Ressource, wie in diesem Fall ein Fußballspieler, sollte zweckmäßigerweise immer dann in der Bilanz angesetzt werden, wenn sie direkt oder auch nur indirekt einen Beitrag zu den künftigen Einzahlungsüberschüssen eines Fußball-Clubs leistet.[6] In diesem Sinne trägt auch der nur trainierende und nicht in Meisterschaftsspielen zum Einsatz kommende Spieler mit seinen sportlichen Leistungen und dem dadurch erzeugten Konkurrenzkampf innerhalb der Lizenzspielermannschaft zum sportlichen Erfolg der gesamten Mannschaft und damit letztlich zum wirtschaftlichen Erfolg des Clubs bei.[7] Demnach ist der nachfolgenden Aussage von Quirk/Fort letzten Endes unstrittig zuzustimmen:

> „An owner acquiring a player contract is acquiring an asset that has value to the extent that it generates a stream of profits for the team. In this sense, a player contract is no different from any other asset."[8]

---

[2] Benner, Risk Management, S. 38.

[3] Vgl. auch Gliederungspunkt 1. Vgl. ebenfalls Ernst & Young, Profifußball, S. 57; Parensen, Transfersystem des DFB, S. 6.

[4] Vgl. Gliederungspunkt 4.3.2. Der Frage nach dem informativen Bilanzposten der Höhe nach soll erst in Gliederungspunkt 7.1.1.2 nachgegangen werden.

[5] Vgl. zu dieser Argumentation ausführlich Gliederungspunkt 6.2.2.1. Vgl. ferner die Überlegungen hinsichtlich selbst erstellter Fußballspieler in Gliederungspunkt 7.1.1.1.2.

[6] Vgl. Gliederungspunkt 4.3.2.

[7] Jegliche während der Vertragslaufzeit eintretende Veränderung im ursprünglich antizipierten Nutzenniveau – etwa aufgrund eines dauerhaften Daseins als "Bankdrücker", obwohl der Spieler ursprünglich als wesentliche Verstärkung des Spielerkaders betrachtet wurde – ist zweckmäßigerweise erst im Rahmen der Bewertung zu berücksichtigen.

[8] Quirk/Fort, Pay dirt, S. 99. Vgl. hierzu auch Amir/Livne, Football Player Contracts, S. 568ff.; Forker, Discussion of Football Player Contracts, S. 588; WGZ-Bank/KPMG, Fußball und Finanzen, S. 131,

In diesem Zusammenhang lässt sich ebenfalls das folgende Zitat von *Amir/Livne* anführen:

> „Football players [...] provide the club with valuable services, without which the entity cannot generate future cash flows."[9]

Insofern sind professionelle Fußballspieler für die Einschätzung der zukünftigen Entwicklung eines Fußball-Clubs von entscheidender Bedeutung und demnach relevant i.S. der grundlegenden Anforderungen an entscheidungsnützliche Informationen.[10]

Als erstes Zwischenfazit kann demnach festgehalten werden, dass die professionellen Fußballspieler eines Clubs zweckmäßigerweise vollständig bilanziell abgebildet werden sollten und dass dies durch die *Vermögenswertdefinition nach IFRS* aufgrund des Bezugs auf einen für die Zukunft erwarteten wirtschaftlichen Nutzen aus dem betreffenden Bilanzierungsobjekt zunächst auch sichergestellt wird.[11]

Professionelle Fußballspieler stellen in der Terminologie des IASB grundsätzlich immaterielle Vermögenswerte dar und fallen somit unter den Anwendungsbereich des IAS 38 *Intangible Assets*.[12] Ein immaterieller Vermögenswert ist jedoch nach IAS 38 nicht nur durch einen aus seiner Nutzung oder seinem Verkauf erwarteten künftigen wirtschaftlichen Nutzenzufluss gekennzeichnet. Ein Ansatz in der Bilanz ist nur dann möglich bzw. erforderlich, wenn zusätzlich die Kriterien der Kontrolle und der Identifizierbarkeit erfüllt sind. Im Folgenden ist demnach der Frage nachzugehen, ob diese weiteren Kriterien der vollständigen Erfassung professioneller Fußballspieler entgegenstehen.

Durch das Kriterium der *Identifizierbarkeit* wird regelmäßig eine Reihe entscheidungsrelevanter immaterieller Werte vom Bilanzansatz ausgeschlossen. Nicht angesetzt werden dürfen solche Werte, die nicht auf einem vertraglichen oder sonstigen gesetzlichen Recht basieren oder nicht separierbar sind.[13] Darunter fallen etwa Standortvorteile, Unternehmensstanding, Kundenzufriedenheit, Unternehmensorganisationen sowie Lieferantenbeziehungen. Demzufolge erweist sich dieses der Definition eines immateriellen Vermögenswerts inhärente Merkmal unter Relevanzgesichtspunkten zunächst als unzweckmäßig, da prinzipiell sämtliche immateriellen Werte angesetzt werden sollten, deren Existenz nachgewiesen werden kann.[14] Hin-

---

138; *Morris/Morrow/Spink*, Professional Soccer, S. 279; *Michie/Verma*, accounting issues for football clubs, S. 5; *Michie/Verma*, Accounting Issues in Football, S. 143; *Morrow*, New Business of Football, S. 127; *Morrow*, Professional Football Clubs, S. 12.

[9] *Amir/Livne*, Accounting for Human Capital, S. 17.

[10] Vgl. zur Relevanz menschlicher Ressourcen für die (bilanzielle) Informationsvermittlung auch *Daum*, Intangible Assets, S. 35f., 152; *Mouritsen/Bukh/Larsen*, Intellectual Capital, Sp. 768; *Streim/Bieker/Leippe*, Anmerkungen zur theoretischen Fundierung der Rechnungslegung, S. 192f.; *Sullivan*, Intellectual Capital, S. 21; *Streim*, Ausbildungskosten, S. 496f. m.w.N.; *Streim*, Human Resource Accounting, S. 101, 261. Vgl. ferner *Streim*, Fluktuationskosten, S. 130f.

[11] Vgl. ebenfalls *Streim/Bieker/Esser*, Informationsbilanz, S. 232; *Streim/Bieker/Leippe*, Anmerkungen zur theoretischen Fundierung der Rechnungslegung, S. 192.

[12] Vgl. hierzu Gliederungspunkt 6.2.2.2.

[13] Zum Kriterium der Identifizierbarkeit und zur Übertragung auf professionelle Fußballspieler vgl. Gliederungspunkt 6.2.2.3.

[14] Gleicher Ansicht *Streim/Bieker/Leippe*, Anmerkungen zur theoretischen Fundierung der Rechnungslegung, S. 193.

sichtlich der Diskussion um die Zweckmäßigkeit der bilanziellen Ansatzkonzeption für professionelle Fußballspieler ist diese Feststellung jedoch unerheblich. Schließlich ist das Kriterium der Identifizierbarkeit bei professionellen Fußballspielern stets erfüllt, da einerseits der immaterielle Vermögenswert „Profifußballspieler" auf einem vertraglichen Recht in Form des abgeschlossenen Arbeitsvertrags beruht und professionelle Spieler andererseits für die Dauer des abgeschlossenen Arbeitsvertrags selbständig verwertet werden können und separierbar sind.

Als zweite wesentliche Hürde für den vollständigen Ansatz immaterieller Werte gilt das Merkmal der *Kontrolle*. Eine Aktivierung ist hiernach lediglich dann zulässig bzw. erforderlich, wenn das bilanzierende Unternehmen die Verfügungsmacht über den zukünftigen wirtschaftlichen Nutzen aus dem immateriellen Wert inne hat und zudem Dritte von diesem Nutzenzufluss ausschließen kann.[15] So werden bspw. die für die Einschätzung der zukünftigen Entwicklung eines Unternehmens zweifelsohne besonders relevanten Mitarbeiterqualitäten, Mitarbeiter-Know-hows und ähnliche humankapitalbezogenen Faktoren von einer Aktivierung ausgeschlossen. Diese Nichtaktivierung begründet das IASB damit, dass keine ausreichende Verfügungsmacht über den zukünftig erwarteten wirtschaftlichen Nutzen möglich ist (IAS 38.15). Schließlich sind Mitarbeiter abgesehen von der Einhaltung der gesetzlichen Kündigungsfristen nicht dauerhaft an das Unternehmen gebunden.

Zweckmäßigerweise sollte dieses sog. „Verflüchtigungsargument" von Nutzenpotenzialen ausschließlich auf der Bewertungsebene in Form potenzieller außerplanmäßiger Abschreibungen Berücksichtigung finden.[16] Jedoch wird der Aktivierungsumfang bezogen auf die Mitarbeiterkategorie „Profifußballspieler" durch das zentrale Kriterium der Kontrolle nicht eingeschränkt. Denn die besondere Vertragskonstellation zwischen einem Fußball-Club und einem Profispieler gewährleistet für die Dauer des Arbeitsvertrags die rechtlich abgesicherte Verfügungsmacht über den künftigen wirtschaftlichen Nutzen aus der exklusiven Einsatzmöglichkeit der Ressource „Fußballspieler" und schließt andere Fußball-Clubs oder sonstige Dritte zudem vom Nutzenzufluss aus.

Letzten Endes stehen die Definitionskriterien für immaterielle Vermögenswerte der geforderten *vollständigen Erfassung* professioneller Fußballspieler nicht entgegen und bieten diesbezüglich auch keine Ermessensspielräume für den Bilanzierenden. Die gesamte Argumentation lässt sich ebenfalls auf die Vertragsamateure der Fußball-Clubs der Bundesligen übertragen, sodass auch diese zunächst in Gänze bilanziell abgebildet werden.[17]

Allerdings hat es das IASB nicht bei den definitorischen Begriffsmerkmalen eines immateriellen Vermögenswerts belassen, sondern verlangt für einen konkreten Bilanzansatz professioneller Fußballspieler die Erfüllung weiterer Ansatzkriterien. Deren Analyse ist Gegenstand des folgenden Gliederungspunkts, bevor ein abschlie-

---

[15] Zum Kontrollkriterium sowie dessen Bedeutung hinsichtlich professioneller Fußballspieler vgl. Gliederungspunkt 6.2.2.4.

[16] Vgl. ebenfalls *Streim/Bieker/Leippe*, Anmerkungen zur theoretischen Fundierung der Rechnungslegung, S. 193. Zum Verflüchtigungsargument bei immateriellen Werten vgl. auch *Haller*, Immaterielle Vermögenswerte, S. 568.

[17] Vgl. hierzu auch die Gliederungspunkte 2.3.1, 6.2.2.1, 6.2.2.3 und 6.2.2.4.

ßendes Urteil hinsichtlich des Informationsgehalts des Bilanzpostens „Profifußballspieler" dem Grunde nach gefällt werden kann.

7.1.1.1.2 Die Ebene der konkreten Aktivierungsfähigkeit: Die Problematik der ablösefrei erworbenen sowie der „selbst erstellten" Profifußballspieler

IAS 38 schreibt für einen konkreten Bilanzansatz professioneller Fußballspieler neben der Erfüllung der definitorischen Begriffsmerkmale eines immateriellen Vermögenswerts zusätzlich die Erfüllung der konkreten Ansatzkriterien vor. So muss einerseits der mit dem Profifußballspieler verbundene erwartete *wirtschaftliche Nutzenzufluss wahrscheinlich* sein. Zudem müssen die Anschaffungs- oder Herstellungs*kosten* des Spielers *verlässlich bestimmt* werden können.[18]

Überlegungen hinsichtlich der Wahrscheinlichkeit und der zuverlässigen Bewertbarkeit sollten zweckmäßigerweise nur bei der Frage der Bewertung eine Rolle spielen und führen im Fall der immateriellen Werte im Allgemeinen zu bedeutenden Einschränkungen des Aktivierungsumfangs. Schließlich werden durch diese zusätzlichen Kriterien einige mit einem erheblichen Informationswert behaftete immaterielle Werte wie etwa Forschungsaktivitäten, Markennamen etc. ausdrücklich von einer Aktivierung ausgeschlossen.[19]

Ob diese Einschränkungen auch für die vorliegende Untersuchung gelten, soll im Folgenden überprüft werden. Um die konkreten Bilanzierungsvorschriften hinsichtlich des Informationsgehalts des Bilanzpostens „Profifußballspieler" würdigen zu können, bedarf es einer differenzierten Betrachtung von *separat erworbenen* und *„selbst erstellten"* Spielern.

Der „klassische" *Erwerbsfall* in Form des *ablösepflichtigen Erwerbs* beeinträchtigt grundsätzlich nicht den Aktivierungsumfang und es bestehen auch keine einer vollständigen Aktivierung der Nutzenpotenziale „Profifußballspieler" entgegenstehenden Ermessensspielräume. Schließlich indiziert die entrichtete Ablösesumme nach Ansicht des IASB zunächst die Wahrscheinlichkeit eines künftigen wirtschaftlichen Nutzens aus dem erworbenen Spieler. Zudem können die Anschaffungskosten eines Spielers aufgrund der stattgefundenen, beobachtbaren Transfermarkttransaktion regelmäßig zuverlässig bestimmt werden.[20]

Die Vorschriften des IAS 38 führen jedoch im Fall des *ablösefreien Erwerbs* bezogen auf das Kriterium der zuverlässigen Bestimmbarkeit der Anschaffungskosten unter Umständen zu keiner vollständigen Erfassung der Einzahlungspotenziale „Profifußballspieler".[21] So legt schon der Wortlaut des ablösefreien Erwerbs nahe, dass An-

---

[18] Vgl. ausführlich Gliederungspunkt 6.2.3.

[19] Vgl. zu diesen Zusammenhängen etwa *Streim/Bieker/Leippe*, Anmerkungen zur theoretischen Fundierung der Rechnungslegung, S. 193f.

[20] Vgl. Gliederungspunkt 6.2.3.2. Zur Verlässlichkeit der Anschaffungskostenbestimmung vgl. ebenfalls Gliederungspunkt 7.1.1.2. Zum Sondererwerbsfall des Spielertauschs vgl. Gliederungspunkt 6.7.1.

[21] Die folgenden Überlegungen gelten analog für erworbene Amateure oder Vertragsamateure, die als Folge des Transfers den Status des Vertragsamateurs beim neuen Club erhalten bzw. beibehalten.

schaffungskosten im klassischen Sinn bei dieser Erwerbsform gar nicht anfallen, sondern Null betragen. Nur dann, wenn abgesehen von der fehlenden Ablösesumme weitere wesentliche Zahlungen in Form von Anschaffungsnebenkosten wie etwa Ausbildungsentschädigungen direkt mit dem ablösefreien Erwerb verbunden sind, werden ablösefrei erworbene Spieler zwingend einer Aktivierung zugeführt.[22]

Als erste Hürde für den geforderten vollständigen Ansatz professioneller Fußballspieler erweist sich somit das Kriterium der zuverlässigen Bestimmbarkeit der Anschaffungskosten bezogen auf ablösefrei erworbene Spieler. Jedoch betrifft diese potenzielle Einschränkung des Aktivierungsumfangs nicht unmittelbar die Ebene des Ansatzes, sondern de facto die nachgelagerte Bewertungsebene und damit die dem IAS 38 immanenten Bewertungsvorschriften. So werden ablösefrei erworbene Spieler durch die IFRS-Aktivierungskriterien dem Grunde nach zwar prinzipiell vollständig bilanziell erfasst, teilweise aber nur mit einem Wert von Null. Diese Problematik soll demnach erst bei der Frage nach dem informativen Bilanzposten der Höhe nach diskutiert werden.[23]

„Selbst erstellte" Spieler, die aus dem eigenen Amateur- und Jugendbereich durch gezielte sportliche Förderung und Ausbildung erwachsen, sind zunächst einmal erst mit Beginn der Laufzeit eines Arbeitsvertrags, welcher die Verfügungsmacht über den künftig erwarteten Nutzenzufluss gewährleistet, anzusetzen. Zu diesen zwingend zu aktivierenden Spielern gehören insbesondere vereinseigene Amateure, die schließlich einen Vertrag als Vertragsamateur bzw. als Lizenzspieler erhalten.[24]

Diese auf das Kontrollkriterium zurückzuführende Auswirkung auf die bilanzielle Abbildung „selbst erstellter" Fußballspieler erscheint ein zweckmäßiges Zugeständnis an den Verlässlichkeitsgrundsatz. Schließlich eröffnen sich dem bilanzierenden Management bei einer fehlenden derartigen Regelung massive Manipulations- und Ermessensspielräume zum ergebnisorientierten Rechnen zu Lasten der Kapitalgeber. Dies etwa durch eine Aktivierung von Aufwendungen im Zusammenhang mit Investitionen in die Nachwuchsarbeit, aus denen kein zukünftiger wirtschaftlicher Nutzen erwartet wird. Als Begründung für die genannten Zusammenhänge mag folgende Argumentation dienen: Zunächst einmal tragen Spieler des eigenen Amateur- und Jugendbereichs noch nicht zur Leistungserstellung eines Fußball-Clubs bei. Zudem „ist die Frage, ob der [Jugendspieler oder] Amateur überhaupt jemals die »Marktreife« erlangt, d.h. sich als zum Profispieler tauglich erweist, keineswegs im Vorhinein absehbar"[25]. Insofern ist auch nicht sicher, dass überhaupt jemals ein Lizenzvertrag bzw. zumindest ein Vertrag als Vertragsamateur zu Stande kommt. Erst mit dem Vertragsamateurstatus i.V.m. der fortfolgenden „Aus- und Weiterbildung" der Spieler besteht die potenzielle Chance auf einen Einsatz im Lizenzspielerbereich oder sogar auf einen Lizenzvertrag und demnach auf einen künftigen wirtschaftlichen Nutzen aus den betreffenden Spielern für den Arbeit gebenden Fußball-Club.[26] Somit trägt

---

[22] Vgl. hierzu die Gliederungspunkte 6.2.3.2 und 6.3.1.

[23] Vgl. demzufolge Gliederungspunkt 7.1.1.2.

[24] Vgl. Gliederungspunkt 6.2.3.3.

[25] Schellhaaß/May, Institutionen des Spielermarktes, S. 248. Vgl. ferner Morris/Morrow/Spink, Professional Soccer, S. 279; Parensen, Transfersystem des DFB, S. 7.

[26] Vgl. hierzu auch Streim, Ausbildungskosten, S. 500.

der Ansatz „selbst erstellter" Spieler erst mit Beginn der Laufzeit eines Arbeitsvertrags zu einer zweckmäßigen Objektivierung der Bilanzierung professioneller Fußballspieler bei. Die dennoch relevanten Informationen über Investitionen in Spieler, die noch nicht im Vertragsamateur- bzw. Lizenzspielerstatus befindlich sind, sollten zweckmäßigerweise der sonstigen Informationsvermittlung vorbehalten bleiben.[27]

Um letzten Endes die Auswirkungen der konkreten Ansatzvorschriften auf den informativen Bilanzposten hinsichtlich der „selbst erstellten" Spieler eines Clubs zu überprüfen, ist die bei den ablösefrei erworbenen Spielern angeführte Argumentation analog zu verwenden. So ist eine Aktivierung derjenigen vereinseigenen Amateure, die schließlich einen Vertrag als Vertragsamateur bzw. als Lizenzspieler erhalten, ausschließlich dann vorzunehmen, wenn wesentliche Zahlungen in Form von Anschaffungsnebenkosten mit dem Vertragsabschluss verbunden sind.[28] Insofern gilt auch hierbei wiederum der Verweis auf die Analyse der Bewertungsvorschriften für professionelle Fußballspieler hinsichtlich des informativen Bilanzpostens der Höhe nach.

Als *Ergebnis* der Analyse der IFRS-Aktivierungskonzeption für immaterielle Vermögenswerte bezogen auf professionelle Fußballspieler lässt sich somit feststellen, dass prinzipiell eine *vollständige und verlässliche Erfassung* der Einzahlungspotenziale „Profifußballspieler" erfolgt und zwar unabhängig davon, ob ob Fußballspieler erworben oder „selbst erstellt" werden.[29] Jedoch bedingen die Bewertungsvorschriften für immaterielle Vermögenswerte in einigen Fällen eine nur unvollkommene Aktivierung, nämlich bei den ablösefrei erworbenen sowie den „selbst erstellten" Spielern. Die umfassende Analyse dieser Bewertungsregeln ist Gegenstand des nächsten Kapitels.

7.1.1.2   Bewertungsvorschriften für professionelle Fußballspieler: Informationsgehalt der kostenorientierten Bewertungskonzeption

Die *Erstbewertung* erworbener professioneller Fußballspieler erfolgt grundsätzlich zu *Anschaffungskosten* und zwar unabhängig davon, ob der betreffende Spieler ablösepflichtig oder ablösefrei erworben wird.[30] „Selbst erstellte" Fußballspieler werden im Rahmen des erstmaligen Ansatzes zwar prinzipiell zu ihren Herstellungskosten angesetzt, jedoch entsprechen diese aufgrund der bereits angeführten Zusammenhänge den Anschaffungskosten eines ablösefrei erworbenen Spielers (sog. analoger „ablösefreier" Erwerb).[31]

Anschaffungskosten von professionellen Fußballspielern können relativ *zuverlässig* bestimmt werden.[32] Wird diese Bewertungsmethodik jedoch mit der Anforderung an

---

[27]   Vgl. insofern die Gliederungspunkte 7.2, 7.3.5.

[28]   Vgl. detailliert die Gliederungspunkte 6.2.3.3 und 6.3.2.

[29]   Vgl. hierzu auch die Aussage von *Morrow*, Professional Football Clubs, S. 14f.: „Football Players in general are either human assets or they are not: the above difference of treatment which depends on the source of the player [(purchased players vs. internally developed players)] is totally unhelpful if the aim is to provide meaningful financial information to accounts users and investors."

[30]   Vgl. Gliederungspunkt 6.3.1.

[31]   Vgl. ausführlich Gliederungspunkt 6.3.2.

[32]   Vgl. *Forker*, *Discussion of* Football Player Contracts, S. 588, 593.

Ökonomische Analyse der IFRS-Bilanzierungsvorschriften für Profifußballspieler

eine informative Bilanzposition der Höhe nach verglichen, so zeigt sich, dass dieser Vorteil der zuverlässigen Bewertbarkeit teuer erkauft wird und zu einer völlig unzweckmäßigen Überbetonung der Verlässlichkeit seitens des IASB führt. Denn bezogen auf das primär zu beachtende *Relevanzkriterium*[33] müssten die dem Grunde nach vollständig erfassten Einzahlungspotenziale „Profifußballspieler" in Höhe ihres jeweiligen clubspezifischen *Ertragswerts*, d.h. zum Barwert der aus der Nutzung durch den Fußball-Club erwarteten künftigen Ein- und Auszahlungen, angesetzt werden.[34] Schließlich resultiert der erwartete künftige wirtschaftliche Nutzen- bzw. Cashflowzufluss aus einem professionellen Fußballspieler vorwiegend aus dem exklusiven Einsatz des Spielers in den Lizenzmannschaften eines Fußball-Clubs, dessen Vermarktungsmöglichkeit sowie der Teilnahme des Clubs an nationalen und internationalen Wettbewerben und demnach aus der fortgesetzten *Nutzung* eines Fußballspielers. Zweckmäßigerweise erweist sich somit nur der Beitrag eines Profifußballspielers zur *Leistungserstellung eines Fußball-Clubs* als maßgeblich für die Bewertung eines Spielers und damit dessen Ertragswertbeitrag zum Gesamtunternehmenswert eines Fußball-Clubs[35], sofern dabei die Nebenbedingung der Verlässlichkeit gewährleistet werden kann.[36] Demzufolge ist auch die bspw. von *Ernst & Young*[37], *Galli*[38] oder *KPMG*[39] für Zwecke der Bilanzierung (nach IFRS) geforderte grundsätzliche Fair Value-Bewertung professioneller Fußballspieler in Form von (geschätzten) Marktpreisen zunächst konzeptionell abzulehnen. Der im Rahmen der Werthaltigkeitsprüfung von Profifußballspielern potenziell zur Anwendung gelangende Bewertungsmaßstab „*Nettozeitwert*"[40] kann somit ebenfalls als irrelevant und damit als unzweckmäßig angesehen werden. Schließlich ist ein Rückgriff auf (hypothetische) Marktpreise nur dann zweckmäßig, wenn eine *Veräußerung* eines bislang eingesetzten Spielers vor Ablauf des befristeten Arbeitsvertrags vereinbart wird bzw. beabsichtigt ist. In diesem Fall wäre der (diskontierte) *Veräußerungspreis* in Form der beim Verkauf (potenziell) zu erzielenden Ablösesumme als relevanter Wertmaßstab heranzuziehen.[41]

---

[33] Vgl. dazu Gliederungspunkt 4.2.

[34] Vgl. Gliederungspunkt 4.3.2. Vgl. auch *Freyberg*, Spielerwertbestimmung, S. 197ff.; *Sigloch*, Fußballspieler in der Bilanz, S. 61. Vgl. zur grundsätzlichen Relevanz des Ertragswerts in Gestalt des Nutzungswerts zur informationsorientierten bilanziellen Bewertung von Humankapital im Allgemeinen etwa *Streim*, Human Resource Accounting, S. 98, 101, 261.

[35] Vgl. auch *Bieker*, Fair Value Accounting, S. 191f. Vgl. ebenfalls *Paterson*, values, S. 108; *Barth/Landsman*, Fundamental Issues, S. 101.

[36] Vgl. auch *Streim*, Human Resource Accounting, S. 102, 218.

[37] Vgl. *Ernst & Young*, Profifußball, S. 57ff.

[38] Vgl. *Galli*, Human-Resource-Bewertung; *Galli*, Spielerbewertung im Teamsport.

[39] Vgl. *KPMG*, Marktwerte des Spielervermögens; *WGZ-Bank/KPMG*, Fußball und Finanzen, S. 127, 131f., 134ff.; *Elter*, Bewertung von „Spielervermögen"; *Elter*, Schwacke-Liste; *Elter*, Fußballer in der Bilanz.

[40] Vgl. hierzu Gliederungspunkt 6.5.1.2.1.

[41] Vgl. insofern auch den *Reformvorschlag II* in Gliederungspunkt 7.3.3. Zur generellen Ablehnung des Fair Value als bilanzieller Bewertungsmaßstab für die sog. *betriebsnotwendigen Einzahlungspotenziale* vgl. bspw. *Bieker*, Fair Value Accounting, S. 192, 196; *Streim/Bieker/Esser*, Fair Values, S. 471; *Ballwieser*, Rechnungslegung im Umbruch, S. 299 m.w.N.; *Streim/Bieker/Leippe*, Anmerkungen zur theoretischen Fundierung der Rechnungslegung, S. 198.

Anschaffungskosten von Profifußballspielern genügen der beschriebenen Anforderung an die Bewertung professioneller Fußballspieler nur in einem äußerst eingeschränktem Maß, da sie nur unzureichend über den erwarteten künftigen wirtschaftlichen Cashflow-Zufluss informieren.

Anschaffungskosten von Profispielern können lediglich als *Mindesteinzahlungserwartung* interpretiert werden, wenn unter Beachtung rationalen Handelns unterstellt wird, dass eine Investition in einen Fußballspieler nur dann vorgenommen wird, wenn sie mindestens einen Kapitalwert von Null aufweist.[42] Unter Relevanzgesichtspunkten ist die Erstbewertung professioneller Fußballspieler zu Anschaffungskosten folglich kategorisch *abzulehnen*.[43]

Demnach erweist sich auch die im vorherigen Gliederungspunkt angeführte Diskussion um die letztendliche unvollständige bilanzielle Abbildung der *ablösefrei erworbenen und „selbst erstellten" Spieler* als Scheinproblem. Der hierfür ursächlichen, verfehlten Bewertungsmethodik könnte schließlich mittels einer zweckmäßigen Bewertung der dem Grunde nach prinzipiell vollständig erfassten Einzahlungspotenziale „Profifußballspieler" zum jeweiligen Ertragswert begegnet werden.

Diese Argumentation lässt sich in ähnlicher Art und Weise ebenfalls auf den Fall der eigentlichen Herstellungskosten bei bereits aktivierten professionellen Fußballspielern übertragen. Durch Trainingsaktivitäten verursachte *nachträgliche Kosten* sind nach Maßgabe des IAS 38 ausschließlich dann einer Aktivierung zuzuführen, wenn sie insbesondere zuverlässig bestimmbar sind, den einzelnen Fußballspielern direkt zugerechnet werden können und zu einer Erhöhung des aus einem Spieler erzielbaren wirtschaftlichen Nutzens führen.[44] Zwar verhindern Verlässlichkeitsprobleme bei der Beurteilung des künftigen wirtschaftlichen Nutzens aus der Erweiterung eines Profifußballspielers sowie bei der Allokation der Kosten auf die individuellen Fußballspieler regelmäßig eine entsprechende Aktivierung von Herstellungskosten i.S. nachträglicher Kosten.[45] Jedoch ist diese Problematik selbst bei einer vollständigen und zudem zuverlässig vorzunehmenden Aktivierung der „Erweiterungskosten" reine Ma-

---

[42] Vgl. ebenfalls *Franken*, Gläubigerschutz, S. 89; *Streim/Bieker/Leippe*, Anmerkungen zur theoretischen Fundierung der Rechnungslegung, S. 196; *Ordelheide*, ökonomischer Gewinn, S. 281. Vgl. auch *Ernst & Young*, Profifußball, S. 58; *Müller*, Praxis der bilanziellen Behandlung von Transferentschädigungen, S. 196; *Büch*, „Bosman Urteil", S. 286; *Quirk/Fort*, Pay dirt, S. 99. Zum Investitionscharakter von (Anschaffungs-)Kosten im Zusammenhang mit menschlichen Ressourcen vgl. auch m.w.N. *Streim*, Human Resource Accounting, S. 255. Vgl. ferner *Streim*, Fluktuationskosten, S. 131.

[43] Vgl. auch *Leippe*, Bilanzierung von Leasinggeschäften, S. 78, 272; *Streim*, Generalnorm, S. 401; *Streim*, Human Resource Accounting, S. 232. A.A. wohl *Sigloch*, Fußballspieler in der Bilanz, S. 58 sowie *Pellens/Fülbier/Sellhorn*, Immaterielle Werte, S. 96 die Anschaffungskosten als „Annäherung an den Ertragswert" auffassen. Insofern erweist sich auch das von *Brummet/Flamholtz/Pyle* geforderte Anschaffungskostenverfahren zur Bewertung menschlicher Ressourcen als völlig unzweckmäßig. Vgl. *Pyle*, Human Resource Accounting; *Brummet/Flamholtz/Pyle*, Human Resource Measurement. Die Bewertung mittels Wiederbeschaffungskosten wie etwa von *Flamholtz*, Replacement Costs gefordert, ist ebenfalls unzweckmäßig, da diese letztlich nur aktualisierte Anschaffungskosten darstellen.

[44] Vgl. die Gliederungspunkte 6.2.3.3, 6.3.1 sowie 6.3.2.

[45] Vgl. hierzu etwa *Homberg/Elter/Rothenburger*, Bilanzierung von Spielervermögen, S. 262; *WGZ-Bank/KPMG*, Fußball und Finanzen, S. 131; *Galli*, Spielerbewertung im Teamsport, S. 814; *Haller*, Immaterielle Vermögenswerte. S. 567; *Galli*, Rechnungswesen im Berufsfußball, S. 281f.; *Moxter*, Bilanztheorie, S. 71.

kulatur: Den Herstellungskosten kann *kein hoher Informationsgehalt* zugesprochen werden und sie stellen insofern keine bzw. nur zufällige Indikatoren für den clubspezifischen Barwert der zukünftigen Cashflows dar.[46]

Der *planmäßigen Folgebewertung* professioneller Fußballspieler muss ein noch vernichtenderes Urteil als der Erstbewertung ausgesprochen werden. So erfolgt die Bewertung der Fußballspieler aufgrund des fehlenden aktiven Markts für professionelle Fußballspieler und der insofern nicht anwendbaren Neubewertungsmethode grundsätzlich auf der Basis *planmäßiger Abschreibungen der historischen Kosten*, wobei die Abschreibungen regelmäßig linear über die Laufzeit der jeweiligen Arbeitsverträge vorzunehmen sind.[47]

Diese planmäßige Fortschreibung der Anschaffungskosten (oder auch Herstellungskosten) professioneller Spieler kann zwar zweifelsohne *zuverlässig* vorgenommen werden.[48] Jedoch ist hierdurch in der Folge eine noch weitere *Entfernung* des bilanziellen Wertansatzes eines Spielers *von seinem* primär relevanten clubspezifischen *Ertragswert* zu verzeichnen.[49] Schließlich gilt auch im Rahmen der Folgebewertung eines Profifußballspielers die oben beschriebene Anforderung an eine informative Bilanzposition der Höhe nach. Der Buchwert eines Profispielers an den jeweiligen Bilanzstichtagen wird demnach im Fall der (planmäßigen) Wertfortführung nur dann dem clubspezifischen Ertragswert entsprechen, wenn die Fortschreibung in Höhe der Veränderung des Ertragswerts vorgenommen wird.[50] Letztendlich zeigt sich der geringe Informationsgehalt der planmäßigen Verteilung der Anschaffungs- bzw. Herstellungskosten auch schon an dem vom IASB unwiderlegbar unterstellten Verbrauch des einem Spieler inhärenten wirtschaftlichen Nutzens. Spieler können durch Trainingsaktivitäten, Spielerfahrungen etc. ihr ursprünglich erwartetes Nutzenniveau schließlich auch erhalten oder sogar erhöhen.[51] Eine zutreffende Erfassung der Veränderung im (ursprünglich) antizipierten Nutzenniveau eines professionellen Spielers kann somit nur durch eine Ertragsbewertung sichergestellt werden.

Als *Fazit* der bisherigen Untersuchung ist somit festzuhalten, dass sich eine *Bewertung* der dem Grunde nach vollständig erfassten Einzahlungspotenziale „Profifußballspieler" zu Anschaffungs- bzw. Herstellungskosten und deren Fortschreibung durch planmäßige Abschreibungen unter Relevanzgesichtspunkten als *unzweckmäßig* erweist. Ausschließlich eine generelle Bewertung zum clubspezifischen Ertragswert der professionellen Fußballspieler gewährleistet, dass der Wertansatz eines Spielers über den zukünftig zu erwartenden Cashflow-Zufluss informiert.[52] Für diese Zusammenhänge steht stellvertretend auch die nachfolgende Aussage von *Morrow*:

---

[46] Vgl. auch *Streim/Esser*, Informationsvermittlung, S. 838; *Klein*, Kapitalgeberschutz, S. 352.

[47] Vgl. ausführlich Gliederungspunkt 6.4.

[48] Vgl. etwa *Beyhs*, Impairment of Assets, S. 250f. m.w.N.; *Klein*, Kapitalgeberschutz, S. 364.

[49] Vgl. ferner *Sigloch*, Fußballspieler in der Bilanz, S. 60.

[50] Vgl. ebenso *Streim/Esser*, Informationsvermittlung, S. 838; *Beyhs*, Impairment of Assets, S. 250; *Franken*, Gläubigerschutz, S. 207; *Streim/Bieker/Leippe*, Anmerkungen zur theoretischen Fundierung der Rechnungslegung, S. 196.

[51] Vgl. Gliederungspunkt 6.4.1.2. Vgl. auch *Sigloch*, Fußballspieler in der Bilanz, S. 58; *Neumeister*, Bilanzierung von Transferentschädigungen, S. 116ff.

[52] Vgl. zur Relevanz einer generellen Ertragswertbewertung auch schon *Käfer*, Bilanz als Zukunftsrechnung, S. 24f., 47f.; *Lücke/Hautz*, Bilanzen aus Zukunftswerten, S. 18ff.; *Schwiering*, Erfolgs-

„As a result, a balance sheet does not [...] provide values for the individual assets and liabilities of the company, nor indeed a value for the company overall. Instead it is simply a statement of the assets and liabilities of the company in terms of their original cost to the company."[53]

Wird hinsichtlich der Bewertung professioneller Fußballspieler letztlich für eine grundsätzliche *Ertragsbewertung* optiert, stellt sich allerdings die Frage, ob eine derartige Bewertung für einen einzelnen Fußballspieler überhaupt willkürfrei und damit *verlässlich* vorgenommen werden kann. Schließlich gilt seit der fundamentalen Arbeit von *Thomas* die Erkenntnis, dass eine nicht willkürliche Verteilung eines bestimmten Ergebnisses auf die Inputfaktoren nur dann erreichbar ist, wenn die der Berechnung zugrunde liegende Ergebnisfunktion die Eigenschaft der additiv linearen Homogenität aufweist. Mit anderen Worten bedeutet dies nichts anderes, als dass zwischen den diversen Inputfaktoren *keine Interaktionen* in Form von Synergieeffekten stattfinden dürfen.[54] Diese Problematik betrifft etwa die Allokation von Ein- und Auszahlungen auf einzelne Investitionsprojekte.[55] Hinsichtlich der betriebsnotwendigen Einzahlungspotenziale eines Unternehmens besteht gleichermaßen das Problem, dass sie den *operativen Cashflow* des Unternehmens lediglich *gemeinsam* erzeugen und insofern eine *willkürfreie Zurechnung* dieses Cashflows auf die einzelnen Cashflow-Potenziale zur Bestimmung der individuellen Ertragswertbeiträge zum Gesamtunternehmenswert *nicht möglich* ist.[56]

Die Frage, ob diese Feststellung auch für den Bereich des (professionellen) Fußballsports gilt, ist prinzipiell wie folgt zu beantworten: Der von einem Fußball-Club insgesamt generierbare (wirtschaftliche) Nutzen aus dem Einsatz, der Vermarktung und Verwertung seiner professionellen Fußballspieler kann aufgrund der *Kollektivguteigenschaft* des Mannschaftssports „Fußball" ebenfalls unmöglich willkürfrei auf einen einzelnen Spieler zugerechnet werden.[57] Schließlich ist bereits intuitiv einleuch-

---

konzeptionen, S. 84ff.; *Göppl*, Gestaltung der Rechnungslegung, S. 568ff.; *Münstermann*, Bedeutung des ökonomischen Gewinns, S. 582f.

[53] *Morrow*, New Business of Football, S. 122.

[54] Vgl. *Thomas*, The Allocation Problem, S. 32ff. (insbesondere 50ff.). Vgl. hierzu auch schon *Schmalenbach*, dynamische Bilanzlehre, S. 29f.

[55] Vgl. etwa *Streim*, Human Resource Accounting, S. 224.

[56] Vgl. grundlegend *Bieker*, Fair Value Accounting, S. 197; *Streim/Bieker/Esser*, Fair Value Accounting, S. 100; *Streim/Bieker/Esser*, Informationsbilanz, S. 239; *Streim/Bieker/Esser*, Fair Values, S. 473f.; *Beyhs*, Impairment of Assets, S. 95f., 251; *Leippe*, Bilanzierung von Leasinggeschäften, S. 266; *Ordelheide*, ökonomischer Gewinn, S. 292. Vgl. ebenfalls *Haller*, Immaterielle Vermögenswerte, S. 565ff. Vgl. ferner *Mohr*, immaterielle Werte, S. 57: „Es ist [...] unmöglich, den Gesamtnutzen auf die einzelnen Teile der Unternehmung zu verteilen, denn dann müßte man die Nutzleistung dieser Einzelteile und danach ihren Wert unter der Voraussetzung der Eingliederung in das Ganze der Unternehmung feststellen. Man würde sich der Gefahr eines rein subjektiven Werturteils aussetzen, ohne zu einem befriedigenden Resultat zu kommen."

[57] Vgl. hierzu auch *KPMG*, Marktwerte des Spielervermögens, S. 6; *Ernst & Young*, Profifußball, S. 59; *Freyberg*, Spielerwertbestimmung, S. 200; *Galli*, Human-Resource-Bewertung, S. 646; *Crasselt*, Investitionsbeurteilung im Profifußball, S. 233f.; *Hoffmann/Lüdenbach*, Abbildung des Tauschs, S. 341; *Neumeister*, Bilanzierung von Transferentschädigungen, S. 139f.; *Galli*, Spielerbewertung im Teamsport, S. 815; *Lehmann/Weigand*, Fußballvereine als Wirtschaftsunternehmen, S. 96; *Franck*, Produktionsstruktur des Teamsports, S. 16; *Büch*, „Bosman Urteil", S. 287; *Frick*, Team Performance, S. 10; *Parensen*, Fußball-Bundesliga, S. 92; *Parensen*, Transfersystem des DFB, S. 8; *Büch/Schellhaaß*, Ökonomische Aspekte der Transferentschädigung, S. 258f. Vgl. inso-

tend, dass bspw. ein Stürmer trotz eventuellem „Weltklasseformat" nur dann in der Lage ist, Tore zu schießen, wenn er zumindest durch das „Mittelfeld" ausreichend mit Torvorlagen versorgt wird. Auch ein Abwehrspieler ist wenigstens auf die Fähigkeiten seiner Abwehrkollegen angewiesen und ein Torwart ebenfalls auf die vor ihm spielenden Abwehrspieler. Diese Beispiele demonstrieren letztlich nur die Unmöglichkeit der nicht willkürlichen Zurechnung von Cashflows auf einzelne Spieler hinsichtlich der Bestimmung des clubspezifischen Ertragswerts eines Profifußballspielers, da die einzelnen Fußballspieler den künftigen wirtschaftlichen Nutzenzufluss für einen Fußball-Club aufgrund der zwischen ihnen stattfindenden Interaktionen nur im *Zusammenwirken* erzeugen. Als stützendes Argument mag zudem der Versuch von *Littkemann* dienen, die einem professionellen Fußballspieler zuzurechnenden künftigen Cashflows aus dem gesamten Zahlungsstrom eines Fußball-Clubs anhand eines vollständigen Finanzplans zu ermitteln.[58] Im Rahmen der Prognose der spielerbezogenen zukünftigen Cashflows nimmt *Littkemann* eine Trennung in direkt zurechenbare und nur indirekt – und damit letztendlich willkürlich – zu schlüsselnde Ein- und Auszahlungen vor. Hinsichtlich der direkten Cashflows lässt sich feststellen, dass Einzahlungen eines Clubs insbesondere aus der TV-Vermarktung, dem Sponsoring und dem Ticketing aufgrund der Kollektivität des Fußballsports nur sehr begrenzt auf einzelne Fußballspieler zugerechnet werden können. Bspw. sind Zuschauereinnahmen (*Ticketing*) nur dem gesamten Spielerkader zuordenbar. So können letztlich nur Ablösesummen und Einnahmen aus Trikotverkäufen einzelner Spieler (wie etwa bei den enormen Trikotverkäufen von David Beckham im Anschluss an seinen Wechsel von Manchester United zu Real Madrid) direkt alloziiert werden.[59] Letzten Endes kommt *Littkemann* zu dem Ergebnis, dass lediglich ein verschwindend geringer Anteil aller Einzahlungen eines Fußball-Clubs den einzelnen Fußballspielern direkt zugerechnet werden kann.[60] Werden die bisherigen Erkenntnisse reflektiert, ist somit der Aussage von *Väth* zuzustimmen:

> „Fußball ist ein Mannschaftsspiel, daher steht auch das Team im Vordergrund. [...] Als Teamwork ist das Mannschaftsspiel mehr als die Summe der Einzelhandlungen. Die Beiträge der einzelnen Spieler haben innerhalb des Mannschaftsspiels ihren funktionalen Wert und lassen sich nicht davon isolieren."[61]

---

fern auch *Parensen*, Transferentschädigungen, S. 185: „Durch die produktionstechnischen Besonderheiten des Fußballs ist der Wert eines eingesetzten Spielers zum Beitrag des Teamprodukts schwer zu konkretisieren." Vgl. ferner *Scholich*, Bewertung der Arbeit, S. 53. Nicht eindeutig *Sigloch*, Fußballspieler in der Bilanz, S. 64.

[58] Vgl. zum Folgenden *Littkemann*, Controlling von Spielerinvestitionen. Vgl. hierzu auch *Littkemann/ Fietz/Krechel*, Spielerinvestitionen, S. 137f.

[59] Vgl. *Littkemann*, Controlling von Spielerinvestitionen, S. 224f. Vgl. hierzu auch *Ernst & Young*, Profifußball, S. 59.

[60] Vgl. *Littkemann*, Controlling von Spielerinvestitionen, S. 225. Nur im Rahmen der Auszahlungen ist ein relativ großer Prozentsatz direkt alloziierbar, wobei es sich hierbei regelmäßig um sichere Auszahlungen wie Löhne und Gehälter handelt. Bei den unsicheren Auszahlungskomponenten für Spielbetrieb, Werbung, Handel und Verwaltung revidiert sich wiederum das Gesamtbild, da diese nur willkürlich auf indirektem Weg zugerechnet werden können. Vgl. zu diesen Zusammenhängen auch die willkürliche Allokation der Cashflows eines Fußball-Clubs auf einzelne Spieler bei *Ebel*, Performancemessung, S. 273ff.

[61] *Väth*, Profifußball, S. 37.

Insofern ist auch der bereits angeführten Literaturmeinung in Bezug auf die Bestimmung des *Nutzungswerts* im Rahmen des Werthaltigkeitstests für professionelle Fußballspieler zuzustimmen, dass der Nutzungswert niemals für einen einzelnen Fußballspieler bestimmt werden kann, weil ein Fußballspieler keine Cashflow-Zuflüsse erzeugt, die weitestgehend unabhängig von denen der anderen Spieler des gesamten Lizenzspielerkaders sind.[62]

Letzten Endes scheitert die Realisation der geforderten individuellen clubspezifischen Ertragsbewertung professioneller Fußballspieler an der nicht zu gewährleistenden Nebenbedingung der Verlässlichkeit. Demnach erweisen sich auch in der einschlägigen Literatur vorgeschlagene Verfahren zur bilanziellen Bewertung von Humankapital bezogen auf Profifußballspieler als unzweckmäßig, weil hinsichtlich der potenziell anwendbaren Verfahren einerseits die *Methode der Diskontierung zukünftiger Leistungsbeiträge* etwa von *Flamholtz*[63] an der bereits beschriebenen unmöglichen Zurechenbarkeit von Cashflows auf einzelne Spieler scheitert.[64] Demnach ist auch das von *Biagioni/Ogan*[65] für professionelle Teamsportler geforderte Bewertungsverfahren abzulehnen, da dort ebenfalls auf diskontierte „expected benefits that each player will generate for the team"[66] abgestellt wird.[67] An dieser negativen Einschätzung vermag auch die letztendliche Bildung eines gewichteten Durchschnitts aus den von verschiedenen Individuen (Trainer des Teams, Trainer anderer Teams, Sportjournalisten, Eigentümer bzw. Manager des Teams etc.) ermittelten Werten nichts zu ändern. Die Behauptung von *Biagioni/Ogan*, dass es sich bei dem von ihnen vorgestellten Verfahren um ein „operational model"[68] handelt, erscheint somit völlig verfehlt. Andererseits bringt die Bewertung eines Fußballspielers anhand des *Barwerts der erwarteten künftigen Lohn- und Gehaltszahlungen* bspw. von *Lev/*

---

[62] Vgl. Gliederungspunkt 6.5.1.1 und die dortigen Literaturverweise in FN 153.

[63] Vgl. *Flamholtz*, Human Resource Accounting, S. 180ff.; *Flamholtz*, Human Resource Value, S. 39f.; *Flamholtz*, Human Resource Valuation. *Flamholtz* unterstellt bei seinem Verfahren, dass ein Beschäftigter während seiner Unternehmenszugehörigkeit Leistungen für das Arbeit gebende Unternehmen erbringt und sämtliche erwarteten künftigen Leistungen das Leistungspotenzial des Beschäftigten zum Ausdruck bringen. Dabei hängen die Leistungsbeiträge des Einzelnen von sog. Servicezuständen ab, die das Individuum während seiner Unternehmenszugehörigkeit wahrscheinlich erreicht und denen zur Quantifizierung insbesondere Periodengewinnbeiträge zugeordnet werden. Die erwarteten künftigen Leistungsbeiträge eines Beschäftigten werden letzten Endes mittels eines Kalkulationszinssatzes über die Verweildauer des Beschäftigten in der Unternehmung auf den Bewertungszeitpunkt diskontiert und ergeben schließlich den Nutzwert einer menschlichen Ressource für das Unternehmen.

[64] Vgl. hierzu auch *Streim*, Human Resource Accounting, S. 104ff.

[65] Vgl. *Biagioni/Ogan*, Human Resource Accounting.

[66] *Biagioni/Ogan*, Human Resource Accounting, S. 27.

[67] Vgl. auch das ähnliche Vorgehen von *Freyberg*, Spielerwertbestimmung, S. 209ff. der allerdings weniger einen Nutzungswert als vielmehr einen subjektiven Grenzpreis für Spielerkäufe und -verkäufe ermitteln möchte. Letztlich ist das von *Freyberg* vorgeschlagene Modell aufgrund des unlösbaren Problems der Zurechenbarkeit von Cashflows auf einzelne Spieler ebenfalls zum Scheitern verurteilt. Vgl. hierbei auch seine konzeptionell verfehlte Argumentation auf S. 228 [Hervorhebung nicht im Original]: „So ist mitunter ein Anteil der aus den Einnahmen resultierenden Überschüsse sowie ein Anteil der Ausgaben einzelnen Spielern zuzurechnen. Dieser Anteil kann als *konkreter Beitrag zur Erreichung der wirtschaftlichen Ziele* [eines Clubs] angesehen werden."

[68] *Biagioni/Ogan*, Human Resource Accounting, S. 28.

Schwartz[69], *Sadan/Auerbach*[70] oder *Frantzreb/Landau/Lundberg*[71] im Ergebnis analog zu den Anschaffungskosten lediglich eine Mindesteinzahlungserwartung zum Ausdruck.[72]

Eine weit verbreitete Literaturmeinung fordert mittlerweile die Auslagerung der Berichterstattung über immaterielle Werte auf zusätzliche Berichtsinstrumente, die jenseits von Bilanz sowie Gewinn- und Verlustrechnung angesiedelt sind. Diese verschiedenen Ansätze können unter dem Stichwort „*Intellectual Capital Statement*" zusammengefasst werden.[73] Da sich die relevante individuelle Ertragsbewertung für Profifußballspieler letztlich als unmöglich erweist, Anschaffungs- oder Herstellungskosten sowie Marktpreise für „genutzte" Spieler völlig irrelevant sind, drängt sich die Frage auf, ob die finanzielle Berichterstattung über professionelle Fußballspieler ebenfalls außerhalb der Kernbestandteile eines Rechnungslegungssystems erfolgen sollte. Da das IASB eine derartige Lösung jedoch ausdrücklich nicht anstrebt[74], bedarf es einer *reformierten Bilanzierungskonzeption*, die sowohl zu einer entscheidungsrelevanten bilanziellen Abbildung von Profifußballspielern führt, als auch die Nebenbedingung der Verlässlichkeit hinreichend gewährleistet.

Ein zweckmäßiger Weg wäre die Abkehr vom in den IFRS implizit verankerten Grundsatz der Einzelbewertung[75] und eine Hinwendung zu einer *unternehmenswert-*

---

[69] Vgl. *Lev/Schwartz*, Human Capital. *Lev/Schwartz* wollen den Wert eines Beschäftigten für die Unternehmung indirekt über die Diskontierung der zukünftigen Entgeltzahlungen bis zum Pensionierungsalter des Beschäftigten mit einem unternehmensspezifischen Zinssatz ermitteln. Sie unterstellen im Rahmen ihrer Methode, dass der Wert einer menschlichen Ressource von ihrem finanziellen Einkommensstrom abhängt, wobei die zukünftigen Arbeitsentgelte vom Beruf bzw. Ausbildungsstand und vom Alter des Beschäftigten abhängen.

[70] Vgl. *Sadan/Auerbach*, Human Resource Valuation. Ziel des Verfahrens von *Sadan/Auerbach* ist es, den Mindestwert des gesamten Humanbereichs einer Unternehmung zu ermitteln, welcher sich nach ihrer Ansicht durch den Barwert der gesamten zukünftigen Personalkosten zum Ausdruck bringen lässt. Die Verfasser ermitteln über den Einsatz der homogenen Markov-Kette eine Matrix und demnach die Wahrscheinlichkeiten für zukünftige Servicezustände, welche die Beschäftigten in künftigen Perioden einnehmen, wobei die Wahrscheinlichkeiten über die Zuordnung durchschnittlicher Personalkosten zu den einzelnen Servicezuständen wiederum die Berechnung der gesamten künftigen Personalkosten erlauben.

[71] Vgl. *Frantzreb/Landau/Lundberg*, Human Resources. Mit Hilfe dieser Methode wird versucht, die Beschäftigten einer Unternehmung über den Barwert der zukünftigen Lohnzahlungen in eine Rangfolge zu bringen. Dabei hängen die zukünftigen Lohnzahlungen für einen Beschäftigten von der Dauer der Unternehmenszugehörigkeit und vom Leistungspotenzial eines Individuums ab, wobei das Leistungspotenzial durch einen Effizienz- bzw. Produktivitätsfaktor ausgedrückt wird.

[72] Vgl. auch *Freyberg*, Spielerwertbestimmung, S. 207f. Insofern irren *Sigloch*, Fußballspieler in der Bilanz, S. 63 und *Morrow*, Human Assets, S. 84ff., 89ff., 92f. Vgl. für einen Überblick über die Bewertungsmethoden für die bilanzielle Abbildung von Humankapital etwa *Freyberg*, Spielerwertbestimmung, S. 201ff.; *Gebauer*, Humankapital, S. 35ff.

[73] Vgl. hierzu etwa *Arbeitskreis „Immaterielle Werte im Rechnungswesen"*, externe Berichterstattung; *Daum*, Intellectual Capital Statements; *Kasperzak/Krag/Wiedenhofer*, Intellectual Capital; *Maul/Menninger*, Intellectual Property Statement.

[74] Zudem wird den klassischen Abschlussbestandteilen Bilanz sowie Gewinn- und Verlustrechnung im Vergleich zu den Zusatzberichtsinstrumenten auch empirisch ein höherer Grad an Verlässlichkeit beigemessen. Vgl. dazu m.w.N. *Pellens/Fülbier/Sellhorn*, Immaterielle Werte, S. 101.

[75] Zwar enthalten weder das Framework noch der IAS 1 *Presentation of Financial Statements* explizit den Grundsatz der Einzelbewertung. Die Tatsache, dass bei den Definitionsmerkmalen eines Ver-

orientierten finanziellen Berichterstattung[76] über professionelle Fußballspieler bzw. über Fußball-Clubs.[77] Schließlich erweist sich die untrennbar mit einem ausschließlich der Informationsvermittlung dienenden Rechnungslegungssystem verbundene „Zukunfts- und Zahlungsstrombezogenheit mit einer gleichzeitigen Verfolgung des Einzelbewertungsgrundsatzes [als] unvereinbar"[78], sodass ferner folgende These von *Scholz* angeführt werden kann:

> „Die monetäre Humankapitalbewertung muß auf Bereichs- und Gesamtunternehmensebene erfolgen."[79]

Bei dieser Form der finanziellen Berichterstattung gilt es zusätzlich zu beachten, dass eine gewisse *Entobjektivierung* vor dem Hintergrund des Stellenwerts des Relevanzkriteriums *vertretbar* bzw. sogar unausweichlich erscheint, weil: „Information relevant to decision making is inherently subjective, and therefore a matter of personal belief and expectations about the future. There is no way of making the estimated cash flows from a project, and the uncertainty associated with them, objective. Others cannot verify subjective beliefs, even *ex post.*"[80] Letztlich formulierte bereits *Stützel* die zutreffende Anforderung, dass Kapitalgeber auch nicht zwingend „schlüsselfertige Entscheidungshilfen"[81] benötigen, sondern dass es ausreiche, Indizien zu liefern, die es dem Kapitalgeber erlauben, *eigene Schätzungen* vorzunehmen.[82]

Eine derartige unternehmenswertorientierte finanzielle Berichterstattungskonzeption ist mit dem *Nutzungswert* (*value in use*) *einer zahlungsmittelgenerierenden Einheit* (*ZGE*) im Rahmen des Werthaltigkeitstests gemäß IAS 36 *Impairment of Assets* bereits explizit im Normengerüst der IFRS angelegt. Dieser schon für professionelle Fußballspieler einschlägige Wert zeichnet sich durch sein ausdrückliches Abstellen auf clubinterne Verwendungsmöglichkeiten der Fußballspieler sowie durch die Berücksichtigung kombinatorischer Effekte aus der Nutzung der Einzahlungspotenziale

---

mögenswerts im Framework von „a resource" (IASB, Framework, Par. 49(a)) gesprochen wird, ist jedoch u.a. ein Beleg für die implizite Existenz des Einzelbewertungsgrundsatzes. Zudem ist bei der Bewertung gemäß IAS 16 *Property, Plant and Equipment* regelmäßig „an item" (IAS 16.15, 30f.) und nach IAS 38 „an intangible asset" (IAS 38.24, 74f.) zu bewerten und nicht eine Vermögensgesamtheit oder gar das gesamte Unternehmen. Vgl. hierzu auch *Streim/Bieker/Leippe/ Schmidt*, International Accounting Standards, Rz. 100; *Küting/Dawo/Wirth*, Konzeption der außerplanmäßigen Abschreibung, S. 178.

76 Vgl. hierzu auch *Mujkanovic*, Fair Value, S. 265ff.

77 Zur Begründung vgl. ausführlich Gliederungspunkt 7.3.2. Vgl. ebenfalls zu dieser generellen Ansicht *Bieker*, Fair Value Accounting, S. 197f.; *Streim/Bieker/Esser*, Fair Value Accounting, S. 100f.; *Streim/Bieker/Esser*, Informationsbilanz, S. 239f.; *Streim/Bieker/Esser*, Fair Values, S. 471ff.; *Beyhs*, Impairment of Assets, S. 217; *Franken*, Gläubigerschutz, S. 205. Vgl. hierzu auch schon *Seicht*, kapitaltheoretische Bilanz, S. 535ff.; *Albach*, synthetische Bilanztheorie, S. 25ff.; *Honko*, Ermittlung des Jahresgewinns, S. 616ff.

78 *Beyhs*, Impairment of Assets, S. 217.

79 *Scholz*, Humankapitalbewertung, S. 24.

80 *Demski/Fellingham/Ijiri/Sunder*, Intellectual Foundations of Accounting, S. 160. Vgl. hierzu auch *Beyhs*, Impairment of Assets, S. 218.

81 *Stützel*, Bilanztheorie, S. 338.

82 Vgl. *Stützel*, Bilanztheorie, S. 339. Zur Frage, wie im Fall einer derartigen unternehmenswertorientierten Berichterstattungskonzeption die erforderliche *Nebenbedingung der Verlässlichkeit* zu gewährleisten wäre vgl. die Gliederungspunkte 7.3.2, 7.3.4 und 7.3.6.

„Profifußballspieler" aus.[83] So ist der Nutzungswert einer ZGE eben definiert als „the present value of the future cashflows expected to be derived from [... a] cash-generating unit" (IAS 36.6).

Allerdings wird dieser Nutzungswert für die Kapitalgeber eines Fußball-Clubs bisher nicht sichtbar, da er lediglich in einer *Nebenrechnung* zur Bestimmung eines eventuellen außerplanmäßigen Abwertungserfordernisses der ZGE „Lizenzspielerabteilung" zur Anwendung gelangt. Letztlich wird der Nutzungswert der ZGE nur dann potenziell sichtbar, wenn dieser den im Rahmen der Werthaltigkeitsprüfung von Profifußballspielern als Korrekturwert heranzuziehenden *erzielbaren Betrag* bestimmt und der erzielbare Betrag wiederum dem Buchwert der Einheit unterschreitet. Insofern handelt es sich beim Nutzungswert zunächst nur um *eine Ausprägungsform* des erzielbaren Betrags. Schließlich wird dieser u.U. auch durch den bereits konzeptionell als unzweckmäßig bezeichneten *Nettozeitwert* ausgefüllt.[84] Und selbst im Fall einer über den Nutzungswert festgestellten Wertminderung der ZGE „Lizenzspielerabteilung" schlägt sich der ZGE-spezifische Nutzungswert nur indirekt über dessen *Verteilung* auf die einzelnen Vermögenswerte der ZGE – hier vorwiegend *auf die einzelnen professionellen Fußballspieler* – bilanziell nieder.[85] Dabei ist diese Allokation unter Bezugnahme auf die oben angeführte Argumentation hinsichtlich der Kernthese von *Thomas* lediglich als *willkürlich* einzustufen.[86] Insofern ist auch das bspw. von *Brummet/Flamholtz/Pyle*[87] vorgeschlagene Verfahren zur Bewertung menschlicher Ressourcen über die Verteilung des Unternehmenswerts auf die einzelnen Potenziale unzweckmäßig.[88]

Problematisch an der Nutzungswertkonzeption des IAS 36 ist des Weiteren deren ausschließliche *imparitätische Ausrichtung*. Denn der Nutzungswert kommt lediglich als niedriger Korrekturwert zum Buchwert der ZGE in Erwägung, d.h. eine über diesen (fortgeführten) historischen Wert hinausgehende Bewertung ist nicht erlaubt.[89]

Neben der konzeptionellen Kritik am Nutzungswert und demnach an der Vorgehensweise des Werthaltigkeitstests gemäß IAS 36 ist zudem zu bemängeln, dass bei der Ermittlung des Nutzungswerts an sich eine Reihe von *Effekten ausgeschlossen* wird. So ist für die Schätzung der künftigen *Cashflows* zum einen nur der aktuelle Zustand der ZGE „Lizenzspielerabteilung" am Bewertungsstichtag maßgeblich. Insofern dürfen noch nicht hinreichend konkretisierte Restrukturierungsmaßnahmen des Clubs sowie zukünftig beabsichtigte Investitionen in neue Spieler nicht in die Prognose der

---

[83] Vgl. hierzu Gliederungspunkt 6.5.1.2.2. Vgl. auch *Fladt/Feige*, Business Combinations, S. 255f.

[84] Vgl. zur Konzeption des Werthaltigkeitstests Gliederungspunkt 6.5.1.1.

[85] Vgl. *Bieker*, Fair Value Accounting, S. 198, 219f.; *Streim/Bieker/Esser*, Fair Value Accounting, S. 100f.; *Streim/Bieker/Esser*, Informationsbilanz, S. 239f.; *Streim/Bieker/Esser*, Fair Values, S. 471.

[86] Vgl. ebenfalls *Beyhs*, Impairment of Assets, S. 244. Vgl. auch *Streim/Bieker/Esser*, Fair Values, S. 473f.; *Haller*, Immaterielle Vermögenswerte, S. 567f.

[87] Vgl. *Brummet/Flamholtz/Pyle*, Human Resource Measurement, S. 222.

[88] Vgl. demnach ebenso das Multiplikatorverfahren von *Giles/Robinson*, Human Asset Accounting. Vgl. ferner *Streim*, Human Resource Accounting, S. 172.

[89] Vgl. *Bieker*, Fair Value Accounting, S. 220; *Streim/Bieker/Esser*, Fair Value Accounting, S. 100; *Streim/Bieker/Esser*, Informationsbilanz, S. 239; *Streim/Bieker/Esser*, Fair Values, S. 471; *Streim/Bieker/Leippe*, Anmerkungen zur theoretischen Fundierung der Rechnungslegung, S. 202.

künftigen Cashflows einbezogen werden. Zum anderen bleiben Cashflows aus der Finanzierungstätigkeit und Ertragsteuern des Fußball-Clubs unberücksichtigt. Der *Kalkulationszinssatz* hat ausschließlich die aktuellen Marktverhältnisse zum Bewertungsstichtag zu reflektieren und ist somit nicht clubspezifisch zu ermitteln. Zudem soll er frei von Finanzierungs-, Kapitalstruktur- und Steuereffekten sein.[90] Sämtliche Effekte haben gemein, dass die daraus resultierenden Konsequenzen *unter Relevanzgesichtspunkten* Eingang in die Barwertberechnung finden müssten.[91] Wie und ob diese Konsequenzen insbesondere auch vor dem Hintergrund des Verlässlichkeitskriteriums zweckmäßigerweise zu berücksichtigen sind, soll jedoch erst im weiteren Verlauf dieser Arbeit abschließend gewürdigt werden.[92]

Als *endgültiges Fazit* der vorangegangenen Untersuchung zeigt sich folgendes Bild: Im Ergebnis erweist sich nur der Übergang auf eine unternehmenswertorientierte finanzielle Berichterstattung über Profifußballspieler bzw. über Fußball-Clubs und damit die Abkehr von dem in den IFRS verankerten Einzelbewertungsgrundsatz als zweckmäßig. Dabei bietet das bereits angelegte Konzept des Nutzungswerts einer zahlungsmittelgenerierenden Einheit zumindest einen ersten Anknüpfungspunkt. Auf der Basis dieses Konzepts und der Ergebnisse der bisherigen Analyse dieses Konzepts werden im weiteren Verlauf dieser Arbeit Reformvorschläge hinsichtlich einer finanziellen Berichterstattungskonzeption über Profifußballspieler bzw. Fußball-Clubs konstruiert, die sowohl dem Primärgrundsatz der Relevanz genügen als auch die erforderliche Nebenbedingung der Verlässlichkeit gewährleisten und demzufolge der Vermittlung entscheidungsnützlicher Informationen dienen, die sich das IASB als Ziel seiner Rechnungslegung „auf die Fahnen" geschrieben hat.[93]

7.1.2 Auswirkungen der IFRS-Bilanzierungsvorschriften für professionelle Fußballspieler auf den informativen Gewinn

Die finanziellen Informationsinteressen der Kapitalgeber eines Fußball-Clubs können nicht nur über einzelne Bilanzpositionen, sondern ebenfalls über eine informative Gewinngröße befriedigt werden. Unter dem Gesichtspunkt der Entscheidungsrelevanz soll ein informativer Gewinn die Kapitalgeber eines Fußball-Clubs in die Lage versetzen, die in der abgelaufenen Periode erbrachte Managementleistung beurteilen sowie zukünftige Cashflows prognostizieren zu können. Nachfolgend soll geprüft werden, ob die IFRS-konformen Bilanzierungsvorschriften für professionelle Fußballspieler einen zur Prognose geeigneten Gewinn bedingen bzw. welche Auswirkungen diese Regelungen auf die Eignung des ausgewiesenen Gewinns zur Performancemessung haben.

7.1.2.1 Auswirkungen auf die Prognoseeignung des Gewinns

Ein vergangenheitsorientierter, buchhalterischer Gewinn kann für die Kapitalgeber eines Fußball-Clubs entscheidungsnützlich sein, wenn er als *prognosegeeignete Ist-Größe* interpretiert werden kann und demnach als Indikator für zukünftige Gewinne

---

[90] Zu den Anforderungen an den Nutzungswert vgl. Gliederungspunkt 6.5.1.2.2.1.

[91] Vgl. *Esser*, Goodwillbilanzierung, S. 183; *Streim/Bieker/Esser*, Informationsbilanz, S. 239; *Beyhs*, Impairment of Assets, S. 206f., 209ff., 229; *Moxter*, Unternehmensbewertung, S. 177ff.

[92] Vgl. insofern Gliederungspunkt 7.3.2.

[93] Vgl. demnach Gliederungspunkt 7.3.

des Fußball-Clubs anzusehen ist. Als Anforderung an einen prognosegeeigneten Gewinn im Sinne eines „Indikator-Gewinns" wurde bereits angeführt, dass sich dieser unter der Annahme weitgehend *konstanter Rahmenbedingungen* ausschließlich aufgrund nachhaltig erwarteter Verbesserungen oder Verschlechterungen der Geschäftsaussichten eines Fußball-Clubs verändern darf. Folglich darf die Höhe dieses tendenziell „geglätteten" Gewinns durch *außerordentliche*, weil voraussichtlich nicht regelmäßig wiederkehrende *Ereignisse* – unabhängig von ihrer Zugehörigkeit zum operativen Kerngeschäft eines Clubs – nicht beeinflusst werden. Diese einmaligen oder seltenen Effekte müssen entweder erfolgsneutral verrechnet oder bei erfolgswirksamer Erfassung separat ausgewiesen werden, um den Kapitalgebern eines Clubs eine Gewinnkorrektur zu ermöglichen.[94]

Werden nun alle Auszahlungen für den *Erwerb* bzw. die „*Selbsterstellung*" der Einzahlungspotenziale „Profifußballspieler" einer Aktivierung zugeführt und demnach nicht umgehend als Aufwand erfasst, dann wird vorerst die schlagartige Reduktion des Gewinns in der Periode des *erstmaligen Ansatzes* verhindert. Schließlich würde dieses Absinken fälschlicherweise eine Verschlechterung der Geschäftsaussichten eines Fußball-Clubs signalisieren.[95]

Zunächst ist zu konstatieren, dass *sämtliche* professionellen Fußballspieler *bilanziell erfasst* werden und zwar unabhängig davon, ob sie erworben oder „selbst erstellt" werden.[96] Insofern bestehen vordergründig auch keine Ausnahmen von der geforderten vollständigen Aktivierung der Auszahlungen wie bei den sonstigen immateriellen (Vermögens-)Werten, welche zu einer geringen Prognosetauglichkeit des Gewinns führen würden.

Allerdings vernachlässigt diese Betrachtung die aus der *erstmaligen Bewertung* der Spieler resultierenden Konsequenzen. Diese erfolgt grundsätzlich zu Anschaffungskosten. In den besonderen Fällen des ablösefreien Erwerbs und der „Selbsterstellung" von Profispielern, in denen keine Zahlungen anfallen, findet per definitionem keine Beeinträchtigung der Prognoseeignung des Gewinns statt. Hingegen eignet sich der Periodengewinn dann nicht zur Prognose künftiger Gewinne, wenn wie bei den ablösepflichtig erworbenen Spielern weitere Auszahlungen mit der Schaffung der Nutzenpotenziale „Profifußballspieler" verbunden sind, die keiner Aktivierung zugeführt werden dürfen und demnach als Aufwand zu erfassen sind. In diesem Zusammenhang sind bspw. Auszahlungen für Spielerpräsentationen, für das Merchandising, für die Spiel- bzw. Trainingskleidung und Ausrüstung, für Fremdkapital sowie solche Auszahlungen, die zeitlich vor dem Beginn der eigentlichen Laufzeit des Arbeitsvertrags liegen wie z.B. für das Scouting, anzuführen.[97] Je mehr Zahlungen letztlich von einer Aktivierung ausgenommen sind, um so weniger ist der resultierende Periodengewinn für Prognosen zweckdienlich.

Die letztere Feststellung gilt analog auch für die Auszahlungen, die mit der eigentlichen „Selbsterstellung" von professionellen Fußballspielern verbunden sind, nämlich

---

[94] Vgl. Gliederungspunkt 4.3.1.

[95] Vgl. ebenfalls *Streim/Bieker/Leippe*, Anmerkungen zur theoretischen Fundierung der Rechnungslegung, S. 194f.

[96] Vgl. Gliederungspunkt 7.1.1.1.2.

[97] Vgl. dazu die Gliederungspunkte 6.3.1 und 6.3.2.

solche, die durch Trainingsaktivitäten verursacht werden. Diese Zahlungen werden aufgrund der prinzipiell nicht willkürfrei möglichen Allokation auf die einzelnen Fußballspieler regelmäßig nicht aktiviert, sondern Gewinn mindernd als Aufwand erfasst.[98] Demnach erweist sich der ausgewiesene Gewinn letztlich nur als eingeschränkt prognosetauglich und zwar unabhängig davon, ob die Trainingsaktivitäten tatsächlich zu einer Leistungspotenzialerhöhung führen oder nicht.[99]

In den auf die Periode des erstmaligen Ansatzes *folgenden Geschäftsjahren* sind die historischen Kosten eines aktivierten professionellen Fußballspielers zunächst *planmäßig* über die Laufzeit seines Arbeitsvertrags *abzuschreiben*.[100] Die regelmäßig linear vorzunehmende planmäßige Abschreibung bedingt unter Zugrundelegung unveränderter Ertragsaussichten einen „geglätteten" Gewinn, da auf jede einzelne Periode ein erkennbarer und zudem konstanter Abschreibungsbetrag entfällt, sodass die angestrebte Extrapolation des Gewinntrends ermöglicht wird.

Zusätzlich zur planmäßigen Abschreibung sind aktivierte Profifußballspieler im Fall einer Wertminderung *außerplanmäßig abzuschreiben*.[101] Die hinsichtlich der Prognoseeignung des Gewinns letztlich nur relevante Erfassung einer außerplanmäßigen Abschreibung vollzieht sich aufgrund der unmöglichen Bestimmung des Nutzungswerts für einen einzelnen Profispieler ausschließlich auf der Ebene der zahlungsmittelgenerierenden Einheit „Lizenzspielerabteilung" durch einen Vergleich des Buchwerts der ZGE mit deren erzielbarem Betrag.[102] Dabei wird der erzielbare Betrag aufgrund der Einzigartigkeit einer Lizenzspielerabteilung bzw. eines Clubs und der jeweils spezifischen Zusammensetzung mit den verschiedensten Spielern sowie der damit verbundenen Unmöglichkeit der Bestimmung des Nettozeitwerts regelmäßig nur durch den Nutzungswert der ZGE „Lizenzspielerabteilung" bestimmt.[103]

Im Nutzungswert der ZGE schlagen sich alle (nachhaltig) erwarteten, aus der Einheit in ihrem aktuellen Zustand erzielbaren künftigen Netto-Cashflows nieder.[104] Zur Beantwortung der Frage, ob die IFRS-Vorschriften zur Erfassung von Wertminderungen (und nachfolgend ebenfalls von Wertaufholungen) von professionellen Fußballspielern die Prognoseeignung des Gewinns beeinträchtigen oder nicht, ist nachfolgend zwischen zwei Variationen zu differenzieren:[105]

Wenn sich der Nutzungswert der ZGE „Lizenzspielerabteilung" nur aufgrund eines erwarteten einmaligen oder seltenen Ereignisses ändert (etwa in Form erwarteter temporärer finanzieller Probleme des Clubs oder von Sponsoren), verursacht dieser

---

[98] Vgl. Gliederungspunkt 7.1.1.2.

[99] Vgl. ebenfalls *Streim*, Human Resource Accounting, S. 275ff.

[100] Vgl. ausführlich Gliederungspunkt 6.4.

[101] Vgl. zum Werthaltigkeitstest bei Profifußballspielern Gliederungspunkt 6.5.

[102] Vgl. die Gliederungspunkte 6.5.1.1 sowie 7.1.1.2. Schließlich findet eine *individuelle Wertermittlung* in der ausschließlichen Form des Nettozeitwerts eines Fußballspielers nur dann statt, wenn dieser den Buchwert des betreffenden Spielers übersteigt und insofern von einer Werthaltigkeit auszugehen ist.

[103] Vgl. Gliederungspunkt 6.5.1.2.1.

[104] Vgl. ausführlich zum Nutzungswert Gliederungspunkt 6.5.1.2.2.

[105] Vgl. hierzu auch *Streim/Bieker/Hackenberger/Lenz*, Goodwill-Bilanzierung, S. 25f.; *Esser*, Goodwillbilanzierung, S. 185.

Sachverhalt keine nachhaltige Veränderung der Geschäftsaussichten eines Fußball-Clubs. Ein derartiges außergewöhnliches Ereignis darf den prognosegeeigneten Gewinn insofern nicht beeinflussen. Ändert sich der Nutzungswert der ZGE allerdings infolge nachhaltiger Veränderungen der Geschäftsaussichten des Clubs (bspw. aufgrund eines Abstiegs in die 2. Bundesliga oder der „Kirch-Krise", die reduzierte Einnahmen aus Medienrechten bewirkte), sollten sich diese Variationen des Nutzungswerts in der prognosegeeigneten Gewinngröße prinzipiell niederschlagen.

Aus dem bisher Gesagten lässt sich daher die Anforderung ableiten, die aus einer nachhaltigen Veränderung des Nutzungswerts resultierende außerplanmäßige Abschreibung der ZGE „Lizenzspielerabteilung" in voller Höhe im Gewinn der Periode zu erfassen. Die demnach verpflichtend vorzunehmende erfolgswirksame Verrechnung der außerplanmäßigen Abschreibung gemäß IAS 36 erweist sich bei nachhaltigen Verschlechterungen der Geschäftsaussichten eines Fußball-Clubs eindeutig als zweckmäßig. Der um diese außerplanmäßige Abschreibung verminderte Gewinn ist folglich als adäquater Indikator für die zukünftige Gewinnentwicklung des Clubs anzusehen.[106]

Auch die Verteilung des ZGE-spezifischen Nutzungswerts auf die einzelnen Profifußballspieler der ZGE „Lizenzspielerabteilung" vermag an dieser Einschätzung nichts zu ändern.[107] Schließlich hat diese Allokationsregel lediglich Auswirkungen auf den informativen Bilanzposten der Höhe nach, weil im Ergebnis immer der volle Abschreibungsbetrag unabhängig von der Zurechnung zu einzelnen Spielern als Reduktion des Periodengewinns erfasst wird.

Aber auch in dem anderen beschriebenen Fall, in dem sich die Veränderung des Nutzungswerts der ZGE „Lizenzspielerabteilung" auf ein erwartetes einmaliges oder seltenes Ereignis zurückführen lässt, könnte die aus der verpflichtend erfolgswirksam zu erfassenden außerplanmäßigen Abschreibung der ZGE resultierende Beeinträchtigung der Prognosetauglichkeit des Gewinns in letzter Konsequenz beseitigt werden. Dazu müsste die außerplanmäßige Abschreibung der ZGE gesondert in der Gewinn- und Verlustrechnung ausgewiesen oder im Anhang angegeben werden. Denn hierdurch würden die Kapitalgeber eines Fußball-Clubs in die Lage versetzt werden, diesen außerordentlichen Effekt aus dem Gewinn wieder herauszurechnen.

Ein solcher separater Ausweis ist in IAS 38 bzw. IAS 36 grundsätzlich vorgesehen. Schließlich schreibt IAS 38 die Erstellung einer Überleitungsrechnung im Anhang vor, in der die Entwicklung des kumulierten Buchwerts der gesamten professionellen Fußballspieler eines Clubs während eines Geschäftsjahres erläutert wird (IAS 38.118(e)). Dabei sind die gemäß IAS 36 erfassten Wertminderungen der Berichtsperiode ausdrücklich separat auszuweisen. Daneben sind nach IAS 36.130 zusätzlich für jeden wesentlichen Wertminderungsbetrag eines einzelnen Spielers bzw. der ZGE „Lizenzspielerabteilung" sowohl dessen Höhe als auch die Ereignisse und Umstände, die zur Erfassung der Wertminderung geführt haben, gesondert im Anhang anzugeben.[108]

---

[106] Anderer Ansicht *Beyhs*, Impairment of Assets, S. 273ff.

[107] Vgl. dazu Gliederungspunkt 6.5.1.1.

[108] Vgl. zu den Anhangangaben ausführlich Gliederungspunkt 6.6.

Die Ausführungen zur Erfassung von Wertminderungen lassen sich analog auf den Fall der *Wertaufholung* für die ZGE „Lizenzspielerabteilung" übertragen, wenn der Nutzungswert der ZGE in einer der Wertminderung folgenden Periode wieder ansteigt.[109] Die nach IAS 36 zwingend vorzunehmende und erfolgswirksam zu verrechnende Wertaufholung erweist sich insofern bei nachhaltigen Verbesserungen der Geschäftsaussichten eines Fußball-Clubs ebenfalls als zweckmäßig. Hinsichtlich der Veränderung des Nutzungswerts der ZGE „Lizenzspielerabteilung", die auf ein erwartetes einmaliges oder seltenes Ereignis zurückzuführen ist, bleibt anzumerken, dass die hieraus folgende Wertaufholung einer Berichtsperiode gleichfalls im Rahmen der von IAS 38 geforderten Überleitungsrechnung gesondert auszuweisen ist. Ebenso sind gemäß IAS 36 für jede wesentliche Wertaufholung deren Höhe und die hierfür ursächlichen Ereignisse und Umstände im Anhang anzugeben.

Zu erwähnen bleibt, dass das Verbot der Zuschreibung über die (fortgeführten) historischen Kosten hinaus im Fall einer vorherigen außerplanmäßigen Abschreibung keine Beeinträchtigung der Prognoseeignung des Gewinns bedingt, sondern lediglich den informativen Bilanzposten der Höhe nach betrifft. Schließlich stellt der prognosegeeignete Gewinn insbesondere einen Indikator für die Gewinnentwicklung im Zeitablauf und nicht für dessen absolute Höhe dar, sodass sich lediglich Niveaueffekte infolge der nicht vollen Zuschreibung auf den Nutzungswert der ZGE ergeben. Unzweckmäßig erscheint das Zuschreibungsverbot über die (fortgeführten) historischen Kosten hinaus jedoch dann, wenn der Nutzungswert der ZGE „Lizenzspielerabteilung" aufgrund nachhaltiger Verbesserungen der Geschäftsaussichten eines Fußball-Clubs ansteigt, ohne dass dieser Nutzungswertvariation eine außerplanmäßige Abschreibung voraus gegangen ist. Diese Zuschreibungsrestriktion führt in einem derartigen Fall zu einem Gewinn, der nicht als adäquater Indikator für die zukünftige Gewinnentwicklung des Fußball-Clubs anzusehen ist.

Es kann somit *festgehalten werden*, dass zumindest die IFRS-Rechnungslegungsvorschriften zur planmäßigen Folgebewertung und zur Werthaltigkeit von professionellen Fußballspielern grundlegend dazu geeignet sind, einen Beitrag zur Vermittlung entscheidungsnützlicher Informationen auf der Basis eines prognosegeeigneten Gewinns zu leisten. Lediglich die an den separaten Ausweis einer Wertminderung bzw. Wertaufholung geknüpfte Anforderung der Wesentlichkeit ist wegen des damit einhergehenden Ermessensspielraums seitens des bilanzierenden Managements zu beanstanden.

7.1.2.2   Auswirkungen auf die Eignung des Gewinns zur periodischen Performancemessung

Ein auf Vergangenheitsdaten beruhender buchhalterischer Gewinn kann als *Performancemaß* zur Abschätzung der Managementleistung geeignet sein, wenn er sämtliche positiven sowie negativen Wirkungen der Dispositionen des Managements in der abgelaufenen Periode auf den Unternehmenswert eines Fußball-Clubs widerspiegelt.

---

[109] Zur Wertaufholung von professionellen Spielern vgl. Gliederungspunkt 6.5.2.

Somit sind Informationen über die Auswirkungen auf die zukünftigen Netto-Cash-flows des Fußball-Clubs erforderlich, welche durch Maßnahmen des Managements im abgelaufenen Geschäftsjahr verursacht worden sind. Effekte aus in Zukunft nur geplanten und somit noch nicht initiierten Maßnahmen des Managements dürfen jedoch nicht in den Periodengewinn eingehen.[110]

Werden die Auszahlungen für den *Erwerb bzw.* die *„Selbsterstellung"* der Einzahlungspotenziale „Profifußballspieler" keiner Aktivierung zugeführt und demnach umgehend als Aufwand erfasst, dann wird der Gewinn in der Periode des *erstmaligen Ansatzes* reduziert und demnach das Management eines Fußball-Clubs dafür „bestraft", dass es Einzahlungspotenziale geschaffen hat. Demnach sollten sämtliche Auszahlungen, die Einzahlungspotenziale in Form professioneller Fußballspieler schaffen, zwingend aktiviert werden.[111]

Die regelmäßig sowohl bei den ablösepflichtig erworbenen Profispielern als auch bei den ablösefrei erworbenen und „selbst erstellten" Spielern anfallenden und aufwandswirksam zu verrechnenden Auszahlungen wie bspw. für Spielerpräsentationen, für das Merchandising etc.[112] indizieren, dass der ausgewiesene Periodengewinn nur in eingeschränktem Maß der beschriebenen Anforderung gerecht wird. Dies gilt gleichfalls für die durch Trainingsaktivitäten verursachten und stets Gewinn mindernd als Aufwand zu erfassenden Zahlungen[113] und zwar unabhängig davon, ob die Trainingsaktivitäten tatsächlich zu einer Nutzenpotenzialerhöhung führen oder nicht. So sind vom Management eines Fußball-Clubs bzw. von den Trainern als ausführende Instanzen veranlasste „Erhaltungsmaßnahmen" bei professionellen Fußballspielern in Form von Trainingsaktivitäten zum Erhalt der spezifischen Fähigkeiten der Spieler, zur Regeneration sowie zur Rehabilitation nach Verletzungen unerlässlich, um den Spielbetrieb eines Clubs aufrecht zu erhalten und damit den angestrebten sportlichen bzw. wirtschaftlichen Erfolg zu verwirklichen. Durch die aufwandswirksame Erfassung der relevanten Zahlungen wird das Club-Management schließlich dafür bestraft, dass es seiner Sorgfaltspflicht nachkommt.[114]

Die in den *folgenden Geschäftsjahren* vorzunehmenden *planmäßigen linearen Abschreibungen* aktivierter Profifußballspieler[115] lassen keine Rückschlüsse auf Entscheidungen des Club-Managements einen einzelnen Spieler betreffend zu und sind insofern auch nicht (zwingend) als Minderleistung des Managements zu interpretieren. Lediglich eine (planmäßige) Wertfortführung in Höhe der Veränderung der clubspezifischen Ertragswerte der Profifußballspieler, die alle Wirkungen nur der bereits initiierten Handlungen bzw. Entscheidungen des Managements in der abgelaufenen Periode bezogen auf einen Spieler berücksichtigt, wäre zur Abschätzung der Mana-

---

[110] Vgl. Gliederungspunkt 4.3.1.

[111] Vgl. dazu ferner *Streim/Bieker/Hackenberger/Lenz*, Goodwill-Bilanzierung, S. 26; *Streim/Esser*, Informationsvermittlung, S. 839; *Streim*, Human Resource Accounting, S. 241f.

[112] Vgl. die Gliederungspunkt 6.3.1, 6.3.2 sowie 7.1.2.1.

[113] Vgl. hierzu ferner Gliederungspunkt 7.1.1.2.

[114] Vgl. überdies *Streim*, Human Resource Accounting, S. 242. Vgl. auch *Ebel*, Performancemessung, S. 220ff.

[115] Vgl. ausführlich Gliederungspunkt 6.4.

gementperformance geeignet. Die Umsetzung des individuellen Ertragswertbeitrags zum Gesamtunternehmenswert eines Fußball-Clubs scheitert jedoch erneut daran, dass die einzelnen Fußballspieler den künftigen wirtschaftlichen Nutzen für einen Fußball-Club aufgrund der zwischen ihnen stattfindenden Interaktionen nur im Zusammenwirken erzeugen und eine willkürfreie Zurechnung der Cashflows auf die einzelnen Spieler demnach unmöglich ist.[116]

Der insofern *theoretisch richtige Erfolgsmaßstab* i.S. eines Performancemaßes könnte jedoch durch das Konzept des *Nutzungswerts einer zahlungsmittelgenerierenden Einheit* im Rahmen des Werthaltigkeitstests gemäß IAS 36 erreicht werden. Schließlich sollte die Managementperformance einer Periode zweckmäßigerweise gemessen werden als diejenige Veränderung des clubspezifischen Nutzungswerts bzw. des Gesamtunternehmenswerts im Sinne des Barwerts aller aus dem Fußball-Clubs fließenden künftigen Ein- und Auszahlungen, die ausschließlich auf Dispositionen des Managements der vergangenen Periode beruht.[117]

Falls demnach in einer Folgeperiode eine *außerplanmäßige Abschreibung* für die ZGE „Lizenzspielerabteilung" aufgrund einer im Zuge des Werthaltigkeitstests bei professionellen Fußballspielern festgestellten Wertminderung in Form eines den Buchwert der ZGE „Lizenzspielerabteilung" unterschreitenden Nutzungswerts dieser ZGE zu erfassen ist[118], so hängt die Einschätzung der Auswirkungen auf den ausgewiesenen Gewinn zur Performancemessung davon ab, ob die außerplanmäßige Abschreibung auf Fehler des Club-Managements oder auf Änderungen in den ökonomischen Umweltbedingungen zurückzuführen ist.

Handelt es sich bei der gemäß IAS 36 erfolgswirksam zu erfassenden Wertminderung um eine Konsequenz aus in der Vergangenheit getroffenen falschen Entscheidungen (i.d.R. Fehlinvestitionen in Spieler), so ist diese dem Management des Fußball-Clubs als negative Performance zuzurechnen. Nur dann, wenn eindeutig festgestellt werden kann, dass die vorzunehmende außerplanmäßige Abschreibung aus einer „höheren Gewalt" resultiert und demnach vom Management nicht beeinflussbar ist – wie etwa im Fall der sog. „Kirch-Krise" – wäre die entsprechende Wertminderung aus dem Periodengewinn herauszurechnen.[119] Allerdings dürfte eine eindeutige Abgrenzung zwischen den beiden Wertminderungsursachen regelmäßig kaum möglich sein, da im Nachhinein in den seltensten Fällen festgestellt werden kann, was das Management eines Fußball-Clubs in seinen Erwartungen hätte berücksichtigen können und was nicht.[120] So erscheint bspw. fraglich, welche Faktoren letzten Endes ausschlaggebend für einen eventuellen Abstieg in die 2. Bundesliga waren und so-

---

[116] Vgl. hierzu Gliederungspunkt 7.1.1.2.

[117] Vgl. dazu Gliederungspunkt 4.3.1. Vgl. ebenfalls *Streim*, Human Resource Accounting, S. 240f.

[118] Zum Werthaltigkeitstest bei professionellen Fußballspielern und zu der bereits beim Prognosegewinn angeführten, für Zwecke dieser Arbeit relevanten Ausgestaltung vgl. ausführlich die Gliederungspunkte 6.5 sowie 7.1.2.1.

[119] Vgl. auch *Streim/Bieker/Hackenberger/Lenz*, Goodwill-Bilanzierung, S. 26f. Vgl. ferner *Snavely*, Information Criteria, S. 225.

[120] Vgl. *Ballwieser*, Rechnungslegung im Umbruch, S. 298. Vgl. hierzu ebenfalls *Coenenberg*, Jahresabschluss, S. 1220; *Ballwieser*, Wertorientierte Unternehmensführung, S. 163; *Moxter*, Gewinnermittlung, S. 62f. m.w.N.

mit, inwieweit das Management hierfür zur Verantwortung gezogen werden kann. Aus diesem Grund sollten außerplanmäßige Abschreibungen der ZGE „Lizenzspielerabteilung" dem Management eines Fußball-Clubs immer dann, wenn die Ursachen hierfür nicht eindeutig zuzuordnen sind, im Rahmen einer widerlegbaren Vermutung vollständig als negative Performance angelastet werden.[121] Um den Kapitalgebern eines Fußball-Clubs jedoch Indizien für den Wertverlust zu liefern, die sie im Rahmen ihrer eigenen Schätzung berücksichtigen können, bedarf es allerdings einer umfangreichen erweiterten Berichterstattung bspw. im Anhang aus Sicht des Club-Managements, aus der hervorgeht, ob und inwieweit das Management die Wertminderung zu verantworten hat.[122] Dadurch besteht für die Kapitalgeber des Clubs die Möglichkeit, die gegebenenfalls ihrer Einschätzung nach vom Management nicht zu verantwortende außerplanmäßige Abschreibung aus dem Periodengewinn wieder zu eliminieren.

Anzumerken bleibt insgesamt, dass die Verteilung des ZGE-spezifischen Nutzungswerts auf die einzelnen professionellen Spieler der ZGE „Lizenzspielerabteilung" wiederum ohne Auswirkung auf die voranstehende Einschätzung ist. Schließlich wird die außerplanmäßige Abschreibung unabhängig von der weiteren Verteilung grundsätzlich immer in voller Höhe als Reduktion des Periodengewinns erfasst, sodass die Richtung der Änderung des Unternehmenswerts während einer Abrechnungsperiode grundsätzlich ersichtlich wird.

Stimmt man der vorangegangenen Argumentation zu, dass sämtliche außerplanmäßigen Abschreibungen der ZGE „Lizenzspielerabteilung" außer im Fall der eindeutig feststellbaren Ursache prinzipiell vollständig dem Management eines Clubs anzulasten sind, kann sich im Fall eines zwischenzeitlichen Managementwechsels trotzdem ein Problem ergeben. Schließlich wird in einem derartigen Fall das für eine etwaige Fehlentscheidung nicht verantwortliche Management durch die Aufwandsverrechnung bestraft.

Zudem wird die Eignung des ausgewiesenen Gewinns zur Performancemessung allein dadurch in einem erheblichen Umfang beeinträchtigt, dass das Club-Management infolge der vielen Ermessensspielräume bei der Anwendung bzw. Durchführung des Werthaltigkeitstests für professionelle Fußballspieler eine außerplanmäßige Abschreibung der ZGE „Lizenzspielerabteilung" auch verhindern kann. Denn das Management könnte einer potenziell negativen Performance mittels einer ergebnisorientierten Festlegung der Parameter des Werthaltigkeitstests entgegentreten.[123]

Die gesamten Ausführungen zur Erfassung von Wertminderungen lassen sich analog auf den Fall der *Wertaufholung* für die ZGE „Lizenzspielerabteilung" übertragen, wenn der Nutzungswert der ZGE in einer auf die Periode der Wertminderung folgenden Periode wieder ansteigt.[124] Falls die zwingend vorzunehmende und erfolgswirk-

---

[121] Vgl. in letzter Konsequenz auch *Bieker*, Fair Value Accounting, S. 223f.

[122] Vgl. demnach auch Gliederungspunkt 7.3.4.

[123] Vgl. auch *Streim/Bieker/Hackenberger/Lenz*, Goodwill-Bilanzierung, S. 26.

[124] Zur Wertaufholung professioneller Fußballspieler vgl. Gliederungspunkt 6.5.2.

sam zu verrechnende Zuschreibung der ZGE „Lizenzspielerabteilung" eine in der Vergangenheit getroffene Fehlentscheidung revidiert (bspw. erfolgreiche Investitionen in neue Profispieler im Anschluss an vorherige Fehlinvestitionen), sind die aus den Maßnahmen des Club-Manage-ments resultierenden Konsequenzen voll zu Gunsten seiner Performance zu erfassen. Dies gilt auch dann, wenn zwischenzeitlich ein Wechsel des Managements des Fußball-Clubs stattgefunden hat, da die eine Minderleistung des bisherigen Managements korrigierenden Handlungen dann „klassisch" als positive Performance des neuen Managements anzusehen sind. Die angeführten Überlegung gelten ebenfalls, wenn die Entscheidungen des (alten oder neuen) Managements ungünstige Änderungen in den ökonomischen Umweltbedingungen einen Fußball-Club betreffend berichtigen. Wiederum nur dann, wenn eindeutig festgestellt werden kann, dass die vorzunehmende Wertaufholung nicht auf Einflüsse des Club-Managements zurückzuführen ist – wie etwa im Fall der Erholung von der „Kirch-Krise" durch in der Folge wieder steigende Erträge aus TV- und sonstigen Medienrechten – sollte die entsprechende Zuschreibung aus dem Periodenergebnis herausgerechnet werden. Allerdings dürfte auch hierbei eine eindeutige Abgrenzung zwischen den Ursachen für die Wertaufholung kaum möglich sein, sodass als Konsequenz erneut prinzipiell eine vollständige Zurechnung zum Management des Fußball-Clubs erfolgen sollte bzw. die Zuschreibung zusätzlich mit entsprechenden Angaben unterlegt werden sollte.

Der *theoretisch richtige Performancemaßstab* wird durch das beschriebene Konzept des Nutzungswerts einer zahlungsmittelgenerierenden Einheit in letzter Konsequenz allerdings *nicht erreicht*. Zusätzlich zu den bereits bei der Untersuchung des Informationsgehalts der Bilanzposition festgestellten konzeptionellen Defiziten[125] – Anwendung nur in einer Nebenrechnung, lediglich eine mögliche Ausprägungsform des erzielbaren Betrags sowie imparitätische Ausrichtung – ist kritisch anzumerken, dass sich die Erfassung einer Wertminderung bzw. Wertaufholung nur durch einen Vergleich des Nutzungswerts mit dem Buchwert der ZGE „Lizenzspielerabteilung" vollzieht und eben nicht über die vollständige Änderung des clubspezifischen Nutzungswerts.

Der hinsichtlich des informativen Bilanzpostens unter Relevanzgesichtspunkten bemängelte *Ausschluss bestimmter Effekte* im Rahmen der Ermittlung des Nutzungswerts ist allerdings im Hinblick auf die Performancemessung zum Teil als *begrüßenswerter Schritt* zu werten. Denn die Zugrundelegung des aktuellen Zustands der ZGE „Lizenzspielerabteilung" im Rahmen der Cashflow-Schätzung sowie das Verbot der Berücksichtigung noch nicht hinreichend konkretisierter Restrukturierungsmaßnahmen des Fußball-Clubs und zukünftig beabsichtigter Investitionen in neue Spieler geht konform mit der Anforderung, lediglich alle durch die gegenwärtigen Entscheidungen des Managements verursachten künftigen Zahlungskonsequenzen in die Berechnung der Unternehmenswertänderung des Fußball-Clubs einzubeziehen.[126]

---

[125] Vgl. dazu Gliederungspunkt 7.1.1.2.

[126] Vgl. auch *Bieker*, Fair Value Accounting, S. 222f.; *Streim/Bieker/Esser*, Fair Value Accounting, S. 104f.; *Streim/Bieker/Esser*, Fair Values, S. 476.

Somit lässt sich als *abschließendes Fazit* festhalten, dass auch im Hinblick auf die periodische Performancemessung die Abkehr vom Einzelbewertungsgrundsatz zu fordern ist. Denn aufgrund des angeführten Interaktionsproblems und der damit verbundenen unmöglichen Zurechenbarkeit der Cashflows auf die einzelnen Spieler ist eine clubspezifische Ertragsbewertung von professionellen Fußballspielern zum Scheitern verurteilt und es erweist sich nur der Übergang auf eine *unternehmenswertorientierte finanzielle Berichterstattung* über professionelle Fußballspieler bzw. Fußball-Clubs als zweckmäßig.[127] Erneut bietet das in den IFRS bereits angelegte Konzept des Nutzungswerts einer zahlungsmittelgenerierenden Einheit zumindest einen ersten Anhaltspunkt für die weitere Ausgestaltung. Wie diese Berichterstattungskonzeption zur Abschätzung der Managementperformance mit den Erkenntnissen hinsichtlich des Informationsgehalts der Bilanzposition in Einklang zu bringen ist, soll im weiteren Verlauf dieser Arbeit ausführlich erläutert werden.[128]

7.2 Analyse der sonstigen IFRS-Informationsregeln für professionelle Fußballspieler

Die mittels informativer Gewinngrößen bzw. informativer Bilanzpositionen generierten entscheidungsnützlichen Informationen zur Befriedigung der finanziellen Informationsinteressen der Kapitalgeber eines Fußball-Clubs werden zweckmäßigerweise durch sonstige Informationsregeln ergänzt, welche die Vermittlung der zusätzlichen finanziellen als auch der notwendigen nicht finanziellen Informationen gewährleisten sollen. Diese sonstigen Informationen sollen den Kapitalgebern eines Clubs Rückschlüsse auf zukünftig zu erwartende Cashflows ermöglichen und diese über das (voraussichtlich) produzierte Leistungsangebot bzw. die (voraussichtlich) durchgeführten Maßnahmen des Club-Managements informieren. Dabei ist für die Kapitalgeber bezogen auf ihr nicht finanzielles Informationsinteresse am Leistungsangebot und an den Maßnahmen des Managements zum einen der aktuelle bzw. potenzielle Zustand des Clubs gemäß der Einschätzung des Managements von Bedeutung. Zum anderen ist entscheidend, wie dieser Zustand durch sonstige Rahmenbedingungen beeinflusst wird bzw. werden könnte.[129]

Zunächst ist festzustellen, dass das IASB hinsichtlich professioneller Fußballspieler relativ detaillierte Angabepflichten im Anhang vorsieht.[130] So sind insbesondere die Nutzungsdauern und damit die Vertragslaufzeiten für die einzelnen Spieler, eine Beschreibung jedes wesentlichen Fußballspielers sowie eine periodische Überleitungsrechnung für die gesamte Lizenzspielerabteilung auszuweisen. In dieser Überleitungsrechnung sind vor allem Zugänge und Abgänge von Spielern, erfasste Wertminderungen und Wertaufholungen gesondert ersichtlich zu machen. Zudem sind für jede wesentliche Wertminderung bzw. Wertaufholung deren Ereignisse und Umstände separat zu erläutern.

---

[127] Vgl. ausführlich Gliederungspunkt 7.3.2. Im Ergebnis auch *Bieker*, Fair Value Accounting, S. 205.

[128] Vgl. demnach Gliederungspunkt 7.3.

[129] Vgl. ausführlich Gliederungspunkt 4.4.

[130] Vgl. zum Folgenden Gliederungspunkt 6.6.

Das *finanzielle Informationsinteresse* der Kapitalgeber eines Fußball-Clubs richtet sich allerdings vielmehr auf die Höhe, die zeitliche Struktur und die Unsicherheit der zukünftigen Cashflows.[131] Der Frage nach der *Höhe der künftigen Zahlungsströme* wurde bereits im Rahmen der Analyse der IFRS-Gewinnermittlungsregeln für professionelle Fußballspieler nachgegangen.[132] Weiterführende Angabepflichten im Anhang insbesondere hinsichtlich der *zeitlichen Verteilung und Unsicherheit der zukünftigen Cashflows* bestehen jedoch nur in einem äußerst eingeschränkten Maß. Lediglich im Fall einer Wertminderung bzw. Wertaufholung sind zusätzliche Informationen verpflichtend und dann auch nur darüber, ob der erzielbare Betrag dem Nettozeitwert oder dem Nutzungswert entspricht. Für den Fall, dass dieser durch den Nutzungswert determiniert wird, ist zudem der bei dessen Bestimmung verwendete Kalkulationszinssatz anzugeben.

Ferner sind gemäß IAS 1 *Presentation of Financial Statements* im Anhang einerseits die "Schlüsselannahmen" (*key assumptions*) über die zukünftige Entwicklung des Fußball-Clubs anzugeben und andererseits Angaben über die sonstigen Hauptquellen der Schätzung von Unsicherheiten zu machen, welche einen signifikanten Einfluss auf den Buchwert von Bilanzpositionen innerhalb des kommenden Geschäftsjahrs haben können (IAS 1.116). Beim letzteren Punkt ist insbesondere an potenzielle bzw. erwartete Parameter des Werthaltigkeitstests bzw. des Nutzungswerts der ZGE „Lizenzspielerabteilung" zu denken. Mittels dieser Angaben soll den Kapitalgebern eines Fußball-Clubs die Möglichkeit gegeben werden, die Ausübung der Ermessensspielräume des Club-Managements hinsichtlich der künftigen Club-Entwicklung und der sonstigen Hauptquellen von Schätzungsunsicherheiten nachzuvollziehen. Dabei sollen insbesondere die Art der Annahmen bzw. der sonstigen Schätzungsunsicherheiten, die Sensitivität der Buchwerte der professionellen Spieler gegenüber den der Buchwertberechnung zugrunde liegenden Methoden, Annahmen und Schätzungen sowie die Bandbreite der möglichen Ausprägungen der Buchwerte der Spieler innerhalb der folgenden Periode angegeben werden (IAS 1.120).

Demnach sind zwar die das (zukünftige) Geschäftsfeld und die Buchwerte der *„major assets"* eines Clubs beeinflussenden Annahmen anzugeben, sodass zumindest indirekt über die Unsicherheit der zukünftigen Cashflows informiert wird. Deren zeitliche Verteilung ist jedoch nicht ersichtlich, da Prognosen der künftigen Zahlungsströme grundsätzlich nicht anzugeben sind (IAS 1.121).

Zudem hängt die Angabe der beschriebenen Punkte von der Ermessensentscheidung des Managements ab, da „nature and extent of the information provided vary according to the nature of the assumption and other circumstances" (IAS 1.120). Außerdem kann auf entsprechende Informationen immer dann verzichtet werden, wenn Angaben über das Ausmaß der möglichen Auswirkungen aus einer Schlüsselannahme oder einer sonstigen Hauptquelle von Schätzungsunsicherheiten nicht durchführbar sind (IAS 1.122). Letztlich obliegt es somit dem Club-Management, zielgerichtete Angaben, die zukünftige Entwicklung eines Fußball-Clubs betreffend, zu ma-

---

[131] Vgl. Gliederungspunkt 4.1.

[132] Vgl. demnach Gliederungspunkt 7.1.

chen. Selbst dann, wenn die obigen Angaben vollständig erfolgen, werden vom IASB keine weiterführenden Interpretationen dieser Informationen verlangt.[133]

Die finanziellen Informationen zumindest über die Unsicherheit der zukünftigen Cashflows sowie zusätzlich die erforderlichen *nicht finanziellen Informationen* hinsichtlich Art, Menge und Qualität der (voraussichtlich) produzierten Leistungen bzw. hinsichtlich der (voraussichtlich) durchgeführten Maßnahmen des Club-Managements könnten mittels des derzeit diskutierten IFRS-Lageberichts – dem sog. *„Management Commentary"* (MC) – vermittelt werden. Dieser „Management Commentary" soll den Kapitalgebern ergänzend zu den bisherigen IFRS-Abschlussbestandteilen eine *zukunftsorientierte Analyse* des Fußball-Clubs aus dem Blickwinkel des Managements ermöglichen (MC.39) und dabei insbesondere über

– die wesentlichen Trends und Einflussfaktoren informieren, welche die Entwicklung, die Leistung und die wirtschaftliche Lage des Clubs während der abgelaufenen Periode beeinflusst haben, sowie über

– die wesentlichen Trends und Einflussfaktoren berichten, welche die Entwicklung, die Leistung und die wirtschaftliche Lage des Fußball-Clubs in der Zukunft wahrscheinlich beeinflussen werden (MC.19).

Zu diesem Zweck sollten insbesondere folgende Informationen über das Berichtsinstrument „Management Commentary" vermittelt werden (MC.100ff.):[134]

---

[133] Vgl. hierzu auch *Kirsch*, Berichterstattung nach IAS 1, S. 141; *Kirsch*, Einschätzungen und Prognosen des Managements, S. 487.

[134] Vgl. ausführlich *Fink*, Management Commentary, S. 147ff.

Empfohlene Faktoren	Vorschläge des IASB zur Berichterstattung
Art der Geschäftstätigkeit und Rahmenbedingungen (MC.A30 - A32)	• Beschreibung der Geschäftstätigkeit und des Geschäftsmodells • Darstellung des Unternehmensumfelds sowie des Einflusses (verbands-)rechtlicher, makroökonomischer und sozialer Faktoren
Ziele und Strategien (MC.A33 - A37)	• Erläuterung finanzieller und nicht-finanzieller Zielvorgaben inklusive zeitlichem Rahmen für die Zielerreichung • Angaben zur Unternehmensstrategie • Erklärung wesentlicher Abweichungen zum vorherigen Geschäftsjahr • Vermittlung von Geschäftsvisionen
Wesentliche Ressourcen, Risiken und Beziehungen (MC.A38 - A42)	• Darstellung der wesentlichen finanziellen und nicht-finanziellen Ressourcen und deren Eignung zur Erreichung der gesetzten Ziele • Analyse der Angemessenheit der Kapitalstruktur, der finanziellen Vereinbarungen, der Liquidität und der operativen Cashflows sowie Erörterung des Umgangs mit identifizierten Unzulänglichkeiten und überschüssigen Ressourcen • Aufzeigen der Schlüsselrisiken und Chancen • Erläuterung der Auswirkungen der Risiken auf den Club und des Risikomanagements • Beschreibung der wichtigsten Geschäftsverbindungen und deren Einfluss auf die Clubentwicklung sowie der Maßnahmen zur Pflege dieser Beziehungen
Geschäftsverlauf und Geschäftsaussichten (MC.A43 - A48)	• Beurteilung der wesentlichen Trends und Einflussfaktoren auf den Geschäftsverlauf und der potenziellen Auswirkungen auf die künftige Entwicklung des Fußball-Clubs • Beschreibung, inwieweit der aktuelle Geschäftsverlauf ein Indikator für die zukünftige Geschäftsentwicklung ist
Leistungsmaßstäbe und Leistungsindikatoren (MC.A49 - A57)	• Darlegen des Zwecks, der Definition und der Berechnungsweise • Angabe der aktuellen Werte sowie der Vorjahreswerte, allerdings auch nur verbale Beschreibung der Clubleistung möglich

Tabelle 24: Potenzielle Inhalte des Management Commentary

Zwar sticht zunächst der Fokus auf die generelle Einschätzung des Managements sowie auf die Beeinflussung sowohl des aktuellen als auch des potenziellen zukünftigen Zustands eines Fußball-Clubs durch sonstige Rahmenfaktoren bei der Erstellung des Management Commentary positiv ins Auge des Betrachters. Die tabellarisch dargestellten Faktoren, über die mit dem Management Commentary informiert werden soll, haben allerdings (bisher) keinen verpflichtenden bzw. normierten, sondern nur einen exemplarischen Charakter, d.h. kein einziges der beschriebenen Elemente wird explizit als berichtspflichtig klassifiziert. Vielmehr handelt es sich lediglich um Empfehlungen seitens des IASB, auf die im Rahmen der Erstellung des Management Commentary wahlweise eingegangen werden kann. Letzten Endes wird die konkrete inhaltliche Ausgestaltung ausdrücklich dem Management überlassen (MC.98, 108, A21, A29). Jedoch gilt es zu beachten, dass es sich beim Management Commentary derzeit um ein noch in der Diskussion befindliches Instrument handelt. Insofern bietet dieses Konzept einen Anknüpfungspunkt für den insbesondere im weiteren Verlauf dieser Arbeit noch zu erläuternden Reformvorschlag in Gestalt eines „Fußball-Lageberichts".[135]

7.3 Zusammenführung der Ergebnisse und Vorstellung der Reformvorschläge

7.3.1 Grundlegende Überlegungen

Die bisher gewonnenen Erkenntnisse haben gezeigt, dass die IFRS-konformen Bilanzierungsvorschriften für professionelle Fußballspieler dem Ziel der Vermittlung entscheidungsnützlicher Informationen nur unzureichend gerecht werden. Hinsichtlich der informativen Bilanzposition konnte die Bewertung zu Anschaffungs- bzw. Herstellungskosten und deren Fortschreibung durch planmäßige Abschreibungen – ebenso wie die Fair Value-Bewertung „genutzter" Spieler – als konzeptionell ungeeignet klassifiziert werden, insbesondere weil diese Bewertungsmethodik zusätzlich die vollständige Aktivierung der Einzahlungspotenziale „ablösefrei erworbener Spieler" und „selbst erstellter Spieler" verhindert. Im Ergebnis vermag nur die Abkehr von der Einzelbewertung – und damit von der „klassischen" IFRS-Bilanz – und der Übergang auf eine unternehmenswertorientierte finanzielle Berichterstattung über Profifußballspieler bzw. über Fußball-Clubs zu überzeugen, welche mit dem Konzept des Nutzungswerts einer zahlungsmittelgenerierenden Einheit im Rahmen des Werthaltigkeitstests bereits explizit im Normengerüst der IFRS angelegt ist. Diese Feststellungen gelten gleichfalls bezogen auf den zur Performancemessung geeigneten Gewinn. Lediglich hinsichtlich des Ziels der Ermittlung eines prognosegeeigneten Gewinns sind die IFRS-Rechnungslegungsvor-schriften für professionelle Fußballspieler zumindest partiell dazu in der Lage, einen Beitrag zur Vermittlung entscheidungsnützlicher Informationen zu leisten. Die sonstigen IFRS-Informationsregeln erweisen sich hingegen aus der Sicht der Kapitalgeber eines Fußball-Clubs als völlig unzureichend und somit als unzweckmäßig.

Auf der Basis dieser Ergebnisse soll im nachfolgenden Kapitel ein möglicher *Reformvorschlag* vor dem Hintergrund der Informationsinteressen der Kapitalgeber eines Fußball-Clubs vorgestellt werden, welcher sich aus *vier Teilbereichen* im Rahmen eines *geschlossenen Systems* zusammensetzt.

Zunächst bedarf es aus den zuvor angeführten Gründen einer Abkehr von dem in den IFRS implizit verankerten Grundsatz der Einzelbewertung und demnach einer In-

---

[135] Vgl. dazu Gliederungspunkt 7.3.5.

formationsbilanz, welche vor dem Hintergrund einer unternehmenswertorientierten finanziellen Berichterstattungskonzeption auszufüllen ist (*Reformvorschlag I* in Gliederungspunkt 7.3.2).

Diese Informationsbilanz ist des Weiteren durch eine Veräußerungswertbilanz zu ergänzen, welche vor allem die aktuellen (hypothetischen) Einzelveräußerungswerte der Profifußballspieler zur Abschätzung der „Reserven für finanzielle Notlagen"[136] enthält (*Reformvorschlag II* in Gliederungspunkt 7.3.3).

Zusätzlich sind diese bilanziellen Maßnahmen um weitere nicht bilanzielle Berichtsinstrumente zu ergänzen, welche notwendige zusätzliche finanzielle und nicht finanzielle Informationen bereitstellen sollen. Hierdurch sollen einerseits die mit der unternehmenswertorientierten Berichterstattungskonzeption einhergehenden Verlässlichkeitseinbußen reduziert werden (*Reformvorschlag III* in Gliederungspunkt 7.3.4). Andererseits müssen in einem zusätzlichen Berichtsinstrument weitere, innerhalb der ersten drei Teilreformvorschläge ausgeschlossene Informationen betreffend die Einschätzung des Club-Managements über die potenzielle zukünftige Entwicklung eines Fußball-Clubs vermittelt werden. Dieses zusätzliche Berichtsinstruments soll nachfolgend als „Fußball-Lagebericht" bezeichnet werden (*Reformvorschlag IV* in Gliederungspunkt 7.3.5).

7.3.2   *Reformvorschlag I*: Unternehmenswertorientierte finanzielle Berichterstattung über Fußball-Clubs

Die Analyse der IFRS-konformen Bilanzierungsvorschriften für professionelle Fußballspieler hat folgende Erkenntnis zu Tage treten lassen: Nur die Abkehr von dem in den IFRS implizit verankerten Grundsatz der Einzelbewertung kann das Ziel der Vermittlung entscheidungsnützlicher Informationen zum Zweck des Schutzes der Kapitalgeber eines Fußball-Clubs vor den informationsbedingten Risiken gewährleisten. Der Grund hierfür liegt in der Kollektivguteigenschaft des Mannschaftssports „Fußball", welche eine nicht willkürliche Zurechnung von Cashflows auf einzelne Spieler hinsichtlich der Bestimmung des clubspezifischen Ertragswerts eines Profifußballspielers unmöglich macht. Schließlich erzeugen die einzelnen Fußballspieler eines Fußball-Clubs den operativen Cashflow aufgrund der zwischen ihnen stattfindenden Interaktionen nur im Zusammenwirken. Dieses Interaktionsproblem gilt gleichermaßen in Verbindung mit den sonstigen betriebsnotwendigen Potenzialen eines Clubs, welche direkt oder indirekt einen Beitrag zu den künftigen Netto-Cashflows eines Clubs leisten. Hierzu gehören bspw. der Trainerstab, die Trainingseinrichtungen, das Stadion oder der Verwaltungsapparat.[137] Die bisherigen Ausführungen unterstreichen die Notwendigkeit einer unternehmenswertorientierten finanziellen Berichterstattung über professionelle Fußball-Clubs.[138]

---

[136] *Streim*, Informationsgehalt, S. 324.

[137] Vgl. hierzu auch die Literaturverweise in FN 56 dieses Kapitels. Falls neben dem eigentlichen Lizenzspielbetrieb noch weitere von diesem unabhängige Geschäftsfelder bestehen, sind diese allerdings gesondert zu betrachten. Eine weiterführende Diskussion erfolgt im weiteren Verlauf dieses Gliederungspunkts im Rahmen der Betrachtung der Cashflows eines Clubs.

[138] Vgl. ausführlich Gliederungspunkt 7.1.1.2 nebst den dortigen Quellen in FN 77. Zur Abbildung der nicht betriebsnotwendigen Einzahlungspotenziale eines Fußball-Clubs vgl. auch die Ausführungen in Gliederungspunkt 7.3.3.

Diese Forderung nach einer reformierten, auf den Kalkülen der Unternehmensbewertung basierenden Bilanzierungskonzeption ist vor dem folgenden *Hintergrund* zu sehen: Zunächst ist hinsichtlich der Ausgestaltung der Berichterstattungskonzeption auf den bereits dargelegten Zusammenhang zu verweisen, dass die Erzielung eines (künftigen) wirtschaftlichen Nutzens grundsätzlich eine unabdingbare Voraussetzung für zumindest langfristigen sportlichen Erfolg des Lizenzspielbetriebs ist und vice versa. Der sportliche Erfolg entspricht hierbei dem eigentlichen Ziel der ideellen Eigenkapitalgeber und der *Vereinsmitglieder* mit ideellen Zielinhalten.[139] Dieser sportliche Erfolg korrespondiert jedoch unmittelbar mit dem wirtschaftlichen Erfolg eines Clubs, sodass diese beiden Kapitalgebergruppen eines Fußball-Clubs keinesfalls nur an nicht finanziellen, sondern durchweg auch an finanziellen Informationen interessiert sind.[140] So ermöglicht bspw. nur ein bestimmtes finanzielles Budget die Verpflichtung überdurchschnittlich starker Spieler, die wiederum eine notwendige Voraussetzung für das Erreichen des angestrebten sportlichen und damit auch des wirtschaftlichen Erfolgs zur Realisierung weiterer und/oder größerer sportlicher Erfolge darstellen. Zudem ist der wirtschaftliche Erfolg aus Sicht der Vereinsmitglieder mit sportlichen Zielinhalten prinzipiell Voraussetzung für das seitens des Idealvereins produzierte Leistungsangebot in Form von hochwertigen Sportstätten und Sportgeräten, eines Rehabilitationszentrums etc. Auch dies ist ein Beleg für das Interesse dieser Anspruchsgruppe eines Clubs an finanziellen Informationen. Für die *Eigenkapitalgeber* nicht ideeller Prägung und die Gruppe der *Fremdkapitalgeber* stehen generell finanzielle Ziele im Zentrum ihres Informationsinteresses. Als Ergebnis lässt sich somit festhalten, dass sich sämtliche Eigenkapitalgeber, Fremdkapitalgeber sowie Vereinsmitglieder eines Fußball-Clubs für die *Fähigkeit des Clubs* interessieren, *zukünftige Cashflows zu erzeugen*, die zur Ausschüttung, zur Zahlung von Zinsen und Tilgungen, für Investitionen in Betriebsmittel des nicht professionellen Bereichs bzw. in den Lizenzspielbetrieb und die Nachwuchsarbeit sowie zur Gewährung sonstiger Vorteilsrechte verwendet werden.[141]

Zu beachten ist jedoch grundsätzlich, dass neben das beschriebene finanzielle auch ein *nicht finanzielles Informationsinteresse* tritt, da alle Kapitalgeber eines Fußball-Clubs zusätzlich an Informationen hinsichtlich Art, Menge und Qualität der (voraussichtlich) produzierten Leistungen bzw. hinsichtlich der (voraussichtlich) durchgeführten Maßnahmen des Club-Managements interessiert sind. Letzten Endes konnte bereits festgestellt werden, dass die Mitglieder stärker an nicht finanziellen Informationen interessiert sind, wohingegen die Eigenkapitalgeber und Fremdkapitalgeber den finanziellen Informationen prinzipiell eine höhere Bedeutung beimessen.[142]

---

[139] Aufgrund übereinstimmender Zielinhalte der ideellen Eigenkapitalgeber eines Fußball-Clubs mit den Vereinsmitgliedern ideeller Prägung, werden erstere gemäß den Überlegungen in Gliederungspunkt 3.1.2.3 fortfolgend unter die Interessengruppe der Vereinsmitglieder subsumiert.

[140] Selbst wenn der wirtschaftliche Erfolg aus Sicht der Mitglieder nur eine Nebenbedingung für das Erreichen sportlicher Ziele darstellt, ändert sich an der grundlegenden Einschätzung bzw. an dem vorgestellten Teilvorschlag nichts, da das finanzielle Informationsinteresse der Mitglieder in diesem Fall nur eine tendenziell schwächere Bedeutung erfährt. Vgl. hierzu Gliederungspunkt 4.1. Diese Argumentation gilt gleichfalls für die im Folgenden betrachteten Mitglieder der sportlichen Sphäre.

[141] Vgl. hierzu die Gliederungspunkte 3.1.2.3, 4.1 und 6.2.2.1.

[142] Vgl. Gliederungspunkt 4.1. Vgl. zur Forderung nach der zusätzlichen Vermittlung nicht finanzieller Informationen die *Reformvorschläge III* und *IV* in den Gliederungspunkten 7.3.4 und 7.3.5.

Hinsichtlich des im Rahmen dieses Teilreformvorschlags zunächst betrachteten *finanziellen Informationsinteresses* der Kapitalgeber eines Fußball-Clubs sind die *Eigenkapitalgeber* unter Beachtung des Zuflussprinzips[143] an dem Zahlungsstrom interessiert, der an sie fließt bzw. potenziell fließen wird (sog. Netto-Cashflow beim Eigner bzw. Flow-to-Equity). Damit stellt der „Nettounternehmenswert" (einschließlich seiner Veränderung), welcher den Gegenwartswert des Eigenkapitals ausdrückt, letztlich die relevante Informationsgröße für die Eigenkapitalgeber dar.[144] Das finanzielle Informationsinteresse der *Fremdkapitalgeber und Vereinsmitglieder* gilt dem „Gesamt- bzw. Bruttounternehmenswert" i.S. des Barwerts der auf die gesamte Kapitalgeber eines Clubs entfallenden künftig erwarteten Free Cashflows[145] sowie auf dessen Veränderung im Zeitablauf. Allerdings sind diese beiden Anspruchsgruppen in einem noch stärkeren Maß an der Dimension „zeitliche Struktur" und demnach am erwarteten *Free Cashflow* in den zukünftigen Perioden interessiert.[146] Hinsichtlich des Cashflow-Informationsinteresses der Fremdkapitalgeber eines Clubs in Gestalt von Banken führt *Morrow* mit Rekurs auf eine von ihm durchgeführte Umfrage an: „Representatives of the banks identified quality of income stream (i.e. the club's expected future cash flows and ability to service its debt) as being the *most important factor* when they consider their exposure to football clubs and their decisions as to future lending."[147] Der Free Cashflow bringt die künftig voraussichtlich freien Mittel zur direkten Zahlung an die Eigen- und Fremdkapitalgeber sowie zur indirekten, weil über die Leistungsproduktion eines Fußball-Clubs erfolgten „Zahlung" an die Vereinsmitglieder (bspw. i.S. der Mitglieder durchgeführte Investitionen in Betriebsmittel, in den Lizenzspielbetrieb und in die Nachwuchsarbeit etc.) zum Ausdruck. Er gibt demnach Aufschluss über die Fortführungswürdigkeit und -fähigkeit und somit über das Leistungspotenzial des Clubs. Um insofern eine optimale Informationsversorgung der Fremdkapitalgeber und Vereinsmitglieder (sowie ebenfalls der Eigenkapitalgeber) eines Fußball-Clubs zu gewährleisten, sind die im Barwertkalkül zu berücksichtigenden Free Cashflows zusätzlich gesondert in Form eines Finanzplans im Rahmen der sonstigen Informationsvermittlung anzugeben.[148]

Eine derart geforderte unternehmenswertorientierte finanzielle Berichterstattungskonzeption ist, wie bereits erwähnt, mit dem Nutzungswert einer zahlungsmittelgenerierenden Einheit im Rahmen des Werthaltigkeitstests gemäß IAS 36 *Impairment of Assets* schon explizit im Normengerüst der IFRS angelegt. Werden die hierbei existenten konzeptionellen Defizite der ausschließlichen Anwendung in einer Nebenrechnung, der Verteilung auf einzelne Vermögenswerte, der imparitätischen Ausrichtung sowie der Berücksichtigung als nur eine Ausprägungsform des erzielbaren Be-

---

[143] Vgl. zum Zuflussprinzip etwa *Moxter*, Unternehmensbewertung, S. 79f.

[144] Vgl. hierzu die Gliederungspunkte 4.1 sowie 4.3.

[145] Zum Free Cashflow vgl. etwa *Hachmeister*, Discounted Cash Flow, S. 60f.; *Mandl/Rabel*, Unternehmensbewertung, S. 311f.; *Jonas*, Discounted-Cash-flow-Methode, S. 85.

[146] Vgl. ferner jeweils m.w.N. *Beyhs*, Impairment of Assets, S. 39f., 220f., 269; *Franken*, Gläubigerschutz, S. 80. Vgl. auch *Ewert*, Rechnungslegung, S. 21.

[147] *Morrow*, Accounting for Football Players, S. 68 [Hervorhebung nicht im Original].

[148] Die mit der Angabe der Cashflow-Prognose einhergehenden Verlässlichkeitsprobleme sind dabei durch zusätzliche Informationen bzw. Maßnahmen zu flankieren. Vgl. demnach ausführlich *Reformvorschlag III* in Gliederungspunkt 7.3.4.

trags beseitigt und wird die Ebene der Einzelbewertung verlassen, so ist eine *Informationsbilanz* vorstellbar, welche direkt und vollständig den *Unternehmenswert eines Fußball-Clubs* i.S. des Ertragswerts abbildet.[149]

Vor dem Hintergrund der bisher gewonnenen Erkenntnisse wäre die Informationsbilanz dergestalt zu konzipieren, dass auf der Aktivseite der Gesamt- bzw. Bruttounternehmenswert als Barwert der auf die gesamten Kapitalgeber eines Clubs entfallenden künftig erwarteten Free Cashflows erscheint und auf der Passivseite der Gegenwartswert des Fremdkapitals[150] sowie die Residualgröße „Nettounternehmenswert", die den Gegenwartswert des Eigenkapitals ausdrückt (vgl. Tabelle 15).[151] Die im Rahmen dieses Ansatzes erfolgte Konzentration auf den sog. „Entity-Approach" in Gestalt einer *Bruttorechnung* anstelle des „Equity-Approach", welcher demgegenüber den Gegenwartswert des Eigenkapitals direkt ermittelt[152], ist durch den zuvor beschriebenen höheren Informationsnutzen insbesondere für die Fremdkapitalgeber und Vereinsmitglieder eines Fußball-Clubs zu begründen.

„Aktiva"	„Passiva"
Unternehmenswert (brutto)	Unternehmenswert (netto)
	Wert des Fremdkapitals

Tabelle 15: Vorgeschlagene konzeptionelle Ausgestaltung der Informationsbilanz eines Fußball-Clubs

Neben der Beschreibung der konzeptionellen Vorgehensweise bei der Erstellung der geforderten Informationsbilanz eines Fußball-Clubs sind zusätzlich die *Eingabegrößen* des Bewertungskalküls in Form der Free Cashflows und des Kalkulationszinssatzes vor dem Hintergrund des Grundsatzes der Relevanz und der Nebenbedingung der Verlässlichkeit zu spezifizieren.

Hinsichtlich der in die (Brutto-)Unternehmenswertberechnung einfließenden *Free Cashflows* ist zunächst zu konstatieren, dass der Informationsmangel aus der nicht sichtbaren zeitlichen Struktur der Cashflows infolge der Verdichtung der erwarteten Free Cashflows auf einen Barwert – wie bereits in den vorherigen Ausführungen angeführt – durch entsprechende Angabepflichten im Anhang zu beheben ist.[153] Die ei-

---

[149] Vgl. ferner *Streim/Bieker/Esser*, Fair Values, S. 472. Zu den Methoden der Unternehmensbewertung vgl. z.B. *Drukarczyk/Schüler*, Unternehmensbewertung; *Ballwieser*, Unternehmensbewertung; *Mandl/Rabel*, Unternehmensbewertung.

[150] Zur üblichen Annahme in der Literatur, dass der Gegenwartswert des Fremdkapitals regelmäßig nicht wesentlich vom bilanziellen Buchwert des Fremdkapitals abweichen wird vgl. etwa *Mandl/ Rabel*, Unternehmensbewertung, S. 326ff.

[151] Vgl. auch *Streim/Bieker/Esser*, Informationsbilanz, S. 239f. Die Erstellung eines zusätzlichen Rechenwerks in Form einer Gewinn- und Verlustrechnung ist allerdings nicht mehr erforderlich, da die Brutto- bzw. Nettounternehmenswertänderung anhand des bilanziellen Ausweises direkt abgelesen werden kann.

[152] Vgl. ausführlich zur Differenzierung zwischen diesen beiden Konzepten bspw. *Hachmeister*, Unternehmenswert, S. 357; *Ballwieser*, Shareholder Value-Ansatz, S. 1383f.

[153] Vgl. dazu den *Reformvorschlag III* in Gliederungspunkt 7.3.4.

gentliche Prognose der künftigen Free Cashflows hat im Hinblick auf das Relevanzkriterium grundsätzlich auf der Basis der *vom Club-Management gesetzten Prämissen* über die zukünftige Entwicklung des Fußball-Clubs zu erfolgen und dabei entgegen den Anforderungen des IAS 36 bei der Ermittlung des Nutzungswerts[154] unter Berücksichtigung der Finanzierungsstruktur und der Ertragsteuern des Clubs.[155] In der Regel fallen folgende fußballspezifische Cashflow-Arten neben den „klassischen" Cashflows eines Unternehmens wie bspw. aus der Finanzierungstätigkeit an:[156]

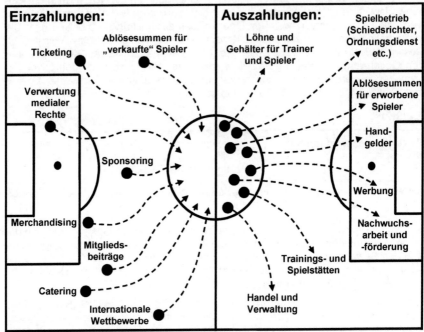

Abbildung 15: **Spezifische Cashflows eines Fußball-Clubs**[157]

Falls neben dem eigentlichen Lizenzspielbetrieb eines Clubs noch *weitere,* von diesem *unabhängige Geschäftsfelder* bestehen, sind die hieraus entstehenden Zah-

---

[154] Zu den Anforderungen des IAS 36 vgl. Gliederungspunkt 6.5.1.2.2.1.

[155] Vgl. etwa *Beyhs,* Impairment of Assets, S. 206f., 229; *Mandl/Rabel,* Unternehmensbewertung, S. 167ff.; *Leuthier,* Berücksichtigung der Besteuerung, S. 506.

[156] Vgl. ausführlich zur möglichen Vorgehensweise bei der Prognose der künftigen Cashflows eines Fußball-Clubs etwa *Korthals,* Bewertung von Fußballunternehmen, S. 76ff.

[157] In Anlehnung an *Deloitte & Touche,* Football Finance 2005, S. 56. Zu den Cashflows eines Fußball-Clubs vgl. ferner *DFL,* Report 2006, S. 40ff., 97; *Ebel,* Performancemessung, S. 84ff.; *Ernst & Young,* Bälle, Tore und Finanzen, S. 10ff.; *Korthals,* Bewertung von Fußballunternehmen, S. 8ff.; *WGZ-Bank/KPMG,* Fußball und Finanzen, S. 39ff., 77ff.; *Hübl/Swieter,* Unternehmen Bundesliga, S. 585ff.; *Klimmer,* Profifußballunternehmen, S. 19ff., 33ff.; *WGZ-Bank,* Analyse der Fußballunternehmen, S. 52ff., 67ff.; *WGZ-Bank/Deloitte & Touche,* Börsengänge europäischer Fußballunternehmen, S. 61ff., 81ff.; *Morrow,* New Business of Football, S. 147ff.

lungswirkungen allerdings aus der Schätzung der Free Cashflows herauszurechnen und im Rahmen einer gesonderten zahlungsmittelgenerierenden Einheit zu betrachten. In diesem Zusammenhang ist bspw. an eine clubeigene Multifunktionsarena zu denken, in der nicht nur die eigentlichen Fußballspiele, sondern auch weitere Veranstaltungen wie etwa Musikkonzerte stattfinden. In diesem Fall wäre die Informationsbilanz eines Fußball-Clubs als *ZGE-Bilanz* zu konzipieren, welche anstelle des Brutto- bzw. Nettounternehmenswerts des gesamten Clubs die Teilunternehmenswerte der einzelnen ZGE eines Clubs beinhaltet.[158] Allerdings dürfte aufgrund der durchaus „überschaubaren" Struktur eines Fußball-Clubs trotz des niedrigeren Aggregationsniveaus der ZGE-Bilanz eine relativ gute Unternehmenswertapproximation gelingen.

Die vom Verfasser geforderte Informationsbilanz auf der Basis des Unternehmenswerts eines Fußball-Clubs geht zwangsläufig mit enormen *Verlässlichkeitsverlusten* einher. Schließlich fußt diese Art der Informationsvermittlung ausnahmslos auf prognostizierten Größen in Form der vom Management eines Clubs zu schätzenden Free Cashflows und des zu bemessenden Kalkulationszinssatzes. Im Rahmen der vorzunehmenden Prognosen ergeben sich für das Club-Management erhebliche Manipulations- und Ermessensspielräume, die systematisch zum eigenen Vorteil ausgenutzt werden könnten. So könnte vor allem dann, wenn sich die wirtschaftliche Lage eines Fußball-Clubs verschlechtert hat, ein Interesse auf Seiten des Managements bestehen, zu hohe Unternehmenswerte auszuweisen bzw. keine (wesentlichen) Wertkorrekturen nach unten vorzunehmen. Dies könnte etwa durch eine einfache Anpassung der Prognose der künftigen Free Cashflows erreicht werden.[159]

Zwar wurde bereits angeführt, dass eine „gewisse" Entobjektivierung bei der vorgeschlagenen Form der finanziellen Berichterstattung vor dem Hintergrund des Stellenwerts des Relevanzkriteriums vertretbar bzw. sogar unausweichlich ist.[160] Jedoch bedarf es zur Einhaltung der erforderlichen Nebenbedingung der Verlässlichkeit zumindest *partieller Objektivierungsmechanismen*, um den oben beschriebenen Möglichkeiten zur Vornahme „beschönigender Selbstdarstellungen" nicht „Tür und Tor" zu öffnen.

Nach der hier vertretenen Ansicht sind – neben weiteren bilanziellen und nicht bilanziellen Maßnahmen[161] – zunächst folgende *Teilobjektivierungen* im Rahmen der Free Cashflow-Schätzung erforderlich. Zwar wurde das nach IAS 36 bei der Schätzung der künftigen Cashflows im Rahmen der Ermittlung des Nutzungswerts geltende Verbot der Berücksichtigung noch nicht hinreichend konkretisierter Maßnahmen sowie zukünftig beabsichtigter Investitionen etwa in neue Spieler unter Relevanzgesichtspunkten bisher kritisiert. Jedoch trägt diese Einschränkung nach Meinung des Verfassers für den vorliegenden Teilreformvorschlag zumindest zum Teil zu einer Objektivierung bei, wobei der damit einhergehende Verlust an Relevanz zwangsläufig hinzunehmen ist.[162] Außerdem wird mit der Zugrundelegung nur des aktuellen

---

[158] Zum Aufbau und zur Ausgestaltung einer derartigen ZGE-Bilanz vgl. ausführlich und m.w.N. etwa *Bieker*, Fair Value Accounting, S. 219ff.

[159] Vgl. ebenfalls *Streim/Bieker/Esser*, Fair Values, S. 474.

[160] Vgl. Gliederungspunkt 7.1.1.2.

[161] Vgl. hierzu die Gliederungspunkte 7.3.3, 7.3.4 und 7.3.5.

[162] Gleicher Ansicht *Bieker*, Fair Value Accounting, S. 222f.; *Esser*, Goodwillbilanzierung, S. 211; *Beyhs*, Impairment of Assets, S. 230f.

Zustands eines Fußball-Clubs für die Schätzung der künftigen Free Cashflows der Einbezug wettbewerbssensitiver Faktoren unterbunden (z.B. eine geplante Investition in ein bisher noch unentdecktes Talent), sodass „diejenigen Daten, die Konkurrenzunternehmen zum Nachteil der publizierenden Unternehmung ausnutzen können"[163], herausgerechnet werden. Diese Anforderungen stehen zudem in Einklang mit den Erkenntnissen hinsichtlich der Messung der periodischen *Managementperformance*. Denn hierbei sind lediglich alle durch die gegenwärtigen Entscheidungen bzw. Handlungen des Club-Managements verursachten künftigen Zahlungskonsequenzen in die Berechnung der Unternehmenswertänderung eines Fußball-Clubs zwischen zwei Berechnungszeitpunkten einzubeziehen.[164]

Der zur Diskontierung der prognostizierten Free Cashflows zu verwendende *Kapitalkostensatz* hat vor dem Hintergrund des Relevanzkriteriums nicht, wie vom IAS 36 gefordert[165], die aktuellen Marktverhältnisse zum Bewertungsstichtag zu reflektieren, sondern ist ebenso wie die Cashflows *clubspezifisch* zu ermitteln.[166] Dabei sind vor dem Hintergrund des Äquivalenzprinzips[167] auch Finanzierungs-, Kapitalstruktur- und Steuereffekte zu berücksichtigen.[168]

Allerdings sind auch beim Kalkulationszinssatz gewisse *Teilobjektivierungen* möglich. So wären bei einem Fußball-Club in der Rechtsform einer *Kapitalgesellschaft* – dies entspricht der „modernen" Club-Struktur mit Eigen- und Fremdkapitalgebern[169] – kapitalmarktorientierte Kalkulationszinssätze anstelle der clubspezifischen, gewogenen Kapitalkosten zu verwenden. Hierbei könnten die in den gewichteten Kapitalkostensatz eingehenden Eigenkapitalkosten insbesondere auf der Basis des *Capital Asset Pricing Model* (CAPM)[170] und die Fremdkapitalkosten mittels der aktuellen Marktzinssätze für Fremdkapitalpositionen mit ähnlichem Risikoprofil abgeleitet werden.[171] Bei nicht börsennotierten Clubs wäre die Bestimmung der Eigenkapitalkosten anhand des CAPM bspw. unter Rückgriff auf Marktdaten von börsennotierten Fußball-Clubs möglich, etwa von denjenigen Clubs, die im Dow Jones STOXX® Football Index[172] gelistet sind.[173] Die dennoch mit der kapitalmarktorientierten Bestimmung der

---

[163] *Streim*, Stellenwert des Lageberichts, S. 719. Vgl. ferner Gliederungspunkt 7.3.5.

[164] Vgl. ausführlich Gliederungspunkt 7.1.2.2.

[165] Zu den Anforderungen an den Kalkulationszinssatz gemäß IAS 36 vgl. ausführlich Gliederungspunkt 6.5.1.2.2.1.

[166] Vgl. auch *Beyhs*, Impairment of Assets, S. 210f. m.w.N.

[167] Zu den Äquivalenzgrundsätzen vgl. etwa m.w.N. *Moxter*, Unternehmensbewertung, S. 155ff.

[168] Gleicher Ansicht *Beyhs*, Impairment of Assets, S. 209. Vgl. ferner *Mandl/Rabel*, Unternehmensbewertung, S. 167ff., 216; *Leuthier*, Berücksichtigung der Besteuerung, S. 506, 513ff.

[169] Vgl. Gliederungspunkt 3.1.2.3.

[170] Zum CAPM vgl. FN 190 in Gliederungspunkt 6.5.1.2.2.3. Zwar wird das CAPM in der Literatur aufgrund der unterstellten Prämissen und hinsichtlich der praktischen Anwendung scharf kritisiert, allerdings existiert „derzeit kein überzeugenderer Ansatz zur Erklärung von [Eigen-]Kapitalkosten". *Dinstuhl*, Konzernbezogene Unternehmensbewertung, S. 31.

[171] Vgl. ebenfalls m.w.N. *Bieker*, Fair Value Accounting, S. 223; *Beyhs*, Impairment of Assets, S. 238.

[172] Vgl. dazu http://www.stoxx.com, Dow Jones STOXX Indices, Index Types, Theme Indices, DJ STOXX Football, Component List.

[173] Gleicher Ansicht *Korthals*, Bewertung von Fußballunternehmen, S. 174f. Vgl. ferner *Esser/Hackenberger*, Beteiligungsbewertung, S. 634.

Kapitalkosten einhergehenden Ermessensspielräume[174] sind zweckmäßigerweise durch entsprechende erläuternde Angaben im Rahmen der sonstigen Informationsvermittlung zu flankieren.[175] Zudem wäre bei der Ermittlung des Eigenkapitalkostensatzes anhand des CAPM zusätzlich an eine Normierung in Form von einheitlichen Werten oder Spannbreiten für den risikolosen Zinssatz und die Rendite des Marktportfolios – i.S. eines fußballspezifischen Marktportfolios etwa auf Basis des bereits angeführten Dow Jones STOXX® Football Index – durch die UEFA bzw. auf nationaler Ebene durch die DFL zu denken.[176]

Für den Fußball-Club in der „klassischen" Struktur des *Idealvereins* erweist sich die geforderte Teilobjektivierung des Kapitalkostensatzes allerdings als ungleich schwieriger. Während die Fremdkapitalkosten zwar auch hierbei mittels der aktuellen Marktzinssätze für Fremdkapitalpositionen mit ähnlichem Risikoprofil abgeleitet werden können, bleibt offen, wie die „Renditeforderung" der Vereinsmitglieder i.S. der von den Mitgliedern geforderten Gegenleistung (erwartete „Rückflüsse" in Form von Investitionen in Betriebsmittel etc. sowie erwarteter ideeller „Rückfluss") zu bestimmen bzw. bemessen wäre.[177] Bisher existieren weder theoretische noch praktische Erkenntnisse über die Zusammensetzung dieser „Renditeforderung", noch darüber, wie die Ermittlung erfolgen sollte bzw. erfolgen könnte, sodass deren mögliche (objektivierte) Bestimmung weiteren Arbeiten vorbehalten bleiben muss. Folglich wäre im Rahmen der Diskontierung ein vom Club-Management festgesetzter Kapitalkostensatz zu verwenden. Dieser wäre allerdings im Rahmen der sonstigen Informationsvermittlung entsprechend zu erläutern.[178]

Der Verzicht auf eine partielle Objektivierung des Kalkulationszinssatzes beim Idealverein erscheint jedoch vor folgendem Hintergrund als nicht allzu schwerwiegend: Werden die bisherigen Erkenntnisse reflektiert, so zeigt sich, dass die Kapitalgeber eines Fußball-Clubs nicht zwingend „schlüsselfertige Entscheidungshilfen"[179] benötigen, sondern dass es ausreicht, Indizien zu liefern, die es ihnen erlauben, *eigene Schätzungen* vorzunehmen.[180] Insofern obliegt es dem Management, vornehmlich

---

[174] Vgl. hierzu etwa *Esser/Hackenberger*, Beteiligungsbewertung, S. 633f.

[175] Vgl. demnach Gliederungspunkt 7.3.4. Diese Anforderung gilt insbesondere deshalb, weil etwa die ins CAPM einfließenden Beta-Faktoren von am Kapitalmarkt notierten Fußball-Clubs nicht ohne weiteres auf andere, nicht börsennotierte Clubs übertragen werden können. Vgl. hierzu etwa *Spohr*, Bewertung von Fußballunternehmen, S. 151f. Zur grundsätzlichen Problematik von Analogieansätzen vgl. z.B. *Nowak*, Marktorientierte Unternehmensbewertung, S. 106ff.; *Ballwieser*, Shareholder Value-Ansatz, S. 1398. Insofern ist insbesondere auch auf die nachfolgenden Ausführungen zu verweisen, die erläutern, dass vom Management eines Clubs vornehmlich für *Risikotransparenz* zu sorgen ist.

[176] Vgl. zur Forderung nach einer Normierung ebenfalls *Hepers*, Bilanzierung von Intangible Assets, S. 306f., 318, 359f. In diesem Zusammenhang sei angeführt, dass der Arbeitskreis Unternehmensbewertung des IDW in unregelmäßigen Abständen Eckdaten zur Bestimmung des Kalkulationszinssatzes für objektivierte Unternehmensbewertungen veröffentlicht, wobei insbesondere einheitliche Werte für den risikolosen Zinssatz sowie Spannbreiten für die Marktrisikoprämie empfohlen werden. Vgl. hierzu etwa *Kozikowski/Dirscherl/Keller*, Unternehmensbewertungen, S. 70.

[177] Vgl. dazu auch *Crasselt*, Investitionsbeurteilung im Profifußball, S. 235f.

[178] Vgl. Gliederungspunkt 7.3.4.

[179] *Stützel*, Bilanztheorie, S. 338.

[180] Vgl. *Stützel*, Bilanztheorie, S. 339.

Transparenz hinsichtlich der Risiken, denen der Club ausgesetzt ist, zu schaffen. Die eigentliche Risikobewertung kann hingegen den Kapitalgebern überlassen werden. Demnach sind die Kapitalgeber eines Clubs in der Rechtsform des Idealvereins mittels der Erläuterung des vom Management zur Diskontierung der Free Cashflows verwendeten Kapitalkostensatzes in der Lage, bei abweichender Einschätzung bzw. bei abweichender individueller Risikoeinstellung mit einem differenzierten Kalkulationszinssatz zu rechnen[181], falls sie nicht ausschließlich an der zeitlichen Struktur der Free Cashflows interessiert sind.

Als *Fazit* der bisherigen Ausführungen lässt sich feststellen, dass nur eine *Informationsbilanz*, welche den *(Brutto-)Unternehmenswert eines Fußball-Clubs* direkt und vollständig abbildet, prinzipiell geeignet ist, dem Ziel der Vermittlung entscheidungsnützlicher Informationen gerecht zu werden. Die mit einer derartigen bilanziellen Informationsvermittlung einhergehenden und hinsichtlich des Relevanzkriteriums zumindest teilweise notwendigen Verlässlichkeitseinbußen aufgrund der stark ausgeprägten Manipulations- und Ermessensspielräume seitens des bilanzierenden Club-Managements können über bestimmte Objektivierungsmechanismen bei der Ermittlung der Eingabegrößen des Bewertungskalküls in Form der Free Cashflows und des Kapitalkostensatzes zumindest partiell reduziert werden. Allerdings wurde bereits hinreichend auf weitere erforderliche bilanzielle sowie nicht bilanzielle Maßnahmen insbesondere zur Erhöhung der Verlässlichkeit hingewiesen, die nunmehr im Rahmen der folgenden Teilreformvorschläge vorgestellt werden.

Abschließend bleibt hinsichtlich der periodischen *Messung der Managementperformance* zu konstatieren, dass auch im Rahmen des hier vertretenen Teilreformvorschlags das bereits angeführte Zurechnungsproblem der Unternehmenswertänderung besteht. Dies nämlich bei der Frage, welcher Teil der Wertänderung eine Konsequenz getroffener Managemententscheidungen bzw. vollzogener Managementhandlungen darstellt und welcher Anteil auf Änderungen in den prinzipiell nicht beeinflussbaren ökonomischen Umweltbedingungen zurückzuführen ist.[182] Eine eindeutige Abgrenzung zwischen den beiden Ursachen einer Unternehmenswertänderung wird regelmäßig nicht gelingen, da im Nachhinein kaum feststellbar ist, was das Management eines Fußball-Clubs in seinen Erwartungen berücksichtigen konnte und was nicht. Nach der hier vertretenen Ansicht sollten demnach jegliche Änderungen des Unternehmenswerts eines Fußball-Clubs zunächst vollständig dem Club-Management als positive oder negative Performance zugerechnet werden. Um den Kapitalgebern eines Fußball-Clubs jedoch Indizien für die Wertänderung zu liefern, die sie im Rahmen ihrer eigenen Schätzung berücksichtigen können, bedarf es allerdings einer umfangreichen erweiterten Berichterstattung im Anhang aus Sicht des Club-Managements. Aus dieser soll hervorgehen, ob und inwieweit das Management die Änderung des Unternehmenswerts zu verantworten hat.[183] Dadurch besteht für die Kapitalgeber des Clubs die Möglichkeit, die ihrer Einschätzung nach vom Management vollständig oder zumindest zum Teil nicht zu verantwortende Wertänderung

---

[181] Vgl. ausführlich auch Gliederungspunkt 7.3.4. Zudem gilt das finanzielle Informationsinteresse der Anspruchsgruppen eines Idealvereins wie bereits oben erwähnt primär den erwarteten Free Cashflows und nicht deren Barwert.

[182] Vgl. hierzu detailliert Gliederungspunkt 7.1.2.2.

[183] Vgl. demnach Gliederungspunkt 7.3.4.

gegebenenfalls dergestalt im Rahmen ihrer eigenen Schätzungen zu berücksichtigen, dass sie etwa mit einer modifizierten, um derartige Effekte bereinigten Cashflow-Prognose rechnen.

7.3.3 Reformvorschlag II: Einzelveräußerungswerte professioneller Fußballspieler im Rahmen einer zusätzlichen Veräußerungswertbilanz

7.3.3.1 Konzeptionelle Ausgestaltung der Einzelveräußerungswertbilanz

Die vorangegangenen Untersuchungen haben gezeigt, dass die zuweilen in der Literatur für Zwecke der Bilanzierung nach IFRS geforderte Fair Value-Bewertung professioneller Fußballspieler in Form von (geschätzten) Marktpreisen und damit i.S. von (potenziellen) Einzelveräußerungswerten[184] zunächst konzeptionell abzulehnen ist. Der künftige wirtschaftliche Nutzen- bzw. Cashflowzufluss resultiert vorwiegend aus der fortgesetzten *Nutzung* eines Fußballspielers. Folglich ist ein Rückgriff auf (hypothetische) Marktpreise nur dann zweckmäßig, wenn eine *Veräußerung* eines bislang eingesetzten Spielers vor Ablauf des befristeten Arbeitsvertrags vereinbart wird bzw. beabsichtigt ist. In diesem Fall wäre der (diskontierte) *Veräußerungspreis* in Form der beim Verkauf (potenziell) zu erzielenden Ablösesumme als relevanter Wertmaßstab heranzuziehen.[185] Aus den genannten Gründen wurde im ersten Teilreformvorschlag für die bilanzielle Abbildung der „genutzten" Fußballspieler eine *Informationsbilanz* vorgestellt, die infolge der Kollektivguteigenschaft des Mannschaftssports „Fußball" direkt und vollständig den Nutzungs- bzw. *Unternehmenswert eines Fußball-Clubs* abbildet.

Allerdings benötigen insbesondere die Fremdkapitalgeber und die Vereinsmitglieder eines Fußball-Clubs neben der Angabe der Fortführungswerte zusätzliche Informationen über den Betrag, der im Fall einer *Veräußerung eines Fußballspielers* aktuell erzielbar ist bzw. potenziell erzielbar wäre und zwar auch für solche Spieler, die *weiterhin „genutzt"* werden.[186] Dieser Wert liefert den Kapitalgebern schließlich die Möglichkeit zur Abschätzung der am Bilanzstichtag bestehenden „Reserven [eines Fußball-Clubs] für finanzielle Notlagen"[187] und deren Entwicklung im Zeitablauf bezogen auf die „*major assets*" eines Clubs, um letztendlich einer drohenden Zahlungsunfähigkeit oder einem Liquiditätsengpass begegnen zu können.[188] Darüber hinaus er-

---

[184] Vgl. Gliederungspunkt 7.1.1.2 und die dortigen Verweise in den FN 37, 38 und 39.

[185] Vgl. ausführlich Gliederungspunkt 7.1.1.2.

[186] Der Grund für die Beschränkung auf aktuelle Werte liegt in der hierbei verfolgten Objektivierbarkeit. Vgl. hierzu auch *Bieker*, Fair Value Accounting, S. 225.

[187] *Streim*, Informationsgehalt, S. 324. Vgl. auch *Siegel*, Zeitwertbilanzierung, S. 593; *Streim*, Generalnorm, S. 400; *Streim*, Der kommunale Lagebericht, S. 326.

[188] Diese Forderung gilt analog für die sonstigen Vermögenswerte eines Fußball-Clubs bspw. in Gestalt eines Stadions bzw. einer Fußballarena, deren Eigentümer der Club selbst ist. Gemietete oder geleaste Spiel- und Trainingsstätten und ähnliche Vermögenswerte sind aufgrund der fehlenden Verwertungsmöglichkeit somit nicht in der vorgeschlagenen Veräußerungswertbilanz zu erfassen. Hinsichtlich der clubeigenen Stadien bzw. Arenen ist zudem fraglich, ob eine potenzielle Veräußerung infolge eines in den seltensten Fällen vorhandenen Erwerbers realiter überhaupt möglich erscheint und solche Vermögenswerte demnach in die Veräußerungswertbilanz aufgenommen werden sollten. Aufgrund des ausschließlichen Fokus dieser Arbeit auf die professionellen Fußballspieler soll dieser Fragestellung im Folgenden allerdings nicht weiter nachgegangen werden.

möglicht die Angabe der (potenziellen) Veräußerungswerte zumindest eine approximative Schätzung des Beitrags eines einzelnen Spielers zur Leistungserstellung eines Clubs im Zeitablauf. Demnach ist die im ersten Teilreformvorschlag vorgeschlagene, auf den Kalkülen der Unternehmensbewertung fußende Informationsbilanz eines Fußball-Clubs durch eine *Veräußerungswertbilanz* zu ergänzen, die insbesondere die aktuellen (geschätzten) Einzelveräußerungswerte aller professionellen Fußballspieler eines Clubs enthält.[189]

Für diese zusätzliche Veräußerungswertbilanz ist nach der hier vertretenen Ansicht folgende *Bewertungshierarchie* zu beachten:

1. Für bereits kontrahierte Spielerverkäufe ist grundsätzlich die vertraglich *vereinbarte Ablösesumme* maßgeblich.
2. Weiterhin „genutzte" Fußballspieler sowie solche Spieler, deren Veräußerung lediglich beabsichtigt ist, sind mit einem *geschätzten, objektivierten Veräußerungswert (Marktpreis)* zu bilanzieren.

Hinsichtlich der *Simulation* eines *objektivierten Veräußerungswerts* für einen professionellen Spieler gilt die nachstehende und bereits erörterte These fortwährend: Der aus einem Spieler erzielbare künftige wirtschaftliche Nutzen kann auch bezogen auf die durchschnittliche Einschätzung der verschiedenen Marktteilnehmer unmöglich willkürfrei bestimmt werden, sodass eine *individuelle Ertragsbewertung aus marktlicher Perspektive* für Zwecke der bilanziellen Abbildung ebenfalls *nicht gelingt*.[190]

Demnach verbleibt als einzige Möglichkeit einer marktlich objektivierten Wertbestimmung der Rückgriff auf *Analogiemethoden*, welche den geschätzten Veräußerungswert eines Spielers unter *Rekurs auf beobachtbare Marktpreise* für vergleichbare Spielertransaktionen bestimmen.[191] Eine alternative Möglichkeit, fiktive Veräußerungswerte über eine Art *Bietungsprozess* zwischen den diversen Fußball-Clubs zu ermitteln[192], muss aufgrund der zu befürchtenden Absprachen und der insofern fehlenden Verlässlichkeit verworfen werden. Bevor nunmehr die im Schrifttum vorgeschlagenen Analogiemethoden zur Veräußerungswertermittlung erläutert und analysiert werden können, sind zunächst die dabei unter theoretischen Gesichtspunkten zwingend zu berücksichtigenden Faktoren zu erarbeiten.

7.3.3.2   Im Rahmen der Einzelveräußerungswertbestimmung professioneller Fußballspieler zu berücksichtigende Faktoren

Im Rahmen der Simulation eines objektivierten Veräußerungswerts für einen professionellen Fußballspieler sind prinzipiell sämtliche Faktoren zu berücksichtigen, die von den *Marktteilnehmern* als *wertrelevant* eingeschätzt werden und insofern vom Markt vergütet werden. Die Frage nach den einzubeziehenden Faktoren lässt sich

---

[189] Vgl. hierzu ferner *Bieker*, Fair Value Accounting, S. 225; *Beyhs*, Impairment of Assets, S. 47f., 196f. m.w.N.; *Streim/Leippe*, Neubewertung, S. 402.

[190] Vgl. Gliederungspunkt 7.1.1.2.

[191] Vgl. Gliederungspunkt 7.3.3.4. Vgl. *Fischer/Rödl/Schmid*, Bewertung von Humankapital; *KPMG*, Marktwerte des Spielervermögens; *Ernst & Young*, Profifußball, S. 57ff.; *Galli*, Human-Resource-Bewertung, S. 646ff.; *Sigloch*, Fußballspieler in der Bilanz, S. 64; *WGZ-Bank/KPMG*, Fußball und Finanzen, S. 127, 131ff.; *Elter*, Schwacke-Liste, S. 32; *Galli*, Spielerbewertung im Teamsport, S. 816ff.

[192] Vgl. ähnlich *Hoffmann/Lüdenbach*, Abbildung des Tauschs, S. 341.

demnach nur mittels *empirischer Analysen* der Bestimmungsfaktoren von Ablöse-summen beantworten.

Der folgenden Tabelle können die zu diesem Themengebiet bisher durchgeführten empirischen Untersuchungen und die dabei als *signifikant* festgestellten *Faktoren* entnommen werden. Diese Faktoren dienen neben gegebenenfalls noch zu erarbei-tenden Kriterien zur Beurteilung der in der Literatur vorgeschlagenen Modelle zur ob-jektivierten Veräußerungswertermittlung von Fußballspielern.

Studie	Zeitraum/Liga	signifikante Faktoren
Carmichael/ Thomas (1993)[193]	Saison 1990/91 (241 Spieler-transaktionen) Profiligen in England	• *Clubspezifika* (finanzielle Mittel in Form erzielter Gewinne, Ligazugehö-rigkeit, Tabellenposition in der Ver-gangenheit, Tordifferenz, Zuschau-erzahl) • *Spielerfaktoren* (Alter, Anzahl Liga-spiele pro Saison, erzielte Tore ge-samt, Spielerposition)
Reilly/Witt (1995)[194]	Saison 1991/92 (202 Spieler-transaktionen) Profiligen in England	• *Clubspezifika* (Ligazugehörigkeit, Zu-schauerzahl) • *Spielerfaktoren* (Alter, Anzahl Spiele in internationalen Wettbewerben, keine Rassendiskriminierung, Spie-lerposition)
Speight/Thomas (1997)[195]	Saison 1985/86 bis 1989/90 (164 Spieler-transaktionen) Profiligen in England	• *Clubspezifika* (Ligazugehörigkeit, Ta-bellenposition in der Vergangenheit, Tordifferenz, Zuschauerzahl) • *Spielerfaktoren* (Alter, Anzahl Liga-spiele pro Saison, Anzahl Ligaspiele über gesamte Karriere, Anzahl Spie-le in internationalen Wettbewerben, verhinderte/erzielte Tore gesamt)
Speight/Thomas (1997)[196]	Saison 1978/79 bis 1991/92 (404 Spieler-transaktionen) Profiligen in England	• *Clubspezifika* (Ligazugehörigkeit, Ta-bellenposition in der Vergangenheit, Tordifferenz, Zuschauerzahl) • *Spielerfaktoren* (Alter, Anzahl Liga-spiele vergangene Saison, verhin-derte/erzielte Tore vergangene Sai-son)

---

[193] Vgl. *Carmichael/Thomas*, transfer market.
[194] Vgl. *Reilly/Witt*, racial dimension.
[195] Vgl. *Speight/Thomas*, Transfer Market.
[196] Vgl. *Speight/Thomas*, Football league transfers.

Carmichael/Forrest/ Simmons (1999)[197]	Saison 1993/94 (240 Spielertransaktionen) Profiligen in England	• *Clubspezifika* (Wechsel im Management, Ligazugehörigkeit) • *Spielerfaktoren* (Alter, Anzahl bisheriger Clubs, Anzahl Ligaspiele über gesamte Karriere, Anzahl Spiele in internationalen Wettbewerben, Nationalmannschaftseinsätze, Nationalität, verhinderte/erzielte Tore vergangene Saison, Lohn, Spielerposition)
Dobson/Gerrard (1999)[198]	Saison 1990/91 bis 1995/96 (1.350 Spielertransaktionen) Profiligen in England	• *Clubspezifika* (Ligazugehörigkeit, Tabellenposition in der Vergangenheit, Tordifferenz, Zuschauerzahl) • *Spielerfaktoren* (Alter, Anzahl bisheriger Clubs, Anzahl Ligaspiele vergangene Saison, Anzahl Ligaspiele über gesamte Karriere, Anzahl Spiele internationale Wettbewerbe, erzielte Tore gesamt, Spielerposition)
Frick/Lehmann (2001)[199]	Saison 1983/84 bis 1999/00 (1.211 Spielertransaktionen) Deutsche Bundesliga	• *Clubspezifika* (finanzielle Mittel, Ligazugehörigkeit) • *Spielerfaktoren* (Alter, Anzahl Ligaspiele über gesamte Karriere, Nationalmannschaftseinsätze, Nationalität, erzielte Tore gesamt, Spielerposition)
Eschweiler/Vieth (2004)[200]	Saison 1997/98 bis 2002/03 (254 Spielertransaktionen) Deutsche Bundesliga	• *Branchenspezifika* (Fernsehgelder, Transfersystem) • *Clubspezifika* (Prämien aus Teilnahme an internationalen Wettbewerben, Sponsoringeinnahmen, Zuschauerzahl) • *Spielerfaktoren* (Alter, Anzahl Ligaspiele über gesamte Karriere, Nationalmannschaftseinsätze, Nationalität, verhinderte/erzielte Tore vergangene Saison, Spielerposition)

Tabelle 26: Signifikante Faktoren von Ablösesummen

Die *Gesamtbetrachtung* der dargestellten empirischen Studien zeigt, dass sich regelmäßig *branchen-, club- und spielerspezifische Faktoren* als signifikant für die Be-

---

[197] Vgl. *Carmichael/Forrest/Simmons*, Association Football.

[198] Vgl. *Dobson/Gerrard*, Player Transfer Fees. Vgl. auch die Untersuchung von *Gerrard/Dobson*, professional football aus dem Jahr 2000 mit identischem Ergebnis.

[199] Vgl. *Frick/Lehmann*, Kosten der externen Rekrutierung.

[200] Vgl. *Eschweiler/Vieth*, Preisdeterminanten.

stimmung von Ablösesummen erweisen. Allerdings bedarf es zukünftig weiterer empirischer Untersuchungen über die Determinanten von Ablösesummen, da die bisher durchgeführten Analysen *keine ausreichenden Ergebnisse* liefern konnten.[201] Denn einerseits wurde bislang fast ausschließlich der englische Profifußball betrachtet.

Andererseits sollten aus einem logisch-deduktiven Verständnis heraus auch folgende *Parameter zusätzlich* Einfluss auf die Ablösesumme haben, die jedoch im Rahmen der durchgeführten empirischen Analysen nicht auf ihre Signifikanz überprüft wurden bzw. infolge nicht verfügbaren Datenmaterials nicht überprüft werden konnten:[202]

- Restlaufzeit des Arbeitsvertrags,
- Verlängerungsoptionen und Ausübungswahrscheinlichkeiten,
- Wahrscheinlichkeit eines Transfers sowie einer außerordentlichen Kündigung vor Vertragsablauf,
- Gesundheitszustand,
- Vermarktungspotenzial eines Spielers,
- Lebenszyklus vergleichbarer Spieler,
- aktuelle Angebots- und Nachfragesituation für Spieler im Allgemeinen und für Spieler bestimmter Positionen,
- wirtschaftliche Gesamtsituation der Anbieter und potenziellen Nachfrager.

Die anhand der empirischen Analysen festgestellten signifikanten Bestimmungsfaktoren von Ablösesummen dienen schließlich neben gegebenenfalls noch zu erarbeitenden Kriterien zur Beurteilung der in der Literatur vorgeschlagenen Methoden zur objektivierten Veräußerungswertermittlung von professionellen Fußballspielern, wobei unter anderem überprüft wird, ob, und wenn ja, wie die wertrelevanten Parameter berücksichtigt werden.

7.3.3.3   Vorschläge im Schrifttum zur Bestimmung des Fair Value eines professionellen Fußballspielers im Sinne eines Einzelveräußerungswerts

Ein allgemein akzeptiertes Bewertungsmodell zur Bestimmung eines geschätzten und objektivierten Veräußerungswerts für einen professionellen Fußballspieler ist im einschlägigen Schrifttum bisher nicht entwickelt worden.[203] Die diesbezüglichen Bemühungen stecken noch relativ stark in den Anfängen. Im Folgenden werden nun die bestehenden Vorschläge zur Marktpreisschätzung erläutert.

Vor der Veröffentlichung des nunmehr nach UK-GAAP zur Bilanzierung von Profifußballspielern verpflichtend anzuwendenden FRS 10 *Goodwill and Intangible Assets* bestand eine Bewertungsmethodik im englischen Profifußball in *subjektiven Schät-*

---

[201] Vgl. hierzu auch *Swieter*, Fußball-Bundesliga, S. 129.

[202] Vgl. ferner *Ebel*, Performancemessung, S. 269f.; *Haas*, Controlling der Fußballunternehmen, S. 127ff.; *KPMG*, Marktwerte des Spielervermögens, S. 5; *Ernst & Young*, Profifußball, S. 58f.; *Freyberg*, Spielerwertbestimmung, S. 209ff.; *Galli*, Human-Resource-Bewertung, S. 646ff.; *Homberg/Elter/Rothenburger*, Bilanzierung von Spielervermögen, S. 259; *WGZ-Bank/KPMG*, Fußball und Finanzen, S. 137; *Elter*, Schwacke-Liste, S. 32; *Galli*, Spielerbewertung im Teamsport, S. 816ff.; *Gaede/Kleist/Schaecke*, Teamzusammensetzung, S. 221ff.

[203] Vgl. auch *Fischer/Rödl/Schmid*, Bewertung von Humankapital, S. 312; *Neumeister*, Bilanzierung von Transferentschädigungen, S. 145; *Elter*, Schwacke-Liste, S. 31; *Elter*, Fußballer in der Bilanz; *Galli*, Spielerbewertung im Teamsport, S. 814; *Swieter*, Fußball-Bundesliga, S. 129.

zungen des Marktpreises eines bilanzierten Fußballspielers *durch das verantwortliche Management* des Fußball-Clubs (directors'/manager's valuation).[204] Diese subjektiven Schätzungen genügen aufgrund der mit ihnen verbundenen Manipulations- und Ermessensspielräume seitens des bewertenden Managements zum einen nicht dem Verlässlichkeitskriterium und sind insofern als *willkürlich* zu bezeichnen.[205] So argumentierte etwa *Morrow*, dass „the valuation of players [...] by the directors of the club, giving rise to the question of reliability and objectivity of the figures"[206]. Des Weiteren besteht „a tendency by employers to overvalue their own players, particularly where a potential transfer is more likely."[207] Zum anderen kann diese Bewertungsmethode im Folgenden nicht weiter untersucht werden, weil keine Informationen über die konzeptionelle Vorgehensweise bei der Bewertung vorliegen.

Das von *KPMG* praktizierte Bewertungsverfahren zielt hingegen darauf ab, *objektivierte Marktpreise* bzw. Veräußerungswerte von professionellen Fußballspielern unter *Rückgriff auf beobachtbare Marktpreise* für vergleichbare Spielertransaktionen modellgestützt zu schätzen.[208] Die Auswertung der zugänglichen Informationen zeigt, dass dabei explizit auf bestimmte spielerspezifische Faktoren Bezug genommen wird. Aufgrund der für die interessierte Öffentlichkeit leider *fehlenden Beschreibung* der erforderlichen Bewertungs- bzw. Messoperationen kann diese Methode im Rahmen dieser Arbeit allerdings ebenfalls nicht weiter betrachtet werden.

Galli unternahm indessen als Erster den Versuch, eine mögliche *Vorgehensweise* zur Ermittlung geschätzter und objektivierter Marktpreise von professionellen Fußballspielern über die *Analogiemethode* zu erarbeiten.[209] Zudem bezieht er hierbei unmittelbar diverse spielerspezifische Parameter ein, die Marktpreise bzw. Ablösesummen seiner Ansicht nach erklären. Aufbauend auf diesen Überlegungen von *Galli* und auch auf den relativ allgemein gehaltenen Aussagen von *KPMG* entwickelten schließlich die Autoren *Fischer/Rödl/Schmid* ein konkretes *modellgestütztes Bewertungskonzept* zur Veräußerungswertermittlung von Profifußballspielern i.S. einer Analogiemethode, welches im Mittelpunkt der nachfolgenden Ausführungen steht.[210] Anzumerken ist dabei vorweg, dass die drei Verfasser im Rahmen ihres Modells explizit die Ergebnisse der bereits angeführten empirischen Analysen von *Frick/Lehmann* und *Eschweiler/Vieth* zu den Determinanten von Ablösesummen in ihre Überlegungen einbeziehen.[211]

---

[204] Vgl. hierzu Gliederungspunkt 5.2. Vgl. zu einer analogen Forderung auch *Morrow*, Human Assets, S. 87ff. nach dessen Ansicht allerdings der gewichtete Durchschnitt der von vier „Experten" (Manager des aktuellen Clubs, ehemaliger Manager des derzeitigen Clubs, externe Person mit Bewertungserfahrung, lokaler Sportjournalist) geschätzten Marktpreise heranzuziehen ist. Vgl. hierzu auch *Morrow*, Football Players, S. 126.

[205] Vgl. *Schildbach*, Zeitwertbilanzierung, S. 587.

[206] *Morrow*, Accounting for Football Players, S. 64.

[207] *Morrow*, Human Assets, S. 89.

[208] Vgl. etwa *KPMG*, Marktwerte des Spielervermögens und die entsprechenden weiteren Literaturverweise in FN 39 des Gliederungspunkts 7.1.1.2.

[209] Vgl. *Galli*, Spielerbewertung im Teamsport. Vgl. ferner *Galli*, Human-Resource-Bewertung.

[210] Vgl. ausführlich *Fischer/Rödl/Schmid*, Bewertung von Humankapital.

[211] Vgl. zu diesen Untersuchungen Gliederungspunkt 7.3.3.2.

Die Bewertung eines Fußballspielers über das Modell von *Fischer/Rödl/Schmid* vollzieht sich in *sechs Teilschritten*, die im Folgenden in Grundzügen erläutert werden (vgl. Abbildung 16). Ziel des Verfahrens ist es, den potenziellen Marktpreis bzw. Veräußerungswert eines Spielers anhand einer so genannten *Marktwertkurve* zu bestimmen. Diese Marktwertkurve soll die *aktuell durchschnittlich erzielbaren, preisbereinigten Marktpreise* von Fußballspielern verschiedener Spielergruppen (sog. Cluster) abbilden, wobei Spieler auf der Basis annähernd vergleichbarer Ausprägungen von identifizierten, spielerspezifischen Leistungskriterien einer bestimmten Gruppe zugeordnet werden.[212]

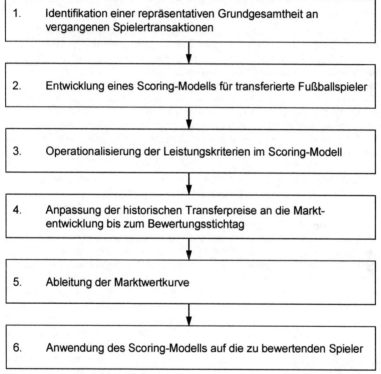

Abbildung 16: Ablauf der Marktpreisschätzung von Profifußballspielern nach
Fischer/Rödl/Schmid [213]

1. Da die Wertermittlung unter Rückgriff auf beobachtbare Marktpreise für vergleichbare Spielertransaktionen erfolgt, bedarf es für die Bestimmung der Marktwertkurve zunächst der *Identifikation einer repräsentativen Grundgesamtheit* vergangener Transaktionen. Diese bildet i.S. von Referenzobjekten (sog. Referenzspieler)

---

[212] Vgl. *Fischer/Rödl/Schmid*, Bewertung von Humankapital, S. 320.

[213] In Anlehnung an *Fischer/Rödl/Schmid*, Bewertung von Humankapital, S. 313.

den Ausgangspunkt der Marktpreisschätzung für die zu bewertenden Fußballspieler.[214] Ziel der Verfasser ist es dabei, unterschiedliche marktliche Rahmenbedingungen in verschiedenen Ländern (etwa höhere finanzielle Mittel von Fußball-Clubs in bestimmten Fußballligen) zu reflektieren, indem jeweils ausschließlich Fußballspieler aus den *Ligen eines Landes* in der Grundgesamtheit berücksichtigt werden. Darüber hinaus sind Veränderungen im ökonomischen und (verbands-) rechtlichen Umfeld des jeweiligen Landes zu beachten (in Deutschland z.B. aufgrund der „Kirch-Krise", die in der Folge reduzierte Erträge aus TV- und sonstigen Medienrechten für die Clubs bewirkte) und vergangene Spielertransfertransaktionen vor bzw. nach derartigen Ereignissen entsprechend aus der Betrachtung auszuschließen.

2. Im Anschluss an die Bestimmung der repräsentativen Grundgesamtheit ist den *spezifischen Unterschieden zwischen den Fußballspielern* innerhalb der Grundgesamtheit dergestalt Rechung zu tragen, dass verschiedene Spielergruppen für „annähernd vergleichbare" Spieler gebildet werden (*Entwicklung eines Scoring-Modells für transferierte Spieler*).[215] Zu diesem Zweck werden einerseits auf der Grundlage von Plausibilitätsüberlegungen, andererseits aber auch mit Bezug auf die Ergebnisse der oben angeführten empirischen Analysen bestimmte wertrelevante, spielerspezifische Faktoren (sog. *Leistungskriterien*) identifiziert, die zur Beurteilung der diversen Fußballspieler herangezogen werden. Als Leistungskriterium zählt hierbei die zuletzt gezeigte Spielstärke[216], die Spielerposition, die Summe der Spielminuten in der Liga pro Saison (Einsatzzeit), die Anzahl an Nationalmannschaftseinsätzen (Länderspiele), das Alter, das Vermarktungspotenzial eines Spielers[217] und die Restlaufzeit des Arbeitsvertrags.

Um die Beurteilung jedes einzelnen Spielers der Grundgesamtheit anhand der verschiedenen identifizierten Leistungskriterien vornehmen zu können, wird diesen Kriterien vom Bewertenden jeweils eine bestimmte Anzahl an *Punkten* unter Beachtung einer normierten Höchstgrenze *pro Leistungskriterium* – hier grundsätzlich 10 Punkte – *zugeordnet* und zwar in Abhängigkeit von der Ausprägung bei einem Fußballspieler zum Zeitpunkt der letzten Spielertransaktion. Mittels der Multiplikation der vergebenen Punkte für jeden spielerspezifischen Faktor mit einem von den Verfassern über Plausibilitätsüberlegungen festgelegten *kriterienspezifischen Gewichtungsfaktor* werden die innerhalb der einzelnen Kriterien erzielten, *gewichteten Punktwerte* ermittelt. Der Gewichtungsfaktor drückt dabei die Bedeutung des entsprechenden Leistungskriteriums für den Marktpreis eines Spielers aus. Anschließend werden die gewichteten Punktwerte über deren *Addi-*

---

[214] Vgl. *Fischer/Rödl/Schmid*, Bewertung von Humankapital, S. 314.

[215] Vgl. fortfolgend *Fischer/Rödl/Schmid*, Bewertung von Humankapital, S. 314f. Vgl. auch *Galli*, Spielerbewertung im Teamsport, S. 817f., 819f.

[216] Die zuletzt gezeigte Spielstärke wird hierbei in Abhängigkeit von der Spielerposition anhand verschiedener, gewichteter Subkriterien gemessen. So werden für einen Mittelfeldspieler etwa die Anzahl der erzielten Tore pro Spiel, die Anzahl der Torvorlagen pro Spiel, die Anzahl der Ballkontakte pro Spiel, der Prozentsatz der gewonnen Zweikämpfe und der Prozentsatz der angekommenen Pässe herangezogen. Vgl. ausführlich für entsprechende Scoring-Modelle für Torhüter, Abwehrspieler und Stürmer etwa *Freyberg*, Spielerwertbestimmung, S. 224ff.

[217] Zum Beispiel an der Anzahl der verkauften Trikots des Spielers gemessen.

tion zu einem *Gesamtpunktwert pro Fußballspieler* (sog. Gesamtscore) verdichtet (vgl. Tabelle 27). Dieser Gesamtpunktwert lässt einen Vergleich der verschiedenen Spieler der Grundgesamtheit und die Bildung einer Rangordnung zu. Letzten Endes sind alle Fußballspieler der repräsentativen Grundgesamtheit mit einem identischen Gesamtpunktwert zu einer *Gruppe (Cluster) zusammenzufassen*, da sie i.S. des Scoring-Modells als annähernd vergleichbar gelten.[218] Abschließend werden die gebildeten Spielergruppen anhand der Höhe der entsprechenden Gesamtpunktwerte in eine *Gesamtrangfolge* gebracht.

Leistungs-kriterium	kriterien-spez. Gewicht	Spieler 1		...	Spieler n	
		Punkte	gew. Punktwert	...	Punkte	gew. Punktwert
Spielstärke	3	1	3	...	7	21
Spielerposition	2	10	20	...	9	18
Einsatzzeit	2	1	2	...	8	16
Länderspiele	2	0	0	...	6	12
Alter	1	10	10	...	8	8
Gesamtscore			35	...		75

Tabelle 27: Vereinfachte und beispielhafte Darstellung der Systematik des Scoring-Modells bei *Fischer/Rödl/Schmid* [219]

3. Nachdem die zur Beurteilung der Spieler der Grundgesamtheit heranzuziehenden Leistungskriterien festgelegt worden sind, bedarf es allerdings vor der eigentlichen Punktevergabe der *Operationalisierung der Leistungskriterien im Scoring-Modell*.[220] Es stellt sich also die Frage, über welche Indikatoren die nicht direkt zu beurteilenden spielerspezifischen Faktoren gemessen werden sollten[221] und wie die entsprechende Punktevergabe bei den einzelnen Leistungskriterien konkret zu erfolgen hat.

Zunächst bleibt festzuhalten, dass die wertrelevanten Leistungskriterien „Vermarktungspotenzial eines Spielers" und „Restlaufzeit des Arbeitsvertrags" aufgrund extern nicht zugänglicher Daten im Rahmen der Bepunktung nicht berücksichtigt werden können bzw. konnten.[222] Für ein aussagekräftiges und demnach nicht verzerrtes Bewertungsergebnis bedarf es folglich einer *umfangreichen Datenbasis*, wie sie bspw. auf Ebene des Ligaverbands bzw. der DFL vorhanden ist

---

[218] Vgl. ebenfalls *Elter*, Schwacke-Liste, S. 32.

[219] In Anlehnung an *Fischer/Rödl/Schmid*, Bewertung von Humankapital, S. 315ff. Auf die explizite Angabe der Bepunktungsschemata pro Leistungskriterium wurde aus Gründen der Übersichtlichkeit und der folgenden Kritik in Gliederungspunkt 7.3.3.4 verzichtet.

[220] Vgl. zum Folgenden ausführlich und zudem anwendungs- bzw. beispielorientiert *Fischer/Rödl/Schmid*, Bewertung von Humankapital, S. 315ff.

[221] Vgl. hierzu die Anmerkungen in den FN 216 und 217 dieses Gliederungspunkts.

[222] Vgl. *Fischer/Rödl/Schmid*, Bewertung von Humankapital, S. 316f.

bzw. zumindest durch Einrichtung einer entsprechenden Datenbank vorhanden sein könnte.[223]

Ansonsten sollte nach Ansicht der Verfasser hinsichtlich der Punktevergabe prinzipiell eine *Orientierung an der repräsentativen Grundgesamtheit* in dem Sinne vorgenommen werden, dass bezogen auf die Gesamtbetrachtung aller Spieler der Grundgesamtheit eine *Minimal- und eine Maximalausprägung* pro Leistungskriterium festgestellt werden kann. Anschließend wird das Intervall aus diesen beiden „Extremwerten" in *verschiedene Intervallstufen* eingeteilt und die Bepunktung an diesen Stufen ausgerichtet, wobei die Einteilung äquidistant vorgenommen werden soll. Für bestimmte Leistungskriterien nehmen die Verfasser allerdings eine *differenzierte Betrachtung* vor. So ist etwa die Punktevergabe bezogen auf die „*Spielerposition*" an der relativen Höhe der Ablösesummen für die jeweilige Spielerkategorie auszurichten, weil bspw. für Stürmer im Vergleich zu allen anderen Positionen die höchsten und für Torhüter die niedrigsten Transferzahlungen geleistet werden.[224] Bei der „*Anzahl an Nationalmannschaftseinsätzen*" ist zu beachten, dass sich bereits aus geringen Einsätzen ein signifikanter Einfluss auf die gezahlten Ablösesummen ergibt, wohingegen ab einer bestimmter Einsatztätigkeit von keiner zusätzlichen Wertrelevanz auszugehen ist.[225] Hinsichtlich des Leistungskriteriums „*Alter*" soll die Anzahl der Punkte zunächst bis zu einem bestimmten Durchschnittsalter ansteigen und danach aufgrund des zunehmenden Verlustes der Leistungsfähigkeit, möglicherweise ausbleibender Motivation sowie des höheren Verletzungs- und Sportinvaliditätsrisikos etc. infolge fortgeschrittenen Alters wieder abnehmen.[226] Letzten Endes können die Verfasser jedoch für kein Leistungskriterium eine fundierte Vorgehensweise zur Bestimmung eines adäquaten Bepunktungsschemas liefern.[227]

4. Um die *historischen Transferpreise* aus den verschiedenen Spielertransaktionen *an die Marktentwicklung bis zum Bewertungsstichtag anzupassen*, sind diese mit geeigneten saisonspezifischen Inflations- bzw. Deflationsfaktoren zu multiplizieren (vgl. Tabelle 28).[228] Diese Faktoren sollen die *Entwicklung der finanziellen Mittel der Fußball-Clubs* bis zum Bewertungsstichtag reflektieren, da die finanziellen Mittel die Höhe der Ablösesummen prinzipiell beeinflussen. Als Indikator für die finanzielle Mittelausstattung in den diversen Saisons fungiert repräsentativ die Summe der saisonspezifischen Fernsehgelder und Sponsoringeinnahmen, weil deren Entwicklung hinreichend stark mit der Entwicklung der durchschnittlichen Ablösesumme korreliert. Insofern können die *saisonspezifischen Inflations- bzw. Deflationsfaktoren* anhand der Entwicklung der Gesamtsumme aus Fernseh- und Sponsoringeinnahmen abgeleitet werden, indem die Gesamtsummen der Fern-

---

[223] Vgl. *Elter*, Schwacke-Liste, S. 32; *Galli*, Spielerbewertung im Teamsport, S. 817.

[224] Vgl. *Fischer/Rödl/Schmid*, Bewertung von Humankapital, S. 317; *Galli*, Spielerbewertung im Teamsport, S. 817.

[225] Vgl. *Fischer/Rödl/Schmid*, Bewertung von Humankapital, S. 318.

[226] Vgl. *Fischer/Rödl/Schmid*, Bewertung von Humankapital, S. 318f.; *Galli*, Spielerbewertung im Teamsport, S. 817, 819.

[227] Vgl. zu den Hintergründen ausführlich Gliederungspunkt 7.3.3.4.

[228] Vgl. *Fischer/Rödl/Schmid*, Bewertung von Humankapital, S. 319f. Vgl. weiterhin *Galli*, Spielerbewertung im Teamsport, S. 818.

sehgelder und Sponsoringeinnahmen der vergangenen Saisons jeweils zur am Bewertungsstichtag (Basisjahr) geltenden Gesamtsumme ins Verhältnis gesetzt werden.[229] Die mit den für die vergangenen Transfersaisons geltenden Inflations- bzw. Deflationsfaktoren gewichteten historischen Transferpreise (sog. preisberei- nigte Ablösesummen) stellen in der Terminologie der betrachteten Analogieme- thode die relevanten *Referenzpreise* zur Marktpreisschätzung eines zu bewerten- den Spielers dar.

Spieler	Transfer-zeitpunkt	Ablösesumme	Inflations-/ Deflationsfaktor	preisbereinigte Ablösesumme
Spieler 1	2004/2005	0,4 Mio. €	1,008	0,403 Mio. €
...	...	...	...	...
Spieler n	2005/2006	5,4 Mio. €	1	5,4 Mio. €

Tabelle 28: **Illustration der Vorgehensweise zur Ermittlung der preisbereinig- ten Ablösesummen nach** *Fischer/Rödl/Schmid*[230]

5. Nachdem alle Spieler der Grundgesamtheit mit einem identischen Gesamtpunkt- wert jeweils zu einer Gruppe zusammengefasst, eine entsprechende Gesamt- rangfolge erstellt und die historischen Transferpreise an die Marktentwicklung bis zum Bewertungsstichtag angepasst worden sind, ist zur *Ableitung der Marktwert- kurve* aus den Bandbreiten der preisbereinigten Ablösesummen pro Spielergrup- pe zunächst der jeweilige Durchschnittswert zu ermitteln.[231] Dabei können sowohl der Median als auch arithmetische Mittelwerte herangezogen werden.[232] Sämtli- che ermittelten Gesamtpunktwerte werden anschließend mit dem jeweils korres- pondierenden Durchschnittswert der preisbereinigten Ablösesummen des Clus- ters in einem Diagramm dargestellt. Bei der daraus abgeleiteten Marktwertkurve handelt es sich somit um eine Funktion, die den Zusammenhang zwischen einem bestimmten Gesamtscore und der bei diesem Wert aktuell durchschnittlich erziel- baren, preisbereinigten Ablösesumme für einen Spieler zeigt. Grafisch lässt sich die Marktwertkurve gemäß der folgenden Abbildung darstellen, wobei ein zuneh- mender Gesamtpunktwert zugleich eine „höhere Qualität" eines Spielers i.S. des Scoring-Modells indiziert:

---

[229] Vgl. ferner *Galli*, Human-Resource-Bewertung, S. 648.

[230] In Anlehnung an *Fischer/Rödl/Schmid*, Bewertung von Humankapital, S. 319f.

[231] Vgl. *Fischer/Rödl/Schmid*, Bewertung von Humankapital, S. 320.

[232] Vgl. *Elter*, Schwacke-Liste, S. 32.

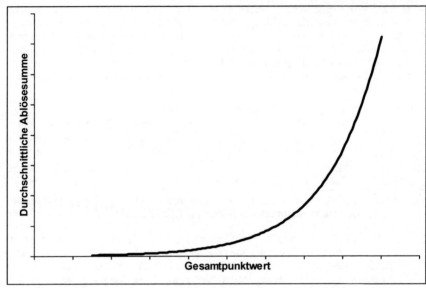

Abbildung 17: Verlauf der aus vergangenen Spielertransaktionen abgeleiteten Marktwertkurve[233]

6. Im sechsten und letzten Schritt wird das *Scoring-Modell auf die zu bewertenden Fußballspieler angewendet*, d.h. für jeden Spieler, für den ein geschätzter und objektivierter, aktueller Marktpreis bestimmt werden soll, ist im Bewertungszeitpunkt ebenfalls ein *Gesamtpunktwert* unter Berücksichtigung seiner spielerspezifischen Leistungskriterien zu eben diesem Zeitpunkt zu ermitteln.[234] Die im vorherigen Schritt abgeleitete *Marktwertkurve* liefert schließlich für jeden zu bewertenden Fußballspieler in Abhängigkeit von seinem Gesamtpunktwert den aktuell im Durchschnitt erzielbaren Veräußerungswert.

7.3.3.4   Kritische Würdigung der vorgeschlagenen Bewertungsmodelle sowie weiterführende Maßnahmen und Objektivierungsmöglichkeiten

Aufgrund der unmöglichen individuellen Ertragsbewertung eines professionellen Fußballspielers auch aus marktlicher Perspektive verbleibt als einzige Möglichkeit der objektivierten Marktpreisschätzung der Rückgriff auf Analogiemethoden. Diese bestimmen den objektivierten Veräußerungswert eines Spielers über beobachtbare Marktpreise für vergleichbare Spielertransaktionen. In diesem Kontext ist das im vorherigen Kapitel erläuterte, von *Fischer/Rödl/Schmid* vorgeschlagene Bewertungsmo-

---

[233] In Anlehnung an *Fischer/Rödl/Schmid*, Bewertung von Humankapital, S. 320. Die Darstellung erfolgt approximiert über eine exponentielle Regressionsfunktion durch die Datenpunkte für die auf den Achsen abgetragenen Werte.

[234] Vgl. *Fischer/Rödl/Schmid*, Bewertung von Humankapital, S. 320.

dell, als erstes in der Literatur beschriebenes, modellgestütztes Bewertungskonzept zur Veräußerungswertermittlung von Profifußballspielern zu werten. Es könnte somit den *Ausgangspunkt* für die Entwicklung eines allgemein akzeptierten, objektivierten Bewertungsmodells bilden.

Wird allerdings dem potenziellen *Einwand* stattgegeben, dass die Analogiemethode für den vorliegenden Bewertungsfall konzeptionell ungeeignet ist, weil sie das Vorliegen tatsächlich vergleichbarer Fußballspieler voraussetzt, die aufgrund der Einzigartigkeit eines Spielers nicht existieren, dann ist eine objektivierte Marktpreisschätzung für einen professionellen Fußballspieler infolge der oben beschriebenen Zusammenhänge nicht möglich. Um dennoch zumindest *approximativ* eine Aussage über die am Bilanzstichtag bestehenden Reserven eines Fußball-Clubs für finanzielle Notlagen bezogen auf die *„major assets"* eines Clubs treffen zu können, bedarf es folglich der Akzeptanz dieser Bewertungsmethodik und der damit einhergehenden Prämisse, dass *Vergleichbarkeit* zwischen Spielern *annähernd bzw. punktuell* gegeben ist. Zudem liegt das Ziel des Modells auch nicht in der Ermittlung eines konkreten Veräußerungswerts, der sich tatsächlich am Markt einstellt bzw. einstellen würde, sondern in der *Abschätzung eines objektivierten Marktpreises*, um im Ergebnis eine lediglich tendenzielle Einschätzung vornehmen zu können.[235] Basierend auf diesen Erkenntnissen wird die von *Fischer/Rödl/Schmid* entwickelte Bewertungsmethode nachfolgend kurz kritisch gewürdigt. Darüber hinaus werden weiterführende Maßnahmen und Objektivierungsmöglichkeiten erörtert.

Um ein möglichst aussagekräftiges Bewertungsergebnis insbesondere bezogen auf die Vergleichbarkeit zwischen Bewertungs- und Referenzspielern zu erhalten, bedarf es zunächst einer hinreichend *großen Grundgesamtheit* vergangener Spielertransaktionen sowie der für die Beurteilung der Fußballspieler (Bewertungs- und Referenzspieler) notwendigen *umfassenden Informationen*. Insofern ist die *Verantwortung* für eine zudem *normierte* Veräußerungswertermittlung zweckmäßigerweise auf die für den Profifußball zumindest europaweit *zuständigen Organisationen* wie den Ligaverband bzw. die DFL zu übertragen.[236] Diese verfügen einerseits über eine umfangreiche Datenbasis hinsichtlich der in der Vergangenheit stattgefundenen Spielertransaktionen und der für die Beurteilung der Fußballspieler relevanten Faktoren (Leistungskriterien, Branchen- und Clubspezifika) bzw. könnten durch die Einrichtung einer entsprechenden Datenbank hierüber verfügen.[237] Zudem würde durch die Übertragung dieser Aufgabe auf die Ligaorganisationen sichergestellt, dass eventuelle in die Bewertung einfließende *wettbewerbssensitive Faktoren* nicht publik werden.[238] Andererseits wird durch diese Vorgehensweise ein Beitrag zur Objektivierung geleistet[239], weil die „tendency by employers to overvalue their own players, particularly

[235] Vgl. in diesem Zusammenhang auch *Ernst & Young*, Profifußball, S. 58.

[236] Gleicher Ansicht *Ernst & Young*, Profifußball, S. 59; *Homberg/Elter/Rothenburger*, Bilanzierung von Spielervermögen, S. 259; *Elter*, Schwacke-Liste, S. 32; *Elter*, Fußballer in der Bilanz; *Michie/Verma*, accounting issues for football clubs, S. 8; *Morrow*, Football Players, S. 126.

[237] Vgl. ebenfalls *Ernst & Young*, Profifußball, S. 59; *Elter*, Schwacke-Liste, S. 32; *Elter*, Fußballer in der Bilanz; *Galli*, Spielerbewertung im Teamsport, S. 817f.

[238] Vgl. *Homberg/Elter/Rothenburger*, Bilanzierung von Spielervermögen, S. 259.

[239] Vgl. insofern auch *Morrow*, Football Players, S. 126. Würde die Auswahl eines externen Bewerters hingegen den bilanzierenden Clubs überlassen, dann würde sich der bei der Bewertung durch das

where a potential transfer is more likely"[240], unterbunden wird. Des Weiteren dürfte die Abhängigkeitsbeziehung zwischen der den Profifußball ausrichtenden Organisation und den jeweiligen Fußball-Clubs bspw. im Vergleich zu einer eventuell bestehenden Mandantenabhängigkeit des Abschlussprüfers[241] in relativ vertretbaren Grenzen liegen.

Im Rahmen der Simulation eines objektivierten Veräußerungswerts für einen professionellen Fußballspieler über die Analogiemethode sind zwingend alle *wertrelevanten Faktoren*, die über empirische Erhebungen festgestellt wurden, *vollständig* zu berücksichtigen.[242] Dies gilt insbesondere bezogen auf die vorzunehmende Beurteilung der Bewertungs- und Referenzspieler zur letztendlichen Clusterbildung sowie hinsichtlich der Anpassung der historischen Transferpreise an die Marktentwicklung bis zum Bewertungsstichtag. Da *Fischer/Rödl/Schmid* in diesem Zusammenhang ausschließlich auf Basis der empirischen Analysen zu den Determinanten von Ablösesummen von *Frick/Lehmann* und *Eschweiler/Vieth* ermittelte Faktoren berücksichtigen sowie teilweise subjektive Festlegungen über Plausibilitätsüberlegungen[243] vornehmen, kann die Güte des Bewertungsergebnisses insbesondere vor dem Hintergrund der Ergebnisse der anderen empirischen Untersuchungen sowie der logisch-deduktiven Überlegungen durch eine *normierte* Erweiterung des Katalogs der einzubeziehenden Faktoren erhöht werden. Dabei sind diese Faktoren generell auf ihre fortwährende Signifikanz zu überprüfen. Diese Forderungen stehen ferner in einem engen Zusammenhang zu der bereits angeführten These, dass es zukünftig *weiterer empirischer Untersuchungen* über die Determinanten von Ablösesummen bedarf[244], da die bisher durchgeführten Analysen keine ausreichenden Ergebnisse liefern konnten. Grundvoraussetzung für die Durchführbarkeit dieser Studien ist zudem die geforderte umfangreiche Datenbasis, sodass aufgrund der oben angeführten Zusammenhänge die Realisierung der empirischen Untersuchungen auf der Ebene der Ligaorganisationen unerlässlich erscheint.

Die weiteren Untersuchungen sowie die umfassenden Informationen sind darüber hinaus für eine zweckadäquate *Operationalisierung der wertrelevanten Faktoren* erforderlich. Dies gilt einerseits hinsichtlich der *Indikatoren*, über welche die nicht direkt zu beurteilenden Faktoren gemessen werden sollten. Schließlich stellen die von *Fischer/Rödl/Schmid* berücksichtigten Indikatoren insbesondere bei Zugrundelegung der logisch-deduktiv abgeleiteten wertrelevanten Faktoren keinesfalls eine vollständige Auflistung dar.[245] Andererseits ist das *Bepunktungsschema* für die einzelnen *spielerspezifischen Leistungskriterien* adäquat und präzise festzulegen. Wie von den Verfassern gefordert sind dabei zunächst die pro Leistungskriterium maximal *erziel-*

Club-Management bestehende Manipulations- und Ermessensspielraum auf die Wahl des sachverständigen Bewerters verlagern. Diese Problematik würde durch die Ansiedelung der Bewertungskompetenz bei der zuständigen Ligaorganisation unterbunden. Vgl. zu diesen Zusammenhängen ferner *Schildbach*, Zeitwertbilanzierung, S. 588.

[240] *Morrow*, Human Assets, S. 89.

[241] Vgl. dazu *Ewert*, Wirtschaftsprüfung, S. 517ff.

[242] Vgl. Gliederungspunkt 7.3.3.2.

[243] Vgl. Gliederungspunkt 7.3.3.3.

[244] Vgl. Gliederungspunkt 7.3.3.2.

[245] Vgl. etwa die FN 216 und 217 in Gliederungspunkt 7.3.3.3.

baren Punkte für alle Kriterien *einheitlich* festzulegen.[246] Anschließend sind die *Intervallstufen kriterienspezifisch* anzupassen, wobei als Ausgangspunkt für die Bestimmung der jeweiligen Intervallbandbreiten eine Orientierung an den Minimal- und Maximalausprägungen bezogen auf alle Spieler der Grundgesamtheit vorzunehmen wäre. Für die Festlegung der verschiedenen Intervallstufen sind zukünftig *weitere, differenzierte Untersuchungen* (bspw. in Form von Simulationsstudien) vorzunehmen, um im Ergebnis ein plausibles und zweckadäquates Bepunktungsschema pro Leistungskriterium zu erhalten. Auch dies gilt es fortwährend zu überprüfen. Die Verfasser können aufgrund der notwendigerweise noch durchzuführenden Analysen und des nicht zugänglichen, jedoch unerlässlichen umfangreichen Datenmaterials schließlich für kein Kriterium eine fundierte Vorgehensweise liefern.[247] Allerdings wird das Problem der Bestimmung adäquater Bepunktungsschemata dadurch relativiert, dass mögliche Verzerrungen bei der Beurteilung der einzelnen Fußballspieler systematisch alle Bewertungs- und Referenzspieler betreffen.

Die Forderung nach weiteren Analysen gilt bspw. hinsichtlich des wertrelevanten, spielerspezifischen Faktors *„Alter"*. So konnten *Eschweiler/Vieth* im Rahmen ihrer empirischen Analyse zwar feststellen, dass Ablösesummen bis zu einem durchschnittlichen Alter von 26,6 Jahren ansteigen und danach mit zunehmenden Alter wieder absinken.[248] Dieses Ergebnis gilt es allerdings durch weitere Arbeiten zu diesem Thema zu validieren. Darüber hinaus bleibt fraglich, welche verschiedenen Altersstufen jeweils einen konkreten signifikanten Einfluss auf die Höhe des Marktpreises eines Fußballspielers erwarten lassen und welche Abstufungen bei der Bepunktung vorzunehmen wären. Die voranstehenden Überlegungen gelten analog etwa bei der *„Anzahl an Nationalmannschaftseinsätzen"*. Hierbei wäre ebenfalls die These zu überprüfen, dass sich bereits aus geringen Einsätzen ein signifikanter Einfluss auf die gezahlten Ablösesummen ergibt, wohingegen ab einer bestimmten Einsatztätigkeit von keiner zusätzlichen Wertrelevanz auszugehen ist. Zudem bleibt zu untersuchen, von welcher konkreten Anzahl bzw. von welchem Intervall an Nationalmannschaftseinsätzen sich jeweils ein Einfluss auf die Marktpreise ergibt. Abschließend bleibt anzumerken, dass die diversen *Bepunktungsschemata* pro Leistungskriterium für eine objektivierte Veräußerungswertermittlung eines professionellen Fußballspielers ebenso wie die in die Bewertung einzubeziehenden wertrelevanten Faktoren sowie die diesbezüglichen *Indikatoren* entsprechend zu *normieren* sind.[249]

Mittels der Multiplikation der vergebenen Punkte für jedes Leistungskriterium mit einem *kriterienspezifischen Gewichtungsfaktor* werden die innerhalb der einzelnen Kriterienkategorien erzielten, gewichteten Punktwerte ermittelt. Diese Gewichtungsfaktoren bringen die Bedeutung der einzelnen Leistungskriterien für den Marktpreis eines Fußballspielers zum Ausdruck und müssen zudem die *Abhängigkeit* zwischen den verschiedenen Faktoren *berücksichtigen*.[250] Im Anschluss an die vollständige Erhebung der wertrelevanten Leistungskriterien sind diese kriterienspezifischen Ge-

---

[246] Vgl. insofern *Fischer/Rödl/Schmid*, Bewertung von Humankapital, S. 315.

[247] Vgl. Gliederungspunkt 7.3.3.3.

[248] Vgl. *Eschweiler/Vieth*, Preisdeterminanten, S. 682.

[249] Vgl. zu dieser Einschätzung ferner *Schneeweiß*, Planung, S. 121.

[250] Vgl. *Küpper*, Controlling, S. 96.

wichtungsfaktoren ebenfalls *empirisch zu validieren* und nicht, wie von *Fischer/Rödl/ Schmid*, über Plausibilitätsüberlegungen festzulegen. Hinsichtlich der geforderten Objektivierung sind diese Gewichtungsfaktoren zudem zweckmäßigerweise so zu *normieren*, dass sie sich zu eins addieren.[251] Des Weiteren ist die Stabilität der geschätzten Koeffizienten in den empirischen Analysen fortlaufend zu überprüfen.

Um den für die Beurteilung eines Fußballspielers und die Clusterbildung erforderlichen *Gesamtpunktwert* für alle Spieler innerhalb der Grundgesamtheit sowie für die zu bewertenden Spieler zu bestimmen, müssen die entsprechenden Operationen beschrieben werden, um die innerhalb der einzelnen Leistungskriterien erzielten, gewichteten Punktwerte zu einem einzigen Gesamtpunktwert pro Fußballspieler zu amalgamieren. Die dabei von *Fischer/Rödl/Schmid* vorgeschlagene *additive Aggregationsfunktion*[252] vernachlässigt allerdings die Abhängigkeit der verschiedenen Leistungskriterien voneinander.[253] Demnach bedarf es zukünftig *weiterer Untersuchungen*, um im Ergebnis eine *zweckadäquate und normierte Amalgamationsvorschrift* zu erhalten.

Eine zusätzliche Validierung des Bewertungsergebnisses könnte zudem durch eine *Sensitivitätsanalyse* erzielt werden. Anhand dieser wird überprüft, wie sich die aus den ermittelten Gesamtpunktwerten gebildete Rangfolge und damit der geschätzte aktuelle Marktpreis der zu bewertenden Spieler verändert, wenn die kriterienspezifischen *Gewichtungsfaktoren* zur Bestimmung der gewogenen Teilpunktwerte *verändert* werden.[254]

Nachdem alle Fußballspieler der repräsentativen Grundgesamtheit mit einem identischen Gesamtpunktwert jeweils zu einer Gruppe zusammengefasst und die historischen Transferpreise aus den verschiedenen Spielertransaktionen an die Marktentwicklung bis zum Bewertungsstichtag angepasst worden sind, ist nach *Fischer/Rödl/ Schmid* aus den Bandbreiten der preisbereinigten Ablösesummen pro Cluster der jeweilige *Durchschnittswert* zu ermitteln. Hierauf aufbauend ist die benötigte *Marktwertkurve* zur Bestimmung des aktuell im Durchschnitt erzielbaren Veräußerungswerts eines zu bewertenden Spielers in Abhängigkeit von seinem Gesamtpunktwert *abzuleiten*. Nach der hier vertretenen Ansicht ist auf die Durchschnittsbildung jedoch zu *verzichten*. Da die Kapitalgeber eines Fußball-Clubs nur Indizien benötigen, um eigene Schätzungen vornehmen zu können, reicht es somit aus, für den geschätzten Marktpreis eines Fußballspielers *nicht allzu breite Intervalle* anzugeben.[255] Für die Angabe von Wertintervallen spricht zudem die Tatsache, dass die für einen Spieler entrichtete Ablösesumme immer das Ergebnis einer Verhandlungslösung darstellt

---

[251] Gleicher Ansicht *Küpper*, Controlling, S. 96f.; *Schneeweiß*, Planung, S. 122.

[252] Vgl. *Fischer/Rödl/Schmid*, Bewertung von Humankapital, S. 319.

[253] Vgl. *Dinkelbach*, Nutzwertanalyse, S. 4084 m.w.N.; *Günther/Tempelmeier*, Produktion, S. 72; *Eisenführ/Weber*, Entscheiden, S. 120; *Schneeweiß*, Planung, S. 122f.

[254] Vgl. ebenfalls *Dinkelbach*, Nutzwertanalyse, S. 4081; *Linnhoff/Pellens*, Investitionsrechnung, S. 170.

[255] Vgl. hierzu auch *Streim*, Human Resource Accounting, S. 225. Vgl. ferner *Jäger/Himmel*, Fair Value-Bewertung, S. 424: „Dementsprechend können für bestimmte immaterielle Güter zumeist nur Preisbandbreiten festgestellt werden, ja nachdem in welchen Segmenten und unter welchen spezifischen, individuellen Bedingungen die einzelnen Preise ermittelt worden sind."

und somit grundsätzlich innerhalb eines bestimmten Verhandlungsspielraums bzw. -intervalls liegt.

Als *Ergebnis* der vorangegangenen Untersuchung kann festgehalten werden, dass das modellgestützte Bewertungskonzept von *Fischer/Rödl/Schmid* zur Veräußerungswertermittlung von Profifußballspielern i.S. einer Analogiemethode als Ausgangspunkt für die Entwicklung eines allgemein akzeptierten, normierten und objektivierten marktlichen Bewertungsmodells auf der Ebene der für den Profifußball zuständigen Organisationen dienen kann. Dabei ist allerdings zu akzeptieren, dass mittels der simulierten, objektivierten Marktpreise lediglich eine *tendenzielle Einschätzung* über die am Bilanzstichtag bestehenden Reserven eines Fußball-Clubs für finanzielle Notlagen bezogen auf die *„major assets"* eines Clubs getroffen werden kann. Schließlich ist Vergleichbarkeit zwischen Spielern nur annähernd bzw. punktuell gegeben. Für ein aussagefähiges, objektiviertes Bewertungsmodell sind, wie zuvor beschrieben, künftig weitere Maßnahmen zu ergreifen und zusätzliche Untersuchungen erforderlich, die jedoch in Anbetracht der Komplexität und des Facettenreichtums der Thematik gesonderten Arbeiten vorbehalten bleiben müssen.

Abschließend ist hinsichtlich der Vermittlung von Informationen über die Reserven eines Fußball-Clubs für finanzielle Notlagen anzumerken, dass neben der Angabe der vertraglich vereinbarten Ablösesummen für bereits kontrahierte Spielerverkäufe sowie der geschätzten, objektivierten Marktpreise für die weiterhin „genutzten" professionellen Fußballspieler im Rahmen der gemäß diesem Teilreformvorschlag zu erstellenden Veräußerungswertbilanz zusätzlich die Angabe der Summen aus den eventuell abgeschlossenen *Sportinvaliditätsversicherungen* pro Fußballspieler zu fordern ist. Daneben sind die wahrscheinlichen *Entschädigungszahlungen* bei einer außerordentlichen Kündigung nach Ablauf der Vertragsschutzfrist im Fall des grenzüberschreitenden Transfers unter Beachtung von Art. 17 FIFA-Spielerstatus anzugeben.[256]

7.3.4 *Reformvorschlag III*: Erweiterte Angaben im Anhang zur zusätzlichen Erhöhung der Verlässlichkeit

Die bisher vorgeschlagenen rein bilanziellen Maßnahmen sind, wie bereits diskutiert, um weitere nicht bilanzielle Berichtsinstrumente zu ergänzen, welche notwendige zusätzliche *finanzielle und nicht finanzielle Informationen* bereitstellen sollen.[257] In diesem Zusammenhang sind zunächst Angaben im Anhang (*notes*) über die dem ersten Teilreformvorschlag zugrunde liegenden *Prognosegrößen* und die dabei unterstellten *wesentlichen Prämissen* von elementarer Bedeutung.[258] Ziel dieser verpflichtenden Anhangangaben ist es, die mit der unternehmenswertorientierten Berichterstattungskonzeption einhergehenden *Verlässlichkeitseinbußen* weiter zu *reduzieren*.[259] Dar-

---

[256] Vgl. dazu FN 70 in Gliederungspunkt 2.3.1.

[257] Vgl. des Weiteren Gliederungspunkt 7.3.5.

[258] Vgl. Gliederungspunkt 4.4. Nach Ansicht des IASB soll der Anhang „present information about the basis of preparation of the financial statements und the specific accounting policies" (IAS 1.103(a)). In Anlehnung an diese Begrifflichkeiten sind die im Zusammenhang mit der Informationsbilanz stehenden Angaben ebenfalls im Anhang zu vermitteln.

[259] Zu den bereits geforderten Teilobjektivierungen zur Reduktion der Verlässlichkeitslücke vgl. Gliederungspunkt 7.3.2.

über hinaus sollen die geforderten Zusatzinformationen den Kapitalgebern und dabei insbesondere der Gruppe der Mitglieder bezogen auf ihr nicht finanzielles Informationsinteresse Rückschlüsse darüber ermöglichen, ob die *Leistungen sowie Maßnahmen des Club-Managements* ihren Erwartungen und Präferenzen entsprechend hergestellt bzw. durchgeführt werden oder wurden.[260]

Im Ergebnis sollen den Kapitalgebern eines Fußball-Clubs zusätzliche Indizien geliefert werden, die es ihnen erlauben, *eigene Schätzungen* vorzunehmen.[261] Infolge der offen gelegten Prognosegrößen und Prämissen werden die Kapitalgeber eines Clubs entsprechend in die Lage versetzt, bei einer vom Management abweichenden Einschätzung bzw. bei einer abweichenden individuellen Risikoeinstellung etwa mit einem differenzierten Kalkulationszinssatz bzw. einer modifizierten Cashflow-Prognose zu rechnen und/oder die Wirkungen der vollzogenen Maßnahmen divergierend zu prognostizieren bzw. zu beurteilen. Zudem können die Kapitalgeber hinsichtlich der Messung der Managementperformance und des diskutierten Problems der Zurechnung der Unternehmenswertänderung im Rahmen ihrer eigenen Schätzungen beurteilen, ob und inwieweit das Management Änderungen dieses Werts tatsächlich zu verantworten hat.[262] Vornehmlichste Aufgabe des Managements bezogen auf die Rechnungslegung ist es demnach, für *Transparenz* hinsichtlich der Risiken, denen der Club ausgesetzt ist, sowie der Leistungen und der Maßnahmen des Club-Managements zu sorgen. Die eigentliche Bewertung der Risiken, der Maßnahmen und der Leistungen kann hingegen grundsätzlich den Kapitalgebern überlassen werden.[263]

Im Zentrum der zusätzlichen Informationspflichten im Anhang steht die *Angabe der Free Cashflow-Prognose*, welche in die Berechnung des Unternehmenswerts eines Fußball-Clubs zur Erstellung der Informationsbilanz eingegangen ist. Dies wird vor allem auch durch eine optimale Informationsversorgung der Fremdkapitalgeber und Vereinsmitglieder eines Clubs begründet. Schließlich sind diese beiden Anspruchsgruppen hinsichtlich ihres finanziellen Informationsbedürfnisses primär an der zeitlichen Verteilung der erwarteten Free Cashflows anstelle deren Verdichtung auf einen Barwert interessiert.[264] Daneben ist die vergangene Cashflow-Schätzung den aktuellen und insofern tatsächlich eingetretenen Zahlungsströmen gegenüber zu stellen. Gründe für eventuelle signifikante Abweichungen sind zu kommentieren. Diese Verpflichtung gibt dem Club-Management zumindest langfristig einen Anreiz, die künftigen Cashflows nicht systematisch zu über- bzw. zu unterschätzen, da die Finanzplanung des Managements von den Kapitalgebern eines Clubs in den folgenden Perioden überprüft wird bzw. zumindest überprüft werden kann.

---

[260] Vgl. Gliederungspunkt 4.1. Zur Beurteilung der Leistungen und Maßnahmen des Club-Managements dienen zusätzlich die im „Fußball-Lagebericht" bereit gestellten Informationen. Vgl. hierzu Gliederungspunkt 7.3.5.

[261] Vgl. schon Gliederungspunkt 7.3.2.

[262] Vgl. ausführlich die Gliederungspunkte 7.1.2.2 und 7.3.2.

[263] Vgl. hierzu schon Gliederungspunkt 7.3.2. Vgl. ferner *Bieker*, Fair Value Accounting, S. 226; *Franken*, Gläubigerschutz, S. 80f.; *Streim*, Der kommunale Lagebericht, S. 320. Vgl. ebenfalls *Heumann*, Value Reporting in IFRS-Abschlüssen, S. 109f., 116, 118.

[264] Vgl. ausführlich Gliederungspunkt 7.3.2.

Aus Transparenzgründen bietet es sich an, die *Cashflow-Prognose* zusätzlich hinsichtlich der einzelnen aggregierten Cashflow-Arten *aufzuschlüsseln*. Eine mögliche Ausgestaltungsform lässt sich der folgenden Tabelle entnehmen:

Cashflow-Arten	erwartete Netto-Cashflows				
	t_1	t_2	t_3	...	t_∞
Ticketing					
Sponsoring					
Merchandising					
Löhne und Gehälter					
Trainings- und Spielstätten					
...					
Zinsen- und Tilgungen					
...					
Summe					

Tabelle 29: Potenzielle Struktur des Finanzplans eines Fußball-Clubs

Einen weiteren Informationsnutzen bietet die *Angabe einer Szenario-Analyse.*[265] Mittels dieser Methodik werden die zweckmäßigerweise als Bandbreiten dargestellten[266] Cashflows periodendifferenziert in unterschiedlichen Annahmekonstellationen (Szenarien), denen jeweils verschiedene Eintrittswahrscheinlichkeiten zugeordnet werden, geschätzt. Diese periodischen Cashflow-Szenarien sind schließlich auf ihren jeweiligen Erwartungswert zu verdichten, wobei die für die einzelnen Perioden ermittelten Cashflow-Erwartungswerte die zur Diskontierung verwendete Cashflow-Schätzung repräsentieren.[267]

Ausgangspunkt für die Szenario-Analyse bei einem Fußball-Club könnte eine *Cashflow-Cluster-Bildung* nach der erwarteten Platzierung eines Clubs am Saisonende sein. Dieser Überlegung folgend könnten mindestens drei potenzielle Cashflow-Szenarien eines Fußball-Clubs i.S. eines „worst case"-, eines „base case"- und eines „best case"-Szenarios identifiziert werden – etwa Erreichen Platz 1 bis 6, Platz 7 bis 12 und Platz 13 bis 18[268] –, die jeweils unterschiedliche Cashflows erwarten lassen dürften und denen differenzierte Eintrittswahrscheinlichkeiten zuzuordnen wären. Eine weitere Verfeinerung oder auch Erweiterung wäre zudem hinsichtlich der Teilnahme an internationalen Wettbewerben vorzunehmen. Letzten Endes müssten die jeweiligen Szenarien allerdings *clubspezifisch* festgelegt sowie im Anhang entspre-

---

[265] Gleicher Ansicht etwa *Franken*, Gläubigerschutz, S. 80; *Galli*, Rechnungswesen im Berufsfußball, S. 202. Vgl. *Pellens/Fülbier/Sellhorn*, Immaterielle Werte, S. 98.

[266] Ebenso *Hepers*, Bilanzierung von Intangible Assets, S. 119, 321, 356.

[267] Vgl. zur Szenario-Analyse z.B. *Linnhoff/Pellens*, Investitionsrechnung, S. 165ff. Zur möglichen Ausgestaltung einer Szenario-Analyse im professionellen Fußball vgl. *Haas*, Controlling im Berufsfußball, S. 190ff.

[268] Vgl. ferner *DFL*, Report 2006, S. 103f.

chend angegeben und erläutert werden. Denn bspw. für den Fußball-Club FC Bayern München kann das Verfehlen eines Tabellenplatzes, der zumindest zur Teilnahme am UEFA-Cup berechtigt, wohl als „worst case"-Szenario angesehen werden. Hingegen erscheint die Qualifikation für den UEFA-Cup durch einen regelmäßig im Mittelfeld der Bundesligatabelle „dümpelnden" Fußball-Club als „best case"-Szenario.

Neben der Angabe der Free Cashflow-Prognose und deren Unterlegung durch eine Szenario-Analyse ist zudem – wie derzeit schon bei der Bestimmung des Nutzungswerts im Fall einer Wertminderung verpflichtend vorgeschrieben[269] – der zur Diskontierung verwendete *Kalkulationszinssatz anzugeben*. Hierdurch wird dem Kapitalgeber eines Clubs angezeigt, wie und in welchem Ausmaß Risiko aus Sicht des Managements berücksichtigt wird. Darüber hinaus ist die Zusammensetzung (der Bestandteile) des Zinssatzes sowie die Methodik zur Ermittlung ausführlich *zu erläutern*.[270] Hierbei ist besonders an Angaben betreffend die Ermittlung der Eigenkapitalkosten mittels des CAPM zu denken und dabei speziell an Informationen über den risikolosen Zinssatz, die Rendite des Marktportfolios sowie den clubspezifischen Beta-Faktor. Weiterhin ist der bei Clubs in der „klassischen" Struktur des *Idealvereins* notwendigerweise vom Management festgesetzte Zinssatz zu interpretieren.[271]

Zusätzliche Transparenz könnte durch die Aufnahme einer *Sensitivitätsanalyse* in den Anhang geschaffen werden.[272] Diese hat zum Ziel, zu überprüfen, in welchen Grenzen sich der errechnete Unternehmenswert eines Fußball-Clubs bei einer Änderung der Cashflow-Prognose (z.B. modellierter Ausfall einzelner Cashflow-Komponenten oder Variationen in der Höhe einzelner fußballspezifischer Cashflow-Arten), einzelner der Cashflow-Schätzung zugrunde liegender Annahmen oder des Zinssatzes bewegt.[273]

Ferner ist über die der Cashflow-Schätzung zugrunde liegenden *wesentlichen Prämissen* zwingend zu berichten[274], wobei den Fußball-Clubs konkrete *standardisierte (Mindest-)Vorgaben* vorgeschrieben werden sollten.[275] Ein zaghafter Schritt in Rich-

---

[269] Vgl. Gliederungspunkt 6.6.

[270] Vgl. hierzu ebenfalls *Hepers*, Bilanzierung von Intangible Assets, S. 307, 357, 359; *Heumann*, Value Reporting in IFRS-Abschlüssen, S. 115ff.

[271] Vgl. Gliederungspunkt 7.3.2.

[272] Das IASB fordert bereits aktuell in einigen wenigen Fällen die Angabe einer Sensitivitätsanalyse im Anhang. Diese Verpflichtung gilt bspw. nach IFRS 7 *Financial Instruments: Disclosures* für jede Kategorie des Marktrisikos von Finanzinstrumenten. Ziel der Angabe ist es, den Abschlussadressaten in die Lage zu versetzen, Art und Ausmaß der Marktrisiken zu beurteilen (IFRS 7.31, 40f.).

[273] Vgl. zur Forderung nach einer Sensitivitätsanalyse im Rahmen der sonstigen Informationsvermittlung auch *Hepers*, Bilanzierung von Intangible Assets, S. 320f., 356f. Zur Sensitivitätsanalyse vgl. etwa *Franke/Hax*, Finanzwirtschaft, S. 252ff.; *Dinkelbach*, Sensitivitätsanalyse.

[274] Gleicher Ansicht etwa *Bieker*, Fair Value Accounting, S. 226 m.w.N.; *Hepers*, Bilanzierung von Intangible Assets, S. 119, 319ff.; *Heumann*, Value Reporting in IFRS-Abschlüssen, S. 109f.; *Leippe*, Bilanzierung von Leasinggeschäften, S. 332; *Streim*, Human Resource Accounting, S. 284f. Vgl. hierzu auch die Aussage von *Veil*, Prognosen, S. 695: „Auch die weitere Anforderung, dass die der Prognose zugrunde liegenden Annahmen offen zu legen sind, findet im prognosegetränkten Kapitalmarktrecht zunehmend Verbreitung. Selbst die Regeln über die Ad-hoc-Publizität operieren mit dem Erfordernis einer Begründung der vom Emittenten getroffenen Annahmen (§ 4 Abs. 1 Satz 1 Nr. 7 WpAIV)."

[275] Vgl. *Streim*, Stellenwert des Lageberichts, S. 718ff. sowie Gliederungspunkt 7.3.5.

tung der hier geforderten Prämissenpublizität wird vom IASB bereits aktuell vollzogen, da an jedem Bilanzstichtag umfangreiche Angaben hinsichtlich der Ermittlung des Nutzungswerts einer ZGE – allerdings nur im Fall eines der ZGE zugeordneten Goodwill – unabhängig von einer eventuell vorzunehmenden außerplanmäßigen Abschreibung zu erfolgen haben. Hierzu zählt insbesondere eine Beschreibung der Schlüsselannahmen, welche in die Cashflow-Prognose eingegangen sind (IAS 36.134).

Einen Fußball-Club betreffende, grundsätzliche Beispiele für mögliche wichtige *clubspezifische Faktoren sowie Umweltfaktoren* können in einer nicht abschließenden Auflistung der nachstehenden Tabelle entnommen werden. Zur Bestimmung der *wesentlichen* anzugebenden *Faktoren* kann auf die Forschungsergebnisse zum strategischen Controlling sowie auf weitere (empirische) Untersuchungen hinsichtlich der Informationsinteressen der Kapitalgeber eines Clubs Bezug genommen werden.[276]

Gesamtwirtschaftliche und branchenbezogene Faktoren
• Gesamtumsatz der Fußball-Branche • Branchenwachstumsrate • Durchschnittlicher Zuschauerschnitt der Liga • Durchschnittliche Zuschauereinnahmen der Liga pro Spieltag • Durchschnittliche Sponsoringeinnahmen der Liga • Durchschnittliche Merchandisingeinnahmen der Liga • Durchschnittlicher Verschuldungsgrad in der Fußball-Branche und dessen Entwicklung in der Vergangenheit • Aktuelle Umfeld-, Branchen- und (verbands-)rechtliche Risiken

Clubspezifische Faktoren	
Lizenzspielerbereich	• Beschreibung der unter Vertrag stehenden Spieler (Alter, individuelle Stärken und Schwächen sowie Leistungspotenzial aus Sicht der Trainer bzw. Manager bspw. gemessen anhand bestimmter, noch zu erarbeitender, normierter Leistungskriterien) inkl. Nationalität und Nationalspielerstatus • Angabe der Vertragslaufzeiten der einzelnen Spieler inkl. Verlängerungsoptionen bzw. Ausstiegsklauseln im Abstiegsfall • Erläuterung des Prämiensystems und seiner möglichen finanziellen Wirkungen • Im abgelaufenen Geschäftsjahr getätigte Investitionen in den Kader der Lizenzspieler und Investitionssumme pro Spieler

---

[276] Vgl. hierzu m.w.N. *Streim*, Stellenwert des Lageberichts, S. 718ff.; *Streim*, Der kommunale Lagebericht, S. 323, 326. Vgl. weiterhin Gliederungspunkt 7.3.5.

	• Darstellung von Spielern mit bisher wesentlichen Verletzungen unter Angabe der Verletzungsart und der seitens der Mediziner erwarteten Genesungsdauer bzw. der geäußerten Wahrscheinlichkeit eines erneuten Auftretens dieser oder einer anderen Verletzung • Beschreibung der Spiel- und Trainingsstätten, deren Infrastruktur sowie die Eigentumsverhältnisse
Beziehungen zu Dritten	• Durchschnittliche Zuschauerzahl pro Spielzeit • Durchschnittliche Kaufkarten pro Saison • Verkaufte Dauerkarten pro Spielzeit • Durchschnittlicher Eintrittspreis in den verschiedenen Platzkartenkategorien (Steh- und Sitzplätze, Logen etc.) • Sponsoringvertragspartner und Vertragslaufzeiten
Sonstige finanzielle Informationen	• Marktanteil des Clubs • Aktuelle finanzielle Vereinbarungen und Laufzeiten der Finanzierungsverträge • Auflagen und/oder Bedingungen aus dem Lizenzierungsverfahren
Organisation	• Struktur des Clubs • Beabsichtigte strukturelle Veränderungen (z.B. hinsichtlich der Ausgliederung der Lizenzspielerabteilung) • Mitgliederzahl • Gewährte Vergütungen an Präsidium, Vorstand bzw. Geschäftsführung sowie an einen eventuellen Aufsichtsrat oder Beirat

Tabelle 30: **Mögliche Inhalte der Prämissenpublizität im Anhang eines Fußball-Clubs**

7.3.5   *Reformvorschlag IV*: **Informationen über die mögliche zukünftige Entwicklung im „Fußball-Lagebericht"**

Weil die vom Verfasser vorgestellten Informationsbilanzen und die damit korrespondierenden zusätzlichen Angaben im Anhang bereits dem Ziel der Vermittlung entscheidungsnützlicher Informationen dienen, stellt sich zunächst die Frage, warum die Erstellung eines zusätzlichen „Informationsberichts" in Form eines Lageberichts eigentlich erforderlich ist. In der HGB-Rechnungslegung ist die Existenzberechtigung des Lageberichts evident, da die primären Abschlussbestandteile Bilanz sowie Gewinn- und Verlustrechnung und der diese erläuternde Anhang durch „informationsunfreundliche Gewinnermittlungsregeln [...] dominiert werden, die überhaupt nicht zur Vermittlung eines den tatsächlichen Verhältnissen entsprechenden Bildes konzipiert sind"[277]. Um den ebenfalls von der handelsrechtlichen Rechnungslegung verfolgten Schutz der Kapitalgeber vor informationsbedingten Risiken zu erreichen, bedarf es insofern eines zusätzlichen Schutzinstruments, nämlich des Lageberichts.[278] Den bisherigen Reformvorschlägen liegt aufgrund von Verlässlichkeitsaspekten nur der *aktuelle Zustand* eines Fußball-Clubs zugrunde, sodass die voraussichtliche Entwicklung des Clubs im Rahmen der zu vermittelnden Informationen ausgeblendet wurde.[279] Allerdings ist die *Einschätzung des Managements* über die potenzielle zukünftige Entwicklung eines Clubs für dessen Kapitalgeber ebenfalls von erheblicher Bedeutung. Aus diesem Grund sollte innerhalb des im Folgenden mit „Fußball-Lagebericht" bezeichneten Berichtsinstruments über weitere, nicht in die Prognosegrößen eingegangene, *signifikante Faktoren* berichtet werden, anhand derer die Kapitalgeber das bisher nicht berücksichtigte *mögliche Entwicklungspotenzial* eines Fußball-Clubs abschätzen können.[280] Diese Informationsausrichtung wird derzeit im Rahmen des IASB-Projekts zum sog. *„Management Commentary"* auch schon unabhängig von der Fußball-Branche diskutiert.[281] Im Ergebnis zielt die hier vom Verfasser vertretene Forderung nach der Vermittlung zukunftsorientierter Managementeinschätzungen erneut darauf ab, den Kapitalgebern eines Clubs zusätzliche Indizien für ihre *eigenen Schätzungen* zu liefern.[282]

Zusammenfassend lässt sich damit folgendes festhalten: Die sonstige Informationsvermittlung bei einem Fußball-Club „darf somit nicht als eine bloße Momentaufnahme in einem dynamischen Prozeß verstanden werden, bei der die zu erwartende Entwicklung keine Rolle spielt."[283] Allerdings sind strategische, d.h. *wettbewerbssensitive Faktoren* aus dem Angabenkatalog *auszuschließen*.[284] Ansonsten könnten konkurrierende Fußball-Clubs die vermittelten Informationen etwa bei einer beabsichtigten Spielerverpflichtung zu ihrem Vorteil ausnutzen. Dies könnte bspw. dann der Fall sein, wenn die Transferpolitik eines Fußball-Clubs aufgrund eines beschränkten Budgets auf die Verpflichtung bisher unentdeckter Talente aus dem Ausland ausgerichtet ist und der Club demnach über ein gutes Scouting-System verfügt. Würden andere finanzkräftige Clubs infolge der im Lagebericht vermittelten Informationen auf diese bisher nicht von ihnen entdeckten Spieler aufmerksam und würden sie zudem in den Wettbewerb um die Verpflichtung dieser Spieler eintreten, dann könnte der mit geringeren finanziellen Mitteln ausgestattete Fußball-Club trotz seines Scouting-Systems möglicherweise nicht die gewünschten Spieler verpflichten, weil die gebotenen bzw. realisierbaren Ablösesummen und/oder Gehaltszahlungen im Vergleich zu den finanzkräftigen Clubs zu gering sein werden.

---

[277] *Streim*, Stellenwert des Lageberichts, S. 705f. Vgl. eingehend auch *Streim*, Generalnorm, S. 399ff.

[278] Vgl. *Streim*, Stellenwert des Lageberichts, S. 706; *Streim*, Generalnorm, S. 405.

[279] Vgl. die Gliederungspunkte 7.3.2 und 7.3.3.

[280] Vgl. ausführlich die Gliederungspunkte 4.1 und 4.4. Vgl. weiterhin *Streim*, Der kommunale Lagebericht, S. 321. Zur generellen Forderung nach einem zusätzlichen „Informationsbericht" i.S. eines Lageberichts vgl. auch *Streim*, Human Resource Accounting, S. 285.

[281] Vgl. Gliederungspunkt 7.2.

[282] Vgl. dazu Gliederungspunkt 7.3.4.

[283] *Streim*, Der kommunale Lagebericht, S. 321.

[284] Vgl. *Streim*, Stellenwert des Lageberichts, S. 719.

Der nachfolgenden Tabelle können Beispiele für potenziell signifikante *clubspezifische Faktoren sowie Umweltfaktoren*, die Indikatoren für die voraussichtliche zukünftige Entwicklung eines Fußball-Clubs und damit für dessen Erfolgspotenzial darstellen, entnommen werden.

Gesamtwirtschaftliche und branchenbezogene Faktoren
• Erwartete bzw. mögliche Umfeld-, Branchen- und (verbands-)rechtliche Risiken und deren potenzielle Auswirkungen (bspw. erwartete Auswirkungen aus der Änderung der Ausländerklauseln) • Erwartete künftige gesamtwirtschaftliche und branchenspezifische Rahmenbedingungen (potenzielle Einnahmen aus der zentralen Verwertung medialer Rechte und Erläuterung der Verteilung dieser Einnahmen; mögliche Einnahmen aus der Vermarktung von Eintrittskarten und Übertragungsrechte aus internationalen Wettbewerben etc.)

Clubspezifische Faktoren	
Ziele, Strategien und Risiken	• Sportliche und wirtschaftliche Ziele sowie Strategien zur Erreichung dieser Ziele nebst zeitlichem Rahmen • Erläuterung wesentlicher Abweichungen von der bisherigen Ausrichtung • Erläuterung der wesentlichen Risiken (leistungs- und finanzwirtschaftliche, sportliche, strategische und personelle), deren potenzielle Auswirkungen auf den Club und Methoden zur Steuerung der Risiken
Lizenzspielerbereich	• Transferstrategie sowie vorhandenes bzw. geplantes Budget und geplantes Investitionsvolumen • Geplantes Investitionsvolumen in Spiel- und Trainingsstätten
Nachwuchsbereich[285]	• Anzahl und Darstellung der A- und B-Junioren-Nachwuchsspieler sowie jeweiliger Vertragsstatus • Angabe der Nachwuchsspieler in Auswahlmannschaften • Geplantes und bisheriges Investitionsvolumen in Nachwuchsspieler • Anzahl und Beschreibung der bisher aus dem eigenen Nachwuchsbereich in den Lizenzspielerkader übernommenen Spieler • Erwarteter Prozentsatz an Nachwuchsspielern mit der Aussicht auf einen Lizenzspielervertrag

---

[285] Vgl. hierzu ebenfalls *Morrow*, New Business of Football, S. 156.

Beziehungen zu Dritten	• Beschreibung des bisher unausgeschöpften bzw. möglichen Sponsoringpotenzials • Merchandising-Strategie • Erläuterung des bisher unausgeschöpften bzw. möglichen Merchandisingpotenzials
Sonstige finanzielle Informationen	• Marktpotenzial des Clubs • Aussagen über die wahrscheinliche zukünftige Verschuldung sowie geplante Finanzierungsmaßnahmen • Potenziell zu erwartende oder zu befürchtende Liquiditätsengpässe und mögliche Gegenmaßnahmen • Mögliche Auflagen und/oder Bedingungen aus dem Lizenzierungsverfahren

Tabelle 31: Potenziell anzugebende Faktoren im „Fußball-Lagebericht"

Den Fußball-Clubs sollten dabei zukünftig konkrete *standardisierte (Mindest-)Vorgaben* vorgeschrieben werden und nicht, wie im Zusammenhang mit dem *„Management Commentary"* vorgeschlagen, lediglich Empfehlungen für die inhaltliche Ausgestaltung gegeben werden. Schließlich besteht durch eine Normierung die Möglichkeit, das Problem der selektiven Informationsvermittlung einzuschränken und damit einen aussagefähigen sowie vergleichbaren „Fußball-Lagebericht" zu erreichen.[286] Dieser Zusammenhang lässt sich ferner durch die folgende allgemeine Aussage von *Schmalz* illustrieren:

> „Um den Aussenstehenden nicht [...] irrezuführen, müssten deshalb u.a. auch die Prognosen [des Club-Managements] standardisiert werden. Dadurch erhielte der Informationsempfänger bei abweichenden eigenen Zukunftsvorstellungen die Möglichkeit, in Kenntnis dieser Standardvorgehensweise die [... Informationen] nach seinen Vorstellungen abzuändern und zu korrigieren."[287]

In diesem Gesamtkontext wäre letzten Endes über die Forschungsergebnisse zur strategischen Planung und zum strategischen Controlling sowie über weitere (empirische) Untersuchungen festzustellen, welche Faktoren aus Sicht der Kapitalgeber eines Clubs und dabei insbesondere der Vereinsmitglieder *hauptsächlich relevant* sind.[288] In Anbetracht der Fülle an potenziellen Informationen gilt es dabei einen zu befürchtenden *„information overload"* zu vermeiden[289] sowie prinzipiell uninformative Daten zu vernachlässigen. Denn schließlich dürfen die Clubs ihren Lagebericht nicht

---

[286] Vgl. hierzu auch *Streim*, Stellenwert des Lageberichts, S. 718ff.; *Streim*, Der kommunale Lagebericht, S. 326. Diese Forderung gilt analog für die Prämissenpublizität im Anhang. Vgl. dazu Gliederungspunkt 7.3.4.

[287] *Schmalz*, Berichterstattung, S. 70.

[288] Vgl. ebenfalls *Streim*, Stellenwert des Lageberichts, S. 718ff.; *Streim*, Der kommunale Lagebericht, S. 323, 326.

[289] Vgl. in diesem Zusammenhang in der Auflistung bei *Streim*, Stellenwert des Lageberichts, S. 710ff. die Masse an relativ „beliebigen" Informationen, die gemäß der einschlägigen Kommentarliteratur im HGB-Lagebericht zu vermitteln sind.

zur „platten Reklame"[290] nutzen. Die zu vermittelnden Angaben sind darüber hinaus, wie bereits dargelegt, hinsichtlich ihrer *Wettbewerbssensitivität* zu analysieren, um diejenigen Informationen, die konkurrierende Fußball-Clubs zu ihrem Vorteil ausnutzen können, aus dem Angabenkatalog herauszunehmen.

7.3.6 Potenzielle Einwände gegen die angeführten Reformvorschläge und mögliche weiterführende Maßnahmen

Die zentrale Erkenntnis der vorliegenden Arbeit ist die Unvereinbarkeit des in den IFRS implizit verankerten Einzelbewertungsgrundsatzes mit dem Ziel der Vermittlung entscheidungsnützlicher Informationen bezogen auf professionelle Fußballspieler bzw. Fußball-Clubs. Der Grund hierfür liegt im hinlänglich angeführten Interaktionsproblem und der damit verbundenen Problematik, Cashflows nur willkürlich auf die einzelnen Fußballspieler eines Fußball-Clubs zurechnen zu können. Diese Problematik lässt die relevante clubspezifische Ertragsbewertung von professionellen Fußballspielern letztlich unmöglich werden. Infolge dieses Dilemmas erweist sich nur der Übergang auf eine unternehmenswertorientierte finanzielle Berichterstattung über Fußball-Clubs als zweckmäßige Lösung für die bilanzielle Abbildung der Cashflow-Potenziale eines Fußball-Clubs und dabei insbesondere für die professionellen Fußballspieler.

Falls gegen die auf dieser Feststellung basierenden Reformvorschläge eingewendet wird, dass die damit einhergehenden *Schätzprobleme zu gravierend* sind bzw. dass das *Verlassen der Einzelbewertungsebene nicht* mit der Erstellung eines Jahresabschlusses *vereinbar* ist[291], dann ist das Ziel der Vermittlung entscheidungsnützlicher Informationen, wie ausführlich gezeigt wurde, mittels der Instrumente „Bilanz" sowie „Gewinn- und Verlustrechnung" als Kernbestandteile eines Rechnungslegungssystems nicht erreichbar. Schließlich erweist sich einerseits die individuelle Ertragsbewertung für Profifußballspieler als unmöglich. Darüber hinaus sind einzelbewertungsbasierte Anschaffungs- oder Herstellungskosten sowie (hypothetische) Marktpreise für „genutzte" Spieler grundsätzlich irrelevant.[292] Die Argumentation bezogen auf den Stellenwert der beiden Kernbestandteile „Bilanz" sowie „Gewinn- und Verlustrechnung" gilt gleichfalls für die potenzielle Auffassung, die Aufgabe der unternehmenswertorientierten Informationsvermittlung über Fußball-Clubs vollständig dem Anhang (bzw. Lagebericht) zu überlassen.[293] Auch bei diesem Vorschlag kommt den beiden *Berichtsinstrumenten keine Existenzberechtigung* mehr zu. Der in der Literatur vertretenen Meinung hinsichtlich der Auslagerung der Berichterstattung über immaterielle Werte – und damit ebenfalls über Profifußballspieler – auf zusätzliche, jenseits von Bilanz und Gewinn- und Verlustrechnung angesiedelte Berichtsinstrumente[294] sei in diesem Zusammenhang Folgendes entgegengehalten: Eine derartige Lösung wird vom IASB ausdrücklich nicht angestrebt und der erste Schritt zur unternehmenswertorientierten Berichterstattung ist mit dem Nutzungswert einer zah-

---

[290] *Baden*, Matter Glanz, S. 237.

[291] Vgl. *Siegel*, Zeitwertbilanzierung, S. 599.

[292] Vgl. Gliederungspunkt 7.1.1.2.

[293] Vgl. *Black/Wright/Bachman*, Shareholder Value, S. 333ff.

[294] Vgl. hierzu die Diskussion in Gliederungspunkt 7.1.1.2 sowie die dortigen Literaturverweise in FN 73.

lungsmittelgenerierenden Einheit konzeptionell bereits schon in den IFRS angelegt.[295] Wird das angestrebte Ziel der Vermittlung entscheidungsnützlicher Informationen über professionelle Fußballspieler bzw. über Fußball-Clubs nunmehr auf bilanziellem Weg zu erreichen versucht, dann können die im Rahmen dieser Arbeit skizzierten Reformvorschläge einen geeigneten Ausgangspunkt für die Erreichung dieses Ziels bilden.[296] Die dabei vorgeschlagenen Objektivierungsmechanismen könnten allerdings als nicht ausreichend erachtet werden. Eine *zusätzliche Objektivierung* kann über die *Prüfung der* vermittelten zukunfts- und zahlungsstrombezogenen *Informationen* durch unabhängige, sachverständige Dritte erreicht werden.[297] Hierbei kann die Verantwortung für die Prüfung des vorgestellten reformierten Abschlusses eines Fußball-Clubs auf den teilweise schon mit der Prüfung des derzeitigen IFRS-Abschlusses beauftragten „unabhängigen"[298] *Abschlussprüfer* übertragen werden. Dieser ist zudem bereits jetzt nach den derzeit gültigen Bestimmungen des Lizenzierungsverfahrens mit der Prüfung des jährlich zu erstellenden Jahresabschlusses betraut und zwar ebenfalls bei den als Idealvereine am Lizenzspielbetrieb teilnehmenden Fußball-Clubs.[299]

Zusätzlich könnte an die Prüfung der vier Berichtsinstrumente durch die für den Profifußball zuständigen *Ligaorganisationen* wie den Ligaverband bzw. die DFL gedacht werden. So könnten die Ligaorganisationen diese Aufgabe zusätzlich zur Durchführung des ähnliche Kompetenzen erfordernden jährlichen Clublizenzierungsverfahrens übernehmen. Schließlich wird das zentrale, im Rahmen des Lizenzierungsverfahrens von den Fußball-Clubs nachzuweisende Kriterium der wirtschaftlichen Leistungsfähigkeit bereits nach derzeitigem Stand insbesondere auch anhand *interner, zukunftsbezogener Daten* geprüft. Dabei werden vor allem Plan-Gewinn- und Verlustrechnungen, Plan-Kapitalflussrechnungen, Erläuterungen der aus Sicht des Club-Managements wesentlichen Annahmen (bzw. Planungen) und Risiken bezogen auf die zukünftige Entwicklung des Clubs sowie Vergleiche von Plan- und Ist-Werten herangezogen.[300] Die im Zuge des Lizenzierungsverfahrens übermittelten, der Öffentlichkeit jedoch nicht zugänglichen internen Daten der Fußball-Clubs könnten zudem zur *Plausibilisierung* der den geforderten Reformvorschlägen zugrunde liegenden Informationen herangezogen werden.

---

[295] Vgl. ferner FN 74 in Gliederungspunkt 7.1.1.2, dass Informationen in Bilanz sowie GuV eine höhere Bedeutung als Informationen außerhalb dieser Berichtsinstrumente beigemessen wird.

[296] Die Reformvorschläge und die dabei vertretene geringe Gewichtung des Verlässlichkeitskriteriums sind vor folgendem Hintergrund zu sehen: An einen IFRS-Einzelabschluss werden im Gegensatz zu einem HGB-Einzelabschluss derzeit keine Rechtsfolgen geknüpft, da dieser lediglich eine Informationsfunktion erfüllen soll. Mit einem Konzernabschluss sind hingegen niemals Rechtsfolgen verbunden und zwar unabhängig davon, ob er nach den Vorschriften der IFRS oder den Regelungen des HGB erstellt wird.

[297] Vgl. ebenfalls *Streim*, Der kommunale Lagebericht, S. 320.

[298] Vgl. auch FN 241 in Gliederungspunkt 7.3.3.4.

[299] Vgl. Gliederungspunkt 2.2.2.

[300] Vgl. zum Lizenzierungsverfahren ausführlich die Gliederungspunkte 2.2.2 und 5.1 nebst den dort angeführten Literaturverweisen.

Hinsichtlich möglicher *Handlungsanleitungen* zur Prüfung mittels der Rechnungslegung vermittelter Schätzwerte sowie zukunftsbezogener Informationen kann auf den von der International Federation of Accountants (IFAC) erlassenen International Standard on Auditing 540 *Audit of Accounting Estimates* und den International Standard on Assurance Engagements 3400 *The Examination of Prospective Financial Information* zurückgegriffen werden.[301] So sind etwa nach ISA 540 folgende Prüfungshandlungen im Rahmen der *Prüfung geschätzter Werte* durchzuführen:

Prüfungsinhalte	durchzuführende Handlungen
Prüfung des eingesetzten Schätzverfahrens (ISA 540.10(a), 11 - 21)	• Auswertung der Daten und Beurteilung der Annahmen, welche der Schätzung zugrunde liegen • Prüfung der angewendeten Berechnungsverfahren • Vergleich vergangener Schätzungen mit den tatsächlich eingetretenen Ergebnissen • Würdigung der organisatorischen Maßnahmen des Managements hinsichtlich der Überprüfung der Schätzungen
Vergleich der Schätzungen des Managements mit den Werten einer vom Abschlussprüfer selbst oder von externen Dritten vorgenommenen unabhängigen Schätzung (ISA 540.10(b), 22)	• Auswertung der Daten und Beurteilung der Annahmen sowie Prüfung der Berechnungsverfahren • Vergleich vergangener Schätzungen mit den tatsächlich eingetretenen Ergebnissen
Berücksichtigung von Ereignissen nach dem Abschlussstichtag, die zur Bestätigung oder zur Widerlegung der Schätzungen geeignet sind (ISA 540.10(c), 23)	• Überprüfung, ob sich Ereignisse nach dem Abschlussstichtag auf die der Schätzung zugrunde liegenden Daten und Annahmen auswirken • Prüferische Durchsicht solcher Geschäftsvorfälle und Ereignisse, um das Erfordernis zu mindern oder sogar aufzuheben, die vom Management zur Schätzung eingesetzten Verfahren zu überprüfen

Tabelle 32: Im Rahmen der Prüfung geschätzter Werte nach ISA 540 durchzuführende Prüfungshandlungen[302]

---

[301] Zur Bindungswirkung der IFAC-Verlautbarungen gegenüber dem deutschen Berufsstand der Wirtschaftsprüfer vgl. *Ruhnke*, Bedeutung internationaler Prüfungsnormen, S. 238. Die von der IFAC erlassenen Prüfungsstandards werden demnach unter Beachtung nationaler Besonderheiten weitgehend deckungsgleich vom IDW adaptiert. So wurde etwa der Standard ISA 540 unter Beachtung der erweiterten Prüfung des nach internationalen Rechnungslegungsstandards nicht zu erstellenden Lageberichts in den IDW PS 314 transformiert (IDW PS 314.31). Lediglich ISAE 3400 ist derzeit noch nicht in einen IDW Prüfungsstandard umgesetzt worden. Der Fokus der folgenden Ausführungen liegt insofern nur auf den beiden Prüfungsstandards ISA 540 und ISAE 3400.

[302] In Anlehnung an *Bieker*, Fair Value Accounting, S. 209.

Der auf die *Prüfung zukunftsorientierter, finanzieller Rechnungslegungsinformationen* ausgerichtete Standard ISAE 3400 schreibt dem Prüfenden die Berücksichtigung nachstehender Faktoren im Rahmen seiner Prüfungshandlungen vor (ISAE 3400.17):

- die Wahrscheinlichkeit wesentlicher falscher Aussagen,
- die bei vergangenen Aufträgen erlangten Erkenntnisse,
- die Prognosekompetenz des verantwortlichen Managements,
- das Ausmaß der Beeinflussung der zukunftsorientierten Informationen durch die Einschätzungen des Managements sowie
- die Angemessenheit und die Verlässlichkeit der den Prognosen zugrunde liegenden Daten.

Die *Gesamtbetrachtung* der beiden Prüfungsstandards zeigt, dass die darin enthaltenen Handlungsanleitungen äußerst *allgemein gehalten* und somit wenig präzise bzw. konkret sind.[303] Demnach *fehlt* dem Prüfenden in Ermangelung detaillierter Vorgaben das für die Prognoseprüfung *notwendige „Rüstzeug"*.[304] Diese Feststellung ist dabei auch vor dem Hintergrund zu sehen, dass seit den fundamentalen Arbeiten von *Bretzke*[305] und *Rückle*[306] kaum Weiterentwicklungen im Bereich der theoretischen Forschung zur Prognoseprüfung zu erkennen sind. Allgemein akzeptierte „Grundsätze ordnungsmäßiger Prognoseprüfung" sind bisher noch nicht entwickelt worden.

Allerdings darf die Erwartungshaltung an den Prüfenden auch nicht zu hoch gesetzt werden, da sowohl die für den Profifußball zuständigen Ligaorganisationen als auch die Abschlussprüfer „niemals die *absolute Richtigkeit* [der vermittelten Informationen ...] bestätigen oder widerlegen"[307] können. Insofern verbleibt als vornehmlichste Aufgabe der mit der Prüfung beauftragten Personen, die *Plausibilität* der vom Club-Management gesetzten Prämissen bzw. der Einschätzungen des Managements über die zukünftige Entwicklung eines Fußball-Clubs *zu beurteilen*.[308]

Abschließend ist hinsichtlich des potenziellen Einwands, dass die mit den propagierten Reformvorschlägen einhergehenden *Schätzprobleme zu gravierend* sind, anzumerken, dass eine bewusste systematische Verschätzung seitens des Managements eines Clubs über einen längeren Zeitraum kaum vorstellbar ist.[309] Schließlich dürfte ein Club-Management, das „*dauerhaft* die zukünftigen Cash Flows überschätzt und in jedem Jahr einräumen muss, hinter den Erwartungen zurückgeblieben zu sein"[310],

---

[303] Vgl. auch *Streim/Bieker/Esser*, Fair Values, S. 474.

[304] Das Problem der Prüfung von Prognosen wurde in der jüngeren Vergangenheit zudem vom *Arbeitskreis „Externe und Interne Überwachung der Unternehmung"* der Schmalenbach-Gesellschaft für Betriebswirtschaft e.V. mit dem Arbeitspapier „Probleme der Prognoseprüfung" adressiert. Über die angeführten Prüfungsstandards hinausgehende Erkenntnisse werden hierdurch allerdings nicht vermittelt. Vgl. zu diesem Arbeitspapier *Arbeitskreis „Externe und Interne Überwachung der Unternehmung"*, Prognoseprüfung.

[305] Vgl. *Bretzke*, Prognosepublizität.

[306] Vgl. *Rückle*, Prognoseprüfung.

[307] *Bieker*, Fair Value Accounting, S. 229.

[308] Vgl. *Mujkanovic*, Fair Value, S. 349; *Schildbach*, Analyse des Rechnungswesens, S. 274.

[309] Vgl. ferner *Schildbach*, Analyse des Rechnungswesens, S. 276.

[310] *Bieker*, Fair Value Accounting, S. 231.

mit gesunkenen Unternehmenspreisen, mit eingeschränkter oder sogar unterlassener Kapitalüberlassung sowie mit einer vorzeitigen Abberufung bzw. einer unterlassenen erneuten Bestellung abgestraft werden.

Achtes Kapitel

8 Zusammenfassung und Ausblick

Professionelle Fußballspieler stellen die bedeutendsten Produktionsfaktoren eines Fußball-Clubs dar, denn schließlich „steht und fällt" der gesamte sportliche und auch wirtschaftliche Erfolg eines Clubs mit seinen Fußballspielern. Eine Diskussion über deren insbesondere aufgrund der IAS-Verordnung der EU und des europaweiten Clublizenzierungsverfahrens der UEFA hochgradig aktuelle und zudem bisher ungeregelte Bilanzierung nach IFRS hat im Gegensatz zu den handels- und steuerrechtlichen Vorschriften und zu den Regelungen der UK-GAAP in der Literatur bisher nur sehr rudimentär stattgefunden. Insofern lag das erste wesentliche Ziel der vorliegenden Arbeit in der Erarbeitung von Anwendungsleitlinien zur IFRS-konformen bilanziellen Abbildung professioneller Fußballspieler. Hierbei konnte gezeigt werden, dass unstrittig die für immaterielle Vermögenswerte geltenden Bilanzierungsvorschriften des IAS 38 *Intangible Assets* auf das Spezifikum „Profifußballspieler" mit seinen charakteristischen Eigenschaften Anwendung finden. Da speziell die Frage nach der zweckmäßigen bilanziellen Abbildung des Spielervermögens in der *informationsorientierten Rechnungslegung* bislang noch nicht beantwortet wurde, war das zweite wesentliche Ziel der Arbeit eine ökonomische Analyse der IFRS-konformen Bilanzierungsvorschriften für Profifußballspieler vor dem Hintergrund der Zwecke der Rechnungslegung für Fußball-Clubs. Dabei lag der Fokus der Untersuchung auf der Beantwortung der Frage, ob bzw. inwieweit diese Bilanzierungsvorschriften die Vermittlung entscheidungsnützlicher Informationen gegenüber den Kapitalgebern eines Fußball-Clubs gewährleisten.

Die Kapitalgeber eines Fußball-Clubs in Form von Eigenkapitalgebern, Fremdkapitalgebern und Vereinsmitgliedern sind hinsichtlich ihres finanziellen Informationsinteresses an der Höhe, der zeitlichen Struktur und der Unsicherheit der zukünftigen Cashflows interessiert. Demnach müssen die Einzahlungspotenziale „Profifußballspieler" bezogen auf das primär zu beachtende Informationskriterium der Relevanz in Höhe ihres jeweiligen *clubspezifischen Ertragswerts*, d.h. zum Barwert der aus der Nutzung durch einen Fußball-Club erwarteten künftigen Ein- und Auszahlungen, in der Bilanz angesetzt werden. Die in den IFRS vorgesehene Bewertung professioneller Fußballspieler zu fortgeführten Kosten verhindert zunächst die entscheidungsrelevante vollständige Aktivierung der Einzahlungspotenziale „Profifußballspieler" und erweist sich vor dem Hintergrund der relevanten Ertragsbewertung ebenso wie die in der Literatur häufig geforderte Bewertung zum Fair Value[1] im Sinne eines Marktpreises als völlig unzweckmäßig. Schließlich stellt ein Rückgriff auf (hypothetische) Marktpreise nur dann eine zweckmäßige Lösung dar, wenn eine Veräußerung eines bislang eingesetzten Spielers vor Ablauf des befristeten Arbeitsvertrags vereinbart wird bzw. beabsichtigt ist.

---

[1] Vgl. KPMG, Marktwerte des Spielervermögens; *Ernst & Young*, Profifußball, S. 57ff.; *Galli*, Human-Resource-Bewertung; *WGZ-Bank/KPMG*, Fußball und Finanzen, S. 127, 131f., 134ff.; *Elter*, Bewertung von „Spielervermögen"; *Elter*, Schwacke-Liste; *Elter*, Fußballer in der Bilanz; *Galli*, Spielerbewertung im Teamsport.

Aufgrund der *Kollektivguteigenschaft* des Mannschaftssports „Fußball" und der insofern zwischen den Spielern stattfindenden Interaktionen kann der von einem Fußball-Club insgesamt generierbare wirtschaftliche Nutzen aus dem Einsatz, der Vermarktung und der Verwertung seiner professionellen Fußballspieler allerdings nicht willkürfrei auf einen einzelnen Fußballspieler zugerechnet werden, sodass sich die geforderte individuelle clubspezifische Ertragsbewertung im Ergebnis als unmöglich erweist. Ein zweckmäßiger Ausweg aus diesem Dilemma wäre die Abkehr vom in den IFRS implizit verankerten Grundsatz der Einzelbewertung und eine Hinwendung zu einer *unternehmenswertorientierten finanziellen Berichterstattung* über Fußball-Clubs. Eine derartige unternehmenswertorientierte finanzielle Berichterstattungskonzeption ist mit dem Nutzungswert einer zahlungsmittelgenerierenden Einheit bereits explizit im Normengerüst der IFRS angelegt. Werden die dabei existenten konzeptionellen Defizite der ausschließlichen Anwendung in einer Nebenrechnung, der Verteilung auf einzelne Vermögenswerte sowie der imparitätischen Ausrichtung beseitigt und wird die Ebene der Einzelbewertung letzten Endes verlassen, dann ist eine Informationsbilanz vorstellbar, die direkt und vollständig den Unternehmenswert eines Fußball-Clubs i.S. des Ertragswerts abbildet.

Um die mit einer derartigen Informationsbilanz einhergehenden *Verlässlichkeitsverluste* zumindest partiell zu reduzieren, ist der Prognose der in das Unternehmensbewertungskalkül eingehenden Free Cashflows nur der aktuelle Zustand eines Fußball-Clubs zugrunde zu legen, d.h. noch nicht hinreichend konkretisierte Maßnahmen sowie zukünftig beabsichtigte Investitionen etwa in neue Fußballspieler dürfen sich nicht in der Cashflow-Schätzung niederschlagen. Hierdurch wird einerseits der Einbezug wettbewerbssensitiver Faktoren unterbunden. Andererseits stehen diese Anforderungen in Einklang mit den Erkenntnissen hinsichtlich der Messung der Managementperformance, da anhand der periodischen Änderung des Unternehmenswerts eines Clubs prinzipiell die Performance des Club-Managements in der abgelaufenen Periode gemessen werden kann. Als weiterer Objektivierungsmechanismus könnte zumindest beim Fußball-Club in der Rechtsform einer Kapitalgesellschaft an die Bestimmung des Kalkulationszinssatzes unter Rückgriff auf kapitalmarktorientierte Kapitalkostensätze gedacht werden.

Die im Zusammenhang mit der Informationsbilanz stehenden Verlässlichkeitseinbußen können naturgemäß nicht vollständig beseitigt werden. Um jedoch einen weiteren, zumindest partiellen Objektivierungsbeitrag zu leisten, bedarf es zusätzlich einer Veräußerungswertbilanz, die vor allem die aktuellen (hypothetischen) Einzelveräußerungswerte der Profifußballspieler eines Fußball-Clubs zur Abschätzung der „Reserven für finanzielle Notlagen"[2] enthält. Des Weiteren sind die der Informationsbilanz zugrunde liegenden Prognosegrößen und die dabei unterstellten wesentlichen Prämissen entsprechend im Anhang anzugeben und zu erläutern, um außerdem die für die Kapitalgeber eines Clubs ebenfalls notwendigen nicht finanziellen Informationen zu vermitteln. In diesem Gesamtzusammenhang sind ferner die im „Fußball-Lagebericht" bereit zu stellenden Informationen von elementarer Bedeutung, welche die in den bisherigen Berichtsinstrumenten ausgeschlossene voraussichtliche Entwicklung eines Fußball-Clubs gemäß der Einschätzung des Club-Managements betreffen. Dabei sind erneut strategische, d.h. wettbewerbssensitive Angaben auszuschließen.

---

[2]   *Streim*, Informationsgehalt, S. 324.

Wird das Ziel der Vermittlung entscheidungsnützlicher Informationen durch Rechnungslegung ernst genommen, dann erweist sich nur der Übergang auf eine unternehmenswertorientierte finanzielle Berichterstattung über Fußball-Clubs als zweckmäßige Lösung für die bilanzielle Abbildung der Cashflow-Potenziale eines Fußball-Clubs und dabei insbesondere für die professionellen Fußballspieler. Falls jedoch gegen die auf dieser Feststellung basierenden Reformvorschläge eingewendet wird, dass die damit einhergehenden Schätzprobleme trotz der vorgeschlagenen Objektivierungsmechanismen zu gravierend sind, dann kommt den klassischen Berichtsinstrumenten eines Rechnungslegungssystems in Form von „Bilanz" sowie „Gewinn- und Verlustrechnung" keine Existenzberechtigung mehr zu. Im Fall der Ablehnung der Erkenntnisse dieser Arbeit muss die Frage erlaubt sein, worüber Bilanz und GuV überhaupt informieren sollen bzw. können.

Es kann letzten Endes bezweifelt werden, dass der internationale Standardsetter IASB in absehbarer Zeit tatsächlich eine Bilanz kreieren wird, die es auch wert ist, den Namen „Informationsbilanz" zu tragen. Wenn die eingangs dieser Arbeit angeführte Aussage „*Certainly, football is big business*" ebenfalls hinsichtlich der Vermittlung entscheidungsnützlicher Informationen durch Rechnungslegung gelten soll, dann bedarf es zukünftig eines Strebens nach Veränderungen und nicht eines Festhaltens an überholten, tradierten bilanziellen Denkmustern.

Literaturverzeichnis

Abel, Udo: Die **Haftung** beim nicht rechtsfähigen Verein, Lohmar u.a. 2005.

Aboody, David/Lev, Baruch: **R&D Productivity** in the Chemical Industry, New York University 2001, http://www.stern.nyu.edu/~chemical-industry.doc, abgerufen am 31.08.2004.

Adler/Düring/Schmaltz: **Rechnungslegung und Prüfung** der Unternehmen – Kommentar zum HGB, AktG, GmbHG, PublG nach den Vorschriften des Bilanzrichtlinien-Gesetzes, 6. Aufl. in mehreren Teilbeiträgen, Teilbd. 1 bis 8, Stuttgart 1995ff.

Adler/Düring/Schmaltz: **Rechnungslegung nach Internationalen Standards** – Kommentar, bearbeitet von Hans-Friedrich Gelhausen, Jochen Pape, Joachim Schindler, Wienand Schruff, Stuttgart 2002 (Stand: Dezember 2006).

Akerlof, George A.: The **Market for "Lemons"**: Quality Uncertainty and the Market Mechanism, in: Quarterly Journal of Economics, Vol. 84 (1970), S. 488 - 500.

Albach, Horst: Grundgedanken einer **synthetischen Bilanztheorie**, in: Zeitschrift für Betriebswirtschaft, 35. Jg. (1965), S. 21 - 31.

Alchian, Armen A./Demsetz, Harold: The **Property Rights** Paradigm, in: The Journal of Economic History, Vol. 33 (1973), S. 16 - 27.

Aldermann, Sabine: **Lizenzfußball** und Nebenzweckprivileg, Tübingen 1997.

Alvarez, Manuel/Wotschofsky, Stefan/Miethig, Michaela: **Leasingverhältnisse nach IAS 17** – Zurechnung, Bilanzierung, Konsolidierung –, in: Die Wirtschaftsprüfung, 53. Jg. (2001), S. 933 - 947.

American Accounting Association: A Statement of **Basic Accounting Theory**, Evanston 1966.

Amir, Eli/Livne, Gilad: **Accounting for Human Capital** When Labor Mobility is Restricted, Tel Aviv 2000.

Amir, Eli/Livne, Gilad: Accounting, Valuation and Duration of **Football Player Contracts**, in: Journal of Business Finance & Accounting, Vol. 32 (2005), S. 549 - 586.

Arbeitskreis „Externe Unternehmensrechnung" (Arbeitskreis „Externe Unternehmensrechnung" der Schmalenbach-Gesellschaft – Deutsche Gesellschaft für Betriebswirtschaft e.V.): Vereinbarkeit **internationaler Konzernrechnungslegung** mit handelsrechtlichen Grundsätzen, Sonderheft der Zeitschrift für betriebswirtschaftliche Forschung, 2. Aufl., Düsseldorf 1999.

Arbeitskreis „Immaterielle Werte im Rechnungswesen" (Arbeitskreis "Immaterielle Werte im Rechnungswesen" der Schmalenbach Gesellschaft für Betriebswirtschaft e.V.): **Kategorisierung** und bilanzielle Erfassung **immaterieller Werte**, in: Der Betrieb, 54. Jg. (2001), S. 989 - 995.

Arbeitskreis "Externe und Interne Überwachung der Unternehmung" (Arbeitskreis „Externe und Interne Überwachung der Unternehmung" der Schmalenbach Gesellschaft für Betriebswirtschaft e.V.): Probleme der **Prognoseprüfung**, in: Der Betrieb, 56. Jg. (2003), S. 105 - 111.

Arbeitskreis „Immaterielle Werte im Rechnungswesen" (Arbeitskreis "Immaterielle Werte im Rechnungswesen" der Schmalenbach Gesellschaft für Betriebswirtschaft e.V.): Freiwillige **externe Berichterstattung** über immaterielle Werte, in: Der Betrieb, 56. Jg. (2003), S. 1233 - 1237.

Arens, Wolfgang: **Transferbestimmungen** im Fußballsport im Lichte des Arbeits- und Verfassungsrechts, in: Zeitschrift für Sport und Recht, 1. Jg. (1994), S. 179 - 188.

Arens, Wolfgang: Der **Fall Bosman** – Bewertung und Folgerungen aus der Sicht des nationalen Rechts, in: Zeitschrift für Sport und Recht, 3. Jg. (1996), S. 39 - 43.

Arens, Wolfgang: **„Der deutsche Bosman"**, Anmerkungen zum Kienas-Urteil des Bundesarbeitsgerichts vom 20.11.1996, in: Zeitschrift für Sport und Recht, 4. Jg. (1997), S. 126 - 128.

Arens, Wolfgang/Jaques, Chris: Rechtliche Überlegungen zu § 11 der **Spielerverträge im Berufsfußball**, in: Zeitschrift für Sport und Recht, 4. Jg. (1997), S. 41 - 45.

Arrow, Kenneth J.: The **Economics of Agency**, in: Pratt, John W./Zeckhauser, Richard J. (Hrsg.): Principals and Agents: The Structure of Business, Boston 1985, S. 37 - 51.

Arrow, Kenneth J.: **Agency and the Market**, in: Arrow, Kenneth J./Intriligator, Michael D. (Hrsg.): Handbook of Mathematical Economics, Vol. III, Amsterdam u.a. 1986, S. 1183 - 1195.

Assmann, Heinz-Dieter/Kirchner, Christian/Schanze, Erich: **Ökonomische Analyse** des Rechts. Mit Beiträgen von Calabresi, Coase, Posner und anderen, Tübingen 1993.

Baden, Kay: **Matter Glanz**, in: manager magazin, 20. Jg. (1990), Heft 9, S. 236 - 243.

Baetge, Jörg/Keitz, Isabel von: **IAS 38** Immaterielle Vermögenswerte (Intangible Assets), in: Baetge, Jörg/Wollmert, Peter/Kirsch, Hans-Jürgen/Oser, Peter/ Bischof, Stefan (Hrsg.): Rechnungslegung nach IFRS – Kommentar auf der Grundlage des deutschen Bilanzrechts, 2. Aufl., Stuttgart 2003 (Stand: Dezember 2006).

Baetge, Jörg/Kirsch, Hans-Jürgen/Thiele, Stefan: **Bilanzen**, 8. Aufl., Düsseldorf 2005.

Baetge, Jörg/Krolak, Thomas/Thiele, Stefan: **IAS 36** Wertminderung von Vermögenswerten (Impairment of Assets), in: Baetge, Jörg/Wollmert, Peter/Kirsch, Hans-Jürgen/Oser, Peter/Bischof, Stefan (Hrsg.): Rechnungslegung nach IFRS – Kommentar auf der Grundlage des deutschen Bilanzrechts, 2. Aufl., Stuttgart 2003 (Stand: Dezember 2006).

Bäune, Stefan: **Kapitalgesellschaften** im bundesdeutschen Lizenzfußball: Die Rechtslage nach den DFB-Reformen vom 23./24.10.1998, Aachen 2001.

Ballwieser, Wolfgang: Unternehmensbewertung mit Hilfe von **Multiplikatoren**, in: Rückle, Dieter (Hrsg.): Aktuelle Fragen der Finanzwirtschaft und der Unternehmensbesteuerung, Festschrift für Erich Loitlsberger zum 70. Geburtstag, Wien 1991, S. 47 - 66.

Ballwieser, Wolfgang: Adolf Moxter und der **Shareholder Value-Ansatz**, in: Ballwieser, Wolfgang/Böcking, Hans-Joachim/Drukarczyk, Jochen/Schmidt, Reinhard H. (Hrsg.): Bilanzrecht und Kapitalmarkt – Festschrift zum 65. Geburtstag von Adolf Moxter, Düsseldorf 1994, S. 1377 - 1405.

Ballwieser, Wolfgang: Zum **Nutzen handelsrechtlicher Rechnungslegung**, in: Ballwieser, Wolfgang/Moxter, Adolf/Nonnenmacher, Rolf (Hrsg.): Rechnungslegung – warum und wie: Festschrift für Hermann Clemm zum 70. Geburtstag, München 1996, S. 1 - 25.

Ballwieser, Wolfgang: **Grenzen des Vergleichs** von Rechnungslegungssystemen – dargestellt anhand von HGB, US-GAAP und IAS, in: Forster, Karl-Heinz/Grunewald, Barbara/Lutter, Marcus/Semler, Johannes (Hrsg.): Aktien- und Bilanzrecht: Festschrift für Bruno Kropff, Düsseldorf 1997, S. 371 - 391.

Ballwieser, Wolfgang: **Wertorientierte Unternehmensführung**: Grundlagen, in: Zeitschrift für betriebswirtschaftliche Forschung, 52. Jg. (2000), S. 160 - 166.

Ballwieser, Wolfgang: **Rechnungslegung im Umbruch**, Entwicklungen, Ziele, Missverständnisse, in: Der Schweizer Treuhänder, 76. Jg. (2002), S. 295 - 304.

Ballwieser, Wolfgang: **IAS 16** Sachanlagen (Property, Plant and Equipment), in: Baetge, Jörg/Wollmert, Peter/Kirsch, Hans-Jürgen/Oser, Peter/ Bischof, Stefan (Hrsg.): Rechnungslegung nach IFRS – Kommentar auf der Grundlage des deutschen Bilanzrechts, 2. Aufl., Stuttgart 2003 (Stand: Dezember 2006).

Ballwieser, Wolfgang: **Unternehmensbewertung** – Prozeß, Methoden und Probleme, Stuttgart 2004.

Ballwieser, Wolfgang/Leuthier, Rainer: Betriebswirtschaftliche Steuerberatung: Grundprinzipien, Verfahren und Probleme der **Unternehmensbewertung** (Teil II), in: Deutsches Steuerrecht, 24. Jg. (1986), S. 604 - 610.

Ballwießer, Cornelia: Die handelsrechtliche **Konzernrechnungslegung** als Informationsinstrument: eine Zweckmäßigkeitsanalyse, Frankfurt a.M. u.a. 1997.

Balser, Markus: **Unternehmen Fußball**, in: Süddeutsche Zeitung vom 01.08. 2003, S. 17.

Balzer, Peter: Die **Umwandlung von Vereinen** der Fußball-Bundesligen in Kapitalgesellschaften zwischen Gesellschafts-, Vereins- und Verbandsrecht, in: Zeitschrift für Wirtschaftsrecht, 22. Jg. (2001), S. 175 - 184.

Balzer, Peter: **Rechtliche Aspekte des Börsengangs** von Fußball-Kapitalgesellschaften, in: Zeitschrift für internationale und kapitalmarktorientierte Rechnungslegung, 1. Jg. (2001), S. 50 - 57.

Bandow, Udo/Peters, Hans Heinrich: **Fußball und Kapitalmarkt**, in: Hübl, Lothar/ Peters, Hans Heinrich/Swieter, Detlef (Hrsg.): Ligasport aus ökonomischer Sicht, Aachen 2002, S. 175 - 209.

Barnea, Amir/Haugen, Robert A./Senbet, Lemma W.: **Agency Problems** and Financial Contracting, Englewood Cliffs 1985.

Bartels, Peter/Jonas, Martin: § 27. **Wertminderungen**, in: Bohl, Werner/Riese, Joachim/Schlüter, Jörg (Hrsg.): Beck'sches IFRS-Handbuch, Kommentierung der IFRS/IAS, 2. Aufl., München 2006, S. 739 - 774.

Barth, Mary E./Landsman, Wayne R.: **Fundamental Issues** Related to Using Fair Value Accounting for Financial Reporting, in: Accounting Horizons, Vol. 9 (1995), S. 97 - 107.

Bausch, Andreas: Die **Multiplikator-Methode**, Ein betriebswirtschaftlich sinnvolles Instrument zur Unternehmenswert- und Kaufpreisfindung in Akquisitionsprozessen?, in: Finanz Betrieb, 2. Jg. (2000), S. 448 - 459.

Bayern München: **Mitgliedsantrag**, http://www.fcbayern.de, AG & Verein, Mitglied werden, abgerufen am 08.02.2007.

Beaver, William H.: **Financial Reporting:** An Accounting Revolution, 3. Aufl., Englewood Cliffs 1998.

Beiersdorf, Kati/Buchheim, Regine: IASB-Diskussionspapier „**Management Commentary**" – Export des deutschen Lageberichts als Managementbericht?, in: Betriebs-Berater, 61. Jg. (2006), S. 96 - 100.

Benner, Gerd: **Risk Management** im professionellen Sport: auf der Grundlage von Ansätzen einer Sportbetriebslehre, Bergisch Gladbach u.a. 1992.

Beyhs, Oliver: **Impairment of Assets** nach International Accounting Standards: Anwendungshinweise und Zweckmäßigkeitsanalyse, Frankfurt a.M. u.a. 2002.

Biagioni, Louis F./Ogan, Pekin: **Human Resource Accounting** for Professional Sports Teams, in: Management Accounting, Vol. 59 (1977), S. 25 - 29.

Bieker, Marcus: Ökonomische Analyse des **Fair Value Accounting**, Frankfurt a.M. u.a. 2006.

Bieker, Marcus/Esser, Maik: Der **Impairment-Only-Ansatz** des IASB: Goodwillbilanzierung nach IFRS 3 „Business Combination", in: Steuern und Bilanzen, 6. Jg. (2004), S. 449 - 458.

Black, Andrew/Wright, Philip/Bachman, John E.: **Shareholder Value** für Manager: Konzepte und Methoden zur Steigerung des Unternehmenswertes, Frankfurt a.M. u.a. 1998.

Blanpain, Roger: **Geschichte und Hintergründe** des Bosman-Urteils, in: Arbeit und Recht, 44. Jg. (1996), S. 161 - 167.

Blumenwitz, Dieter: Einführung in das **anglo-amerikanische Recht**, 7. Aufl., München 2003.

Böcking, Hans-Joachim: Zum Verhältnis von **Rechnungslegung und Kapitalmarkt**: Vom „financial accounting" zum „business reporting", in: Ballwieser, Wolfgang/Schildbach, Thomas (Hrsg.): Rechnungslegung und Steuern international: Tagung des Ausschusses Unternehmensrechnung im Verein für Socialpolitik am 9. und 10. Mai 1997 in Evelle/Frankreich, Düsseldorf 1998, S. 17 - 53.

Böcking, Hans-Joachim/Nowak, Karsten: **Marktorientierte Unternehmensbewertung**, Darstellung und Würdigung der marktorientierten Vergleichsverfahren vor dem Hintergrund der deutschen Kapitalmarktverhältnisse, in: Finanz Betrieb, 1. Jg. (1999), S. 169 - 176.

Böhm-Bawerk, Eugen von: **Capital und Capitalzins**, Band 2: Positive Theorie des Capitales, 2. Aufl., Innsbruck 1902.

Börner, Lothar: **Berufssportler** als Arbeitnehmer, Darmstadt 1973.

Borussia Dortmund GmbH & Co. KGaA: **Geschäftsbericht 2004**, http://www.borussia-aktie.de, Publikationen, Geschäftsberichte, Geschäftsbericht 2004, abgerufen am 30.05.2005.

Borussia Dortmund GmbH & Co. KGaA: **Geschäftsbericht** Juli 2005 - Juni **2006**, http://www.borussia-aktie.de, Publikationen, Geschäftsberichte, Geschäftsbericht 2006, abgerufen am 08.01.2007.

Bosworth, Derek/Rogers, Mark: **Research and Development**, Intangible Assets and the Performance of Large Australien Companies, Melbourne Institute Working Paper No. 2/98, http://www.ecom.unimelb.edu.au/iaesrwww/home.html, abgerufen am 31.08.2004.

Brast, Christoph/Stübinger, Tim: **Verbandsrechtliche Grundlagen** des Sportmanagements in der Fußball-Bundesliga, in: Schewe, Gerhard/Littkemann, Jörn (Hrsg.): Sportmanagement: der Profi-Fußball aus sportökonomischer Perspektive, Schorndorf 2002, S. 23 - 52.

Brealey, Richard A./Myers, Stewart C./Allen, Franklin: Principles of **Corporate Finance**, 8. Aufl., Boston u.a. 2006.

Bretzke, Wolf-Rüdiger: Inhalt und Prüfung des Lageberichtes: Anmerkungen zur gegenwärtigen und zukünftigen Praxis der **Prognosepublizität**, in: Die Wirtschaftsprüfung, 32. Jg. (1979), S. 337 - 349.

Briston, Richard J./Simon, Jon B.: **Großbritannien**, in: Chmielewicz, Klaus/Schweitzer, Marcell (Hrsg.): Handwörterbuch des Rechnungswesens, 3. Aufl., Stuttgart 1993, Sp. 840 - 851.

Brotte, Jörg: US-amerikanische und deutsche **Geschäftsberichte** – Notwendigkeit, Regulierung und Praxis jahresabschlußergänzender Informationen, Wiesbaden 1997.

Brummet, R. Lee/Flamholtz, Eric G./Pyle, William C.: **Human Resource Measurement** – A Challenge for Accountants, in: The Accounting Review, Vol. 43 (1968), S. 217 - 224.

Buchholz, Rainer: **Grundzüge des Jahresabschlusses** nach HGB und IFRS: mit Aufgaben und Lösungen, 3. Aufl., München 2005.

Büch, Martin-Peter: Das **„Bosman Urteil"** – Transferentschädigungen, Ablösesummen, Eigentumsrechte, Freizügigkeit. Sportökonomische Anmerkungen zu einem sportpolitischen Thema, in: Sportwissenschaft, 28. Jg. (1998), S. 283 - 296.

Büch, Martin-Peter/Schellhaaß, Horst-Manfred: **Ökonomische Aspekte der Transferentschädigung** im bezahlten Mannschaftssport, in: Jahrbuch für Sozialwissenschaft, 29. Jg. (1978), S. 255 - 274.

Burg, Tsjalle van der: Market and government failures, institutional mismatch and **football sector**, in: Prinz, Aloys/Steenge, Albert/Vogel, Alexander (Hrsg.): Neue Institutionenökonomik: Anwendung auf Religion, Banken und Fußball, Münster 2001, S. 41 - 90.

Burhoff, Detlef: **Vereinsrecht**: ein Leitfaden für Vereine und ihre Mitglieder, 6. Aufl., Herne/Berlin 2006.

Busche, Arnd: **Ökonomische Implikationen** des Bosman-Urteils, in: Hammann, Peter/Schmidt, Lars/Welling, Michael (Hrsg.): Ökonomie des Fußballs, Grundlegungen aus volks- und betriebswirtschaftlicher Perspektive, Wiesbaden 2004, S. 87 - 104.

Busse von Colbe, Walther: Aufbau und **Informationsgehalt** von Kapitalflußrechnungen, in: Zeitschrift für Betriebswirtschaft, 36. Jg. (1966), 1. Ergänzungsheft, S. 82 - 114.

Busse von Colbe, Walther: **Prognosepublizität** von Aktiengesellschaften, in: Angehrn, Otto/Künzi, Hans Paul (Hrsg.): Beiträge zur Lehre von der Unternehmung, Festschrift für Karl Käfer, Stuttgart 1968, S. 91 - 118.

Busse von Colbe, Walther: **Rechnungswesen**, in: Busse von Colbe, Walther/Pellens, Bernhard (Hrsg.): Lexikon des Rechnungswesens – Handbuch der Bilanzierung und Prüfung, der Erlös-, Finanz-, Investitions- und Kostenrechnung, 4. Aufl., München u.a. 1998, S. 599 - 602.

Busse von Colbe, Walther: Ausbau der **Konzernrechnungslegung** im Lichte internationaler Entwicklungen, in: Zeitschrift für Unternehmens- und Gesellschaftsrecht, 29. Jg. (2000), S. 651 - 673.

Byrd, John/Parrino, Robert/Pritsch, Gunnar: **Stockholder-Manager Conflicts** and Firm Value, in: Financial Analysts Journal, Vol. 54 (1998), No. 3, S. 14 - 30.

Carmichael, Fiona/Thomas, Dennis A.: Bargaining in the **transfer market**: theory and evidence, in: Applied Economics, Vol. 25 (1993), S. 1467 - 1476.

Carmichael, Fiona/Forrest, David/Simmons, Robert: The Labour Market In **Association Football**: Who Gets Transferred And For How Much?, in: Bulletin of Economic Research, Vol. 51 (1999), S. 125 - 150.

Castan, Edgar: **Rechnungslegung** der Unternehmung, 3. Aufl., München 1990.

Choi, Frederick D. S./Meek, Gary K.: **International Accounting**, 5. Aufl., Upper Saddle River 2005.

Clemm, Hermann: Unternehmerische **Rechnungslegung** – Aufgaben, Möglichkeiten und Grenzen –, in: Havermann, Hans (Hrsg.): Bilanz- und Konzernrecht: Festschrift zum 65. Geburtstag von Reinhard Goerdeler, Düsseldorf 1987, S. 93 - 112.

Coase, Ronald H.: The **Nature of the Firm**, in: Economica, Vol. 4 (1937), S. 386 - 405.

Coenenberg, Adolf G.: **Beurteilungskriterien** unternehmensexterner Informationssysteme, in: Grochla, Erwin/Szyperski, Norbert (Hrsg.): Management-Informationssysteme: eine Herausforderung an Forschung und Entwicklung, Wiesbaden 1971, S. 735 - 759.

Coenenberg, Adolf G.: **Jahresabschluss** und Jahresabschlussanalyse, Betriebswirtschaftliche, handelsrechtliche, steuerrechtliche und internationale Grundsätze – HGB, IFRS und US-GAAP, 20. Aufl., Stuttgart 2005.

Crasselt, Nils: Betriebswirtschaftliche **Investitionsbeurteilung im Profifußball** – Möglichkeiten und Grenzen, in: Hammann, Peter/Schmidt, Lars/Welling, Michael (Hrsg.): Ökonomie des Fußballs, Grundlegungen aus volks- und betriebswirtschaftlicher Perspektive, Wiesbaden 2004, S. 219 - 240.

Daum, Jürgen H.: **Intangible Assets** oder die Kunst, Mehrwert zu schaffen, Bonn 2002.

Daum, Jürgen H.: **Intellectual Capital Statements**: Basis für ein Rechnungswesen- und Reportingmodell der Zukunft?, Anregungen aus Dänemark für eine Reform des internen Performance Managements und des externen Berichtswesens, in: Controlling, 15. Jg. (2003), S. 143 - 153.

Dawo, Sascha: **Immaterielle Güter** in der Rechnungslegung nach HGB, IAS/IFRS und US-GAAP, Aktuelle Rechtslage und neue Wege der Bilanzierung und Berichterstattung, Herne/Berlin 2003.

Decker, Rolf O. A.: Eine **Prinzipal-Agenten-theoretische Betrachtung** von Eigner-Manager-Konflikten in der Kommanditgesellschaft auf Aktien und in der Aktiengesellschaft, Bergisch Gladbach u.a. 1994.

Dehesselles, Thomas: **Vereinsführung**: Rechtliche und steuerliche Grundlagen, in: Galli, Albert/Gömmel, Rainer/Holzhäuser, Wolfgang/Straub, Wilfried (Hrsg.): Sportmanagement, Grundlagen der unternehmerischen Führung im Sport aus Betriebswirtschaftslehre, Steuern und Recht für den Sportmanager, München 2002, S. 5 - 43.

Deloitte & Touche: Annual Review of **Football Finance**, Manchester **1996**.

Deloitte & Touche: Annual Review of **Football Finance**, Manchester **1997**.

Deloitte & Touche: Annual Review of **Football Finance**: A review of the 1998/1999 season, Manchester **2000**.

Deloitte & Touche: Annual Review of **Football Finance**, Manchester **2001**.

Deloitte & Touche: Annual Review of **Football Finance**, Incorporating England's Premier Clubs, Manchester **2002**.

Deloitte & Touche: Annual Review of **Football Finance**, Manchester **2003**.

Deloitte & Touche: Annual Review of **Football Finance**, Manchester **2004**.

Deloitte & Touche: Annual Review of **Football Finance** – A changing landscape, Manchester **2005**.

Demsetz, Harold: The **Structure of Ownership** and the Theory of the Firm, in: The Journal of Law and Economics, Vol. 26 (1983), S. 375 - 390.

Demski, Joel S./Fellingham, John C./Ijiri, Yuji/Sunder, Shyam: Some Thoughts on the **Intellectual Foundations of Accounting**, in: Accounting Horizons, Vol. 16 (2002), S. 157 - 168.

DFL: Bundesliga **Report 2006**, Frankfurt a.M. 2006.

Dietl, Helmut M.: Die ökonomischen Institutionen des Spielermarktes im Fußballsport – eine Analyse des neuen **FIFA-Transferreglements**, Korreferat zum Beitrag von Schellhaaß/May, in: Dietl, Helmut M. (Hrsg.): Globalisierung des wirtschaftlichen Wettbewerbs im Sport, Schorndorf 2003, S. 259 - 264.

Dietl, Helmut M./Franck, Egon: **Effizienzprobleme in Sportligen** mit gewinnmaximierenden Kapitalgesellschaften – Eine modelltheoretische Untersuchung, in: Zeitschrift für Betriebswirtschaft, in: 70. Jg. (2000), S. 1157 - 1175.

Dietl, Helmut M./Franck, Egon: Zur **Effizienz von Transferrestriktionen** im europäischen Profifußball, Working Paper No. 11, Zürich 2002.

Dinkelbach, Werner: Anmerkungen zur **Sensitivitätsanalyse**, in: Grochla, Erwin/ Szyperski, Norbert (Hrsg.): Management-Informationssysteme: eine Herausforderung an Forschung und Entwicklung, Wiesbaden 1971, S. 469 - 481.

Dinkelbach, Werner: **Nutzwertanalyse**, in: Handelsblatt (Hrsg.): Wirtschafts-Lexikon, Das Wissen der Betriebswirtschaftslehre, Band 8: Mediaanalyse und Mediaselektion – Personalwesen, Stuttgart 2006, S. 4080 - 4084.

Dinkelmeier, Bernd: Das „**Bosman**"-Urteil des EuGH und seine Auswirkungen auf den Profifußball in Europa, Würzburg 1999.

Dinstuhl, Volkmar: **Konzernbezogene Unternehmensbewertung**, DCF-orientierte Konzern- und Segmentbewertung unter Berücksichtigung der Besteuerung, Wiesbaden 2003.

Dirrigl, Hans: Konzepte, Anwendungsgebiete und Grenzen einer **strategischen Unternehmensbewertung**, in: Betriebswirtschaftliche Forschung und Praxis, 46. Jg. (1994), S. 409 - 432.

Dixon, Pamela/Garnham, Neal/Jackson, Andrew: **Shareholders and Shareholding**: The Case of the Football Company in Late Victorian England, in: Business History, Vol. 46 (2004), S. 503 - 524.

Doberenz, Michael: Betriebswirtschaftliche Grundlagen zur **Rechtsformgestaltung professioneller Fußballklubs** in der Bundesrepublik Deutschland, Frankfurt a.M. u.a. 1980.

Dobson, Stephen/Gerrard, Bill: The Determination of **Player Transfer Fees** in English Professional Soccer, in: Journal of Sport Management, Vol. 13 (1999), S. 259 - 279.

Drukarczyk, Jochen: Theorie und Politik der **Finanzierung**, 2. Aufl., München 1993.

Drukarczyk, Jochen/Schüler, Andreas: **Unternehmensbewertung**, 5. Aufl., München 2007.

Dziadkowski, Dieter: **Sport und Besteuerung**, Anmerkungen anlässlich 100 Jahre Olympischer Kongreß, in: Betriebs-Berater, 50. Jg. (1995), S. 1062 - 1065.

Ebel, Marco: **Performancemessung** professioneller Fußballunternehmen, Entwicklung eines betriebswirtschaftlichen Steuerungsinstrumentariums, Aachen 2006.

Ebel, Marco/Klimmer, Christian: Zur geplanten Einführung nationaler **Lizenzierungsverfahren auf Grundlage harmonisierter Datenbasis** als Teilnahmevoraussetzung an den UEFA-Klubwettbewerben, in: Sigloch, Jochen/Klimmer, Christian (Hrsg.): Unternehmen Profifußball: vom Sportverein zum Kapitalmarktunternehmen, Wiesbaden 2001, S. 177 - 206.

Ebel, Marco/Klimmer, Christian: **Fußball-Profis in der Bilanz** ihrer Arbeitgeber – eine kritische Bestandsaufnahme der bilanzrechtlichen Regelungen unter Berücksichtigung der neuen Transferregelungen, in: Sigloch, Jochen/Klimmer, Christian (Hrsg.): Rechnungslegung und Besteuerung im Sport, Wiesbaden 2003, S. 243 - 281.

Edvinsson, Leif/Brünig, Gisela: **Aktivposten Wissenskapital**, Unsichtbare Werte bilanzierbar machen, Wiesbaden 2000.

Edvinsson, Leif/Malone, Michael S.: **Intellectual capital**: realizing your company's true value by finding its hidden brainpower, New York, 1997.

Eilers, Goetz: **Amateur** und Profi **im Fußball** – Rechtslage und Rechtswirklichkeit, in: Reschke, Eike (Hrsg.): Sport als Arbeit, Zur rechtlichen Stellung von Amateuren und Profis, Heidelberg 1985, S. 17 - 33.

Eilers, Goetz: Status des **Fußballspielers ohne Lizenz**, in: Württembergischer Fußballverband (Hrsg.): Fußballspieler als Arbeitnehmer, Akademie des württembergischen Sports, „Haus Waltersbühl", in Wangen/Allgäu 1. bis 3. Oktober 1993, Stuttgart 1994, S. 35 - 58.

Eilers, Goetz: **Transferbestimmungen im Fußballsport**. Verbandsrechtliche Regelungen des DFB, der UEFA und der FIFA, in: Eilers, Goetz (Hrsg.): Transferbestimmungen im Fußballsport, Heidelberg 1996, S. 1 - 41.

Eisenführ, Franz/Weber, Martin: Rationales **Entscheiden**, 4. Aufl., Berlin u.a. 2003.

Eisenhardt, Ulrich: **Gesellschaftsrecht**, 12. Aufl., München 2005.

Ellrott, Helmut/Galli, Albert: Neuregelung der **Rechnungslegung und Prüfung im deutschen Berufsfußball**, in: Die Wirtschaftsprüfung, 53. Jg. (2000), S. 269 - 278.

Elschen, Rainer: **Agency-Theorie**, in: Die Betriebswirtschaft, 48. Jg. (1988), S. 248 - 250.

Elschen, Rainer: Gegenstand und **Anwendungsmöglichkeiten** der Agency-Theorie, in: Betriebswirtschaftliche Forschung und Praxis, 43. Jg. (1991), S. 1002 - 1012.

Elschen, Rainer: **Principal-Agent**, in: Busse von Colbe, Walther/Pellens, Bernhard (Hrsg.): Lexikon des Rechnungswesens – Handbuch der Bilanzierung und Prüfung, der Erlös-, Finanz-, Investitions- und Kostenrechnung, 4. Aufl., München u.a. 1998, S. 557 - 560.

Elter, Vera-Carina: Bilanzierung und **Bewertung von „Spielervermögen"** im professionellen Teamsport, http://www.ak-spooek.de, Sportökonomie aktuell, Nr. 8/2003 Bilanzierung und Bewertung von „Spielervermögen" im professionellen Teamsport, abgerufen am 14.02.2007.

Elter, Vera-Carina: Vorbild **Schwacke-Liste**, in: Horizont Sport Business, Heft 3 (2003), S. 30 - 32.

Elter, Vera-Carina: Wie viel ist ein **Fußballer in der Bilanz** wert?, in: Börsen-Zeitung vom 28.11.2003, S. 10.

Emmerich, Volker/Habersack, Mathias: **Konzernrecht**: Das Recht der verbundenen Unternehmen bei Aktiengesellschaft, GmbH, Personengesellschaften, Genossenschaft, Verein und Stiftung; ein Studienbuch, 8. Aufl., München 2005.

Engelsing, Lutz/Littkemann, Jörn: Steuerliche Anerkennung der **Gemeinnützigkeit von Vereinen**, in: Schewe, Gerhard/Littkemann, Jörn (Hrsg.): Sportmanagement: der Profi-Fußball aus sportökonomischer Perspektive, Schorndorf 2002, S. 55 - 66.

Epstein/Mirza: **WILEY**-Kommentar zur internationalen Rechnungslegung nach IFRS 2006, herausgegeben und überarbeitet von Ballwieser, Wolfgang/Beine, Frank/Hayn, Sven/Peemöller, Volker H./Schruff, Lothar/Weber, Claus-Peter, 2. Aufl., Weinheim 2006.

Erning, Johannes: **Professioneller Fußball** in Deutschland: eine wettbewerbspolitische und unternehmensstrategische Analyse, Berlin 2000.

Ernst, Christoph: **EU-Verordnungsentwurf** zur Anwendung von IAS: Europäisches Bilanzrecht vor weitreichenden Änderungen, in: Betriebs-Berater, 56. Jg. (2001), S. 823 - 825.

Ernst & Young: **IAS/UK GAAP Comparison**, A comparison between IAS and UK accounting principles, London 2001.

Ernst & Young: Bälle, Tore und Finanzen II: Aktuelle Herausforderungen und Perspektiven im **Profifußball**, Stuttgart 2005.

Ernst & Young: **Bälle, Tore und Finanzen** III, Stuttgart 2006.

Eschweiler, Maurice/Vieth, Matthias: **Preisdeterminanten** bei Spielertransfers in der Fußball-Bundesliga, Eine empirische Analyse, in: Die Betriebswirtschaft 64. Jg. (2004), S. 671 - 692.

Esser, Maik: **Goodwillbilanzierung** nach SFAS 141/142, Eine ökonomische Analyse, Frankfurt a.M. u.a. 2005.

Esser, Maik: **Leasingverhältnisse** in der IFRS-Rechnungslegung – Darstellung der Leasingbilanzierung gem. IAS 17 und IFRIC 4 –, in: Steuern und Bilanzen, 7. Jg. (2005), S. 429 - 436.

Esser, Maik/Hackenberger, Jens: **Beteiligungsbewertung** im handelsrechtlichen Jahresabschluss – Willkürfreie Wertansätze gemäß IDW RS HFA 10? –, in: Steuern und Bilanzen, 6. Jg. (2004), S. 627 - 634.

Esser, Maik/Hackenberger, Jens: **Bilanzierung immaterieller Vermögenswerte** des Anlagevermögens nach IFRS und US-GAAP, in: Zeitschrift für internationale und kapitalmarktorientierte Rechnungslegung, 4. Jg. (2004), S. 402 - 414.

Esser, Maik/Hackenberger, Jens: **Immaterielle Vermögenswerte** des Anlagevermögens und Goodwill in der IFRS-Rechnungslegung – Ein Überblick über die Auswirkungen des Business Combinations-Projekts, in: Deutsches Steuerrecht, 43. Jg. (2005), S. 708 - 713.

Eustace, Clark: The **Intangible Economy Impact** and Policy Issues, Report of the European High Level Expert Group on the Intangible Economy, Europäische Kommission 2000, http://www.europa.eu.int/comm/enterprise/ services/business_services/documents/studies/in-tangible_economy_hleg _report.pdf, abgerufen am 31.08.2004.

Ewert, Ralf: **Rechnungslegung**, Gläubigerschutz und Agency-Probleme, Wiesbaden 1986.

Ewert, Ralf: The **Financial Theory of Agency** as a Tool for an Analysis of Problems in External Accounting, in: Bamberg, Günter/Spremann, Klaus (Hrsg.): Agency Theory, Information, and Incentives, Berlin u.a. 1987, S. 281 - 309.

Ewert, Ralf: **Anlegerschutz**, in: Busse von Colbe, Walther/Pellens, Bernhard (Hrsg.): Lexikon des Rechnungswesens – Handbuch der Bilanzierung und Prüfung, der Erlös-, Finanz-, Investitions- und Kostenrechnung, 4. Aufl., München u.a. 1998, S. 45 - 48.

Ewert, Ralf: **Wirtschaftsprüfung**, in: Bitz, Michael/Domsch, Michel/Ewert, Ralf/ Wagner, Franz W. (Hrsg.): Vahlens Kompendium der Betriebswirtschaftslehre, Band 2, 5. Aufl., München 2005, S. 479 - 549.

Fama, Eugene F.: **Agency Problems** and the Theory of the Firm, in: Journal of Political Economy, Vol. 88 (1980), S. 288 - 307.

Fama, Eugene F./Jensen, Michael C.: **Agency Problems** and Residual Claims, in: The Journal of Law & Economics, Vol. 26 (1983), S. 327 - 349.

Federmann, Rudolf: **Bilanzierung** nach Handelsrecht und Steuerrecht: Gemeinsamkeiten, Unterschiede und Abhängigkeiten von Handels- und Steuerbilanz unter Berücksichtigung internationaler Rechnungslegungsstandards, 11. Aufl., Berlin 2000.

Feldhoff, Michael: Die **Regulierung der Rechnungslegung**: eine systematische Darstellung der Grundlagen mit einer Anwendung auf die Frage der Publizität, Frankfurt a.M. u.a. 1992.

Ferguson, Alex: **Foreword**, in: Hamil, Sean/Michie, Jonathan/Oughton, Christine (Hrsg.): The Business of Football, A Game of two Halves?, Edinburgh 1999, S. 11 - 12.

Fiedler, Peter: **Konzernhaftung** beim eingetragenen Verein, 1. Aufl., Baden-Baden 1998.

Fink, Christian: **Management Commentary**: Eine Diskussionsgrundlage zur internationalen Lageberichterstattung, in: Zeitschrift für internationale und kapitalmarktorientierte Rechnungslegung, 6. Jg. (2006), S. 141 - 152.

Fischer, Hans Georg: **EG-Freizügigkeit** und bezahlter Sport, Inhalt und Auswirkungen des Bosman-Urteils des EuGH, in: Zeitschrift für Sport und Recht, 3. Jg. (1996), S. 34 - 38.

Fischer, Thomas M./Rödl, Karin/Schmid, Achim: Marktpreisorientierte **Bewertung von Humankapital** im Profi-Sport – Theoretische Grundlagen und empirische Analyse der deutschen Fußball-Bundesliga –, in: Finanz Betrieb, 8. Jg. (2006), S. 311 - 321.

Fischer, Wolfgang-Wilhelm: **IAS-Abschlüsse** von Einzelunternehmungen: rechtliche Grundlagen und finanzwirtschaftliche Analyse, Herne/Berlin 2001.

Fisher, Irving: The **Nature of Capital and Income**, New York 1906.

Fladt, Guido/Feige, Peter: Der Exposure Draft 3 "**Business Combinations**" des IASB – Konvergenz mit den US-GAAP?, in: Die Wirtschaftsprüfung, 56. Jg. (2003), S. 249 - 262.

Flamholtz, Eric G.: A Model for **Human Resource Valuation**: a Stochastic Process with Service Rewards, in: The Accounting Review, Vol. 46 (1971), S. 253 - 267.

Flamholtz, Eric G.: Human Resource Accounting: Measuring Positional **Replacement Costs**, in: Human Resource Management, Vol. 12 (1973), S. 8 - 16.

Flamholtz, Eric G.: Assessing the Validity of Selected Surrogate Measures of **Human Resource Value** – A Field Study, in: Personnel Review, Vol. 4 (1975), Nr. 3, S. 37 - 50.

Flamholtz, Eric G.: **Human Resource Accounting**: Advances in Concepts, Methods and Applications, 3. Aufl., Boston u.a. 1999.

Flory, Marcus: Der **Fall Bosman**, Revolution im Fußball?, Kassel 1997.

Flower, John: **Global Financial Reporting**, Houndmills 2002.

Forker, John: **Discussion of** Accounting, Valuation and Duration of **Football Player Contracts**, in: Journal of Business Finance & Accounting, Vol. 32 (2005), S. 587 - 598.

Franck, Egon: Die ökonomischen **Institutionen der Teamsportindustrie**, Eine Organisationsbetrachtung, Wiesbaden 1995.

Franck, Egon: Die **Organisation professioneller Sportligen** aus verfügungsökonomischer Sicht, in: Jaeger, Franz/Stier, Winfried (Hrsg.): Sport und Kommerz: neuere ökonomische Entwicklungen im Sport, insbesondere im Fußball, Chur u.a. 2000, S. 35 - 61.

Franck, Egon: Die Verfassungswahl bei Fußballclubs unter besonderer Beachtung der spezifischen **Produktionsstruktur des Teamsports**, in: Büch, Martin-Peter (Hrsg.): Märkte und Organisationen im Sport: Institutionenökonomische Ansätze, Schorndorf 2000, S. 11 - 26.

Franck, Egon/Müller, Jens Christian: **Kapitalgesellschaften im bezahlten Fußball**, Einige in der Umwandlungsdiskussion meist übersehene verfügungsökonomische Argumente, in: Zeitschrift für Betriebswirtschaft, Ergänzungsheft 2/1998, S. 121 - 141.

Frank, Christian: **Ausgliederung von Lizenzspielerabteilungen** in der Praxis, in: Sigloch, Jochen/Klimmer, Christian (Hrsg.): Unternehmen Profifußball: vom Sportverein zum Kapitalmarktunternehmen, Wiesbaden 2001, S. 93 - 102.

Franke, Günter/Hax, Herbert: **Finanzwirtschaft** des Unternehmens und Kapitalmarkt, 5. Aufl., Berlin u.a. 2004.

Franken, Lars: **Gläubigerschutz** durch Rechnungslegung nach US-GAAP: eine ökonomische Analyse, Frankfurt a.M. 2001.

Frantzreb, Richard B./Landau, Linda L. T./Lundberg, Donald P.: The Valuation of **Human Resources**, in: Business Horizons, Vol. 17 (1974), Nr. 3, S. 73 - 80.

Freericks, Wolfgang: Bilanzierungsfähigkeit und **Bilanzierungspflicht** in Handels- und Steuerbilanz, Köln u.a. 1976.

Freyberg, Burkhard von: Transfergeschäft der Fußballbundesliga, Preisfindung und **Spielerwertbestimmung**, Berlin 2005.

Frick, Bernd: Management Abilities, Player Salaries and **Team Performance**, in: European Journal for Sport Management, Specialissue 1998 "Service Quality", S. 6 - 22.

Frick, Bernd/Lehmann, Erik: Die **Kosten der externen Rekrutierung** qualifizierten Personals: Empirische Evidenz aus dem professionellen Fußball, in: Backes-Gellner, Uschi/Kräkel, Matthias/Sadowski, Dieter/Mure, Johannes (Hrsg.): Entlohnung, Arbeitsorganisation und personalpolitische Regulierung, München u.a. 2001, S. 243 - 263.

Frick, Bernd/Wagner, Gert: **Bosman und die Folgen**, Das Fußballurteil des Europäischen Gerichtshofes aus ökonomischer Sicht, in: Wirtschaftswissenschaftliches Studium, 25. Jg. (1996), S. 611 - 615.

Frick, Bernd/Lehmann, Erik/Weigand, Jürgen: **Kooperationserfordernisse** und Wettbewerbsintensität im professionellen Teamsport: Sind exogene Regelungen überflüssig oder unverzichtbar?, in: Engelhard, Johann/Sinz, Elmar J. (Hrsg.): Kooperation im Wettbewerb, Neue Formen und Gestaltungskonzepte im Zeichen von Globalisierung und Informationstechnologie, 61. Wissenschaftliche Jahrestagung des Verbandes der Hochschullehrer für Betriebswirtschaft e.V. 1999 in Bamberg, Wiesbaden 1999, S. 495 - 523.

Fritsch, Michael/Wein, Thomas/Ewers, Hans-Jürgen: **Marktversagen** und Wirtschaftspolitik, Mikroökonomische Grundlagen staatlichen Handelns, 6. Aufl., München 2005.

Fritzweiler, Jochen: Zahlung einer **Ausbildungsentschädigung**, in: Zeitschrift für Sport und Recht, 13. Jg. (2006), S. 262 - 263.

Füllgraf, Lutz: Der **Lizenzfußball**, Eine vertragliche Dreierbeziehung im Arbeitsrecht, Berlin 1981.

Füllgraf, Lutz: Wieviel wirtschaftliche **Betätigung im Idealverein?** – dargestellt am bundesdeutschen Lizenzfußball, in: Der Betrieb, 34. Jg. (1981), S. 2267 - 2268.

Fuhrmann, Claas: **Idealverein oder Kapitalgesellschaft** im bezahlten Fußball?, in: Zeitschrift für Sport und Recht, 2. Jg. (1995), S. 12 - 17.

Fuhrmann, Claas: **Ausgliederung der Berufsfußballabteilungen** auf eine AG, GmbH oder eG?, Frankfurt a.M. 1999.

Furubotn, Eirik G./Pejovich, Svetozar: **Property Rights** and Economic Theory: A Survey of Recent Literature, in: The Journal of Economic Literature, Vol. 10 (1972), S. 1137 - 1162.

Gaede, Nicolas/Kleist, Sebastian/Schaecke, Mirco: „Elf Freunde müsst ihr sein?": Die strategische Entscheidung der **Teamzusammensetzung**, in: Schewe, Gerhard/Littkemann, Jörn (Hrsg.): Sportmanagement: der Profi-Fußball aus sportökonomischer Perspektive, Schorndorf 2002, S. 213 - 242.

Galli, Albert: Das **Rechnungswesen im Berufsfußball**: eine Analyse des Verbandsrechts des Deutschen Fußball-Bundes unter Berücksichtigung der Regelungen in England, Italien und Spanien, Düsseldorf 1997.

Galli, Albert: Die **Rechnungslegung nichtwirtschaftlicher** gemeinnütziger **Vereine**, in: Deutsches Steuerrecht, 36. Jg. (1998), S. 263 - 268.

Galli, Albert: **Rechtsformgestaltung** und Lizenzierungspraxis im Berufsfußball: Die Situation in England, Italien und Spanien vor dem Hintergrund der Regelungen in Deutschland, in: Zeitschrift für Sport und Recht, 5. Jg. (1998), S. 18 - 24.

Galli, Albert: Zur Ausgestaltung der **Rechnungslegung von Vereinen** – Die Vorgehensweise des Deutschen Fußball-Bundes –, in: Die Wirtschaftsprüfung, 51. Jg. (1998), S. 56 - 63.

Galli, Albert: Das **Lizenzierungsverfahren** der Union des Associations Européennes de Football (UEFA): Anforderungen an die Rechnungslegung und Prüfung, in: Galli, Albert/Gömmel, Rainer/Holzhäuser, Wolfgang/Straub, Wilfried (Hrsg.): Sportmanagement, Grundlagen der unternehmerischen Führung im Sport aus Betriebswirtschaftslehre, Steuern und Recht für den Sportmanager, München 2002, S. 97 - 128.

Galli, Albert: Das **Lizenzierungsverfahren der UEFA**: Kriterien für den Nachweis der wirtschaftlichen Leistungsfähigkeit der Klubs, in: Zeitschrift für Sport und Recht, 10. Jg. (2003), S. 177 - 182.

Galli, Albert: Individuelle finanzielle **Spielerbewertung im Teamsport**, in: Finanz Betrieb, 5. Jg. (2003), S. 810 - 820.

Galli, Albert: **Finanzielle Berichterstattung** im Sport: Das Lizenzierungsverfahren der UEFA, in: Die Wirtschaftsprüfung, 57. Jg. (2004), S. 193 - 200.

Galli, Albert: **Human-Resource-Bewertung** im Teamsport, in: Das Wirtschaftsstudium, 34. Jg. (2005), S. 645 - 649.

Galli, Albert/Dehesselles, Thomas: **Rechnungslegung im Verein**, in: Galli, Albert/Gömmel, Rainer/Holzhäuser, Wolfgang/Straub, Wilfried (Hrsg.): Sportmanagement, Grundlagen der unternehmerischen Führung im Sport aus Betriebswirtschaftslehre, Steuern und Recht für den Sportmanager, München 2002, S. 45 - 73.

Gathen, Andreas von der: **Marken** in Jahresabschluß und Lagebericht, Frankfurt a.M. u.a. 2001.

Gebauer, Michael: Unternehmensbewertung auf der Basis von **Humankapital**, Lohmar u.a. 2005.

Gerrard, Bill/Dobson, Steve: Testing for monopoly rents in the market for playing talent, Evidence from English **professional football**, in: Journal of Economic Studies, Vol. 27 (2000), S. 142 - 164.

Giles, William J./Robinson, David: **Human Asset Accounting**, Occasional Paper des Institute of Personnel Management und des Institute of Cost and Management Accountants, London 1972.

Göppl, Hermann: Die **Gestaltung der Rechnungslegung** von Aktiengesellschaften unter Berücksichtigung der neueren bilanztheoretischen Diskussion, in: Die Wirtschaftsprüfung, 20. Jg. (1967), S. 565 - 574.

Götz, Jan: **Überschuldung und Handelsbilanz**, Zur Ableitung einer insolvenzrechtlichen Überschuldung aus den Rechnungslegungsvorschriften des Handelsgesetzbuches und des International Accounting Standards Board, Berlin 2004.

Graf, Christine/Rost, Richard: Sportmotorische **Hauptbeanspruchungsformen**, in: Rost, Richard (Hrsg.): Lehrbuch der Sportmedizin, Köln 2001, S. 41 - 45.

Gramatke, Christoph: **Chancen und Risiken des Börsenganges** von Fußballunternehmen, in: Berens, Wolfgang/Schewe, Gerhard (Hrsg.): Profifußball und Ökonomie, Hamburg 2003, S. 129 - 142.

Gramlich, Ludwig: **Vertragsfreiheit für Sportler** in EG-Mitgliedstaaten am Beispiel Deutschlands, in: Zeitschrift für Sport und Recht, 7. Jg. (2000), S. 89 - 96.

Günther, Hans-Otto/Tempelmeier, Horst: **Produktion** und Logistik, 6. Aufl., Berlin u.a. 2005.

Güthoff, Julia: **Gesellschaftsrecht in Großbritannien**: eine Einführung mit vergleichenden Tabellen, 3. Aufl., Heidelberg u.a. 2004.

Gutzeit, Martin/Reimann, Markus: Zur **Freizügigkeit von Berufsfußballspielern** in der EU, Das „Bosman-Urteil" des EuGH im Überblick, in: Wirtschaftswissenschaftliches Studium, 25. Jg. (1996), S. 366 - 367.

Haaga, Werner: Die Finanzierung und Bilanzierung der **Lizenzspielerabteilung eines Fußballvereins**, in: Württembergischer Fußballverband (Hrsg.): Wirtschaftliche und rechtliche Aspekte zu Problemen des Berufsfußballs, Ostfildern 1991, S. 19 - 47.

Haas, Oliver: Ausgestaltung des **Controlling im Berufsfußball**, in: Galli, Albert/Gömmel, Rainer/Holzhäuser, Wolfgang/Straub, Wilfried (Hrsg.): Sportmanagement, Grundlagen der unternehmerischen Führung im Sport aus Betriebswirtschaftslehre, Steuern und Recht für den Sportmanager, München 2002, S. 167 - 207.

Haas, Oliver: **Controlling der Fußballunternehmen**, Management und Wirtschaft in Sportvereinen, 2. Aufl., Berlin 2006.

Haas, Ulrich/Prokop, Clemens: Der eingetragene **nichtwirtschaftliche Verein** und das Kapitalersatzrecht, in: Crezelius, Georg/Hirte, Heribert/ Vieweg, Klaus (Hrsg.): Festschrift für Volker Röhricht zum 65. Geburtstag: Gesellschaftsrecht, Rechnungslegung, Sportrecht, Köln 2005, S. 1149 - 1173.

Habersack, Mathias: Gesellschaftsrechtliche Fragen der **Umwandlung von Sportvereinen** in Kapitalgesellschaften, in: Scherrer, Urs (Hrsg.): Sportkapitalgesellschaften, Stuttgart u.a. 1998, S. 45 - 64.

Hachmeister, Dirk: Der Discounted Cash Flow als **Unternehmenswert**, in: Das Wirtschaftsstudium, 25. Jg. (1996), S. 357 - 366.

Hachmeister, Dirk: Der **Discounted Cash Flow** als Maß der Unternehmenswertsteigerung, 4. Aufl., Frankfurt a.M. u.a. 2000.

Haller, Axel: **Immaterielle Vermögenswerte** – Wesentliche Herausforderung für die Zukunft der Unternehmensrechung, in: Möller, Hans Peter/Schmidt, Franz (Hrsg.): Rechnungswesen als Instrument für Führungsentscheidungen: Festschrift für Prof. Dr. Dr. h.c. Adolf G. Coenenberg zum 60. Geburtstag, Stuttgart 1998, S. 561 - 596.

Hamil, Sean/Holt, Matthew/Michie, Jonathan/Oughton, Christine/Shaler, Lee: The corporate governance of **professional football clubs**, in: Corporate Governance, Vol. 4 (2004), S. 44 - 51.

Hammann, Peter/Palupski, Rainer/Gathen, Andreas von der/Welling, Michael: **Markt** und Unternehmung: Handlungsfelder des Marketing, 4. Aufl., Aachen 2001.

Haring, Nikolai: Zur Abbildung von **Kapitalkosten** und Steuern beim impairment of assets gemäß IAS 36, Wien 2004.

Hartmann-Wendels, Thomas: **Agency-Theorie** und Publizitätspflicht nichtbörsennotierter Kapitalgesellschaften, in: Betriebswirtschaftliche Forschung und Praxis, 44. Jg. (1992), S. 412 - 425.

Hartmann-Wendels, Thomas: **Signalling-Ansätze**, in: Busse von Colbe, Walther/ Pellens, Bernhard (Hrsg.): Lexikon des Rechnungswesens – Handbuch der Bilanzierung und Prüfung, der Erlös-, Finanz-, Investitions- und Kostenrechnung, 4. Aufl., München u.a. 1998, S. 644 - 646.

Hax, Herbert: Der **Bilanzgewinn** als Erfolgsmaßstab, in: Zeitschrift für Betriebswirtschaft, 34. Jg. (1964), S. 642 - 651.

Hay, Peter: **US-Amerikanisches Recht:** ein Studienbuch, 3. Aufl., München 2005.

Heinz, Carsten: **Umwandlung von Lizenzspielerabteilungen** in Kapitalgesellschaften – Notwendigkeit und Darstellung unter besonderer Berücksichtigung des Umwandlungssteuergesetzes, in: Sigloch, Jochen/Klimmer, Christian (Hrsg.): Unternehmen Profifußball: vom Sportverein zum Kapitalmarktunternehmen, Wiesbaden 2001, S. 59 - 91.

Hemmerich, Hannelore: Die **Ausgliederung** bei Idealvereinen, in: Betriebs-Berater, 38. Jg. (1983), S. 26 - 31.

Henssler, Martin: **§ 626 BGB**, in: Rebmann, Kurt/Säcker, Franz Jürgen/Rixecker, Roland (Hrsg.): Münchener Kommentar zum Bürgerlichen Gesetzbuch, Bd. 4, Schuldrecht, Besonderer Teil II, §§ 611-704, EFZG, TzBfG, KSchG, 4. Aufl., München 2005, S. 1454 - 1567.

Hepers, Lars: Entscheidungsnützlichkeit der **Bilanzierung von Intangible Assets** in den IFRS, Analyse der Regelungen des IAS 38 unter besonderer Berücksichtigung der ergänzenden Regelungen des IAS 36 sowie des IFRS 3, Lohmar u.a. 2005.

Hermes, Oliver/Jödicke, Ralf: Bilanzierung von **Emissionsrechten nach IFRS,** in: Zeitschrift für internationale und kapitalmarktorientierte Rechnungslegung, 4. Jg. (2004), S. 287 - 298.

Hesse, Dirk: **§ 14 TzBfG**, in: Rebmann, Kurt/Säcker, Franz Jürgen/Rixecker, Roland (Hrsg.): Münchener Kommentar zum Bürgerlichen Gesetzbuch, Bd. 4, Schuldrecht, Besonderer Teil II, §§ 611-704, EFZG, TzBfG, KSchG, 4. Aufl., München 2005, S. 779 - 815.

Heumann, Rainer: **Value Reporting in IFRS-Abschlüssen** und Lageberichten, Düsseldorf 2005.

Heuser, Paul J./Theile, Carsten: **IAS-Handbuch**, Einzel- und Konzernabschluss, Köln 2003.

Hickethier, Knut: **Klammergriffe**, in: Modellversuch Journalisten-Weiterbildung der FU Berlin (Hrsg.): Der Satz „Der Ball ist rund" hat eine gewisse philosophische Tiefe – Sport, Kultur, Zivilisation, Berlin 1983, S. 67 - 80.

Hicks, John R.: **Value and Capital**, An Inquiry into some Fundamental Principles of Economic Theory, Oxford 1939.

Hilgenstock, Ralf/Stegner, Achim: **Besteuerung gemeinnütziger Sportvereine** im Spannungsfeld zum Profisport, in: Sigloch, Jochen/Klimmer, Christian (Hrsg.): Rechnungslegung und Besteuerung im Sport, Wiesbaden 2003, S. 19 - 54.

Hintermeier, Dieter: **BVB** muss sich von Stars trennen, in: Handelsblatt vom 19.02.2004, S. 36.

Hoffmann, Wolf-Dieter: Die **Bilanzierung von Fußballprofis**, in: Bilanzbuchhalter und Controller, 30. Jg. (2006), S. 129 - 132.

Hoffmann, Wolf-Dieter: § 8 **Anschaffungs- und Herstellungskosten**, Neubewertung, in: Lüdenbach, Norbert/Hoffmann, Wolf-Dieter (Hrsg.): Haufe IFRS-Kommentar, 4. Aufl., Freiburg i. Br. 2006, S. 303 - 342.

Hoffmann, Wolf-Dieter: § 11 **Außerplanmäßige Abschreibungen**, Wertaufholung, in: Lüdenbach, Norbert/Hoffmann, Wolf-Dieter (Hrsg.): Haufe IFRS-Kommentar, 4. Aufl., Freiburg i. Br. 2006, S. 379 - 448.

Hoffmann, Wolf-Dieter: § 13 **Immaterielle Vermögenswerte** des Anlagevermögens, in: Lüdenbach, Norbert/Hoffmann, Wolf-Dieter (Hrsg.): Haufe IFRS-Kommentar, 4. Aufl., Freiburg i. Br. 2006, S. 475 - 529.

Hoffmann, Wolf-Dieter/Lüdenbach, Norbert: Praxisprobleme der **Neubewertungskonzeption** nach IAS, in: Deutsches Steuerrecht, 41. Jg. (2003), S. 565 - 570.

Hoffmann, Wolf-Dieter/Lüdenbach, Norbert: **Bilanzrechtsreformgesetz** – Seine Bedeutung für den Einzel- und Konzernabschluss der GmbH, in: GmbHRundschau, 95. Jg. (2004), S. 145 - 150.

Hoffmann, Wolf-Dieter/Lüdenbach, Norbert: Die **Abbildung des Tauschs** von Anlagevermögen nach den neugefassten IFRS-Standards, in: Steuern und Bilanzen, 6. Jg. (2004), S. 337 - 341.

Hoffmann, Wolf-Dieter/Lüdenbach, Norbert: **IFRS 5** – Bilanzierung bei beabsichtigter Veräußerung von Anlagen und Einstellung von Geschäftsfeldern, in: Betriebs-Berater, 59. Jg. (2004), S. 2006 - 2008.

Holthausen, Robert W./Leftwich, Richard W.: The economic consequences of **accounting choice implications** of costly contracting and monitoring, in: Journal of Accounting and Economics, Vol. 5 (1983), S. 77 - 117.

Homberg, Andreas/Elter, Vera-Carina/Rothenburger, Manuel: **Bilanzierung von** Humankapital nach IFRS am Beispiel des **Spielervermögens** im Profisport, in: Zeitschrift für internationale und kapitalmarktorientierte Rechnungslegung, 4. Jg. (2004), S. 249 - 263.

Hommel, Michael: **Bilanzierung** von Goodwill und Badwill im internationalen Vergleich, in: Recht der Internationalen Wirtschaft, 47. Jg. (2001), S. 801 - 809.

Hommel, Michael/Wolf, Sandra: **IFRIC 3**: Bilanzierung von Emissionsrechten nach IFRS – mehr Schadstoffe im Jahresabschluss, in: Betriebs-Berater, 60. Jg. (2005), S. 315 - 321.

Honko, Jaako: Über einige Probleme bei der **Ermittlung des Jahresgewinns** der Unternehmung, in: Zeitschrift für Betriebswirtschaft, 35. Jg. (1965), S. 611 - 642.

Hopt, Klaus J.: **Aktiengesellschaft im Berufsfußball**, in: Betriebs-Berater, 46. Jg. (1991), S. 778 - 785.

Hopt, Klaus J.: **Aktiengesellschaft im Profifußball?**, in: Württembergischer Fußballverband (Hrsg.): Wirtschaftliche und rechtliche Aspekte zu Problemen des Berufsfußballs, Ostfildern 1991, S. 101 - 119.

Hübl, Lothar/Swieter, Detlef: **Fußball-Bundesliga**: Märkte und Produktbesonderheiten, in: Hübl, Lothar/Peters, Hans Heinrich/Swieter, Detlef (Hrsg.): Ligasport aus ökonomischer Sicht, Aachen 2002, S. 13 - 72.

Hübl, Lothar/Swieter, Detlef: **Unternehmen Bundesliga**, in: Wollmert, Peter/Schönbrunn, Norbert/Jung, Udo/Siebert, Hilmar/Henke, Michael (Hrsg.): Wirtschaftsprüfung und Unternehmensüberwachung, Festschrift für Wolfgang Lück, Düsseldorf 2003, S. 583 - 603.

Hüttemann, Rainer: **Transferentschädigungen im Lizenzfußball** als Anschaffungskosten eines immateriellen Wirtschaftsguts, in: Deutsches Steuerrecht, 32. Jg. (1994), S. 490 - 495.

Imping, Andreas: Die **arbeitsrechtliche Stellung des Fußballspielers** zwischen Verein und Verbänden, Köln 1995.

Independent Research: Investment Research, **Borussia Dortmund** GmbH & Co. KGaA, Frankfurt a.M. 2004.

Jäger, Rainer/Himmel, Holger: Die **Fair Value-Bewertung** immaterieller Vermögenswerte vor dem Hintergrund der Umsetzung internationaler Rechnungslegungsstandards, in: Betriebswirtschaftliche Forschung und Praxis, 55. Jg. (2003), S. 417 - 440.

Jansen, Rudolf: Zur **Aktivierung von Transferentschädigungen** nach den Vorschriften des Lizenzspielerstatuts des Deutschen Fußball-Bundes – Anmerkungen zum BFH-Urteil v. 26.8.1992, I R 24/91, in: Deutsches Steuerrecht, 30. Jg. (1992), S. 1785 - 1789.

Jensen, Michael C./Meckling, William H.: **Theory of the Firm** – Managerial Behaviour, Agency Costs and Ownership Structure, in: Journal of Financial Economics, Vol. 3 (1976), S. 305 - 360.

Jensen, Michael C./Smith, Clifford W. jr.: Stockholder, Manager, and Creditor Interests: **Applications of Agency-Theory**, in: Altman, Edward I./Subrahmanyam, Marti G. (Hrsg.): Recent Advances in Corporate Finance, Homewood 1985, S. 93 - 131.

Jonas, Martin: Zur Anwendung der **Discounted-Cash-flow-Methode** in Deutschland, in: Betriebswirtschaftliche Forschung und Praxis, 47. Jg. (1995), S. 83 - 98.

Jost, Peter-J.: Die **Prinzipal-Agenten-Theorie** im Unternehmenskontext, in: Jost, Peter-J. (Hrsg.): Die Prinzipal-Agenten-Theorie in der Betriebswirtschaftslehre, Stuttgart 2001, S. 11 - 43.

Käfer, Karl: Die **Bilanz als Zukunftsrechnung**, Eine Vorlesung über den Inhalt der Unternehmungsbilanz, 3. Aufl., Zürich 1976.

Kählert, Jens-Peter/Lange, Sabine: Zur **Abgrenzung immaterieller von materiellen Vermögensgegenständen**, in: Betriebs-Berater, 48. Jg. (1993), S. 613 - 619.

Kaiser, Thomas: Die **Behandlung von Spielerwerten** in der Handelsbilanz und im Überschuldungsstatus im Profifußball, in: Der Betrieb, 57. Jg. (2004), S. 1109 - 1112.

Kalweit, Hans-Jürgen: **Der Verein**, Praxis der Führung und Verwaltung, Darmstadt 1992.

Karrenbauer, Michael/Döring, Ulrich/Buchholz, Rainer: Kommentierung **§ 253 HGB**, in: Küting, Karlheinz/Weber, Claus-Peter (Hrsg.): Handbuch der Rechnungslegung Einzelabschluss, Kommentar zur Bilanzierung und Prüfung, Bd. 2, 5. Aufl., Stuttgart 2004 (Stand: November 2006).

Kasperzak, Rainer/Krag, Joachim/Wiedenhofer, Marco: Konzepte zur Erfassung und Abbildung von **Intellectual Capital**, in: Deutsches Steuerrecht, 39. Jg. (2001), S. 1494 - 1500.

Kebekus, Frank: Alternativen zur **Rechtsform** des Idealvereins im bundesdeutschen Lizenzfußball, Frankfurt a.M. 1991.

Keitz, Isabel von: **Immaterielle Güter** in der Rechnungslegung – Grundsätze für den Ansatz von immateriellen Gütern in Deutschland im Vergleich zu den Grundsätzen in den USA und nach IAS, Düsseldorf 1997.

Keitz, Isabel von: **Praxis** der IASB-Rechnungslegung, Best practice von 100 IFRS-Anwendern, 2. Aufl., Stuttgart 2005.

Kelber, Markus: Die **Transferpraxis beim Vereinswechsel** im Profifußball auf dem Prüfstand, in: Neue Zeitschrift für Arbeitsrecht, 18. Jg. (2001), S. 11 - 16.

Kern, Markus/Haas, Oliver/Dworak, Alexander: **Finanzierungsmöglichkeiten** für die Fußball-Bundesliga und andere Profisportligen, in: Galli, Albert/Gömmel, Rainer/Holzhäuser, Wolfgang/Straub, Wilfried (Hrsg.): Sportmanagement, Grundlagen der unternehmerischen Führung im Sport aus Betriebswirtschaftslehre, Steuern und Recht für den Sportmanager, München 2002, S. 395 - 447.

Kessler, Harald: **Teilwertabschreibung auf Spielgenehmigungen** für Lizenzspieler?, Replik zum Beitrag von Andreas Söffing: Bilanzierung und Abschreibung von Transferzahlungen im Lizenzfußball, BB 1996, S. 523 ff., in: Betriebs-Berater, 51. Jg. (1996), S. 947 - 950.

Kindler, Peter: **Einseitige Verlängerungsoptionen** im Arbeitsvertrag des Berufsfußballers, in: Neue Zeitschrift für Arbeitsrecht, 17. Jg. (2000), S. 744 - 749.

Kirsch, Hans-Jürgen: **IAS 17** Leasingverhältnisse (Leases), in: Baetge, Jörg/Wollmert, Peter/Kirsch, Hans-Jürgen/Oser, Peter/Bischof, Stefan (Hrsg.): Rechnungslegung nach IFRS – Kommentar auf der Grundlage des deutschen Bilanzrechts, 2. Aufl., Stuttgart 2003 (Stand: Dezember 2006).

Kirsch, Hans-Jürgen: **Berichterstattung nach IAS 1** (revised 2003) über Ermessensspielräume beim Asset Impairment für operative Vermögenswerte und zahlungsmittelgenerierende Einheiten – Verbesserung der Informationsqualität des IFRS-Jahresabschlusses? –, in: Zeitschrift für internationale und kapitalmarktorientierte Rechnungslegung, 4. Jg. (2004), S. 136 - 141.

Kirsch, Hans-Jürgen: Offenlegung von **Einschätzungen und Prognosen des Managements** nach IAS 1 (revised 2003) für das langfristige Vermögen, in: Steuern und Bilanzen, 6. Jg. (2004), S. 481 - 489.

Kirsch, Hans-Jürgen/Scheele, Alexander: Diskussionspapier des IASB zum „**Management Commentary**", in: Die Wirtschaftsprüfung, 59. Jg. (2006), S. 89 - 91.

Kläsgen, Michael: Borussia Dortmund mit **Rekordverlust**, in: Süddeutsche Zeitung vom 9./10.10.2004, S. 24.

Klein, Ladislava: **Kapitalgeberschutz** durch tschechische Rechnungslegungsvorschriften: eine ökonomische Analyse unter besonderer Berücksichtigung kapitalmarktstruktureller Entwicklungen, Frankfurt a.M. u.a. 1998.

Klimmer, Christian: **Besteuerung von unbeschränkt steuerpflichtigen Sportlern**, in: Sigloch, Jochen/Klimmer, Christian (Hrsg.): Rechnungslegung und Besteuerung im Sport, Wiesbaden 2003, S. 79 - 120.

Klimmer, Christian: **Prüfung der wirtschaftlichen Leistungsfähigkeit** im deutschen Lizenzfußball – eine betriebswirtschaftlich fundierte Analyse?, in: Hammann, Peter/Schmidt, Lars/Welling, Michael (Hrsg.): Ökonomie des Fußballs, Grundlegungen aus volks- und betriebswirtschaftlicher Perspektive, Wiesbaden 2004, S. 133 - 161.

Klimmer, Iris: **Profifußballunternehmen** an der Börse – Analyse des Wirkungszusammenhangs zwischen sportlichem und wirtschaftlichem Erfolg im Berufsfußball, Bayreuth 2003.

Klingmüller, Angela/Wichert, Joachim: Die Zulässigkeit von **Ablösesummen** für vertraglich gebundene Profifußballspieler, in: Zeitschrift für Sport und Recht, 8. Jg. (2001), S. 1 - 4.

Klose, Anette: **Aktien von Fußballklubs** haben einige Torchancen, in: Handelsblatt vom 26.09.2000, S. 39.

Knauth, Klaus-Wilhelm: Die **Rechtsformverfehlung** bei eingetragenen Vereinen mit wirtschaftlichem Geschäftsbetrieb – dargestellt am Beispiel der Bundesliga-Fußballvereine –, Köln 1976.

Knobbe-Keuk, Brigitte: **Bilanz- und Unternehmenssteuerrecht**, 9. Aufl., Köln 1993.

Koch, Hans-Dieter/Schmidt, Reinhard H.: Ziele und Instrumente des **Anlegerschutzes**, in: Betriebswirtschaftliche Forschung und Praxis, 33. Jg. (1981), S. 231 - 250.

Köhler, Andreas/Rotter, Norbert: **Britische Rechnungslegung**, in: Gräfer, Horst/ Demming, Claudia (Hrsg.): Internationale Rechnungslegung, Stuttgart 1994, S. 371 - 444.

Korthals, Jan Peter: **Bewertung von Fußballunternehmen**, Eine Untersuchung am Beispiel der deutschen Fußballbundesliga, Wiesbaden 2005.

Kozikowski, Michael/Dirscherl, Gertraud/Keller, Günther: Implikationen der Weiterentwicklung der Grundsätze zur Durchführung von **Unternehmensbewertungen** – Auswirkungen auf den objektivierten Unternehmenswert und die Beteiligungsbewertung –, in: Unternehmensbewertung und Management, 3. Jg. (2005), S. 69 - 74.

KPMG: Der Fußballtransfermarkt, Objektivierbare Ermittlung von **Marktwerten des Spielervermögens**, Stand: Januar 2006, http://www.kpmg.de, Branchen, Media & Publishing, Publikationen, Der Fußballtransfermarkt – Objektivierbare Ermittlung von Marktwerten des Spielervermögens, abgerufen am 08.02.2007.

Kübler, Friedrich: **Vorsichtsprinzip** versus Kapitalmarktinformation – Bilanzprobleme aus der Perspektive der Gesellschaftsrechtsvergleichung –, in: Förschle, Gerhart/Kaiser, Klaus/Moxter, Adolf (Hrsg.): Rechenschaftslegung im Wandel, Festschrift für Wolfgang Dieter Budde, München 1995, S. 361 - 375.

Kümpel, Thomas: Das **Framework** der International Financial Reporting Standards, in: bilanz & buchhaltung, 49. Jg. (2003), S. 50 - 57.

Kümpel, Thomas: **Immaterielle Vermögenswerte** nach International Financial Reporting Standards, in: bilanz & buchhaltung, 49. Jg. (2003), S. 215 - 225.

Kümpel, Thomas/Straatmann, Leif: Bilanzierung und Bewertung von zur Veräußerung stehendem Anlagevermögen sowie einzustellender Bereiche nach **IFRS 5**, in: bilanz & buchhaltung, 51. Jg. (2005), S. 138 - 146.

Küpper, Hans-Ulrich: **Controlling**: Konzeption, Aufgaben, Instrumente, 4. Aufl., Stuttgart 2005.

Küting, Karlheinz/Dürr, Ulrike: „**Intangibles**" in der deutschen Bilanzierungspraxis, in: Steuern und Bilanzen, 5. Jg. (2003), S. 1 - 5.

Küting, Karlheinz/Dawo, Sascha/Wirth, Johannes: **Konzeption der außerplanmäßigen Abschreibung** im Reformprojekt des IASB, in: Zeitschrift für internationale und kapitalmarktorientierte Rechnungslegung, 3. Jg. (2003), S. 177 - 190.

Küting, Karlheinz/Hellen, Heinz-Hermann/Brakensiek, Sonja: Die **Bilanzierung von Leasinggeschäften** nach IAS und US-GAAP, in: Deutsches Steuerrecht, 37. Jg. (1999), S. 39 - 44.

Kussmaul, Heinz/Zabel, Michael: Die steuerliche Behandlung der Ausgliederung der Lizenzspielerabteilung eines (Fußball-)Vereins auf eine Kapitalgesellschaft – **Auswirkungen auf der Ebene des übernehmenden Rechtsträgers** –, in: Steuern und Bilanzen, 5. Jg. (2003), S. 824 - 829.

Kussmaul, Heinz/Zabel, Michael: Die steuerliche Behandlung der Ausgliederung der Lizenzspielerabteilung eines (Fußball-)Vereins auf eine Kapitalgesellschaft – **Auswirkungen auf der Ebene des übertragenden Rechtsträgers** und zusammenfassendes Beispiel –, in: Steuern und Bilanzen, 5. Jg. (2003), S. 880 - 885.

Labhart, Peter A./Volkart, Rudolf: **Reflektierung von immateriellen Aktiven** in der Rechnungslegung, Relevanz von Intangibles als Bewertungsgrößen, in: Der Schweizer Treuhänder, 75. Jg. (2001), S. 1155 - 1162.

Lange, Christoph: **Jahresabschlußinformationen** und Unternehmensbeurteilung, Stuttgart 1989.

Laux, Helmut: **Risikoteilung**, Anreiz und Kapitalmarkt, Berlin u.a. 1998.

Laux, Helmut: **Unternehmensrechnung**, Anreiz und Kontrolle – Die Messung, Zurechnung und Steuerung des Erfolges als Grundprobleme der Betriebswirtschaftslehre, 3. Aufl., Berlin u.a. 2006.

Lawson, Gerald: **Großbritannien**, in: Busse von Colbe, Walther/Pellens, Bernhard (Hrsg.): Lexikon des Rechnungswesens: Handbuch der Bilanzierung und Prüfung, der Erlös-, Investitions- und Kostenrechnung, 4. Aufl., München u.a. 1998, S. 315 - 317.

Lehmann, Erik/Weigand, Jürgen: **Money Makes the Ball Go Round**, Fußball als ökonomisches Phänomen, in: ifo Studien, Zeitschrift für europäische Wirtschaftsforschung, 43. Jg. (1997), S. 381 - 409.

Lehmann, Erik/Weigand, Jürgen: **Mitsprache und Kontrolle** im professionellen Fußball: Überlegungen zu einer Corporate Governance, in: Zeitschrift für Betriebswirtschaft, Ergänzungsheft 4/2002, S. 43 - 61.

Lehmann, Erik/Weigand, Jürgen: Sportlich Profis – wirtschaftlich Amateure? **Fußballvereine als Wirtschaftsunternehmen**, in: Herzog, Markwart (Hrsg.): Fußball als Kulturphänomen: Kunst – Kult – Kommerz, Stuttgart 2002, S. 93 - 110.

Leibfried, Peter/Pfanzelt, Stefan: Praxis der Bilanzierung von **Forschungs- und Entwicklungskosten** gemäß IAS/IFRS – Eine empirische Untersuchung deutscher Unternehmen –, in: Zeitschrift für internationale und kapitalmarktorientierte Rechnungslegung, 4. Jg. (2004), S. 491 - 497.

Leippe, Britta: Die **Bilanzierung von Leasinggeschäften** nach deutschem Handelsrecht und US-GAAP, Frankfurt a.M. 2002.

Leroi, Roland: „Mir könnte Hawaii gehören", Der **Niedergang von Oberhausen** steht beispielhaft für die Probleme kleiner, ambitionierter Vereine, in: Handelsblatt vom 11.10.2005, S. 38.

Leuthier, Rainer. Zur **Berücksichtigung der Besteuerung** bei der Unternehmens-bewertung, in: Betriebswirtschaftliche Forschung und Praxis, 90. Jg. (1988), S. 505 - 521.

Lev, Baruch: **Intangibles**: management, measurement, and reporting, Washington, D.C. 2001.

Lev, Baruch/Schwartz, Aba: On the Use of the Economic Concept of **Human Capital** in Financial Statements, in: The Accounting Review, Vol. 46 (1971), S. 103 - 112.

Lindahl, Erik: The **concept of income**, in: Economic essays in honour of Gustav Cassel, London 1933, S. 399 - 407.

Linnhoff, Ulrich/Pellens, Bernhard: **Investitionsrechnung**, in: Busse von Colbe, Walther/Coenenberg, Adolf G./Kajüter, Peter/Linnhoff, Ulrich (Hrsg.): Betriebswirtschaft für Führungskräfte, Eine Einführung in wirtschaftliches Denken und Handeln für Ingenieure, Naturwissenschaftler, Juristen und Geisteswissenschaftler, 2. Aufl., Stuttgart 2002, S. 139 - 174

Littkemann, Jörn: **Controlling von Spielerinvestitionen** in der Fußball-Bundesliga, in: Weber, Jürgen/Hirsch, Bernhard (Hrsg.): Zur Zukunft der Controlling-forschung, Empirie, Schnittstellen und Umsetzung in der Lehre, Wiesbaden 2003, S. 219 - 232.

Littkemann, Jörn: Ökonomische **Probleme der bilanziellen Behandlung von Transferentschädigungszahlungen** in der Fußball-Bundesliga, in: Dietl, Helmut M. (Hrsg.): Globalisierung des wirtschaftlichen Wettbewerbs im Sport, Schorndorf 2003, S. 141 - 166.

Littkemann, Jörn/Schaarschmidt, Peter. Probleme der bilanziellen **Behandlung von Transferentschädigungen** in der Fußball-Bundesliga, in: Schewe, Gerhard/Littkemann, Jörn (Hrsg.): Sportmanagement: der Profi-Fußball aus sportökonomischer Perspektive, Schorndorf 2002, S. 83 - 98.

Littkemann, Jörn/Sunderdiek, Bernd: **Analyse der wirtschaftlichen Lage** von Verei-nen der Fußball-Bundesliga, in: Betrieb und Rechnungswesen – Buchfüh-rung, Bilanz, Kostenrechnung (1998), S. 1215 - 1228.

Littkemann, Jörn/Sunderdiek, Bernd: Besonderheiten der **Rechnungslegung von Vereinen** der Fußball-Bundesliga, in: Wirtschaftswissenschaftliches Stu-dium, 27. Jg. (1998), S. 253 - 255.

Littkemann, Jörn/Brast, Christoph/Stübinger, Tim: Neuregelung der **Rechnungsle-gungsvorschriften für die Fußball-Bundesliga**, in: Steuern und Bilan-zen, 4. Jg. (2002), S. 1196 - 1204.

Littkemann, Jörn/Brast, Christoph/Stübinger, Tim: **Neuregelung der Prüfungsvor-schriften** für die Fußball-Bundesliga, in: Steuern und Bilanzen, 5. Jg. (2003), S. 635 - 642.

Littkemann, Jörn/Fietz, Axel/Krechel, Sandra: Instrumente zum Controlling von **Spie-lerinvestitionen** im Profifußball, in: Controlling, 18. Jg. (2006), S. 133 - 140.

Littkemann, Jörn/Schulte, Klaus/Schaarschmidt, Peter: **Außerplanmäßige Abschreibungen auf Spielerwerte** im Profifußball: Theorie und Praxis, in: Steuern und Bilanzen, 7. Jg. (2005), S. 660 - 666.

Lücke, Wolfgang/Hautz, Uwe: **Bilanzen aus Zukunftswerten**, Ein theoretischer Beitrag zum Inhalt und Aufbau von Planbilanzen, Wiesbaden 1973.

Lüdenbach, Norbert/Hoffmann, Wolf-Dieter: „Der Ball bleibt rund" – Der **Profifußball** als Anwendungsfeld der IFRS-Rechnungslegung, in: Der Betrieb, 57. Jg. (2004), S. 1442 - 1447.

Lüdenbach, Norbert/Prusaczyk, Peter: Bilanzierung von „**In-Process Research and Development**" beim Unternehmenserwerb nach IFRS and US-GAAP, in: Zeitschrift für internationale und kapitalmarktorientierte Rechnungslegung, 4. Jg. (2004), S. 415 - 422.

Lutz, Günter: Gegenstand der **Aktivierung** und Passivierung und seine Zurechnung im Handels- und Steuerrecht (3. Bearbeitung), in: Wysocki, Klaus von/ Schulze-Osterloh, Joachim/Hennrichs, Joachim/Kuhner, Christoph (Hrsg.): Handbuch des Jahresabschlusses, Rechnungslegung nach HGB und in- ternationalen Standards, Köln 2005 (Stand: Oktober 2006), Abt. I/4.

Madl, Roland: Der **Sportverein** als Unternehmen: gesellschafts- und steuerrechtliche Gesichtspunkte, Wiesbaden 1994.

Malatos, Andreas: **Berufsfußball** im europäischen Rechtsvergleich, Kehl am Rhein u.a. 1988.

Manchester United: **Annual Report 2004**, http://www.manutd.com, Club & News, Investor Relations, Financial Data, Reports, Annual Report 2004 Full, ab- gerufen am 30.01.2005.

Mandl, Gerwald/Rabel, Klaus: **Unternehmensbewertung**: eine praxisorientierte Einführung, Wien 1997.

Manssen, Gerrit: **Artikel 12**, in: Mangoldt, Hermann von/Klein, Friedrich/Starck, Christian (Hrsg.): Kommentar zum Grundgesetz, Band 1: Präambel, Artikel 1 bis 19, 5. Aufl., München 2005, S. 1063 - 1180.

Martiensen, Jörn: **Institutionenökonomik** – Die Analyse der Bedeutung von Regeln und Organisationen für die Effizienz ökonomischer Tauschbeziehungen, München 2000.

Marx, Franz Jürgen: **Objektivierungserfordernisse** bei der Bilanzierung immateriel- ler Anlagewerte, in: Betriebs-Berater, 49. Jg. (1994), S. 2379 - 2388.

Mauer, Rainer/Schmalhofer, Andreas: Analyse und Herstellung der **Kapitalmarktreife von Profifußball-Vereinen** und Alternativen der Kapitalmarktfinanzie- rung, in: Sigloch, Jochen/Klimmer, Christian (Hrsg.): Unternehmen Profi- fußball: vom Sportverein zum Kapitalmarktunternehmen, Wiesbaden 2001, S. 15 - 57.

Maul, Karl-Heinz/Menninger, Jutta: Das "**Intellectual Property Statement**" – eine notwendige Ergänzung des Jahresabschlusses?, in: Der Betrieb, 54. Jg. (2001), S. 529 - 533.

McGeachin, Anne: An **asset** to US collaboration, in: Accountancy, Vol. 133 (2004), S. 80 - 81.

Meinhövel, Harald: **Defizite** der Principal-Agent-Theorie, Lohmar u.a. 1999.

Merkt, Hanno/Göthel, Stephan R.: US-amerikanisches **Gesellschaftsrecht**, 2. Aufl., Frankfurt a.M. 2006.

Meyer-Cording, Ulrich: Die **Arbeitsverträge** der Berufsfußballspieler, in: Recht der Arbeit, 32. Jg. (1982), S. 13 - 16.

Michalik, Claudia: Ehrenamtliches **Engagement im Profifußball** – ein Auslaufmodell?, in: Schewe, Gerhard/Littkemann, Jörn (Hrsg.): Sportmanagement: der Profi-Fußball aus sportökonomischer Perspektive, Schorndorf 2002, S. 99 - 114.

Michie, Jonathan/Verma, Shraddha: Corporate governance and **accounting issues for football clubs**, Working Paper 99/05, Birkbeck College, Department of Management, London 1999.

Michie, Jonathan/Verma, Shraddha: Is Paul Ince an Asset or a Liability?, **Accounting** and Governance **Issues in Football**, in: Hamil, Sean/Michie, Jonathan/Oughton, Christine (Hrsg.): The Business of Football, A Game of two Halves?, Edinburgh 1999, S. 139 - 157.

Mohr, Heinz: Bilanz und **immaterielle Werte**, Berlin u.a. 1927.

Morris, Philip/Morrow, Stephen/Spink, Paul: The New Transfer Fee System In **Professional Soccer**: An Interdisciplinary Study, in: Contemporary Issues in Law, Vol. 5 (2003), S. 253 - 281.

Morrow, Stephen H.: Putting People on the Balance Sheet: Human Resource Accounting Applied to **Professional Football Clubs**, in: The Royal Bank of Scotland Review, Number 174, June 1992, S. 10 - 19.

Morrow, Stephen H.: Recording the Human Resource of **Football Players** as Accounting Assets: Establishing a Methodology, in: The Irish Accounting Review, Vol. 2 (1995), S. 115 - 132.

Morrow, Stephen H.: Football Players as **Human Assets**. Measurement as the Critical Factor in Asset Recognition: A Case Study Investigation., in: Journal of Human Resource Costing and Accounting, Vol. 1 (1996), No. 1, S. 75 - 97.

Morrow, Stephen H.: **Accounting for Football Players**. Financial and Accounting Implications of 'Royal Club Liégois and Others V Bosman' for Football in the United Kingdom, in: Journal of Human Resource Costing and Accounting, Vol. 2 (1997), No. 1, S. 55 - 71.

Morrow, Stephen H.: **FRS 10** - is it time to put the players back on the balance sheet?, in: Soccer Analyst, Vol. 1 (1998), S. 2 - 5.

Morrow, Stephen H.: The **New Business of Football**, Accountability and Finance in Football, Basingstoke u.a. 1999.

Mouritsen, Jan/Bukh, Per N. D./Larsen, Heine T.: **Intellectual Capital**, in: Küpper, Hans-Ulrich/Wagenhofer, Alfred (Hrsg.): Handwörterbuch Unternehmensrechnung und Controlling, 4. Aufl., Stuttgart 2002, Sp. 768 - 777.

Moxter, Adolf: **Präferenzstruktur** und Aktivitätsfunktion des Unternehmers, in: Zeitschrift für betriebswirtschaftliche Forschung, 16. Jg. (1964), S. 6 - 35.

Moxter, Adolf: Die **Grundsätze ordnungsmäßiger Bilanzierung** und der Stand der Bilanztheorie, in: Zeitschrift für betriebswirtschaftliche Forschung, 18. Jg. (1966), S. 28 - 59.

Moxter, Adolf: **Immaterielle Anlagewerte** im neuen Bilanzrecht, in: Betriebs-Berater, 34. Jg. (1979), S. 1102 - 1109.

Moxter, Adolf: Betriebswirtschaftliche **Gewinnermittlung**, Tübingen 1982.

Moxter, Adolf: Grundsätze ordnungsmäßiger **Unternehmensbewertung**, 2. Aufl., Wiesbaden 1983.

Moxter, Adolf: **Wirtschaftliche Gewinnermittlung** und Bilanzsteuerrecht, in: Steuer und Wirtschaft, 60. Jg. (1983), S. 300 - 307.

Moxter, Adolf: Bilanzlehre, Bd. 1: Einführung in die **Bilanztheorie**, 3. Aufl., Wiesbaden 1984.

Moxter, Adolf: **Bilanzrechtsprechung**, 5. Aufl., Tübingen 1999.

Moxter, Adolf: Grundsätze ordnungsgemäßer **Rechnungslegung**, Düsseldorf 2003.

Müller, Christian: Das **Lizenzierungsverfahren** für die Fußball-Bundesliga, in: Betriebswirtschaftliche Forschung und Praxis, 55. Jg. (2003), S. 556 - 570.

Müller, Christian: Die **Praxis der bilanziellen Behandlung von Transferentschädigungen** in der Bundesliga, in: Dietl, Helmut M. (Hrsg.): Globalisierung des wirtschaftlichen Wettbewerbs im Sport, Schorndorf 2003, S. 191 - 204.

Müller-Glöge, Rudi: § 14 TzBfG, in: Dieterich, Thomas/Hanau, Peter/Schaub, Günter (Hrsg.): Erfurter Kommentar zum Arbeitsrecht, 7. Aufl., München 2007.

Müller-Glöge, Rudi: § 15 TzBfG, in: Dieterich, Thomas/Hanau, Peter/Schaub, Günter (Hrsg.): Erfurter Kommentar zum Arbeitsrecht, 7. Aufl., München 2007.

Münstermann, Hans: Die **Bedeutung des ökonomischen Gewinns** für den externen Jahresabschluß der Aktiengesellschaft, in: Die Wirtschaftsprüfung, 19. Jg. (1966), S. 579 - 586.

Mujkanovic, Robin: **Fair Value** im Financial Statement nach International Accounting Standards, Stuttgart 2002.

Musgrave, Richard A./Musgrave, Peggy B./Kullmer, Lore: Die öffentlichen **Finanzen** in Theorie und Praxis, Bd. 1, 6. Aufl., Tübingen 1994.

Neumeister, Florian: Die **Bilanzierung von Transferentschädigungen** im Berufsfußball, Lohmar u.a. 2004.

Neus, Werner: **Ökonomische Agency-Theorie** und Kapitalmarktgleichgewicht, Wiesbaden 1989.

Neus, Werner: Einführung in die **Betriebswirtschaftslehre** aus institutionen-ökonomischer Sicht, 4. Aufl., Tübingen 2005.

Nienhaus, Volker: **Europäische Integration**, in: Bender, Dieter et al. (Hrsg.): Vahlens Kompendium der Wirtschaftstheorie und Wirtschaftspolitik, Band 2, 8. Aufl., München 2003, S. 545 - 632.

Nowak, Karsten: **Marktorientierte Unternehmensbewertung**: Discounted Cash Flow, Realoption, Economic Value Added und der Direct Comparison Approach, Wiesbaden 2000.

Ordelheide, Dieter: Kaufmännischer Periodengewinn als **ökonomischer Gewinn** – Zur Unsicherheitsrepräsentation bei der Konzeption von Erfolgsgrößen –, in: Domsch, Michel/Eisenführ, Franz/Ordelheide, Dieter/Perlitz, Manfred (Hrsg.): Unternehmenserfolg: Planung – Ermittlung – Kontrolle; Walther Busse von Colbe zum 60. Geburtstag, Wiesbaden 1988, S. 275 - 302.

Orth, Manfred: **Steuerrechtliche Fragen** bei Errichtung und Führung von Sportkapitalgesellschaften, in: Scherrer, Urs (Hrsg.): Sportkapitalgesellschaften, Stuttgart u.a. 1998, S. 65 - 90.

o.V.: **Comeback** von Metzelder nach 20 Monaten Pause, in: Handelsblatt vom 08.12.2004, S. 40.

Palme, Christoph: Das **Bosman Urteil** des EuGH: Ein Schlag gegen die Sportautonomie?, in: Juristenzeitung, 51. Jg. (1996), S. 238 - 241.

Parensen, Andreas: Das **Transfersystem des DFB**, Universität zu Köln, Sportökonomie Arbeitspapier 1/97.

Parensen, Andreas: Die **Fußball-Bundesliga** und das Bosman-Urteil, in: Tokarski, Walter (Hrsg.): EU-Recht und Sport, Aachen 1998, S. 70 - 150.

Parensen, Andreas: **Transferentschädigungen** im Kontext von HGB und IAS – Korreferat zum Beitrag von Jörn Littkemann, in: Dietl, Helmut M. (Hrsg.): Globalisierung des wirtschaftlichen Wettbewerbs im Sport, Schorndorf 2003, S. 167 - 189.

Pareto, Vilfredo: **Manuel d´Èconomie Politique**, 4. Aufl., Genf 1966.

Paterson, Ron: A question of **values**, in: Accountancy, Vol. 129 (2000), S. 108.

Paul, Stephan/Sturm, Stefan: **Going Public von Fußballclubs**, in: Hammann, Peter/ Schmidt, Lars/Welling, Michael (Hrsg.): Ökonomie des Fußballs, Grundlegungen aus volks- und betriebswirtschaftlicher Perspektive, Wiesbaden 2004, S. 193 - 218.

Pellens, Bernhard: **Aktionärsschutz** im Konzern: empirische und theoretische Analyse der Reformvorschläge der Konzernverfassung, Wiesbaden 1994.

Pellens, Bernhard/Fülbier, Rolf Uwe: Differenzierung der **Rechnungslegungsregulierung** nach Börsenzulassung, in: Zeitschrift für Unternehmens- und Gesellschaftsrecht , 28. Jg. (2000), S. 572 - 593.

Pellens, Bernhard/Fülbier, Rolf Uwe/Gassen, Joachim: **Internationale Rechnungslegung**, IFRS 1 bis 7, IAS 1 bis 41, IFRIC-Interpretationen, Standardentwürfe, Mit Beispielen, Aufgaben und Fallstudie, 6. Aufl., Stuttgart 2006.

Pellens, Bernhard/Fülbier, Rolf Uwe/Sellhorn, Thorsten: **Immaterielle Werte** in der kapitalmarktorientierten Rechnungslegung, in: Coenenberg, Adolf G./Pohle, Klaus (Hrsg.): Internationale Rechnungslegung – Konsequenzen für Unternehmensführung, Rechnungswesen, Standardsetting, Prüfung und Kapitalmarkt, Stuttgart 2001, S. 81 - 114.

Plath, Kai-Uwe: **Individualrechtsbeschränkungen** im Berufsfußball: eine Untersuchung unter besonderer Berücksichtigung der Bosman-Entscheidung des EuGH, Berlin 1999.

Pratt, John W./Zeckhauser, Richard J.: **Principals and Agents**: An Overview, in: Pratt, John W./Zeckhauser, Richard J. (Hrsg.): Principals and Agents: The Structure of Business, Boston 1985, S. 1 - 35.

Premm, Manfred: **Aufwendungen** für das Ingangsetzen und Erweitern eines Betriebes: HGB, IAS, US-, UK-GAAP, Wien 2000.

PricewaterhouseCoopers/Günther, Thomas: **Immaterielle Werte** und andere weiche Faktoren in der Unternehmensberichterstattung – eine Bestandsaufnahme, Frankfurt a.M. 2003.

Pyle, William C.: Implementation of **Human Resource Accounting** in Industry, in: Brummet, R. Lee/Flamholtz, Eric G./Pyle, William C. (Hrsg.): Human Resource Accounting, Ann Arbor, Michigan 1969, S. 39 - 58.

Quirk, James P./Fort, Rodney D.: **Pay dirt**: the business of professional team sports, Princeton, New Jersey 1992.

Raupach, Arndt: „**Structure follows Strategy**", Grundfragen der Organisation, des Zivil- und Steuerrechts im Sport – dargestellt am Thema „Profigesellschaften", in: Zeitschrift für Sport und Recht, 2. Jg. (1995), S. 241 - 249 und Zeitschrift für Sport und Recht, 3. Jg. (1996), S. 2 - 5.

Reichert, Bernhard: Rechtsfragen beim **Konkurs von Sportvereinen** mit Profi- und Amateurabteilungen, in: Grunsky, Wolfgang (Hrsg.): Der Sportverein in der wirtschaftlichen Krise, Heidelberg 1990, S. 1 - 24.

Reichert, Bernhard: Handbuch **Vereins- und Verbandsrecht**, 10. Aufl., München 2005.

Reilly, Barry/Witt, Robert: English league transfer prices: is there a **racial dimension**?, in: Applied Economics Letters, Vol. 2 (1995), S. 220 - 222.

Reiter, Gregor: Zur Frage der **Bilanzierbarkeit einer „Spielerlaubnis"** im Lizenzfußball, in: Zeitschrift für Sport und Recht, 11. Jg. (2004), S. 55 - 59.

Reschke, Eike: Zur Entwicklung des Amateurstatus – **Amateursportler** als Vertragssportler?, in: Reschke, Eike (Hrsg.): Sport als Arbeit, Zur rechtlichen Stellung von Amateuren und Profis, Heidelberg 1985, S. 1 - 15.

Richter, Rudolf/Bindseil, Ulrich: Neue **Institutionenökonomik**, in: Wirtschaftswissenschaftliches Studium, 24. Jg. (1995), S. 132 - 140.

Roland, Helmut: Der **Begriff des Vermögensgegenstandes** im Sinne der handels- und aktienrechtlichen Rechnungslegungsvorschriften, Göttingen 1980.

Rost, Richard: **Genetische Voraussetzungen**, talentbestimmende Faktoren, in: Rost, Richard (Hrsg.): Lehrbuch der Sportmedizin, Köln 2001, S. 45 - 48.

Rowbottom, Nick: The Application of **Intangible Asset Accounting** and Descretionary Policy Choices in the UK Football Industry, in: The British Accounting Review, Vol. 34 (2002), S. 335 - 355.

Rückle, Dieter: Externe Prognose und **Prognoseprüfung**, in: Der Betrieb, 37. Jg. (1984), S. 57 - 69.

Rückle, Dieter: **Finanzlage**, in: Leffson, Ulrich/Rückle, Dieter/Großfeld, Bernhard (Hrsg.): Handwörterbuch unbestimmter Rechtsbegriffe im Bilanzrecht des HGB, Köln 1986, S. 168 - 184.

Rückle, Dieter: **Vermögensgegenstand/Wirtschaftsgut**, in: Busse von Colbe, Walther/Pellens, Bernhard (Hrsg.): Lexikon des Rechnungswesens: Handbuch der Bilanzierung und Prüfung, der Erlös-, Finanz-, Investitions- und Kostenrechnung, 4. Aufl., München u.a. 1998, S. 725 - 728.

Ruhnke, Klaus: **Bedeutung internationaler Prüfungsnormen** für die Erbringung von Prüfungsdienstleistungen auf nationaler Ebene, in: Der Betrieb, 52. Jg. (1999), S. 237 - 244.

Rybak, Frank: Das **Rechtsverhältnis** zwischen dem Lizenzfußballspieler und seinem Verein, Frankfurt a.M. u.a. 1999.

Sadan, Simcha/Auerbach, Len B.: A Stochastic Model for **Human Resource Valuation**, in: California Management Review, Vol. 16 (1974), Nr. 4, S. 24 - 31.

Sandström, Marita: **Sportphysiologie**, in: Ahonen, Jarmo/Lahtinen, Tiina/Sandström, Marita/Pogliani, Giuliano (Hrsg.): Sportmedizin und Trainingslehre, 2. Aufl., Stuttgart u.a. 2003, S. 51 - 72.

Schäfer, Hans-Bernd/Ott, Claus: Lehrbuch der ökonomischen **Analyse des Zivilrechts**, 4. Aufl., Berlin u.a. 2005.

Schalke 04: **Beitrittserklärung**, http://www.schalke04.de, Verein, Mitgliedschaft, abgerufen am 08.02.2007.

Schalke 04: **Satzung**, Stand: 29.04.2002, http://www.schalke04.de, Verein, Satzung, abgerufen am 08.02.2007.

Schamberger, Michael: **Berufsfußball in England**, Frankfurt a.M. u.a. 1999.

Schamberger, Michael: **Langfristige Vertragsbindung** und Ablösesummen im Licht nationaler Rechtsordnungen, Das Beispiel England, in: Zeitschrift für Sport und Recht, 8. Jg. (2001), S. 134 - 137.

Scheffler, Wolfram: **Besteuerung** von Unternehmen, Band II: Steuerbilanz und Vermögensaufstellung, 4. Aufl., Heidelberg 2006.

Scheinpflug, Patrick: § 4. **Immaterielle Vermögenswerte**, in: Bohl, Werner/Riese, Joachim/Schlüter, Jörg (Hrsg.): Beck'sches IFRS-Handbuch, Kommentierung der IFRS/IAS, 2. Aufl., München 2006, S. 97 - 128.

Schellhaaß, Horst M.: Die **Funktion der Transferentschädigung** im Fußballsport, in: Recht der Arbeit, 34. Jg. (1984), S. 218 - 223.

Schellhaaß, Horst M./May, Frank C.: **Die neuen FIFA-Regeln** zur Transferentschädigung, in: Zeitschrift für Betriebswirtschaft, Ergänzungsheft 4/2002, S. 127 - 142.

Schellhaaß, Horst M./May, Frank C.: Die ökonomischen **Institutionen des Spielermarktes** im Fußballsport – Eine Analyse des FIFA-Transferreglements, in: Dietl, Helmut M. (Hrsg.): Globalisierung des wirtschaftlichen Wettbewerbs im Sport, Schorndorf 2003, S. 235 - 258.

Schewe, Gerhard: Der **Fußball-Verein als Kapitalgesellschaft**: Eine kritische Analyse der Corporate Governance, in: Schewe, Gerhard/Littkemann, Jörn (Hrsg.): Sportmanagement: der Profi-Fußball aus sportökonomischer Perspektive, Schorndorf 2002, S. 163 - 176.

Schewe, Gerhard/Gaede, Nicolas/Küchlin, Christian: Professionalisierung und Strukturwandel im **Profifußball**, in: Schewe, Gerhard/Littkemann, Jörn (Hrsg.): Sportmanagement: der Profi-Fußball aus sportökonomischer Perspektive, Schorndorf 2002, S. 9 - 21.

Schildbach, Thomas: Zur **Eignung des ökonomischen Gewinns** im Rahmen der Rechnungslegung von Aktiengesellschaften, in: Die Wirtschaftsprüfung, 25. Jg. (1972), S. 40 - 42.

Schildbach, Thomas: **Analyse des** betrieblichen **Rechnungswesens** aus der Sicht der Unternehmungsbeteiligten – dargestellt am Beispiel der Aktiengesellschaft, Wiesbaden 1975.

Schildbach, Thomas: **Zeitwertbilanzierung** in USA und nach IAS, in: Betriebswirtschaftliche Forschung und Praxis, 50. Jg. (1998), S. 580 - 592.

Schildbach, Thomas: Der handelsrechtliche **Jahresabschluss**, 7. Aufl., Herne/Berlin 2004.

Schildbach, Thomas: Was leistet **IFRS 5**?, in: Die Wirtschaftsprüfung, 58. Jg. (2005), S. 554 - 561.

Schildbach, Thomas: Der **Erfolg im Rahmen der internationalen Rechnungslegung** – konzeptionelle Vielfalt bei der Information des Kapitalmarkts, in: Kürsten, Wolfgang/Nietert, Bernhard (Hrsg.): Kapitalmarkt, Unternehmensfinanzierung und rationale Entscheidungen, Festschrift für Jochen Wilhelm, Berlin u.a. 2006, S. 311 - 328.

Schmalenbach, Eugen: Grundlagen **dynamischer Bilanzlehre**, in: Zeitschrift für Handelswissenschaftliche Forschung, 13. Jg. (1919), S. 1 - 101.

Schmalz, René: Die zukunftsorientierte **Berichterstattung**, Eine neue Perspektive der externen Rechnungslegung, Diessenhofen 1978.

Schmidt, Andreas: Immaterielle Vermögenswerte als **Werttreiber** der Unternehmen, in: Küting, Karlheinz/Weber, Claus-Peter (Hrsg.): Vom Financial Reporting zum Business Reporting, Stuttgart 2002, S. 295 - 318.

Schmidt, Ingo M.: **Bilanzierung des Goodwills** im internationalen Vergleich: eine kritische Analyse, 1. Aufl., Wiesbaden 2002.

Schmidt, Karsten: Wirtschaftstätigkeit von „Idealvereinen" durch **Auslagerung auf Handelsgesellschaften**, Bemerkungen zum ADAC-Urteil des BGH, in: Neue Juristische Wochenschrift, 36. Jg. (1983), S. 543 - 546.

Schmidt, Lars: Überlegungen zur **Entlohnung von Profifußballern** mit Aktienoptionen, in: Hammann, Peter/Schmidt, Lars/Welling, Michael (Hrsg.): Ökonomie des Fußballs, Grundlegungen aus volks- und betriebswirtschaftlicher Perspektive, Wiesbaden 2004, S. 241 - 265.

Schmidt, Lars/Schnell, Marc: **Bilanzierung von Emissionsrechten** nach IAS/IFRS – Zugleich eine Darstellung des Emissionshandelsprogramms der EU –, in: Der Betrieb, 56. Jg. (2003), S. 1449 - 1452.

Schmidt, Lutz: **Besteuerung von beschränkt steuerpflichtigen Sportlern**, in: Sigloch, Jochen/Klimmer, Christian (Hrsg.): Rechnungslegung und Besteuerung im Sport, Wiesbaden 2003, S. 121 - 151.

Schmidt, Reinhard H.: **Grundformen der Finanzierung** – Eine Anwendung des neoinstitutionalistischen Ansatzes der Finanzierungstheorie, in: Kredit und Kapital, 14. Jg. (1981), 186 - 221.

Schmidt, Reinhard H.: **Rechnungslegung als Informationsproduktion** auf nahezu effizienten Kapitalmärkten, in: Zeitschrift für betriebswirtschaftliche Forschung, 34. Jg. (1982), S. 728 - 748.

Schmidt, Reinhard H./Terberger, Eva: Grundzüge der **Investitions- und Finanzierungstheorie**, 4. Aufl., Wiesbaden 1997.

Schmied, Ingo: Die **Leistungs-Abschreibung**, in: bilanz & buchhaltung, 50. Jg. (2004), S. 37 - 39.

Schneeweiß, Christoph: **Planung**, 1. Systemanalytische und entscheidungstheoretische Grundlagen, Berlin u.a. 1991.

Schneider, Dieter: **Bilanzgewinn** und ökonomische Theorie, in: Zeitschrift für handelswissenschaftliche Forschung, 15. Jg. (1963), S. 457 - 474.

Schneider, Dieter: **Vermögensgegenstände** und Schulden, in: Leffson, Ulrich/ Rückle, Dieter/Großfeld, Bernhard (Hrsg.): Handwörterbuch unbestimmter Rechtsbegriffe im Bilanzrecht des HGB, Köln 1986, S. 335 - 343.

Schneider, Dieter: **Agency Costs** and Transaction Costs: Flops in the Principal-Agent-Theory of Financial Markets, in: Bamberg, Günter/Spremann, Klaus (Hrsg.): Agency Theory, Information, and Incentives, Berlin u.a. 1987, S. 481 - 494.

Schneider, Dieter: Allgemeine **Betriebswirtschaftslehre**, 3. Aufl., München u.a. 1987.

Schneider, Dieter: **Investition**, Finanzierung und Besteuerung, 7. Aufl., Wiesbaden 1992.

Schneider, Dieter: Betriebswirtschaftslehre, Bd. 1: **Grundlagen**, 2. Aufl., München u.a. 1995.

Schneider, Dieter: Betriebswirtschaftslehre, Bd. 3: **Theorie der Unternehmung**, München u.a. 1997.

Schneider, Uwe H.: Das Recht der **Konzernfinanzierung**, in: Zeitschrift für Unternehmens- und Gesellschaftsrecht, 13. Jg. (1984), S. 497 - 537.

Scholich, Martin: Die **Bewertung der** menschlichen **Arbeit**, in: Arnold, Hansjörg/ Englert, Joachim/Eube, Steffen (Hrsg.): Werte messen – Werte schaffen, Von der Unternehmensbewertung zum Shareholder-Value-Management, Festschrift für Dr. Karl-Heinz Maul zum 60. Geburtstag, Wiesbaden 2000.

Scholz, Christian: Ökonomische **Humankapitalbewertung** – Eine betriebswirtschaftliche Annäherung an das Konstrukt Humankapital, in: Betriebswirtschaftliche Forschung und Praxis, 59. Jg. (2007), S. 20 - 37.

Schoor, Hans Walter: **Planmäßige Abschreibung** des Anlagevermögens: Immaterielle Wirtschaftsgüter und Gebäude, in: Betrieb und Rechnungswesen – Buchführung, Bilanz, Kostenrechnung (2001), S. 6503 - 6512.

Schroeder, Werner: **Anmerkung**, in: Juristenzeitung, 51. Jg. (1996), S. 254 - 257.

Schumann, Jochen/Meyer, Ulrich/Ströbele, Wolfgang: **Grundzüge** der mikroökonomischen Theorie, 7. Aufl., Berlin u.a. 1999.

Schwiering, Dieter: Die realtheoretischen Aussagemöglichkeiten und Aussagegrenzen von **Erfolgskonzeptionen**, Zur Kritik der Bilanztheorien, Berlin 1973.

Scott, William R.: Financial **Accounting Theory**, 4. Aufl., Toronto 2006.

Segna, Ulrich: **Bundesligavereine und Börse**, in: Zeitschrift für Wirtschaftsrecht, 18. Jg. (1997), S. 1901 - 1912.

Seicht, Gerhard: Die **kapitaltheoretische Bilanz** und die Entwicklung der Bilanztheorien, Berlin 1970.

Seppelfricke, Peter: Moderne **Multiplikatorverfahren** bei der Aktien- und Unternehmensbewertung, in: Finanz Betrieb, 1. Jg. (1999), S. 300 - 307.

Sharpe, William F.: **Portfolio Theory** and Capital Markets, New York u.a. 1970.

Siegel, Theodor: **Zeitwertbilanzierung** für das deutsche Bilanzrecht?, in: Betriebswirtschaftliche Forschung und Praxis, 50. Jg. (1998), S. 593 - 603.

Siegel, Theodor/Bareis, Peter/Rückle, Dieter/Schneider, Dieter/Sigloch, Jochen/ Streim, Hannes/Wagner, Franz W.: **Stille Reserven** und aktienrechtliche Informationspflichten, in: Zeitschrift für Wirtschaftsrecht, 20. Jg. (1999), S. 2077 - 2085.

Sigloch, Jochen: **Sportverein** – Idealinstitution oder Unternehmen?, in: Sigloch, Jochen/Klimmer, Christian (Hrsg.): Unternehmen Profifußball: vom Sportverein zum Kapitalmarktunternehmen, Wiesbaden 2001, S. 1 - 14.

Sigloch, Jochen: **Rechenschaft im gemeinnützigen Sportverein** – Grundfragen der Rechnungslegung und Besteuerung, in: Sigloch, Jochen/Klimmer, Christian (Hrsg.): Rechnungslegung und Besteuerung im Sport, Wiesbaden 2003, S. 1 - 17.

Sigloch, Jochen: **Fußballspieler in der Bilanz** – Chimäre oder Notwendigkeit, in: Brehm, Walter/Heermann, Peter W./Woratschek, Herbert (Hrsg.): Sportökonomie – Das Bayreuther Konzept in zehn exemplarischen Lektionen, Bayreuth 2005, S. 51 - 69.

Sloane, Peter J.: The **Economics of Professional Football**: The Football Club as a Utility Maximiser, in: Scottish Journal of Political Economy, Vol. 18 (1971), S. 121 - 146.

Snavely, Howard J.: Accounting **Information Criteria**, in: The Accounting Review, Vol. 42 (1967), S. 223 - 232.

Söffing, Andreas: Bilanzierung und Abschreibung von **Transferzahlungen im Lizenzfußball**, Zu den Konsequenzen der sog. „Bosman"-Entscheidung des EuGH, in: Betriebs-Berater, 51. Jg. (1996), S. 523 - 526.

Sohmen, Egon: **Allokationstheorie** und Wirtschaftspolitik, 2. Aufl., Tübingen 1992.

Speight, Alan/Thomas, Dennis: Arbitrator Decision-Making In The **Transfer Market**: An Empirical Analysis, in: Scottish Journal of Political Economy, Vol. 44 (1997), S. 198 - 215.

Speight, Alan/Thomas, Dennis: **Football league transfers**: a comparison of negotiated fees with arbitration settlements, in: Applied Economics Letters, Vol. 4 (1997), S. 41 - 44.

Spohr, Philipp: Eine vergleichende Analyse von Verfahren zur **Bewertung von Fußballunternehmen**, in: Berens, Wolfgang/Schewe, Gerhard (Hrsg.): Profifußball und Ökonomie, Hamburg 2003, S. 143 - 158.

Sprengel, Henrik: **Vereinskonzernrecht**: die Beteiligung von Vereinen an Unternehmensverbindungen, Frankfurt a.M. u.a. 1998.

Stangner, Karl-Heinz/Moser, Ulrich: **Going Public**: Praktische Umsetzung des Börsengangs, in: Der Betrieb, 52. Jg. (1999), S. 759 - 761.

Steding, Rolf: Der **Verein** und seine Eignung für wirtschaftliche Tätigkeit, in: Betrieb und Wirtschaft, 54. Jg. (2000), S. 103 - 107.

Steinbeck, Anja Verena/Menke, Thomas: Die **Aktiengesellschaft im Profifußball** – Zur Ausgliederung wirtschaftlicher Geschäftsbetriebe aus nichtwirtschaftlichen Vereinen –, in: Zeitschrift für Sport und Recht, 5. Jg. (1998), S. 226 - 230.

Steiner, Eberhard/Gross, Beatrix: Die **Bilanzierung von Spielerwerten** im Berufsfußball nach HGB und IFRS, in: Steuern und Bilanzen, 7. Jg. (2005), S. 531 - 536.

Steiner, Manfred: § 15 Die Gestaltung der konzernexternen **Fremdfinanzierung** – Rating, in: Lutter, Marcus/Scheffler, Eberhard/Schneider, Uwe H. (Hrsg.): Handbuch der Konzernfinanzierung, Köln 1998, S. 421 - 483.

Stöber, Kurt: Handbuch zum **Vereinsrecht**, 9. Aufl., Köln 2004.

Straub, Wilfried/Holzhäuser, Wolfgang/Gömmel, Rainer/Galli, Albert: Das **Lizenzierungsverfahren des Ligaverbandes** „Die Liga Fußball-Verband e.V.": Anforderungen an die Rechnungslegung und Prüfung, in: Galli, Albert/ Gömmel, Rainer/Holzhäuser, Wolfgang/Straub, Wilfried (Hrsg.): Sportmanagement, Grundlagen der unternehmerischen Führung im Sport aus Betriebswirtschaftslehre, Steuern und Recht für den Sportmanager, München 2002, S. 75 - 95.

Streim, Hannes: Der Informationsgehalt des **Human Resource Accounting** – Zur Problematik der Erfassung und des Ausweises menschlicher Ressourcen im betriebswirtschaftlichen Rechnungswesen, unveröffentlichte Habilitationsschrift, Gießen 1977.

Streim, Hannes: Zur Frage der bilanziellen Behandlung von **Ausbildungskosten**, in: Die Wirtschaftsprüfung, 32. Jg. (1979), S. 493 - 505.

Streim, Hannes: **Fluktuationskosten** und ihre Ermittlung, in: Zeitschrift für betriebswirtschaftliche Forschung, 34. Jg. (1982), S. 128 - 146.

Streim, Hannes: Das **Wertaufholungsgebot** – Eine zweckmäßige handelsrechtliche Schutzvorschrift, Zur gleichzeitigen Einführung und Wiederaufhebung des Wertaufholungsgebots im Regierungsentwurf des Bilanzrichtlinien-Gesetzes, in: Die Wirtschaftsprüfung, 36. Jg. (1983), S. 671 - 683.

Streim, Hannes: **Grundsätzliche Anmerkungen** zu den Zwecken des Rechnungswesens, in: Lüder, Klaus (Hrsg.): Entwicklungsperspektiven des öffentlichen Rechnungswesens, Speyerer Forschungsberichte Nr. 48, Speyer 1986, S. 1 - 27.

Streim, Hannes: **Der kommunale Lagebericht** als Ergänzung der Rechnungslegung von Gemeinden, in: Eichhorn, Peter (Hrsg.): Doppik und Kameralistik, Festschrift für Ludwig Mülhaupt zur Vollendung des 75. Lebensjahres, Baden-Baden 1987, S. 308 - 327.

Streim, Hannes: Die **Erweiterung der kommunalen Rechnungslegung** durch einen Lagebericht – Ein Beitrag zum Individual- und Funktionenschutz, in: Lücke, Wolfgang (Hrsg.): Betriebswirtschaftliche Steuerungs- und Kontrollprobleme: wissenschaftliche Tagung des Verbandes der Hochschullehrer für Betriebswirtschaft e.V. an der Universität Göttingen, Wiesbaden 1988, S. 303 - 319.

Streim, Hannes: **Grundzüge** der handels- und steuerrechtlichen Bilanzierung, Stuttgart u.a. 1988.

Streim, Hannes: **Wahlrechte**, in: Chmielewicz, Klaus/Schweitzer, Marcell (Hrsg.): Handwörterbuch des Rechnungswesens, 3. Aufl., Stuttgart 1993, Sp. 2151 - 2160.

Streim, Hannes: **Agency Problems** in the Legal Political System and Supreme Auditing Institutions, in: European Journal of Law and Economics, Vol. 1 (1994), S. 177 - 191.

Streim, Hannes: Die **Generalnorm** des § 264 Abs. 2 HGB – Eine kritische Analyse, in: Ballwieser, Wolfgang/Böcking, Hans-Joachim/Drukarczyk, Jochen/ Schmidt, Reinhard H. (Hrsg.): Bilanzrecht und Kapitalmarkt – Festschrift zum 65. Geburtstag von Adolf Moxter, Düsseldorf 1994, S. 391 - 406.

Streim, Hannes: Supreme Auditing Institutions in an **Agency-Theoretic Context**, in: Buschor, Ernst/Schedler, Kuno (Hrsg.): Perspectives on Performance Measurement and Public Sector Accounting, Bern u.a. 1994, S. 325 - 344.

Streim, Hannes: Zum **Stellenwert des Lageberichts** im System der handelsrechtlichen Rechnungslegung, in: Elschen, Rainer/Siegel, Theodor/Wagner, Franz W. (Hrsg.): Unternehmenstheorie und Besteuerung: Dieter Schneider zum 60. Geburtstag, Wiesbaden 1995, S. 703 - 721.

Streim, Hannes: **Internationalisierung von Gewinnermittlungsregeln** zum Zwecke der Informationsvermittlung – Zur Konzeptionslosigkeit der Fortentwicklung der Rechnungslegung, in: Meffert, Heribert/Krawitz, Norbert (Hrsg.): Unternehmensrechnung und -besteuerung: Grundfragen und Entwicklungen, Festschrift für Dietrich Börner zum 65. Geburtstag, Wiesbaden 1998, S. 323 - 343.

Streim, Hannes: Der **Informationsgehalt** einer auf kaufmännischen Grundsätzen basierenden Rechnungslegung für Gebietskörperschaften, in: Bräunig, Dietmar/Greiling, Dorothea (Hrsg.): Stand und Perspektiven der Öffentlichen Betriebswirtschaftslehre: Festschrift für Prof. Dr. Peter Eichhorn zur Vollendung des 60. Lebensjahres, Berlin 1999, S. 321 - 327.

Streim, Hannes: Die **Vermittlung von entscheidungsnützlichen Informationen** durch Bilanz und GuV – Ein nicht einlösbares Versprechen der internationalen Standardsetter, in: Betriebswirtschaftliche Forschung und Praxis, 52. Jg. (2000), S. 111 - 131.

Streim, Hannes: Kommentierung **§ 240 HGB**, in: Hofbauer, Max A./Kupsch, Peter (Hrsg.): Bonner Handbuch Rechnungslegung, 2. Aufl., Bonn 2000, Fach 4.

Streim, Hannes: Vor- und Nachteile der Doppik in der **öffentlichen Verwaltung**, unveröffentlichtes Manuskript, Bochum 2005.

Streim, Hannes: **Non-Profit Unternehmen**, in: Handelsblatt (Hrsg.): Wirtschafts-Lexikon, Das Wissen der Betriebswirtschaftslehre, Band 8: Mediaanalyse und Mediaselektion – Personalwesen, Stuttgart 2006, S. 4069 - 4080.

Streim, Hannes/Esser, Maik: Rechnungslegung nach IAS/IFRS – Ein geeignetes Instrument zur **Informationsvermittlung**?, in: Steuern und Bilanzen, 5. Jg. (2003), S. 836 - 840.

Streim, Hannes/Kugel, Birgit: **GmbH & Co. KG** und Rechnungslegungsreform, in: Betriebswirtschaftliche Forschung und Praxis, 87. Jg. (1985), S. 102 - 117.

Streim, Hannes/Leippe, Britta: **Neubewertung** nach International Accounting Standards – Darstellung, Anwendungsprobleme und kritische Analyse, in: Seicht, Gerhard (Hrsg.): Jahrbuch für Controlling und Rechnungswesen 2001, Wien 2001, S. 373 - 411.

Streim, Hannes/Bieker, Marcus/Esser, Maik: Vermittlung entscheidungsnützlicher Informationen durch **Fair Values** – Sackgasse oder Licht am Horizont?, in: Betriebswirtschaftliche Forschung und Praxis, 55. Jg. (2003), S. 457 - 479.

Streim, Hannes/Bieker, Marcus/Esser, Maik: Der schleichende Abschied von der Ausschüttungsbilanz – Grundsätzliche Überlegungen zum Inhalt einer **Informationsbilanz**, in: Dirrigl, Hans/Wellisch, Dietmar/Wenger, Ekkehard (Hrsg.): Steuern, Rechnungslegung und Kapitalmarkt, Festschrift für Franz W. Wagner zum 60. Geburtstag, Wiesbaden 2004, S. 229 - 244.

Streim, Hannes/Bieker, Marcus/Esser, Maik: **Fair Value Accounting** in der IFRS-Rechnungslegung – eine Zweckmäßigkeitsanalyse, in: Schneider, Dieter/ Rückle, Dieter/Küpper, Hans-Ulrich/Wagner, Franz W. (Hrsg.): Kritisches zu Rechnungslegung und Unternehmensbesteuerung, Festschrift zur Vollendung des 65. Lebensjahres von Theodor Siegel, Berlin 2005, S. 87 - 109.

Streim, Hannes/Bieker, Marcus/Leippe, Britta: **Anmerkungen zur theoretischen Fundierung der Rechnungslegung** nach International Accounting Standards, in: Schmidt, Hartmut/Ketzel, Eberhart/Prigge, Stefan (Hrsg.): Wolfgang Stützel – Moderne Konzepte für Finanzmärkte, Beschäftigung und Wirtschaftsverfassung, Tübingen 2001, S. 177 - 206.

Streim, Hannes/Bieker, Marcus/Hackenberger, Jens/Lenz, Thomas: Ökonomische Analyse der gegenwärtigen und geplanten Regelungen zur **Goodwill-Bilanzierung** nach IFRS, in: Zeitschrift für Internationale Rechnungslegung, 2. Jg. (2007), S. 17 - 27.

Streim, Hannes/Bieker, Marcus/Leippe, Britta/Schmidt, Lars: **International Accounting Standards**, in: Hofbauer, Max A./Grewe, Wolfgang/Albrecht, Werner/ Kupsch, Peter/Scherrer, Gerhard (Hrsg.): Bonner Handbuch Rechnungslegung, 2. Aufl., Bd. 4 (Fach 5), Bonn u.a. 2005 (Stand: April 2002).

Streitferdt, Lothar/Kruse, Jörn: **Agency-Probleme** und Mitbestimmung in öffentlichen Unternehmen in der Bundesrepublik, in: Lücke, Wolfgang (Hrsg.): Betriebswirtschaftliche Steuerungs- und Kontrollprobleme: wissenschaftliche Tagung des Verbandes der Hochschullehrer für Betriebswirtschaft e.V. an der Universität Göttingen, Wiesbaden 1988, S. 321 - 340.

Ströfer, Joachim: **„Berufsfußballspieler"** als **„Aktivposten"** in den Steuerbilanzen der Bundesligavereine?, in: Betriebs-Berater, 37. Jg. (1982), S. 1087 - 1098.

Stützel, Wolfgang: Bemerkungen zur **Bilanztheorie**, in: Zeitschrift für Betriebswirtschaft, 37. Jg. (1967), S. 314 - 340.

Sullivan, Patrick H.: Profiting from **Intellectual Capital**: Extracting Value from Innovation, New York 1998.

Swieter, Detlef: Eine ökonomische Analyse der **Fußball-Bundesliga**, Berlin 2002.

Szymanski, Stefan/Kypers, Tim: **Winners and losers**: the business strategy of football, London 2000.

Terberger, Eva: **Neo-institutionalistische Ansätze**: Entstehung und Wandel, Anspruch und Wirklichkeit, Wiesbaden 1994.

Theisen, Manuel René: Der **Konzern**: betriebswirtschaftliche und rechtliche Grundlagen der Konzernunternehmung, 2. Aufl., Stuttgart 2000.

Thiele, Stefan/Breithaupt, Joachim/Kahling, Dieter/Prigge, Cord: Kommentierung **§ 253 HGB**, in: Baetge, Jörg/Kirsch, Hans-Jürgen/Thiele, Stefan (Hrsg.): Bilanzrecht – Handelsrecht mit Steuerrecht und den Regelungen des IASB, Kommentar, Bonn 2002 (Stand: Februar 2007).

Thomas, Arthur L.: **The Allocation Problem** in Financial Accounting Theory, Evanston, Ill. 1969.

Thyll, Alfred: Jahresabschluss und Prüfung nach der **Lizenzierungsordnung**: Grundlagen und Gegenüberstellung mit den handelsrechtlichen Vorschriften, in: Hammann, Peter/Schmidt, Lars/Welling, Michael (Hrsg.): Ökonomie des Fußballs, Grundlegungen aus volks- und betriebswirtschaftlicher Perspektive, Wiesbaden 2004, S. 163 - 192.

Touche Ross & Co.: Survey of **Football Club Accounts**, Manchester **1995**.

Triebel, Volker/Hodgson, Stephen/Kellenter, Wolfgang/Müller, Georg: Englisches **Handels- und Wirtschaftsrecht**, 2. Aufl., Heidelberg 1995.

Trommer, Hans-Ralph: Die **Transferregelungen** im Profisport im Lichte des „Bosman-Urteils" im Vergleich zu den Mechanismen im bezahlten amerikanischen Sport, Berlin 1999.

Trust, Oliver: Ratlos nach der **Demütigung**, in: Handelsblatt vom 23.05.2005, S. 40.

Ulbricht, Thomas: Goodwill Impairment und **Bewertung immaterieller Vermögensgegenstände** nach IAS & US-GAAP, in: Richter, Frank/Timmreck, Christian (Hrsg.): Unternehmensbewertung – Moderne Instrumente und Lösungsansätze, Stuttgart 2004, S. 323 - 341.

Väth, Heinrich: **Profifußball**: zur Soziologie der Bundesliga, Frankfurt a.M. u.a. 1994.

Vater, Hendrik: **Bilanzierung von Leasingverhältnissen** nach IAS 17: Eldorado bilanzpolitischer Möglichkeiten?, in: Deutsches Steuerrecht, 40. Jg. (2002), S. 2094 - 2100.

Veil, Rüdiger: **Prognosen** im Kapitalmarktrecht, in: Die Aktiengesellschaft, 51. Jg. (2006), S. 690 - 698.

Veit, Klaus-Rüdiger: Die **Behandlung immaterieller Vermögensgegenstände bzw. Wirtschaftsgüter** in Handels- und Steuerbilanz, in: Steuer und Studium, 11. Jg. (1990), S. 170 - 174.

Wagenhofer, Alfred: Internationale Rechnungslegungsstandards – **IAS/IFRS**, Grundkonzepte / Bilanzierung, Bewertung, Angaben / Umstellung und Analyse, 5. Aufl., Frankfurt a.M. 2005.

Wagenhofer, Alfred/Ewert, Ralf: **Externe Unternehmensrechnung**, Berlin u.a. 2003.

Wagner, Franz W.: **Periodenabgrenzung** und Prognoseverfahren – Konzeption und Anwendungsbereich der „einkommensapproximativen Bilanzierung", in: Ballwieser, Wolfgang/Böcking, Hans-Joachim/Drukarczyk, Jochen/ Schmidt, Reinhard H. (Hrsg.): Bilanzrecht und Kapitalmarkt – Festschrift zum 65. Geburtstag von Adolf Moxter, Düsseldorf 1994, S. 1175 - 1197.

Weber, Claus-Peter: **Intangibles** und Steuerung, in: Küting, Karlheinz/Weber, Claus-Peter (Hrsg.): Vom Financial Reporting zum Business Reporting, Stuttgart 2002, S. 319 - 339.

Wehrheim, Michael: Die Bilanzierung immaterieller Vermögensgegenstände („Intangible Assets") nach **IAS 38**, in: Deutsches Steuerrecht, 38. Jg. (2000), S. 86 - 88.

Wehrheim, Michael: **Bilanzierung von Aufhebungszahlungen** im Lizenzfußball, in: Betriebs-Berater, 59. Jg. (2004), S. 433 - 435.

Weidenkaff, Walter: **§ 626 BGB**, in: Palandt (Hrsg.): Bürgerliches Gesetzbuch, mit Einführungsgesetz (Auszug), BGB-Informationspflichten-Verordnung, Unterlassungsklagengesetz, Produkthaftungsgesetz, Erbbaurechtsverordnung, Wohnungseigentumsgesetz, Hausratsverordnung, Vormünder- und Betreuervergütungsgesetz, Lebenspartnerschaftsgesetz, Gewaltschutzgesetz (Auszug), 65. Aufl., München 2006, S. 926 - 932.

Weiland, Bernd H.: Die **Rechtsstellung des Lizenzspielers** in der Fußball-Bundesliga – zugleich ein Beitrag zur allgemeinen Verbände-Diskussion –, Frankfurt a.M. 1980.

Weisemann, Ulrich: **Sport und Arbeitsrecht**, Anmerkungen zum bezahlten Fußballsport, in: Der Betrieb, 32. Jg. (1979), S. 259 - 261.

Wendlandt, Klaus/Knorr, Liesel: Das **Bilanzrechtsreformgesetz** – Zeitliche Anwendung der wesentlichen bilanzrechtlichen Änderungen des HGB und Folgen für die IFRS-Anwendung in Deutschland –, in: Zeitschrift für internationale und kapitalmarktorientierte Rechnungslegung, 5. Jg. (2005), S. 53 - 57.

Wertenbruch, Johannes: Der **Lizenzspieler als Gläubigersicherheit** im Konkurs eines Vereins der Fußball-Bundesligen, in: Zeitschrift für Wirtschaftsrecht, 14. Jg. (1993), S. 1292 - 1298.

Wertenbruch, Johannes: Die „**Gewährleistungsansprüche**" des übernehmenden Bundesligavereins bei Transfer eines nicht einsetzbaren DFB-Lizenzspieler, in: Neue Juristische Wochenschrift, 46. Jg. (1993), S. 179 - 184.

Wertenbruch, Johannes: **Anmerkung** zum EuGH-Urteil: Freizügigkeit von Berufsfußballspielern, in: Europäische Zeitschrift für Wirtschaftsrecht, 7. Jg. (1996), S. 91 - 92.

Wertenbruch, Johannes: Vertragsnatur, Gewährleistung und **Bilanzierung beim Spielerkauf** nach Bosman, in: Crezelius, Georg/Hirte, Heribert/Vieweg, Klaus (Hrsg.): Festschrift für Volker Röhricht zum 65. Geburtstag: Gesellschaftsrecht, Rechnungslegung, Sportrecht, Köln 2005, S. 1297 - 1306.

Westermann, Harm Peter: **Erste praktische Folgen** des „Bosman"-Urteils für die Organisation des Berufsfußballs – Zugleich eine Anmerkung zu dem Urteil des EuGH vom 15.12.1995 – C-415/93 –, in: Deutsche Zeitschrift für Wirtschafts- und Insolvenzrecht, 6. Jg. (1996), S. 82 - 86.

WGZ-Bank: FC €uro AG, **Analyse der** börsennotierten europäischen **Fußballunternehmen** – Entwicklung und Chancen des deutschen Fußballmarktes, 3. Aufl., Düsseldorf 2002.

WGZ-Bank/Deloitte & Touche: FC €uro AG, **Börsengänge europäischer Fußballunternehmen** – Chancen für den deutschen Bundesligafußball, 2. Aufl., Düsseldorf 2001.

WGZ-Bank/KPMG: FC €uro AG, **Fußball und Finanzen**, Analyse der Finanzsituation in der Fußballbranche – Neue Wege der Finanzierung, 4. Aufl., Düsseldorf/München 2004.

Wild, Ken/Creighton, Brian: **GAAP 2000**: UK financial reporting and accounting, London 1999.

Williamson, Oliver E.: The **Economic Institutions** of Capitalism – Firms, Markets, Relational Contracting, New York 1985.

Wirth, Johannes: **Firmenwertbilanzierung** nach IFRS, Stuttgart 2005.

Wohlgemuth, Michael: Kommentierung § 253 HGB, in: Hofbauer, Max A./Kupsch, Peter (Hrsg.): Bonner Handbuch Rechnungslegung, 2. Aufl., Bonn 2005, Fach 4.

Wohlgemuth, Michael/Radde, Jens: Der Bewertungsmaßstab „**Anschaffungskosten**" nach HGB und IAS – Darstellung der Besonderheiten und kritische Gegenüberstellung –, in: Die Wirtschaftsprüfung, 53. Jg. (2000), S. 903 - 911.

Wohlgemuth, Michael/Radde, Jens: Der Bewertungsmaßstab „**Herstellungskosten**" nach HGB und IAS – Darstellung der Besonderheiten und kritische Gegenüberstellung –, in: Die Wirtschaftsprüfung, 56. Jg. (2003), S. 203 - 211.

Wollmert, Peter/Achleitner, Ann-Kristin: **Konzeptionelle Grundlagen** der IAS-Rechnungslegung (Teil I), in: Die Wirtschaftsprüfung, 50. Jg. (1997), S. 209 - 222.

Wüstemann, Jens: **Bilanzierung** case by case, Lösungen nach HGB und IAS/IFRS, Heidelberg 2004.

Zacharias, Erwin: **Going Public einer Fußball-Kapitalgesellschaft**: rechtliche, betriebswirtschaftliche und strategische Konzepte bei der Vorbereitung der Börseneinführung eines Fußball-Bundesligavereins, Bielefeld 1999.

Ziegler, Franz: Die steuerliche **Behandlung von Ablösebeträgen** im Leistungssport, in: Die steuerliche Betriebsprüfung, 14. Jg. (1974), S. 81 - 85.

Ziegler, Franz: Die **Bilanzierung von Ablösebeträgen** im Hochleistungssport (unter besonderer Berücksichtigung des Lizenzfußballs), in: Die steuerliche Betriebsprüfung, 20. Jg. (1980), S. 30 - 36.

Zimmermann, Jochen/Schütte, Jens: **Intangibles**, in: Das Wirtschaftsstudium, 33. Jg. (2004), S. 315.

Zülch, Henning/Lienau, Achim: Bilanzierung zum Verkauf stehender langfristiger Vermögenswerte sowie aufgegebener Geschäftsbereiche nach **IFRS 5**, in: Zeitschrift für internationale und kapitalmarktorientierte Rechnungslegung, 4. Jg. (2004), S. 442 - 451.

Zülch, Henning/Willms, Jesco: **IFRS 5** – Non-current Assets Held for Sale and Discontinued Operations, in: Steuern und Bilanzen, 6. Jg. (2004), S. 648 - 650.

EU-Verordnungen

Verordnung (EG) Nr. 1606/2002 des Europäischen Parlaments und des Rates vom 19. Juli 2002 betreffend die Anwendung internationaler Rechnungslegungsstandards (IAS-Verordnung), ABl EG L 243 vom 11.09.2002, S. 1 - 4.

Gesetze

AktG   Aktiengesetz vom 06. September 1965, BGBl I 1965, S. 1089; zuletzt geändert durch Art. 3 des Zweiten Gesetzes zur Änderung des Umwandlungsgesetzes vom 19.04.2007, BGBl I 2007, S. 542.

AO   Abgabenordnung vom 16. März 1976, BGBl I 1976, S. 613; BGBl I 1977, S. 269; Stand: Neugefasst durch Bekanntmachung vom 01.10.2002, BGBl I 2002, S. 3866; BGBl I 2003, S. 61; zuletzt geändert durch Art. 10 des Jahressteuergesetzes 2007 (JStG 2007) vom 13.12.2006, BGBl I 2006, S. 2878.

BGB   Bürgerliches Gesetzbuch vom 18. August 1896, RGBl 1896, S. 195; Stand: Neugefasst durch Bekanntmachung vom 02.01. 2002, BGBl I 2002, S. 42, 2909; BGBl I 2003, S. 738; zuletzt geändert durch Art. 2 Abs. 16 des Gesetzes zur Reform des Personenstandsrechts (Personenstandsrechtsreformgesetz – PStRG) vom 19.02.2007, BGBl I 2007, S. 122.

EStG   Einkommensteuergesetz vom 16. Oktober 1934, RGBl I 1934, S. 1005; Stand: Neugefasst durch Bekanntmachung vom 19.10. 2002, BGBl I 2002, S. 4210; BGBl I 2003, S. 179; zuletzt geändert durch Art. 2 des Gesetzes zur Schaffung deutscher Immobilien-Aktiengesellschaften mit börsennotierten Anteilen vom 28.05.2007, BGBl I 2007, S. 914.

GewStG   Gewerbesteuergesetz vom 01. Dezember 1936, RGBl I 1936, S. 979; Stand: Neugefasst durch Bekanntmachung vom 15.10. 2002, BGBl I 2002, S. 4167; zuletzt geändert durch Art. 5 des Jahressteuergesetzes 2007 (JStG 2007) vom 13.12.2006, BGBl I 2006, S. 2878.

GmbHG   Gesetz betreffend die Gesellschaften mit beschränkter Haftung vom 20. April 1892, RGBl 1892, S. 477; zuletzt geändert durch Art. 4 des Zweiten Gesetzes zur Änderung des Umwandlungsgesetzes vom 19.04.2007, BGBl I 2007, S. 542.

HGB   Handelsgesetzbuch vom 10. Mai 1897, RGBl 1897, S. 219; zuletzt geändert durch Art. 5 des Gesetzes zur Umsetzung der Richtlinie 2004/109/EG des Europäischen Parlaments und des Rates vom 15. Dezember 2004 zur Harmonisierung der Transparenzanforderungen in Bezug auf Informationen über Emittenten, deren Wertpapiere zum Handel auf einem geregelten Markt zugelassen sind, und zur Änderung der Richtlinie 2001/34/EG (Transparenzrichtlinien-Umsetzungsgesetz – TUG) vom 05.01.2007, BGBl I 2007, S. 10.

KStG   Körperschaftsteuergesetz vom 31. August 1976, BGBl I 1976, S. 2597, 2599; Stand: Neugefasst durch Bekanntmachung vom 15.10.2002, BGBl I 2002, S. 4144; zuletzt geändert durch Art. 4 des Jahressteuergesetzes 2007 (JStG 2007) vom 13.12.2006, BGBl I 2006, S. 2878.

UmwG   Umwandlungsgesetz vom 28. Oktober 1994, BGBl I 1994, S. 3210; BGBl I 1995, S. 428; zuletzt geändert durch Art. 1 des Zweiten Gesetzes zur Änderung des Umwandlungsgesetzes vom 19.04.2007, BGBl I 2007, S. 542.

Internationales Verbandsrecht

FIFA, Statuten (FIFA-Statuten), Stand: 08.06.2006, http://de.fifa.com, FIFA-Statuten, abgerufen am 29.06.2007.

FIFA, Reglement bezüglich Status und Transfer von Spielern (FIFA-Spielerstatus), Stand: 18.12.2004, http://de.fifa.com, Recht- und Disziplinarwesen, Reglement zu Status und Transfers von Spielern, abgerufen am 29.06.2007.

UEFA, UEFA-Klublizenzierungsverfahren, Handbuch Version 2.0, Auflage 2005, http://de.uefa.com, UEFA-Organisation, Reglemente, UEFA-Klublizenzierungsverfahren Handbuch Fassung V2.0 Deutsch, abgerufen am 29.06.2007.

Nationales Verbandsrecht

Deutschland

DFB, DFB/Ligaverband: Grundlagenvertrag, Stand: 29.06.2007, http://www.dfb.de, DFB-Info, Satzung und Ordnungen, Grundlagenvertrag, abgerufen am 29.06.2007.

DFB, Satzung (DFB-Satzung), Stand: 08.09.2006, http://www.dfb.de, DFB-Info, Satzung und Ordnungen, Satzung, abgerufen am 29.06. 2007.

DFB, Spielordnung (DFB-Spielordnung), Stand: 13.10.2006, http://www.dfb.de, DFB-Info, Satzung und Ordnungen, Spielordnung, abgerufen am 29.06.2007.

DFL Deutsche Fußball Liga GmbH, Satzung (DFL-Satzung), Stand: 23.08.2004, http://www.bundesliga.de/de, DFL, Interna, Satzung, Satzung DFL Deutsche Fußball Liga GmbH, abgerufen am 29.06.2007.

Die Liga - Fußballverband e.V. [Ligaverband], Spielordnung (SpOL), Stand: 08. 12.2006, http://www.bundesliga.de/de, DFL, Interna, Ligastatut, Spielordnung, abgerufen am 29.06.2007.

Die Liga - Fußballverband e.V. [Ligaverband], Satzung (Ligaverband-Satzung), Stand: 31.07.2004, http://www.bundesliga.de/de, DFL, Interna, Satzung, Satzung Ligaverband, abgerufen am 29.06.2007.

Die Liga - Fußballverband e.V. [Ligaverband], Lizenzordnung Spieler (LOS), Stand: 21.12.2005, http://www.bundesliga.de/de, DFL, Interna, Ligastatut, Lizenzordnung Spieler, abgerufen am 29.06.2007.

Die Liga - Fußballverband e.V. [Ligaverband], Lizenzierungsordnung (LO), Stand: 08.12.2006, http://www.bundesliga.de/de, DFL, Interna, Ligastatut, Lizenzierungsordnung, abgerufen am 29.06.2007.

England

Football Association, The FA Handbook Season 2006 - 2007: Rules of The Association and Laws of the Game (Football Association Rules), Stand: Saison 2006/2007, http://www.thefa.com, THE FA, Rules and Regulations, The FA Handbook 2006-2007, abgerufen am 29.06.2007.

FA Premier League, FAPL Handbook: Rules (Premier League Rules), Stand: Saison 2006/2007, http://www.premierleague.com, About Us, Publications, FAPL Handbook 2006-07: Rules, abgerufen am 29.06. 2007.

Rechtsprechung und Verwaltungsanweisungen

BFH, Beschluss vom 13.05.1987 – I B 179/86, in: Der Betrieb, 40. Jg. (1987), S. 1870 - 1871.

BFH, Urteil vom 26.08.1992 – I R 24/91, in: Der Betrieb, 45. Jg. (1992), S. 2115 - 2118.

BGH, Urteil vom 02.12.1974 – II ZR 78/72, in: Neue Juristische Wochenschrift, 28. Jg. (1975), S. 771 - 775.

EuGH, Urteil vom 15.12.1995 – Rs. C-415/93, in: Europäische Zeitschrift für Wirtschaftsrecht, 7. Jg. (1996), S. 82 - 91.

FG Düsseldorf, Urteil vom 28.11.1990 – 6 K 198/86 K, in: Betriebs-Berater, 46. Jg. (1991), S. 1896 - 1897.

FinMin. NRW, Erlass vom 26.07.1974 – S 2170 – 50 – V B 1, Ertragsteuerrechtliche Fragen bei der Besteuerung von Fußball-Bundesliga Vereinen, in: Der Betrieb, 27. Jg. (1974), S. 2085.

LAG Berlin, Urteil vom 21.06.1979 – 4 Sa 127/78 (*nicht rechtskräftig*), in: Neue Juristische Wochenschrift, 32. Jg. (1979), S. 2582 - 2584.

LAG Köln, Urteil vom 26.04.1994 – 11 Sa 1155/93 –, in: Zeitschrift für Sport und Recht, 2. Jg. (1995), S. 51 - 54.

Standards

ASB

Foreword to Accounting Standards, London 1993.

FRS 10 *Goodwill and Intangible Assets*, Central Milton Keynes 1997.

FRS 11 Impairment of Fixed Assets and Goodwill, Central Milton Keynes 1998.

FASB

SFAS 141 *Business Combinations*, Norwalk 2001.

SFAS 144 Accounting for the Impairment or Disposal of Long-Lived Assets, Norwalk 2001.

IASB/IASC

Discussion Paper, *Management Commentary* (MC), London 2005.

ED 3 Business Combinations, London 2002.

Framework for the Preparation and Presentation of Financial Statements, London 1989.

IAS 1 Presentation of Financial Statements, revised, London 2005.

IAS 2 *Inventories*, revised, London 2004.

IAS 8 Accounting Policies, Changes in Accounting Estimates and Errors, revised, London 2004.

IAS 11 *Construction Contracts*, revised, London 2004.

IAS 16 *Property, Plant and Equipment*, revised, London 2004.

IAS 17 *Leases*, revised, London 2005.

IAS 18 Revenue, revised, London 2004.

IAS 23 *Borrowing Costs*, revised, London 2007.

IAS 36 *Impairment of Assets*, revised, London 2004.

IAS 37 Provisions, Contingent Liabilities and Contingent Assets, revised, London 2005.

IAS 38 *Intangible Assets*, revised, London 2004.

IFRS 3 *Business Combinations*, London 2004.

IFRS 5 Non-current Assets Held for Sale and Discontinued Operations, London 2004.

IFRS 7 Financial Instruments: Disclosures, London 2005.

Preface to International Financial Reporting Standards, London 2002.

SIC-32 Intangible Assets – Web Sites Costs, revised, London 2004.

IDW

IDW: IDW Stellungnahme zur Rechnungslegung: Rechnungslegung von Vereinen (**IDW RS HFA 14**), in: Die Wirtschaftsprüfung, 59. Jg. (2006), S. 692 - 698.

IDW PS 314 Die Prüfung von geschätzten Werten in der Rechnungslegung, Düsseldorf 2001.

IFAC

ISA 540 *Audit of Accounting Estimates*, revised, New York 2004.

ISAE 3400 The Examination of Prospective Financial Information, New York 2005.

BETRIEBSWIRTSCHAFTLICHE STUDIEN
RECHNUNGS- UND FINANZWESEN, ORGANISATION UND INSTITUTION

Die Herausgeber wollen in dieser Schriftenreihe Forschungsarbeiten aus dem Rechnungswesen, dem Finanzwesen, der Organisation und der institutionellen Betriebswirtschaftslehre zusammenfassen. Über den Kreis der eigenen Schüler hinaus soll originellen betriebswirtschaftlichen Arbeiten auf diesem Gebiet eine größere Verbreitung ermöglicht werden. Jüngere Wissenschaftler werden gebeten, ihre Arbeiten, insbesondere auch Dissertationen, an die Herausgeber einzusenden.

www.peterlang.de

Peter Lang · Internationaler Verlag der Wissenschaften

Sandra Feldmann

Bewertung von Sportmarken

Messung und Wirkungen der Markenstärke von Fußballbundesligavereinen

Frankfurt am Main, Berlin, Bern, Bruxelles, New York, Oxford, Wien, 2007.
XX, 288 S., zahlr. Abb. und Tab.
Marktorientierte Unternehmensführung. Herausgegeben von Hermann Freter.
Bd. 28
ISBN 978-3-631-55962-8 · br. € 51.50*

Seit einigen Jahren vollzieht sich im Bereich des professionellen Sports ein Wandel von herkömmlichen Vereinen mit ehrenamtlichen Strukturen hin zu Unternehmungen mit hauptamtlichen Beschäftigten und der Notwendigkeit des ökonomischen Handelns. Im Mittelpunkt dieser Arbeit stehen derartige Sportunternehmungen, die mit zunehmendem Einzug betriebswirtschaftlicher Methoden in ihr Alltagsgeschäft auch die Markenführung für sich entdeckt haben. Die Autorin befasst sich zunächst ausführlich mit dem Verständnis, den Erscheinungsformen, Funktionen und Besonderheiten von Sportmarken. Darauf aufbauend beschreibt sie die Entwicklung eines faktoranalytischen Modells zur Bewertung sowie einiger kausalanalytischer Modelle zur Überprüfung der Wirkungen von Sportmarken in Form von Fußballbundesligavereinen. Ein empirischer Teil beschreibt eine umfangreiche Online-Studie, mit der die Verfasserin ihre Modelle anhand multivariater Verfahren überprüft. Nach der Validierung der Modelle stellt sie die wesentlichen Implikationen für die Markenführung vor und gibt einen Einblick in die Ergebnisse, die die 18 Vereine der Fußballbundesligasaison 2005/2006 bei der Studie erzielten.

Aus dem Inhalt: Marke · Markenwert · Sportmarke · Sportmarkenwert · Messung und Wirkungen der Sportmarkenstärke · Operationalisierung von Konstrukten · Faktoren- und Kausalanalyse · Sportmarkenstärke der 18 Vereine der 1. Fußball-Bundesliga der Saison 2005/2006

Frankfurt am Main · Berlin · Bern · Bruxelles · New York · Oxford · Wien
Auslieferung: Verlag Peter Lang AG
Moosstr. 1, CH-2542 Pieterlen
Telefax 00 41 (0)32 / 376 17 27

*inklusive der in Deutschland gültigen Mehrwertsteuer
Preisänderungen vorbehalten
Homepage http://www.peterlang.de